中國民主政治的困境，1909-1949

——晚清以來歷屆議會選舉述論

張朋園◎著

黎　序

　　中國於1949年之前，先後四次嘗試建立民主議會，其意義至今仍然值得重視。此可從四方面言之：第一，雖然這些嘗試都不算成功，但所顯示的正是中國人民有志實現代議政治。

　　誠如張朋園先生所述，1840年以來，有思想的中國人一再廣泛討論當否建立民主議會，他們談到了各式各樣的議會制度和不同的實行途徑。清季以後，開明的政治領袖從不懷疑中國應當召開國會，無論二十世紀一再革命、內戰連年、軍閥橫行、帝國主義壓迫侵略，中國還是先後四次舉行選舉，成立國會。即使二十世紀下半，國民黨、共產黨大張威權主義，仍不得不以國會塗飾門面，求其政權的民主合法化。兩黨統治下的國會，先前有名無實；而1980年代以後，台灣的立法院實現了代議政治，中共的人大也漸有起色，偶然表現應有的獨立自主性。回首過去這一百五十年，討論鼓吹，試行實驗，結果雖然難於令人滿意，而民主政治的理想與熱情，有增無已。

　　第二，議會是精英分子嶄新的出處。張教授突破性的分析，議員背景中，許多來自新興的專業行道（professions），他們接受了西方式的教育，有較高的知識水平，與政府官員或其他行業比較，思想進取激烈。雖然國會並無太大權力，卻是新觀念、新思維的發源地。有的議員後來轉進為政府官員，擔任部會首長，或成為地方上、教育界、工商界的領袖。張教授排比各類資料，完完整整，我們可以藉此而了解二十世紀上半的社會變遷，勢在必然。

　　第三，此四次國會採用不同的選舉制度。根據這些不同的制度，

張教授觀察各次議會的選舉過程，包括選民資格調查、議員定額與人口關係、候選人的提名程序、政黨及派系組織、競選與投票、賄選舞弊等，一一敘述，深入討論。他採用的資料極為豐富，官文書之外，舉凡報章雜誌、西方駐華使領報告、個人回憶錄等，無不詳加利用，議員名錄，點點滴滴，蔚然大觀。他對於此一階段的歷史瞭如指掌，許多看似不甚相涉的資料，在他的筆下，顯得更為深刻而有意義。讀其論證，恍然一世紀之前的政治，與今天並無太大差別，生動處有如觀賞晚間電視新聞，特別引人興味。

第四，研究中國早期的國會，可以了解民主政治在中國所處的困境。張教授認為國內原生、國外乘勢而入的威權主義是最大的障礙，加上市民社會及政治文化的衰弱無力，民主可望而不可即。著者配合社會科學所得的結論，可謂入木三分，而且有比較研究的意義。

中國民主政治所處的困境，今天在大陸上並未完全消除。雖然近年人民生活較前改善，社會亦多所變遷，但威權主義依然橫行無阻。有志引進台灣民主模型者，仍然面對重重困難。惟正如朋園先生所言，「只要民主的火苗不滅，中國的全民政治仍有厚望耶」（第三章首頁）。本書精心結構，正是民主推動者尋求心靈啟示的泉源。

本人得先睹為快，並塗此短序，感到非常榮幸。朋園先生是我在學術界華語社會中最先接交的老友。1966年我從哈佛大學來到台灣從事博士論文研究，得到他的照拂與指教，自此成為知識上的知己。我們的研究興趣有許多相同之處，我們共同探討中國民主政治發展的歷程。他的學術造詣是我個人及許多美國學者的模範。他的研究態度謹嚴，分析問題鞭辟入裡，文筆清新流暢，讀之不忍釋手。而今他以八十高齡鍥而不舍地完成第六本專書，論述發人深省，是歷史和政治學界不可或缺的開創巨著。

黎安友（Andrew J. Nathan）

紐約，2006年7月

自　序

　　中國人嚮往民主政治，以戊戌變法為起點，已經超過百年，如果追溯到魏源、徐繼畬等的時代，則不下一百五十年。但是直到今天，除了小小的台灣建立了一個小小的規模，中國還沒有真正的民主，台灣對大陸尚無實質影響。其實，先驅者有意使中國民主化，在大陸上曾經有過四、五次的嘗試；不幸他們碰到的都是無法克服的困難，中國人只有望民主而興歎。

　　本書介紹二十世紀上半的四次國會選舉，也就是中國人嘗試民主的一些經驗，據此而觀察為什麼民主政治在中國不能生根發芽。本書採用Joseph Schumpeter的觀念：有選票有民主，無選票則無民主。我們只要掌握住這一個觀念，便不難知道民主政治在中國失敗的癥結所在。

　　本書同時討論近代中國政治精英的轉型。精英二字，是英文elites的翻譯。我用精英觀念去觀察中國近代政治人物，民主政治之所以不能得到預期的發展，與他們有十分密切的關係。我討論他們的出身背景、教育背景、年齡、黨派關係等，用以說明他們的進取與保守，他們的分合關係。

　　我對本書主題的興趣始於1960年代後期，因為研究立憲派而與之結緣。第一章發表在1968年的《思與言》雜誌上。之後參加一批社會人類學家的現代化討論會，我接受了一些理論上的薰陶，寫成本書的第二章，由黎安友（Andrew J. Nathan）教授譯載美國《亞洲學報》（*Journal of Asian Studies*）。後來，我忙於其他工作，此一研究中斷。

直到1990年代中期，才與黎安友教授合作，重拾舊日的興趣（他研究中共，我研究民國），完成第三、四兩章，分別在《中央研究院近代史研究所集刊》發表。這些文字所反應的是一個漫長的學習過程。

老友黎安友教授對我的影響最大。他是一位政治學家，我們於1960年代結識，承其不棄，指點我政治學的閱讀，贈送我此一學門的書籍不下百餘本。今又為本書撰寫序文，鼎力贊助，感激不盡。

影響本書的學者與友人，1970年代胡佛、楊國樞、李亦園等幾位教授，在現代化討論會中，他們的批評對我很有助益。汪榮祖、王國璋、耿雲志、楊天石、黃克武、王遠義、張福建幾位教授，分別閱讀本書的一些章節，提出改進意見。張秋雯小姐校讀全文一通，改正錯誤。洪溫臨小姐、林秀娟小姐蒐集和處理資料，幫助很多。福特基金會（Ford Foundation）、國家科學委員會、蔣經國基金會，曾經給予研究補助，謹在此表示深深的謝意。最後還要感謝聯經出版公司發行人兼總編輯林載爵先生一手促成本書的出版。

目　錄

緒論
議會思想之進入中國

　　人類在地球上聚居，長久以來，不斷尋求一個合理的政治制度，希冀在一起生活而沒有貴賤之分，有事共相商量，公平合理，大家感到滿意。然而想要得到一個完美的制度，顯然很不容易。截至目前爲止，民主政治似乎只是一個比較合理的概念，要在如何能建立有效的運作。爲此，人類一直在摸索實驗之中，最早是希臘羅馬人的試驗，他們實行直接民權，用「抓鬮」(by lot)或投票的方式選賢任能來管理眾人之事。此一制度在小國寡民時代是有效的。及至人口增多了，國家擴大了，直接民權難於落實，於是專制、威權型態的政治相繼出現，大多數的人被壓迫得喘不過氣來，民主政治的理想再度縈迴在人們的腦海中。思想家和政治家不斷爲民主而奮鬥，西方在中古時代出現過民主國家；英國的君主讓權，議會政治出現；再經過美國和法國的革命，民主政治有全球化的趨勢。政治學家Samuel P. Huntington謂截至二十世紀末葉，民主政治曾經三波席捲全球。所謂民主三波，是帶一種潮汐的意味，潮來的時候，許多國家紛紛建立民主政治；潮退的時候，有些國家又回復到專制獨裁的狀態。Huntington所劃分的三波潮汐，大致是這樣的：第一波，1828-1926，是一個長波，至1922-1942而反轉；第二波，1943-1962，是一個短波，至1958-1975反轉；第三波，1974至今，仍在推進中 [1]。

1　Samuel P. Huntington, *The Third Wave: Democratization in the Late Twentieth Century*(Norman: University of Oklahoma Press, 1991); Samuel P. Huntington, "After Twenty Years: The Future of the Third Wave,"

中國沒有在Huntington所指的民主潮中，因為其民主政治是失敗的。先是滿清政府預備立憲，建立了資政院(1910-1911)，其旨趣在訓練人民如何議政，並沒有西方議院那樣的權力和地位。辛亥革命以後，雖有第一屆國會(1912-1914)和第二屆國會(1918-1922)，不幸碰上袁世凱和段祺瑞兩個大軍閥，槍桿子控制之下，國會徒有虛名。1948年國民黨建立的國會，一黨獨大，更是名不副實。共產黨政權至今歷半世紀有餘，仍無民選國會。惟中國雖確實沒有真正的民主政治，若以潮汐觀念察看，不能忽視潮來潮去的衝擊。本書介紹此四次議會選舉的過程，正要反應這一個事實。

選舉是人民踏上民主政治的第一步，Joseph Schumpeter曾說，沒有選票就沒民主[2]。中國四次國會選舉有選票嗎？中國的選舉制度從何而來？是直接選舉，或是間接選舉？選民與人口的關係如何？有多少人真正的投下了神聖的一票？……這一連串的問題，明知答案多半是負面的，我們依然有必要加以分析研究和討論，主要是檢討失敗的癥結所在。政治學告訴我們，選舉的宗旨在：(1)防止暴政；(2)付託統治的權力；(3)人民意志的實現；(4)達成人民生活的保護與發展[3]。本書即依此四原則來討論這四次議會選舉的經過及結果。我們發現運作不得其法及任意扭曲是其一，精英素質尤其關係民主政治的成敗。透視精英分子，可以了解民主政治的標桿雖在，卻是可望而不可及。

為了呈現一個比較完整的圖像，讓我們先回溯議會思想進入中國的概況。

(續)————————————

   Journal of Democracy. V. 8, No.4(Oct. 1997)pp. 5-6；Larry Diamond, "Is
   the Third Wave over？" *Journal of Democracy*(July 1996), p. 23.

2 Joseph A. Schumpeter, *Capitalism, Socialism and Democracy* (New York:
   Harper, 1950), p. 244, 269.

3 Richard S. Katz, *Democracy and Elections*(Oxford: Oxford University
   Press, 1997), p. 100.

一

　　議會思想於1840前後開始進入中國，引進的人大致可以分為三類：傳統有功名的紳士、政府官員、西方來華的傳教士，我們可以用知識分子（intellectuals）一詞概括之。這個名詞對傳統紳士與傳教士尚稱妥貼，因為他們的著作目的單純，原本旨在介紹；惟於政府官員則有矛盾之處，蓋既為官員，思想往往受到限制，不能盡情發揮。然早年之介紹西方事物者，政府官員得其機先，尤其是十九世紀旅遊尚不發達，能至西方者，幾全為涉外官員，如沿海官吏、外交官等。無論他們的報導有無扭曲，正因為其言之有物，為中國所需，以知識分子視之，似無不妥。

　　試一略為歸類，十九世紀1840年代至二十世紀初年，約有四十餘人的著作提及或多或少的西方議會論。茲將較重要者開列如下：

一、紳士知識分子

　　馮桂芬（1809-1874），《校邠廬抗議》（1876）

　　王　韜（1828-1897），《弢園文錄外編》（1882）

　　湯　震（1857-1917），《危言》（1890）

　　陳　熾（1855-1900），《庸書》（1892）

　　陳　虬（1851-1904），《治平通議》（1893）

　　鄭觀應（1842-1922），《盛世危言》（1893）

　　何　啟（1859-1914）、胡禮垣（1847-1916），《新政真詮》（1899）

　　康有為（1858-1927），《七上書》（1884-1898）

　　梁啟超（1873-1929），〈中國國會制度私議〉（1910）

二、政府官員

　　(一)沿海官員：

林則徐(1785-1850)，《四洲志》(1842)

魏　源(1794-1856)，《海國圖志》(1844)

徐繼畬(1795-1873)，《瀛寰志略》(1846)

(二)外交官員：

斌　椿(1803-？)，《乘槎筆記》(1871)

志　剛，《初使泰西記》(1872)

郭嵩燾(1818-1891)，《郭嵩燾日記》(1980)

張德彝(1847-1919)，《航海述奇》(1870)

黎庶昌(1837-1897)，《西洋雜志》(1900)

李　圭(1842-1903)，《環遊地球新錄》(1878)

徐建寅(1845-1901)，《歐遊雜錄》

馬建忠(1845-1899)，《適可齋紀言紀行》(1896)

曾紀澤(1839-1890)，《出使英法俄日記》(1893)

張蔭桓(1837-1900)，《三洲日記》(1896)

崔國因(1831-1909)，《出使美日秘日記》(1894)

薛福成(1838-1894)，《出使英法意比四國日記》(1891)

黃遵憲(1848-1905)，《日本國志》(1895)

宋育仁(1857-1931)，《采風紀》(1896)

戴鴻慈(1853-1910)，《出使九國日記》(1906)

端　方(1861-1911)，《列國政要》(1907)

載　澤(1868-1930)，《考察政治日記》(1909)

三、傳教士

麥都司(Walter H. Medhust, 1796-1857)，墨海書館(1835-1857)

裨治文(Elijah Coleman Bridgeman, 1801-1861)，《亞美理駕合眾國志略》(1838)

慕維廉(William Muirhead, 1822-1900)，《大英國志》(1856)

林樂知(Young John Allen, 1836-1907)，《萬國公報》(1874-

1906）

傅蘭雅(John Fryer, 1839-1928)，《佐治芻言》（1885）

金楷理(Carl T. Kreyer)，《西國近事彙編》（1873-1899）

謝衛樓(D. Z. Sheffield)，《萬國通鑑》（1882）

花之安(Ernest Faber, 1839-1899)，《自西徂東》（1884）

艾約瑟(Joseph Edkins, 1823-1905)，《西學啓蒙十六種》（1886）

李提摩太(Timothy Richard, 1845-1919)，《泰西新史攬要》（1895）

李佳白(Gilbert Reid)，〈列國政治異同考〉（1902-1903）

茲略述各家論說如下。

二

　　林則徐是最早注意到西方議會的中國官員。林氏在廣東禁煙，面對西洋的堅甲利兵，不得不作「西夷」背景的了解，因此有《四洲志》之編著。我們感到驚訝的是，該書竟然提到了西洋的議會，特別是英、美、法三國的上下議院，頗有相當篇幅。該書敘述英國上下兩院的結構時，謂上院議員多王公貴胄，全院約426人；下院議員來自地方，「由各部落議舉殷實老成者充之」，共658人。談到議院的權力，指出「國王雖有權裁奪，但必由『巴里滿』〔Parliament〕議允」；國王行事有失，承辦官員要交巴里滿議處。美國是一個沒有國王的國家，軍國大事，必「西業」會議而後行。西業即今之參議院(Senate)，其議員經由選舉產生；選舉是將選票「暗書彌封存貯公所」，「以推荐最多者爲入選」。法國設「占馬阿富」(Les Chambres)，其制度與英國相近[4]。

4　載王錫祺(輯)，《小方壺齋輿地叢鈔再補編》（台北：文海影印，民國53年），卷12，頁20、30、32。

《四洲志》討論英、美、法議會的組織、權力關係、選舉等。林則徐介紹這些觀念時，相關的名稱都是音譯，例如上院譯爲「律好司」，下院爲「甘文好司」，原來就是House of Lords，及House of Commons的音譯，但均未予轉換，不諳原文者，讀之有如丈二金鋼，摸不着頭腦。林則徐似乎對自己的著作並不滿意，加上內容需要進一步充實，因之決定敦請魏源作全面性的補充。

魏源是今文學家，主張經世致用，鴉片戰爭之前編輯《皇朝經世文編》及《聖武紀》，已是知名學者。魏源不負所託，完成《海國圖志》巨著，且一再增補，從初版50卷到四版100卷，約180萬字，可謂洋洋大觀。但是《海國圖志》所傳達的西方議會信息，並未超越林則徐的《四洲志》，原因是他的「師夷長技以制夷」思想限制了其個人視野，重點放在了解英人的堅甲利兵，於議會政治甚少措意，大多轉抄《四洲志》的內容，沒有進一步的發揮。比較突出的一點是，魏源提到了議院多數決的原則，「眾好好之，眾惡惡之；三占從二，舍獨循同」，感覺其爲一美好制度 [5]。

林、魏之外，徐繼畬給了我們一本頗有可讀性的著作：《瀛寰志略》。徐繼畬是魏源同時代的政府官員，鴉片戰爭初起，徐氏在沿海爲官，1842年任廣東按察使，旋調福建布政使，1846年升任福建巡撫。他與林則徐、魏源一樣，密切注意西洋人東來的問題。《瀛寰志略》著筆於1843年，完成於1846年，於1848年正式出版。相去《四洲志》6年、《海國圖志》4年。徐氏無疑讀過了林、魏的著作，由於他不以林、魏之著爲滿足，參考了許多新的資料，果然予人耳目一新。徐繼畬稱英國的上院爲「爵房」，下院爲「鄉紳房」，頗爲傳神。他同樣介紹西方議會的結構、權力關係，文字簡潔，沒有徐、魏的音譯缺點，可讀性大爲提升，茲節錄原文一段如下。對英國議會的描寫：

5　魏源，《海國圖志》，上、中、下三冊(長沙：岳麓書社，1998[1884])，卷59，頁1611。

都城有公會所〔即議會〕，內分兩所：一曰爵房〔即上
院〕，一曰鄉紳房〔下院〕。爵房者，有爵位貴人及西教師
〔教士〕處之；鄉紳房者，由庶民推擇有才識學術者處之。
國有大事，王諭相，相告爵房，聚眾公議，參與條例，決其
可否；復專告鄉紳房，必鄉紳大眾允諾而後行，否則寢其事
勿論。其民間有利病欲興除者，先陳說於鄉紳房，鄉紳酌
核，上之爵房，爵房酌議，可行則上之相而聞於王，否則報
罷。民間有控訴者，亦赴鄉紳房具狀，鄉紳斟酌擬批，上之
爵房核定。鄉紳有罪，令眾紳議治之，不與庶民同囚禁。大
約刑賞、征伐、條例諸事，有爵者主議；增減課稅、籌辦帑
餉，則全由鄉紳主議。此制歐羅巴諸國皆從同，不獨英吉利
也。[6]

對於美國議會亦有簡明敘述，且特別指出參眾兩院為華盛頓所建
立，因而贊歎：「華盛頓異人也，起事勇於〔陳〕勝、〔吳〕廣，割
據雄於曹〔操〕、劉〔備〕。既已提三尺劍，開疆萬里，仍不僭位，
不傳子孫，而創為推〔舉〕選之法，幾於天下為公，駸駸乎三代之遺
意」[7]。特別提出總統由選舉產生，其對美國的好感，甚為明顯。

《瀛寰志略》於法國議會也有所討論，不贅述。總而言之，徐繼
畬費時五年完成的巨著，所傳達的信息，比之《四洲志》、《海國圖
志》清新可讀。魏源看了當亦自歎不如，1852年將其《海國圖志》
擴為100卷，括引《瀛寰志略》四萬餘字充實之，由此可見徐著的魅
力[8]。

6　徐繼畬著，田一平點校，《瀛寰志略》（上海：上海書店，2001），頁
　　235。
7　同上，頁277。
8　魏源，《海國圖志》，詳〈點校說明〉。

三

　　1840年代，林則徐、魏源、徐繼畬的著作有開啓中國人初步認識議會政治的作用。但不料此後三十餘年竟未見繼起倡言議會論者，原因是《瀛寰志略》出版後，官方與士紳之間皆對之反應冷淡，批評其內容「頗張大英夷」，甚屬不當[9]。這是鴉片戰爭後的一種情緒反應，造成1851年徐繼畬從福建巡撫下台。如此後果，誰還敢逆勢發言，此所以三十年間知識界噤若寒蟬，鮮見談論西方議會者。當然此一時期正值自強運動的高潮，朝野傾力建設兵工業，無暇思慮高層次的西方制度，也是議會論不受重視的原因。

　　但是這一個空檔有其填補者，他們是來自西方的傳教士。傳教士的目的固然在傳教，但爲了增加東方人對他們的了解，介紹自己所來自的社會，同時也提到了他們的政治特色—議會。傳教士來華，大多先在東南亞停留，馬六甲、巴達維亞、新加坡是三個前進中國的中途站。針對中國的需要，他們於1834年在南洋創設一個名爲「中國益智會」(The Society for the Diffusion of Useful Knowledge)的組織，發行雜誌印行書籍，先後不下一百三十餘種。這些出版品是早年西知的來源。林則徐著《四洲志》時，即依據英人慕瑞(Hugh Muray)所著《世界地理大全》(*The Encyclopedia of Geography*)爲藍本，並參考美國傳教士裨治文(Elijah Coleman Bridgeman, 1801-1861)所著《亞美理駕合眾國志略》，得到進一步的信息[10]。魏源節抄西人的著作甚多。徐繼畬更直接得到英國駐福州領事的幫助，增加了不少新的資料。由此可知議會知識的傳入，傳教士的關係不小[11]。

9　曾國藩評語，轉見徐繼畬著，田一平點校《瀛寰志略》，〈點校說明〉。

10　魏源，《海國圖志》，〈原敘〉、〈後敘〉。

11　徐繼畬著，田一平點校，《瀛寰志略》，〈點校說明〉；熊月之，

　　要特別提出的是麥都司（Walter H. Medhust, 1796-1857）。麥氏其人屬英國倫敦會（London Missionary Society）傳教士，先在新加坡傳教，1835年經廣州來到上海。在新加坡時（1819），麥都司出版《地理便童傳略》一書，提及英國和美國的國會。他寫英國的上院，謂「國內有兩大會，一是世代公侯之會，一是百姓間凡鄉紳世家大族者之會」[12]。徐繼畬或許就是根據麥氏的這一句話而稱上下院為「爵房」和「鄉紳房」。《地理便童傳略》可能是中國讀者最早得悉的西方議會著作。

　　麥都司是傳教士，同時也是一位學者，他在上海的事業形成了一個文化傳布站，一個中心樞紐，關係著中國人早期的議會認識。麥氏在上海建有教堂和醫院，他更重視的是其一手經營的「墨海書館」（1835-1857），這是一個圖書館，也是一個印刷出版機構，西方的活字滾筒印刷由其引入，是近代中國的第一家西式印刷廠。上海文教界多來利用，其文化中心不期然而形成[13]。西方傳教士與麥都司有密切往來的，有慕維廉（William Muirhead, 1847-1900）、偉烈亞力（Alexander Wylie, 1847-60）、艾約瑟（Joseph Edkins, 1848-1861）、韋廉臣（Alexander Williamson, 1855-1857）等，他們的著作多有論及西方議會政治者。

　　中國文化人亦與麥都司往還，如王韜、馮桂芬等，日後均成為政治思想界的大家。王韜早年曾任職墨海書館達十五年之久（1849-1864），他的早期西方認知可能受到麥都司的啟迪。王韜因同情太平天國而遭清廷追捕，麥都司之子麥華陀（Walter H. Medhust）伸予援手，介紹他去香港晤見理雅各（James Lagge），成為理雅各翻譯中國

<hr>

（續）————————————

　　　　《西學東漸與晚清社會》（上海：人民出版社，1994），頁251；Fred W. Drake, *China Charts the World: Hsu Chi-yu and His Geography of 1848* (Cambridge, Mass.: Harvard University Press, 1975), pp. 34-43.

12　轉見熊月之，《西學東漸與晚清社會》，頁96。

13　蘇精，《馬禮遜與中文印刷出版》（台北：學生書局，民國89年），頁237-238。

經典爲英文的得力助手。王氏因此而有機會遨遊英倫，親身體認英國
議會，其政治思想爲之大進[14]。

　　有一個小故事可以實證墨海書館的文化中心地位：1859年王韜尙
在墨海任職時，其友人蔣劍人來訪，在圖書館中得晤偉烈亞力。三人
聚談時，偉烈亞力爲他們介紹西方男女平等及君民同治的內涵，蔣劍
人大加反對，謂絕無可能；王韜則在一旁無言以對。此反映1860前後
的中國，士紳階級對平等自由觀念尙屬陌生，王韜等對議會仍無概
念。但此類談話自有其耳濡目染的作用[15]。

四

　　沉寂三十年的議會論，在1870年代有了轉機。清廷逼於大勢所
趨，先於1860年成立總理衙門，派遣使臣駐節西方，由閉關自守而轉
向開放，官方與民間的觀念稍稍有所變動，言論的尺度也放寬了。例
如徐繼畬的再次起用，其《瀛寰志略》終於獲得肯定，成爲同文館教
本。這時候受傳教士影響的馮桂芬正構思他的《校邠廬抗議》，提出
改革建議。另一位受傳教士影響的王韜，在英國遊歷二年之後，於
1870年回到香港，他與留學生黃勝創辦了《循環日報》，有心將自己
的見聞公諸於世。

　　《校邠廬抗議》於1876年正式出版，之前稿本已廣爲流傳，書中
有〈公黜陟〉一章，是不折不扣的選舉論。他主張官吏以選舉方式產
生，謂選舉在中國本有由來。〈堯典〉中的「師賜」就是眾人選舉的
意思。師，眾也；賜，舉也。孔子也說過：「舉直錯諸枉，則民
服。」孟子謂：「國人皆曰賢，然後察之，見賢焉然後用之。」都是
選舉的意思。《新唐書》〈趙憬傳〉云：「宜採士譽，以舉多先

14　Arthur W. Hummel ed., *Eminent Chinese of the Ch'ing Period* (New York: Columbia University Press, 1967),under Wang Tao.

15　王韜，《王韜日記》（北京：中華書局，1987），頁112-113。

用。」意即大家稱譽的，舉出來公用。歷代有會推，是大臣的權利；他建議中書以上的官吏有選舉六部長官的權利，地方知府以上的官吏也當用選舉產生[16]。馮桂芬從西人的著作中得到選舉觀念，在中國的歷史裏尋找相近的事實，倡言中國亦當採行選舉制度。但馮的思想似乎並不成熟：既然「用其舉多者」，卻又說「候欽定」，或「大吏博採輿論折衷之」。汪榮祖謂「這是演義外來之文化於固有傳統架構之上」的矛盾[17]。

王韜於1882年將十年來在《循環日報》所發表的文字輯爲《弢園文錄外編》發表問世，此書以西方議會爲中心論旨，對英國議會政治印象深刻，認爲英國的政治特色爲「君民共主」。此一觀念發表後，使1880年代的政治論爲之一變，有了新的突破。他說：「泰西之國有三，一曰君主之國，一曰民主之國，一曰君民共主之國。」[18]前人無此分辨，亦不敢分辨。王韜觀察英國議會政治的運作，得此結論。他說英國「所恃者，在上下情通，君民之分親；本固邦寧，雖久不變」[19]。所謂上下情通，指的是「國家有大事則集議於上下議院，必眾論僉同然後舉行」。也就是說：「朝廷有兵、刑、禮、樂、賞、罰諸大政，必集議於上下議院，君可而民否，不可行；民可而君否，亦不可行。必君民意見相同而後可頒之於遠近。此君民共主也。」[20]堪稱石破天驚之論。

王韜又說「君民共主」則強盛，「君主專制」則腐敗。他舉普、法兩國爲例，1870年普魯士之所以能戰勝法國，即因爲前者爲「議會

16　馮桂芬著，戴揚本評注，《校邠廬抗議》（河南鄭州，中州古籍出版社，1998），頁72-73。

17　汪榮祖，《晚清變法思想論叢》（台北：聯經出版公司，民國72年），頁85。

18　王韜，《弢園文錄外編》（上海：中華書局，1947），卷1，〈重民下〉，頁19。

19　同上，卷4，頁15-16。

20　同上，卷1，〈重民下〉，頁19；又見王韜，《弢園尺牘》，卷2，頁13。

君主制」，後者爲「專制君主制」[21]。如果中國亦推行君民共主，必定強盛：

> 中國欲謀富強，固不必求他術也，能通上下之情，則能地有餘利，民有餘力，閭閻日饒，盡藏庫帑無虞匱乏矣。[22]

1905年日俄一戰，日勝俄敗，人謂這是君主立憲國戰勝了君主專制國。其實1880年代王韜已從普法戰爭得出此一結論，惟未引起共鳴而已。

王韜的「君民共主」論影響甚大，此後的鼓吹議會政治者，無不運用此一論點，企圖說服滿清政府接受[23]。

1880年代討論到議會的知識分子，還有鄭觀應(1842-1922)。鄭是廣東香山人，1858年至上海，入西洋人傅蘭雅(John Fryer)的英華書院攻讀，奠定閱讀英文的基礎。其叔父爲洋行買辦，隨之學習，先後任職洋商富順公司及太古公司。1878年納貲爲候補道員，在李鴻章

21　王韜，《普法戰記》；轉見忻平，《王韜評傳》(上海：華東師大出版社，1990)，頁112。

22　王韜，《弢園文錄外編》，卷3，〈達民情〉，頁7。

23　王韜以後以「君民共主」論者，包括下列各家著述：
鄭觀應著，夏東元編，《鄭觀應集》(上海：人民出版社，1982)，頁316。
錢德培，〈歐遊隨筆〉，《小方壺齋輿地叢鈔》，卷11，頁393。
黎庶昌著，鍾叔河編，《西洋雜志》，《走向世界叢書》第一輯(長沙：人民出版社，1985)，卷5，頁5。
薛福成著，鍾叔河編，《出使英、法、意、比四國日記》，《走向世界叢書》第一輯(長沙，岳麓出版社，1896)，頁286、538。
陳熾，《庸書外篇》，卷下，〈議院〉，頁1-2。
張蔭桓，《三洲日記》，《續修四庫全書》史部傳紀類，第577冊，卷8，頁601。
宋育仁著，錢鍾書主編，朱維錚執行主編，《郭嵩燾等使西記六種》(北京：三聯書局，1998)。
何啓、胡禮垣著，《新政眞詮》二編，〈新政代議〉，頁15。

幕幫辦洋務。此一經歷，使鄭氏的西洋知識不斷增進。據謂鄭氏在1860年代即開始關心時勢，1873年《申報》創刊之後，即陸續在該報發表時論性文字，旋輯爲《救時揭要》一書；1880年擴爲《易言》，1893年改名爲《盛世危言》，共5卷，1896年擴充爲14卷，1900年刪定爲8卷[24]。

　　鄭觀應，似乎要過了四十歲才對議會有比較清晰的概念。1873年的《救時揭要》並無議會論，1880年的《易言》雖有〈論議政〉一篇，僅得五百字，所論上下院與君主的關係甚爲簡略；1893年的《盛世危言》有〈議院〉一篇，約二千字，1896年的14卷本增加一篇，合爲〈議院上下〉，較爲詳盡，且有論點。他說英國因有議會而強盛，海外土地二十倍於本土，「議院之明效大驗有如此者」。他又說日本「勃然興起」，與設議院有十分密切的關係[25]。鄭觀應既討論議院的組織和結構，亦談到了選舉，力言中國應該設議院，他指出中國官員「畏葸、瑣屑、敷衍、顢頇」，要消除這些弊病，「非設議院不爲功」[26]。

　　但鄭觀應有一個顧慮，中國人民的教育尚未普及，新聞傳播亦甚落後，處此情境，「公舉議員之法，殆未可施諸今日也」[27]。人民教育程度不足，智慧因而未開，這是中國知識分子最感困惑的問題，因此許多人認爲開國會尚非其時，鄭觀應就是一位典型的代表。鄭觀應的顧慮何嘗沒有道理，日後中國的國會確實混亂失序，爲野心家所利用。但鄭觀應不久就改變了他的態度。1900年盛宣懷曾有一函請教鄭氏，問「變法何者爲先？」鄭回答說，「中國病根在於上下不通，……今欲除此病根，非順民情、達民隱、設議院不可」。18省各

24　據夏東元的考證，《救時揭要》刊於1873年，而非1862年。詳夏東元編，《鄭觀應集》（上海：人民出版社，1982，頁932；易惠莉，《鄭觀應評傳》（南京：南京大學出版社，1998），頁75-76。

25　夏東元編，《鄭觀應集》，頁314。

26　同上，頁315。

27　同上，頁329。

選派二人為代表，士農工商公舉三、四人，即可組成國會[28]。

　　馮桂芬、王韜、鄭觀應都是1870-1880年代的知識分子，他們的議會論受到歡迎；翁同龢曾將馮桂芬的《校邠廬抗議》薦給光緒皇帝閱讀，王韜的《普法戰紀》等書暢銷中國和日本，鄭觀應的文字淺近，其《盛世危言》也「銷場甚暢」，一般中下層士子亦有閱讀者。總而言之，戊戌求變觀念的形成，這三個人的影響大有關係[29]。

五

　　回過頭來看來華西人及傳教士的議論。首先是傅蘭雅。傅蘭雅(1839-1928)是英國人，一位不在傳教士行列的西方人。22歲(1861)來華，長期在江南製造局擔任編譯工作，他經手翻譯的西方著作140餘種，大多為有關科技方面的知識，少數屬社會科學。在許多譯著中，惟《佐治芻言》談到了國會[30]；《佐治芻言》半譯半著，加進傅氏個人的一些意見。傅雖推崇「〔議會制度〕為各國政令內第一良法」，如果中國仿效，當以英國的君主立憲為模型[31]。但鑑於選舉制度在西方少數國家弊竇叢生，傅氏對之頗不信任，感到不易在中國實

28　同上，頁322-324。

29　關於三人的影響力，見韋政通，《中國十九世紀思想史》（台北：東大圖書公司，民國80年），頁496；忻平，《王韜評傳》（上海：華東師大出版社，1990），頁26、27、115-116；夏東元編，《鄭觀應集》，頁896；易惠莉，《鄭觀應評傳》，頁339-340；《汪康年師友書札》（上海：古籍出版社，1986），頁2978；蔣英豪，《黃遵憲師友記》（上海：上海書店，2002），頁259。

30　《佐治芻言》的英文名稱為 Homely Words to Aid Governance 原譯自 William and Robert Chambers, Political Economy (1852) 一書。見葉斌，〈點校說明〉，傅蘭雅，《佐治芻言》（上海：上海書店，2000）；王楊京，《傅蘭雅與近代中國的科學啟蒙》（北京：科學出版社，2000），頁65-66；Jonathan Spence, To Change China : Western Advisors in China, 1620-1960 (New York: Little, Brown, 1969), p. 154.

31　傅蘭雅，《佐治芻言》，卷11，節98。

行[32]。他對於民主共和更是有所疑懼，認爲當敬而遠之。他說了一句
令人玩味的話：「〔君主〕一人爲害有限，終不如民亂之騷擾無窮
也。」此言蓋受法國革命之影響[33]。

傅蘭雅爲推廣科技觀念，特於江南製造局內設立「格致書院」
（1876-1914，英文名稱爲Shanghai Polytechnic Institution and Reading
Room），邀請王韜、鄭觀應等參與教學，王韜且於1885-1897年間出
任山長。傅、王等合作，有許多創意。一個極其有意思的活動稱爲
「四季課考」，是一種論文競賽，邀請名家命題，歡迎年輕士子參加
應考。有一次鄭觀應應邀以議會論爲題，人皆稱奇，錄之如下：

> 考泰西於近百十年間，各國皆設立上下議院，藉以通君民之
> 情，其風幾同於皇古。《書》有之曰：「民惟邦本，本固邦
> 寧。」又曰：「眾心成城。」設使堂廉高遠，則下情或不能
> 上達。故說者謂中國亦宜設議院，以達輿情，采清議，有若
> 古者鄉校之遺意。苟或行之，其果有利益歟？或有悉其間利
> 害若何？能一一敷陳之歟？[34]

試題力言議會的功能爲「下情上達」，正是王韜、鄭觀應所強調
者。參加應考的情形不詳，但在《格致書院課藝》一書中，有許庭
銓、楊史彬、陳翼爲等三人都以〈議院利害若何論〉爲題[35]，他們亦
強調「上情可以下逮，下情可以上達」。又謂「泰西之富強，大都由
於議院」。這三篇論文或許就是鄭觀應考題下的產物。另有王佐才之
〈中國近日講求富強以何者爲先論〉建議「改內閣爲公議院」，地方

32　同上，卷9，節70。

33　同上，卷10，節78；參看Edmund Burke, *Reflections on the Revolution in France*(New York: The Liberal Arts Press, 1955).

34　轉見王爾敏，《上海格致書院志略》（香港：中文大學出版社，1980），頁68。

35　此或爲後人所給予的題目。

州縣「考取一二人來京〔參與〕」，可「通上下之情」。似亦爲課考論文[36]。此一活動明顯有助於議院思想的傳布。

　　與傅蘭雅同時的是林樂知。林樂知（Young John Allen, 1836-1907）是美國南方監理會（Methodist Episcopal Church South）傳教士，1860年來華，長居上海四十七年之久。談林樂知必定要談《萬國公報》（1874-1906），這是傳教士在華最有影響力的雜誌。該刊出版長達三十二年，如果加上它的前身《教會新報》（1868-1874）則爲四十年。兩刊從頭至尾，幾乎完全由林樂知一人主編，內容除了傳教消息，還有西方國家的政治社會報導，議會政治亦包括在內。更重要的是《萬國公報》在上海發行，報社亦如前此之墨海書館，是來華傳教士的中途歇腳站。廣學會成立（1887）之後，《萬國公報》正式成爲傳教士的言論機關。林樂知邀請名家執筆，內容豐富，可謂有聲有色。

　　《教會新報》與《萬國公報》都有議會論的文字。雖然早期來華的傳教士對政治並無興趣[37]，但報導西方的文字不可避免的會提及議會，偶然亦有專題性討論。早在1868年九、十月間，《教會新報》刊有〈換主之國〉一文，謂「美國君主，四年換位，皆由民間公眾『尊』之」。尊者，選舉也。這是早期提及國會選舉的文字[38]。1870-1871年之際，《教會新報》連載斌椿所著《乘槎筆記》，談到了英國議院議事的情況[39]。1872年《教會新報》刊載〈美國近事〉，謂「美國，民主之國也，傳賢不傳子，凡立君則臣民集議選於眾，擇賢立之。舊君遜位，退處爲凡民。使舊君而眾仍愛戴也，可展期再爲

36　《近代中國對西方及列強認識資料彙編》（台北：中研院近史所，民國63年），第三輯，頁730-732、829-833、849-851；《格致書院課藝》（出版時地不詳），卷1，頁33。

37　王樹槐，《外人與戊戌變法》（台北：中研院近史所，民國54年），頁86。

38　《教會新報1868-1874》（台北：華文書局影印，民國57年），由於首頁均已略去，期別難於辨認。

39　同上。

君四年」[40]。敘述簡潔，讀之可對美國總統選舉有一清晰印象。

　　代《教會新報》而起的《萬國公報》，其議會論並不多見，但報導性的文字則連續不斷，例如金楷理(Carl T. Kreyer)、林樂知主撰《西國近事彙編》(1873-1899)；林樂知著〈中西關係略論〉(1876)；花之安(Ernest Faber)著《自西徂東》(1879-1884)；李提摩太(Timothy Richard)譯《泰西新史攬要》(1894-1895)；林樂知著《中東戰紀本末》(1894-1896)；李佳白(Gilbert Reid)著〈列國政治異同考〉(1902-1903)等，這些著作都提到了西方的議會政治，有的日後印成專書，發生更大的影響。

　　在此要介紹一些有關議會的篇章：1875年刊載〈譯民主國及各國章程及公議堂解〉，這是一篇論西方民主及英美憲法的短文，以民主為題，而且提及了三權分立。原文說「寬政之國」，三權分立：「一曰行權〔行政〕、二曰掌律〔司法〕、三曰議法〔立法〕。」以「寬政」二字形容民主極富深義。「公議堂」即議院。西洋各國皆設議院，以民選議員掌握一國之大政，是謂寬政。文字雖然簡短，但傳達了三權分立與議院大權的觀念，或許是中國最早介紹三權分立的文字[41]。

　　甲午戰爭爆發之後，《萬國公報》連載〈中東戰紀〉，報導戰情變化，中國的弱點暴露無遺。戰後林樂知將全文輯成《中東戰紀本末》單行本出版。第八章提出了設議院的〈變法建議〉。林氏很委婉的說：

　　　　泰西有君民共主之國，更有民主之國，中國勢殊可異，斷難
　　　　冒昧仿行。然天之生人，無不付以自主之理，人之待人，獨

40　《教會新報》，頁1662。
41　《萬國公報》(台北：華文書局影印，民國57年)，光緒元年(1875)4/3-9。由於影印本略去封面，期別難於辨認，僅錄其出版時間。

不應略予以自主之權乎[42]？

爲何設議院？他說：

> 民有隱衷，必須上達，宜准民間略仿議局之制，凡讀書明理
> 能辦事通法律之人，任民公舉以入局[43]。

《中東戰紀本末》出版之後，清廷上下，包括光緒皇帝的師傅孫家鼐在內，都詳細閱讀，視林樂知爲中國的「直諒之友」，一個難得的知己[44]。

1903年似爲《萬國公報》轉趨積極的一年，林樂知有〈中國今日之期望〉一文，謂中國革新爲不可避免之趨勢，而改革之道，在於立憲。他建議中國先召開上議院，逐步實現下議院：

> 更有治本之主義在，從今年起當於北京集十八省大員，定一
> 十八省行政之規則，名曰國會，以爲上議院之起點，⋯⋯亦
> 即爲立憲法之起點。[45]

日俄戰爭勝負不明之際，林樂知於1904年8月間撰〈中國立憲之希望〉，他指出中國的領土爲他國戰場，委曲到了極點。爲今之計，除了振興實業，應該立即設立議院。他建議「中國今日之上議院，可以曾任督撫之王大臣爲之」，「下院由各行各業，略舉〔代表〕一人或二人」。地方亦同時設立議會，實行自治。林氏爲中國的議會規劃

42　林樂知編，《中東戰紀本末》（上海：廣學會，光緒22年；台北，文海書局影印，無影印年代），卷8，〈治安新策〉，頁31。
43　同上，頁32。
44　梁元生，《林樂知在華事業與萬國公報》（香港：中文大學出版社，1978），頁136。
45　《萬國公報》，期170(1903/3)，頁21。

出一套完整可行的辦法[46]。

《萬國公報》對中國知識界頗有影響。黃遵憲謂一出家門即得讀該報，觀念爲之一變[47]。康有爲讀《萬國公報》連載的《西國近事彙編》，始對世界有所認識。1883年起，自費訂閱該報。1894年《萬國公報》徵文，康氏曾爲文應徵而獲獎[48]。梁啓超所受的影響更大，其所主持的《時務報》幾乎完全以《萬國公報》爲模型，大談西洋近代的發展。戊戌變法失敗，《時務報》留下的空白，又由《萬國公報》填補。傳教士對中國的影響，實以《萬國公報》獨領風騷[49]。

六

來到十九世紀九十年代，知識界的思想爲之一變。此一時期的代表人物有何啓、胡禮垣、康有爲、梁啓超等；傳教士中則有李提摩太、李佳白等人。他們的議會思想更爲積極，甚至於企圖有所行動。

何啓(1859-1914)與胡禮垣(1847-1916)早年在香港皇仁書院先後同學，以後何在英國取得醫學及法律學位，胡在香港《循環日報》擔任翻譯，不時撰寫時論。雖然兩人的事業發展各異，關心祖國改革則不約而同。何、胡兩人於1887-1901間合作撰寫改革論文多篇，輯爲《新政眞詮》一書出版(1899)，轟動一時。

開議院爲《新政眞詮》的中心論點，他們以「民權」論代替「君民一體」論，提出嶄新的理論基礎，爲清季輿論又一次之大突破。

46　《萬國公報》，期187(1904/8)，頁19-21。

47　黃遵憲著，鍾叔河輯注，《黃遵憲日本雜事詩廣注》(長沙：人民出版社，1981)，頁5-22。

48　蕭公權著，汪榮祖譯，《康有爲思想研究》(台北：聯經出版公司，民國77年)，頁390；朱維錚編，《萬國公報文選》，〈導言〉(北京，新華出版社，1998)，頁80。

49　朱維錚，《求索眞文明：晚清學術史論》(上海：上海古籍出版社，1996)，頁74。

何、胡強調民權爲強國之本，西方因重視民權而強，中國因忽視民權而弱，如何重振民權，開國會爲不二法門。他們一再的要求說：「設議院，立議員，復民權[50]」。

至於如何設立議院？何、胡主張一院制，設下議院而不設上議院，蓋「議院重才德，不重富貴」，有爵位者，如其「才德兼優，人必公舉以爲政」，可謂眞知卓見。

有中央議會，自必亦有地方議會。地方議會分爲省、府、縣三級，他們所擬定的一套計畫是：省、府、縣各設六十議員組成議會，選舉有功名之紳士爲議員：

> 縣議員於秀才〔生員〕中選擇〔舉〕其人〔由人民選舉〕；
> 府議員於舉人中選擇其人〔由秀才選舉〕；省議員於進士中
> 選擇其人〔由舉人選舉〕。中央議會代表，則由各省議員中
> 選充〔互選產生〕。[51]

由於中國幅員廣大，除了中央議會，可劃分全國爲東西南北四大區，每區亦設議會，由所屬各省之省議會聯合組成，討論本區域之相關事務。

何、胡的議院論以發揚民權爲出發點，引起了保守主義者的反對。元老重臣張之洞大不以爲然，於戊戌變法前夕發表《勸學篇》駁斥之，否定民權之說，當然也反對國會。張之洞以宋明以來理學家的三綱五常爲立足點，指斥倡民權、開國會「無一益而有百害」：

> 知君臣之綱，則民權之說不可行也；知父子之綱，則父子同
> 罪，免喪慶祀之說不可行也；知夫婦之綱，則男女平權之說

50 　何啓、胡禮垣，《新政真詮》（不著出版地，1901，1899），五編，
　　〈書後〉，頁51。
51 　同上，二編，頁8。

不可行也。[52]

張之洞否定自由權利之說，謂倡權利必「子不從父，婦不從夫，賤不服貴，弱肉強食，不盡滅人類不止」[53]。又說「方今朝政清明，果有忠愛之心，治安之策，何患其不能上達，國會絕無必要」[54]。

何、胡深感張之洞的說詞「大累於世」，不得不予反駁。但他們不敢碰觸三綱五常的禁忌，不得不仍以「上下一心」去救援其民權觀念，他們是這樣說的：

> 夫議院之設，所以宣上德，通下情也。
>
> 民權者，合一國之君民，上下一心者也。
>
> 人人有權，其國必興；人人無權，其國必廢。
>
> 苟復民權而設議院，則興利除弊，雷屬風行，遠至邇安，君民愜洽，誠中國之福也。[55]

措詞平穩溫和，未能掀起波瀾，保守主義仍然居於上風。

但我們必須肯定，何、胡以權利與議院相結合，有其劃時代的意義，是議院論的又一次突破。此後之談議院者，不能不強調權利；談權利者，必要求開議院，中國之走向議會政治，就顯得更有聲勢。

七

李提摩太（Timothy Richard, 1845-1919）為英國浸禮會（Baptist

52　張之洞，《勸學篇》，〈明綱第三〉（台北：文海書局影印，不著影印年代，1898），頁13。

53　同上，〈正權第六〉，頁25。

54　同上，頁26。

55　何啟，胡禮垣，《新政真詮》，〈勸學篇書後〉，頁38、39、44、48。

Church)傳教士，1870年來中國，先在山西傳教，1887年轉至北京，1890年任天津《時報》主筆，1891年任上海同文會總幹事，翌年該會改稱廣學會，1895年加入強學會。李氏自謂所任一切都是爲了傳教事業及推廣西學。

李氏的經歷顯示其活動力甚強。鑑於中國貧弱，頗有心助之現代化，在北京官場中出入，試圖有所影響。1895年(光緒21)他與翁同龢見面，提出「教、養、安、新」四大改革建議，翁同龢稱其爲「豪傑也，說客也！」[56]

李提摩太的著述甚多，《泰西新史攬要》(1895)一書享譽最廣。該書譯自英國史家 Robert Mackenzie(馬懇西)的 The Nineteenth Century : A History《十九世紀史》。柯林伍(R. G. Collingwood)批評馬懇西(1823-1881)只是一個三流史家，因爲受十九世紀流行的社會達爾文主義影響，全書主調推崇十九世紀爲進步的時代，專制已經過去，自由已經到來[57]。李提摩太翻譯該書，或許正是看上了此一主調爲中國所需要；中國的專制應該收斂，中國人應該自由。該書尚未正式出版之前，已有部分在《萬國公報》刊載。出版之後，行銷甚廣，一再重印，且有盜印翻刻者[58]。

進化論架構下的《泰西新史攬要》，對西方各國之議會敘述甚爲詳盡，尤其對英國議會之改革，討論得很深入，列舉1816、1828、

56　Timothy Richard, *Forty-five Years in China*(London: T. Fisher Unwin, 1916), p. 256；李提摩太，〈泰西新史攬要譯本後序〉，《萬國公報》第76冊，(1895/5)；翁同龢著，陳義傑整理，《翁同龢日記》(北京：中華書局，1992)，頁2843-2844。

57　R. G. Collingwood, *The Idea of History*(Oxford: Oxford University Press, 1956)pp. 145-147；按馬懇西爲一新聞從業員，曾一度從商，晚年對歷史發生興趣，著有*The United States of America : A History* (1870)等書，詳見*Dictionary of National Biography* Vol.Ⅶ, p. 605.

58　據說杭州有6種翻版，四川有19種翻版，湖南有1種節本。見《汪康年師友書札》，頁2218；王樹槐，《外人與戊戌變法》，頁42；熊月之，《西學東漸與晚清社會》，頁601。

1832、1872、1885五次改革,人民之政治參與權力得以逐漸擴大,改革堪稱得宜。從前只有貴族與教士有權參與政事,改革之後,凡年滿21歲、有識字能力、年納一定稅金之男子,均享有選舉權。此後議院中人民代表的聲勢大壯。原文說:

> 民間所舉之新官〔議員〕既入議院,民隱無不上達,英國法律之有大弊者,咸予淵除,且雷屬風行,至爲神速。[59]

又說:

> 舊日私操政柄之章程刪除殆盡,民間亦皆視國事如家事,報館之所持論、里巷之所偶語無非謂君實爲民而設,故治國事首宜體民心,議院諸員非但爲君主所命,兼爲民人所舉,故欲爲君理事,必先爲民陳情,方協乎天理之公、人心之正。且此倡彼和,不啻萬口同聲,凡膺一命之榮者,欲辦一事,類先博考民情,然後順民情以圖國事,治國遂如視諸掌矣。[60]

《泰西新史攬要》不僅談君主專制政治之退卻,同時暢論民智之大進。著者謂人民參與政治,需要具有豐富之知識與智慧,此則非長期的全面教育培殖不可,否則不易提升。英國議會政治之所以成功,正因人民教育大進,議員多爲飽學之士。原文說:

> 英國制度既改,而後捨其舊而新是謀,英民各有公舉官長之權,不特皆知自重,且共孜孜向學,其關係之重如此。反是

59　英麥肯齊著,李提摩太譯,《泰西新史攬要》(上海:上海書店,2002),頁105。

60　同上,頁110。

以觀，人苟無議論國事之權，自覺與禽獸無異，安知自重且
亦何必通學問哉？[61]

　　李提摩太所以建議清廷採行其「教、養、安、新」四大政策，其
觀念蓋得自《泰西新史攬要》。李氏所見爲普世不易之理，代議政治
需要品質崇高的精英分子，否則或不免成爲誤國誤民的決策。

　　《泰西新史攬要》的結論或許正是李提摩太所殷切盼望者：

　　〔十九世紀〕，歐洲西半各國不按十數帝王之族隨意治民，
　　而按民心以治國。六十年前〔指1820之前〕各國帝王於百姓
　　之身家性命若爲國家之所固有，隨意驅策，無人敢抗，又不
　　以教化爲重，恐民既受教化，即不易範圍也。至於今，則諸
　　國非帝王之所治，而民之所自治，比戶幾各有舉官之權，既
　　有此權，內外大小諸事必將順民心以治理。從前歐民一百八
　　十兆〔1800萬〕皆如奴僕聽主人之約束，而不敢違背者，今
　　則悉由自主，但自主而無識見何從措置；職此之故，國家廣
　　設學校，俾人人識字、人人明理、人人受益。[62]

　　《泰西新史攬要》極有影響力。康有爲將之薦給光緒皇帝[63]，皇
帝叫孫家鼐（帝師）爲其講解。民間知道皇帝閱讀該書，隨著趨之若
鶩。據李提摩太之言，李鴻章、張之洞都看過此書。鄭觀應與李提摩
太往還密切，《盛世危言》多處括引李氏的觀點。康有爲、梁啓超與
李提摩太非常接近，受其影響更是不小。他們最早的宣傳品亦稱《萬
國公報》，經李提摩太的建議而改爲《中外公報》[64]。嚴復是否因爲

61　同上，頁80。
62　同上，頁407。
63　同上，馬軍，〈點校說明〉。
64　Timothy Richard, *Forty-five Years in China*, pp. 254-255.

讀了《泰西新史攬要》而想到要翻譯《天演論》，則有待考證[65]。

　　李提摩太自認其《泰西新史攬要》有更大的影響，影響到漢人要「趕逐」滿人下台。他在回憶錄中提到俄國駐華公使喀西尼（Count Cassini）與恭親王奕訢的談話。俄使問奕訢曾否讀過《泰西新史攬要》，奕訢頷首，俄使因問：「你對此書有何意見？」奕訢回答：「對中國可謂大有裨益。」俄使則發出了驚人的議論：

> 那麼，我恐怕你未明瞭此書之精神了。它教導人何謂民主，反對專制。如果這種觀念一旦成為潮流，你們六百萬滿洲人在自由選舉的情形下，必為四億多的漢人趕逐下台，而你亦須捲蓆歸田。[66]

　　李佳白（Gilbert Reid），美國傳教士，1883年來華，在山東等地傳教，對中國的社會問題極為關心，有心促成改革，曾拜訪翁同龢晤談，提出「養民、教民、和睦、武備」四大改革建議[67]。二十世紀之初，談議會政治的文字時有所見，但各家論著，多委婉含蓄，不受重視。李佳白撰〈列國政治比較論〉，以比較法說明各國政治制度之異同，淺顯易讀，極富啟發性。茲略舉其論點如下。

　　一、論君主與民主之不同，以中美「國主」為比較，中國的皇帝「專制獨裁」，美國的總統「代民理政」。

> 國主之異同。中國之主，終身在位，是為一世；美國之主，

65　《泰西新史攬要》於1895年出版，嚴復於1896年譯成《天演論》，1898年出版問世。嚴氏早在1879年即自英學成歸國，何以15年後始從事翻譯工作，且選擇《天演論》為首譯，值得追問。

66　Timothy Richard, *Forty-five Years in China*, pp. 249-250.

67　李佳白，〈上中朝政府書〉，《萬國公報》，第80冊，（1895/9）；郭廷以，《中國近代史日誌》（1895/1/20）；王樹塊，《外人與戊戌變法》，頁57-59。

四年一易，是為一任。中國之主，出於一氏，世世承襲，乃
家也；美國之主，出於眾民，賢賢繼統，乃官也。中國之
主，專制獨裁，故日君主；美國之主，代民理政，故日民
主。中國之主，主權屬諸一人，以土地人民為其產業，故謂
之大皇帝；美國之主，監理通國政治法律，兼理軍務，及一
切交涉之事，故謂之大總統(西名日百里璽天德)。[68]

二、論國會權限，以美國與法國比較，均民主之國，但法國下院
權力大於上院。

國會者，合上下二議院之謂也。美、法二國皆有國會，而法
國國會之權大於美國。……考法國至上之權在下議院，民
權、軍機權、民主權，皆不及也。……法國以國會為主，因
上下二院能隨意更改章程〔憲法〕，能合意選舉民主〔總
統〕。[69]

三、論民權，美國最為發達，中國人民幾無權力可言：

美國民權之大，甲於天下，……官無一非人民所公舉。……
且人民可以議國政之優劣，可以論官長之賢否，所以政即民
政，權即民權，國主即民主〔民選〕。孟子曰：民為貴，君
為輕，此之謂也。……至於中國，自宰相而下，至各處地方
官，無一非皇帝簡派，升降黜陟，亦一聽皇帝之意旨。而人
民議〔論〕國政之優劣，論官長之賢否者，以叛亂論。[70]

68　《萬國公報》，期169(1902/2)，頁2-3。
69　同上，期173(1903/6)，頁6。
70　同上，期169，頁4。

四、論議員，美國以國會議員代表人民，中國人民無有代表：

> 美國京師之下議院，係代民議事者，故亦曰代民院〔今眾議院〕；上議院係代表各邦議事者，故亦曰代邦院〔今參議院〕。……美國諺曰：未得代民權，不食公眾祿，良有以矣。中國不第民權小，而且無代民之法，以申民隱。……且此權原出於皇帝，而非出於民。此中美代民之異同也。[71]

　　李佳白又比較中、德政治異同，兩國均爲君主之國，然德國有民選議院，中國無之。李佳白因而歎息道：「中國無此制〔度〕，所以民困不蘇，上下相隔，稗政莫過於斯。」[72]

　　綜合李佳白之比較論，旨在說明中國政治制度與西方之不同，明白指出中國不如西方，盼望中國急起改革，採行西方制度。

八

　　康有爲(1858-1927)，廣東南海人，進士出身。20歲(1878)時因偶然機會遊香港，得見「西人宮室之環麗，道路之整潔，巡捕之嚴密，乃始知西人治國有法度」[73]，這是他最早對西方文明的直覺感受，留有良好印象。在此之前(17歲)，他讀過魏源、徐繼畬的著作，知道中國以外尚有西方列國，但沒有深入的領悟。

　　此後康有爲搜讀可得西書，他自己提及的有林樂知所編《西國近事彙編》、李圭所著《環遊地球新錄》、傅蘭雅的《佐治芻言》等書。蘇俄學者齊赫文斯基(Sergei L. Tikhvinsky)說康有爲頗受《佐治

71　同上，頁4。
72　《萬國公報》，期178，頁9。
73　康有爲，《康有爲自訂年譜》(台北：文海出版社影印，民國61年)，頁11。

芻言》的影響。蕭公權同意其說，認爲康有爲的西方知識得自《佐》
書不少，甚至於說康氏《大同書》中的「公議院」一詞即可能得自
《佐》書[74]。傳教士中除了林樂知、傅蘭雅之外，李提摩太對康有爲
的影響也不小。李提摩太在他的回憶錄中曾說：「舉凡余從前所有之
建議，〔康有爲〕幾盡歸納爲結晶，若特異之小指南針焉。」[75]

　　康有爲在1884-1898年間，先後七次上書大談清廷改革之道，其
中關於召開議院者，有第一、第二、第四各次，如果加上他爲內閣學
士濶普通武所草〈請定立憲開國會摺〉，共四次之多。此四次上書，
先是說開國會於皇家有利：「皇帝高坐法宮之中，遠洞萬里之外，何
奸不照，何法不立哉。」繼則說：有國會則「合四萬萬人之心以爲
心，天下莫強焉」。第三次仍採前人說法，謂國會「以通下情」於政
治發展爲大利。爲濶普通武所草的奏摺，則從三世之義去說理，謂
「春秋大義，擾亂之後，進以升平」，中國當「上師堯舜三代，外採
東西強國，立行憲法，大開國會」。可見康有爲在戊戌變法時期，勸
促皇帝召開國會之意，既明顯而又積極。

　　但康自第五書起即不再提國會之當否召開，急轉大談開制度局。
制度局是一個決策機構，只要「妙選天下通才二十人，以王大臣任總
裁，每日值內，共同討論，皇上親臨，折衷一是，將新制新政，斟酌
其宜，……考覆至當，然後施行」。制度局之下有十二局，爲法律、
稅計、學校、農商、工務、礦政、鐵路、郵政、造幣、遊歷、社會、
武備等，顯然康已將制度局取代原先所擬的國會，十二局爲執行機
構。他似乎已感到開國會緩不濟急，只有制度局可以立竿見影，依靠
皇權來改造中國。

　　爲什麼會有如此的轉變？此應有兩個答案：第一，立開國會與康
之三世之義說相矛盾；第二，康有爲是個寡頭主義者。康有爲在儒家

74　蕭公權著，汪榮祖譯，《康有爲思想研究》，頁475、477。
75　Timothy Richard, *Forty-five Years in China*, p. 263.

思想中建立了一套「三世之義」的理論，所謂三世之義，即據亂世、升平世、太平世；據亂世無君，無法律，無禮儀；進入升平世之後，訂法律，嚴禮儀，是小康的局面；太平世則為大同世，《禮記》中的「大道之行也，天下為公……」即是寫照。康有為說大同世為「公政府」，是選舉產生的，公政府只有議員而無行政官，甚至於無議長，諸事從多數決。他指的就是議會政治的理想，此一觀念在閱讀西洋典籍時得到，加以詮釋發揮。

康有為雖然有如此一套理論，實際上他反對立即召開國會。他在《禮運注》及《孔子改制考》等書中明白的說，三世的演進，需要經過漫長的歲月。中國有堯舜之世的大同想像，實際上禹、湯、文、武、成王、周公都是君主之世，只能說已從據亂世進入了升平世，那堯舜之世，尚在遙遠的將來，中國的歷史上不曾存在。康有為在《孔子改制考》中說：「方今為據亂之世，只能言小康，不能言大同。」[76]可知康有為是反對立即開國會的。

康有為是一個寡頭主義者。論者謂，變法期間康有為畏懼保守勢力，不得不放棄開國會的想法，固然言之成理，實際上左右康的，恐怕還是他在性格上是個寡頭主義者。1915年Robert Michels著《政黨政治：論民主政治中的寡頭主義傾向》說得非常清楚：政治行為，以寡頭主義為核心[77]。康有為已看到議會政治的繁重程序。中國急需改革，開議院為緩不濟急。Robert Michels告訴我們，即使是一個民主國家，其決策者不過是少數幾個人，餘者追隨而已。他又說，統治者傾向寡頭主義，寡頭主義是政治的鐵則(iron law)。康有為不開國會但卻贊成地方議會，他是要以地方議會「奉宣德意」，而不是下情上

76　轉見孔祥吉，《康有為變法奏議研究》（瀋陽：遼寧教育出版社，1988），頁354。

77　Robert Michels, *Political Parties : A Sociological Study of the Oligarchical Tendencies of Modern Democracy*(New York : The Free Press ,1968), pp. 342-356.

達。

　　思想界開國會的觀念在19世紀90年代大致已經成熟，康有爲也獲得了付諸實現的機會，如果他勇往直前，國會開了，中國的命運又將如何？歷史學家不應去臆測，但康有爲急轉直下，轉個彎就放棄了，中國的議會因此而往後延緩，繼續走著專制的歷史進程。

　　梁啓超(1873-1929)，廣東新會人，舉人出身，17歲(1890)在上海得讀徐繼畬的《瀛寰志略》，「始知有五大洲各國」，同時獲悉江南製造局、同文館、傳教士等所譯西書三百餘種，一一翻閱，得以進一步了解西方。就在同年，拜康有爲爲師，康爲之講解「西學之梗概」。甲午年(1894)著《西學書目表》一書，述所讀西書甚詳。戊戌政變(1898)亡走日本，一年後能讀日文，西學更是一日千里，「思想爲之大變」，這是梁啓超建立西學根柢的大略情形[78]。

　　1896年(光緒二十二年)梁啓超著〈古議院考〉，對議會政治備加推崇，而且心嚮往之。但由於受康有爲「三世之義」理論的影響，謂「今日而開議院，取亂之道也」，原因是「人民程度〔尚〕未及格」，不能肩負監督政府的責任[79]。由此可知梁氏在戊戌變法時期對議會的認知，止於嚮往而已。

　　提升人民程度的辦法是「開明專制」，十年或二十年之後，人民有了運作議會的能力，便可召開國會。1905年(光緒三十一年)梁著〈開明專制論〉一文說：「開明專制，以發達人民爲目的者也。」「凡國家如欲立憲，必當經過開明專制。」「今日中國當以開明專制爲立憲之預備。」[80]一言以蔽之，提高人民教育程度是達成開國會的不二法門。

78　梁啓超，〈三十自述〉，《飲冰室文集》(台北：中華書局，民國49年)，卷11，頁16-17；梁啓超，〈汗漫錄〉，《新大陸遊記節錄》附錄，頁150；梁啓超，〈西學書目表序例〉，《飲冰室文集》，卷1，頁122。

79　梁啓超，〈古議院考〉，《飲冰室文集》，卷1，頁94-96。

80　梁啓超，《飲冰室文集》，卷17，頁50；卷18，頁89-99。

　　但是就在同年，梁啓超轉變爲積極的議會主義者。他似乎是受到精英主義(elitism)的影響，認爲真正運作議會的是少數精英分子，而不是全體的國民。中國千餘年來的社會都由紳士階級(士大夫)所領導，由他們來運作國會，必可得心應手[81]。此一轉變，立即將「開明專制」論置諸腦後，自此走上清季的立憲運動[82]。

　　梁啓超申論國會掌立法大權，是國家神經中樞所在。他說：「今日之國會，所謂巴力門，立法之業……立國之大本大原。」[83]「立法權屬於多數國民。」[84]「議院所定之國典乃稱爲憲法。」[85]由此可知，國會並不僅僅是訴苦求情的場合。他推崇英國的議院，謂「如英國之巴力門，有黜陟政府大臣之權，行政立法二權全歸國會之手。故英國之諺有曰：國會之權，無事不可爲，除非使男變女，女化男，乃做不到耳。觀此可知其權力之大矣。」[86]憲法成於國會，可知其擁有無上大權。「議院爲今世最良之制度。」[87]

　　梁啓超論議院功能，已不僅僅是「下情上達」或「君民一體」的舊說法。前人嘗謂政體有三：君主之國、民主之國、君民共主之國。梁啓超將之改爲「君主專制政體、君主立憲政體、民主立憲政體」，且謂君主立憲爲「政體之最良者也」，只有君主立憲政體最爲合理，適於中國之需要。在君主立憲政體下，以議院掌握國家大政，循憲法運作，國家必日益強盛[88]。

　　梁啓超的議會政治論大大超越前人，1910年(宣統二年)著〈中國

81　張明園，〈梁啓超的精英主義和議會政治〉，《知識分子與近代中國的現代化》(南昌，百花洲文藝出版社，2002)，頁330-344。

82　張朋園，《立憲派與辛亥革命》(台北：中研院近史所，民國58年)，頁41-51。

83　梁啓超，〈論立法權〉，《飲冰室文集》，卷9，頁102。

84　同上，頁106。

85　梁啓超，〈各國憲法異同論〉，《飲冰室文集》，卷4，頁71。

86　同上，頁73。

87　梁啓超，〈中國國會制度私議〉，《飲冰室文集》，卷24，頁9、11。

88　梁啓超，〈立憲法議〉，《飲冰室文集》，卷5，頁1。

國會制度私議〉，深入討論如何建立國會，對於議會的組織、選舉、投票、政黨等均有討論。他主張二院制。中國雖無貴族，但地方上情況特殊，如蒙古、西藏與內地不同，二十二省亦互有差異，設上院可以調和衝突，加上元老人物、專業人物，借重其智慧，利多於弊，有設立之必要。

下議院按人口比例產生，估計清末中國有五億人口，如以65萬人產生議員一人計，可得議員800人；如以50萬人與1之比，可得議員1,000人。參考世界先進國家的議院組織，英國670人，為4萬5千與1之比；美國眾議院386人，為19萬與1之比。西方國家議會，大者不超過700人，小者在300人左右[89]。

梁氏主張大選區制，如此則議員名額分配比較平均，不至造成太多的不公平[90]。

選舉資格，梁氏仍循西方傳統，主張25歲以上本籍男子有選舉權，同時強調識字及納稅資格。梁氏已獲悉澳大利亞、紐西蘭及美國四州女性享有參政權，但無意仿效。他認為中國的大環境尚難接受[91]。

梁氏主張複式選舉，即兩階段之投票方式。第一階段在小區域中選民投票產生一定比例的選舉人（electors）（如3萬人與1之比）；第二階段選舉人集中一地再次投票，互選定額議員。例如一省額定下議院議員10人，公民先在本縣選出選舉人若干人，全省數十縣的選舉人集中於省城互選10名定額議員。簡言之，第一次投票在縣，第二次在省；第一次是直接選舉，第二次是間接選舉。此一制度早年在歐美甚為流行，日本在明治23-32年（1890-1899）之間也一度採行，這可能是引起梁啟超注意的原因。梁啟超說由於人民教育程度尚未提高，「選舉人之智能不足，誠不免有缺乏之感」，「惟有間接制可以略矯此

89　梁啟超，〈中國國會制度私議〉，《飲冰室文集》，卷24，頁76。
90　同上。
91　同上，頁72-73。

弊」。加之中國幅員遼闊，間接選舉比較實用[92]。

梁啓超倡導政黨政治，謂議會的成功運作，有二大條件：一是「大多數人有批判政治得失之常識」，一是「有發達之政黨」。梁十分推崇英國的兩黨政治，希望中國有朝一日亦能走上此一途徑[93]。從政治學的觀點言，二黨制爲「理想型」（ideal type），理想與實際之間，有著難以估計的距離。1906年清廷宣布預備立憲，梁氏組織政聞社，準備積極參與，中國的政黨政治自此萌芽。

九

從書本上得來的知識是間接的，1861年（咸豐十年十二月）清廷設置總理各國事務衙門並派遣使節，才開始直接認識西方。清廷託請兩位洋員，海關總稅務司赫德（Robert Hart）及美國卸任公使蒲安臣（Anson Burlingame），暫充大清使臣，帶同中國隨員遊歷西方。百聞不如一見，展開了中國人對西方的親身體驗。他們記載了所見所聞，當然也看見了西方的議會。

隨著赫德前往西方的是斌椿和張德彝，與蒲安臣同行的是志剛。他們的地位都不很高，但都有筆記，留下了所得的議會印象。斌椿是同文館學生監督，志剛爲總理衙門章京。斌椿對英國議院的古典建築印象深刻，驚歎其「高峻宏敞」[94]。志剛看到了法國選舉的一些混亂情況，給予負面的批評[95]。他們的觀察都不十分深入，所見多屬表面。

張德彝（1847-1919）的情況就不同了。張氏從1866年（19歲）就讀

92　同上，卷24，頁75。
93　梁啓超，〈開明專制論〉，《飲冰室文集》，卷17，頁65、67；〈英國政界劇爭記〉，同上，卷25上，頁4。
94　斌椿著，鍾叔河輯注，《乘槎筆記》（長沙：人民出版社，1981），見輯注。
95　志剛，《初使泰西記》（上海：人民出版社，1987），頁22、70-71。

同文館時期即隨著赫德、斌椿出洋學習，1868年又隨著蒲安臣環遊世界，兩次出遊奠定了他認識西洋的基礎。以後二十一年間（1870-1891）先後以參贊身分隨同崇厚、郭嵩燾、洪鈞、羅豐祿、那桐等出使法、英、俄、日本等國。1902-1906年晉升爲駐英公使，共計8次出洋，每次出遊都有筆記，題名《述奇》、《再述奇》……至《八述奇》，其中三次（一、四、八）均有議院記述。例如1868年記美國選舉：其舉法係眾人書其所舉之人投諸甌內，畢則啓甌，擇其多者立之，或官或民，不拘資格[96]。所述爲投票程序，未有進一步之觀察。及至在英國所見，則詳述其選舉「苞苴公行」，有「倖進之心」。又說競選者「設法愚弄其民」。觀察頗爲深入，十分難得。1876-1878年所記英國的議會更爲詳細，如分析上下院的結構、政黨的競爭、議長的權力，可謂更上層樓[97]。張氏早年出洋只是一個隨員，不須瞻前顧後，敢於直書所見，以後做了公使，反而不見類似的記載。

對西方議會有深入觀察而且又有見解的使節，郭嵩燾是第一人。

郭嵩燾（1818-1891），湖南湘陰人，進士出身。以理性觀察西方事物，多所稱道，甚至於羨慕嚮往。郭於1876年（光緒二年）受命出使英國，是中國正式駐節西方的官員。郭氏出國之前曾言西方「立國有本有末」，其本在政教，但絕未想到政教的重心在議院[98]。

出國之前，郭嵩燾雖然讀過《海國圖志》與《瀛寰志略》，對於西方的議會政治只有粗略的印象。到了英國，他是以學習的心情去了解其巴力門。1877年2月30日及3月13日先後兩次去上下院旁聽議事，他在日記中記：「下議院洋語曰「好斯曷甫格門斯」〔House of Commons〕，上議院曰「好斯曷甫樂爾知」〔House of Lords〕。」

---

96 張德彝，《歐美環遊記(再述奇)》（長沙：岳麓書社，1982），頁74。

97 同上，頁130；張德彝，《隨使英俄記》（長沙：岳麓書社，1986），頁363、376、556。

98 郭嵩燾著，楊堅枝補，《郭嵩燾奏稿》（長沙：岳麓書社，1983），頁345；郭嵩燾，《玉池老人自述》，《中國野史集成》（成都：巴蜀書社，1989），頁251。

可見他是到了英倫之後才將巴力門兩院名稱弄清楚。他仔細觀察議場
的布置，坐次的安排，議員人數，辯論規範等等，唯一的批評是「上
院視下院稍靜謐」，還沒有看出什麼門道來[99]。

郭氏對巴力門有好奇之感，因而進一步了解其歷史發展。1877年
11月18日有如下記述：「略考英國政教原始，議院之設在宋初，……
距今八百餘年，至顯理第三〔Henry III〕而後有巴力門之稱，……即
今之上議院也。一千二百六十四年，令諸部〔郡〕各擇二人，海口擇
四人入巴力門，爲今下議院所自始。」[100]細細推敲之後，他得出了
一個結論，英國立國之本在巴力門：

> 推原其立國本末，則以持久而國勢益張者，則在巴力門議政
> 院有維持國是之義。……君民交相維繫，迭盛迭衰，而立國
> 千餘年終以不敝。人才學問相承以起，而皆有以自效，此其
> 立國之本也。[101]

這一段本原論可以看出他對巴力門深入探究的用心，也透露出一
種嚮往的心情。接著他與英國駐華公使威妥瑪(Thomas Wade，時亦
在倫敦)談到土耳其已經有巴力門，中國無之，不免爲之歎息：

> 〔土耳其〕仿行西洋兵制，設立議院，此〔中國〕所以不能
> 及也。[102]

不知從何處得悉德國宰相俾斯麥(Bismarck)欲限制該國議院權

99　郭嵩燾，《郭嵩燾日記》(長沙：人民出版社，1980)，第三冊，頁181-
　　182、192-193。
100　同上，頁370。
101　同上，頁373。
102　同上。

力，曾逮捕議員數人，郭嵩燾批評俾斯麥之舉動「不學無術」[103]，益見其用心深入議會政治。

郭氏注意到了議會政治即政黨政治。他說一個國家的政治，必有「愛憎」之分，議院產生「同異」兩黨，蓋屬必然。「使各竭其志，推究辨駁，以定是非，……問難酬答，直輸其情，無有隱避，積之久而亦習爲風俗。其民人周旋，一從其實，不爲謙退辭讓之虛文」[104]。顯示郭氏對議會政治已有深切的體會。他進一步追溯「鏗色爾維諦甫」〔Conservatives〕與「類白拉爾」〔Liberals〕兩黨的來源爲「多里」〔Tory〕及「非克」〔Whigs〕，從歷史中得到更多的了解[105]。

郭嵩燾原先有意將所見所聞一一報導回國，與國人分享他的個人感受，不料所著《使西紀程》（日記的最早部分)出版後即被保守派指爲「嘆羨西洋國政」，離經叛道，旋被銷毀。郭氏再也沒有勇氣傳達個人的見解。他的使英日記直到1980年才公諸於世，相去已是百年有餘，自然沒有發生過任何影響。我們今天來討論郭的思想，只能以知識分子視之；從了解郭氏，可以了解19世紀70年代進取型知識分子的思想趨勢。他們希望中國「走向世界」，但所得到的回應卻是「挫折」[106]。

另一位使臣黎庶昌(1837-1897)，貴州遵義人，廩貢出身，可以說是一個職業外交官，早年隨郭嵩燾使英，隨劉錫鴻使德，均爲參贊，1881年升任駐日本公使。在歐洲期間，注意各國的社會和文化，有深入的觀察，所著《西洋雜志》（1900年出版)是一卷反映十九世紀西洋生活的「風俗圖」[107]。他也注意到了各國的議會政治，很能認

103　同上，第三冊，頁738-739。

104　同上，頁393，時在1877年12月18日。

105　同上，頁366、469-70、593。

106　汪榮祖，《走向世界的挫折——郭嵩燾與道咸同光時代》（台北：三民書局，民國82年）。

107　黎庶昌，《西洋雜志》，鍾叔河編，《走向世界叢書》第一輯(長沙：

識議會是民主政治的表現，謂在議會中：

> 眾意所可，而後施行，故雖有君主之名，而實民政〔主〕之
> 國也。[108]

民主政治必然有政黨競爭，西洋各國都有政黨。政黨與朋黨不同，不要以爲西洋的議場中「人聲嘈雜，幾如交鬥」，實際上這是「民政之效也」[109]。黎氏是繼郭嵩燾之後，對西洋議會政治了解甚爲透澈的一人。

張蔭桓(1837-1900)對西方有進一步的認識。張氏廣東南海人，監生，以熟習西方政情知名，在總理衙門行走。1885-1889年(光緒十一～十五年)派駐美、日、祕公使，著《三洲日記》(1896出版)，甚有內容。張氏十分留意美國、英國的國會運作，一一詳爲記載。例如記美國參眾兩院，不僅談其結構、選舉過程，同時注意到婦女參政權在美國四州興起情形。又談人口十年一調查與選舉之關係，此類報導，皆爲前此之外交官所未見及。張氏又以長達萬言之篇幅錄下蔡毅所翻譯之美國憲法，謂「美國爲民主之國，應譯其『創國例』備覽」[110]；雖然他對民主政治不敢贊一詞，但留下了深刻的印象。

張氏對西班牙議會亦有所記載，但不予重視[111]，而於英國，雖非駐節所在，反多所留意，對上下院之描寫，入木三分。如謂：

> 上議院事簡，下議院事繁，國之政令皆自下議院議之。議
> 成，上於上議院，視已成，無大更駁。下議院則自朝至於日

(續)───────────

　　　人民出版社，1981)〈鍾叔河序〉。

108　同上，頁426。

109　同上。

110　張蔭桓，《三洲日記》，《續修四庫全書》史部傳記類，第577冊，頁
　　　284-287、331。

111　同上，頁405。

昃，甚或卜夜。[112]

又謂：

> 大抵英之國權仍歸兩黨，附君者曰「保黨」〔Conservatives〕，
> 樂民政者曰「公黨」〔Liberals〕。[113]

　　張氏之筆法極為謹慎，然字裡行間仍可窺見其對議會政治的好感。戊戌變法時期，翁同龢在日記中記其與張蔭桓接觸密商頻仍，雖未透露內容，他們同情變法似無疑問；康有為、梁啓超等受其影響，亦屬必然[114]。張蔭桓因同情變法而充軍新疆，拳亂時期竟遭殺害。

　　崔國因(1831-1909)，安徽太平人，進士出身，於1889-1893年繼張蔭桓為美、日、祕公使，亦有日記[115]，屬於「君民共主」論，並無突出之處[116]。惟其早在1884年即提出請開國會的奏摺，令人好奇。崔氏為洋務派，似因此而熟習西方的議會制度，以詹事府左中允官銜上一摺，謂「後患方深，請速籌布置」，並附有「設議院、講洋務二條，請實力實行」片。1880年代仍是兵工業為重的洋務時代，能提出制度革新與技術革新並行之觀念，可謂空前。崔論議院，有謂：「設上下議院，凡練兵籌餉各舉，使斯民身居局中，悉其原委，而後兵可增，而不以為抽丁，餉可增而不以為重斂。」[117]又說：「設議院則財之不足可集眾議以籌。」[118]充分了解議院的權力與功能。垂

112　同上，頁427。
113　同上。
114　詳見《翁同龢日記》。
115　崔國因，《出使美日祕日記》(合肥：黃山書社，1988)。
116　同上，光緒15年11月10日、光緒19年1月24日，《近代中國對西方及列強認識資料彙編》，第三輯(二)，頁649。
117　轉見孔祥吉，〈清廷關於開議院的最早爭議〉，《中國近代史複印資料》(北京：1988)，頁24-26。
118　同上。

簾聽政的慈禧太后並沒有責備崔氏，摺子交給總理衙門各大臣閱看之後，以「毋庸議」而作罷。或許就因為崔國因有此見解而能繼張蔭桓出使西洋。如果崔的意見被接受了，中國將會是一個什麼樣的變遷？值得我們思考。

薛福成（1838-1894），江蘇無錫人，副貢出身。出使前已官至按察使，以通曉洋務而駐節歐洲，著《出使英法意比四國日記》，所記有關西方議會的訊息甚為豐富，不亞於郭嵩燾日記。薛氏為「君民共主」論者，謂：「君民共主，無君主、民主偏重之弊，最為斟酌得中。」[119]但又謂：君民共主之國，「其政權在議院，大約民權十之七八，君權十之二三」[120]。因此評論說：英國君權，受到議會政治之限制，一時「驟難更張」。他似乎有所顧慮而以此語圓場。

薛甚注意政黨政治，能辨別英為兩黨（「公黨」及「保守黨」），法為三黨（左、中、右）。他喜歡英國的兩黨制，說英人好靜，議院中「傾軋之風尚不甚強，兩黨更替亦不頻繁」；法國則「負氣好爭，往往囂然不靖」[121]。他形容英法議員為一種「體面人」，必須才華出眾，家道殷富，實係政治學上的「精英分子」（elites），觀察相當深入。

惟薛氏未能詳論西方的選舉。1892年為英之大選年，薛的日記中不見投票情形記載，讀者不免失望。選舉為西方人的經驗，中國人難以體會。

薛回國後（1894）即病故，三年後（1897）日記出版，對戊戌變法應有所影響[122]。

黃遵憲（1848-1905），廣東嘉應人，有舉人功名。自1877-1891年

119　薛福成，《出使英法意比四國日記》，（長沙：岳麓書社，1985），頁286。
120　同上。
121　同上，頁197-198、515。
122　同上，頁597。

先後出任駐日、美、英等國參贊、領事，深入體會議會政治，尤其對日本明治維新最有心得。著《日本國志》（1895），認為中國可仿效日本，建立議會制度。黃氏謂議會是一種「至巧」的制度：

> 議員由民薦〔選舉〕，薦而不當，民自任之；苟害於事，民亦自受。……官為民籌費而民疑，民為民籌費而民信；民以為分官之權，謀己之利，而官無籌費之名，得因民之利以治民之事。其所議當否，官又得操縱取舍於其間，終不至偏菀偏枯，仗豪農富商周利以為民害，故議會者，設法之至巧者也[123]。

所以在他的觀念中，所謂君民共主，是「上下分任事權」，與一般所了解的「下情上達，君民一體」不同。他敦促人民請願召開國會，民間自組政黨以顯示民意，是外交官中見解突出的一人，日後成為戊戌變法的有力支持者[124]。

宋育仁(1857-1931)，四川富順人，進士出身。1894年隨龔照瑗出使英、法、意、比四國，任參贊，1896年出版《采風記》，所述西方議會，謂有四大功能：

一、國本所在：

> 議院為其國國政之所在，其國國本之所在，其國人才之所在。

---

123 黃遵憲，《日本國志》（上海：古籍出版社影印，2001），卷1，〈國統志〉，卷14，〈職官志〉。

124 同上，卷37，〈禮俗志〉；鍾叔河輯注，《黃遵憲日本雜事詩廣注》，頁5-22；張朋園，〈黃遵憲的政治思想及其對梁啟超的影響〉，《知識分子與近代中國的現代化》，頁17-39。

二、因議院而富強：

其變僻陋爲富強，全得力於議院。

三、因議院而人民平等：

其〔議院〕盡變舊漸之風，蕩然尊卑之分，則由彼教導其源，而議院揚其波。

四、因議院而去專制：

因議院而大通民隱，君不能黷武、暴斂、逞刑、抑人才，進佞倖；官不能估權、固位、枉法、營私、病民、蠹國。[125]

宋氏對議院之組織、地方代表之人數比例，一一詳記。又分析議員之出身背景，謂多來自富有之中產家庭，有良好教育，「長於專門才藝，通達事理，優於議論」，中國唯士紳階級可比類。言下之意，中國有士紳階級，可以開國會。

十

光緒末年全國輿論呼籲立憲，清廷逼於大勢所趨，於1905年7月16日（光緒三十一年六月十四日）派遣五大臣出洋考察憲政，戴鴻慈與端方一組，載澤、尚其亨、李盛鐸一組，分途出洋。他們的考察報告有一定的影響。

戴鴻慈（1853-1910），廣東南海人，進士出身。先後至美、英、

125　宋育仁，《采風記》（出版者及城市不詳，1896），〈政術〉。

法、德、丹麥、瑞典、挪威、荷蘭、比利時等九國考察，著《出使九國日記》(1906)，內容甚爲豐富，除了憲政，對財政、經濟、文化、教育均一併留意。由於想知道的多，政治考察反而不甚深入。對議會政治有三點認識：一、下院權力大於上院：「凡立一法，在下院議案已成者，貴族院〔上院〕對之雖有修正之權，而無反抗之力。」[126]二、議院中有政府黨與非政府黨：「政府黨與政府同意〔一致〕，非政府黨則每事指駁，務使折衷至當，而彼此不得爭執。」[127]三、複式選舉：以德國爲例，選民第一次投票，250人可產生選舉人一人。由選舉人舉行第二次投票，產生定額議員[128]。

　　端方(1861-1911)，正白旗，舉人出身。出國考察歸來，著《列國政要》報告(1907年出版)，與戴鴻慈列名，且由戴氏領銜。日後二人又聯名合奏〈請改官制〉及〈請設制度局〉二摺，力挺清廷之預備立憲。《列國政要》應爲端方個人的見解，蓋其觀點與戴鴻慈的《九國日記》多有出入之處。例如《九國日記》推崇英國憲政，《列國政要》則以義大利憲法爲最理想，應視爲端方個人的著作。

　　《列國政要》凡132卷，以憲法10卷居首，餘爲官制、教育、軍政、商政、財政、工藝、法律等。端方認識到憲法爲立國之本，推崇義大利憲法。他說：「義大利憲法頒自國王而就商於議院，是其主權固在君主，與比利時主權在國會，實大懸殊也。」[129]如採行意大利憲法，於君主最爲有利。

　　但端方在奏摺中所建議的，是仿效日本，而不是義大利，蓋日本更重視君上大權之故。〈請改官制摺〉力言日本之集議院可爲模型。集議院爲明治初年(1874)所設元老院性質之臨時議會，清廷於宣統二

126　戴鴻慈著，鍾叔河輯注，《戴鴻慈出使九國日記》(長沙：人民出版社，1982)，頁379。

127　同上，頁378-379。

128　同上，頁398。

129　戴鴻慈、端方，《列國政要》(不著出版地，1907)，卷7，頁4。

年(1910)設資政院，似即脫胎於集議院。議員分兩類：一爲王公勳爵，一爲各省推舉，集議院有權「建議、條陳、兼通輿情而覘眾見」，另有財政預算決算之權，資政院亦一一仿效。

有中央議會，亦應有地方議會，「一省之議會實有參與立法之權」。未開國會之前，可於各省設省議會；在省議會之前，先辦府州縣議會。議員由選舉產生，大州縣二人，小州縣一人。凡此皆仿效日本。端方強調，地方議會即爲地方自治。「在鄉者必有鄉會，以司立法，有鄉長以司行政。」鄉長一人，置議員數人至數十人不等，以戶口之多寡比例決定[130]。

從上述可知，端方對議會有相當了解[131]。端方爲滿清親貴中舊學新學皆有根柢者，與時俱進，難能可貴。

載澤(1868-1930)爲滿清宗室，屬鑲白旗，貝子銜鎮國公。五大臣出洋，載澤與尚其亨、李盛鐸同組，1905年12月間起程，1906年7月回至上海。載澤所提《考察政治日記》(1909)對預備立憲有推動作用。

載澤出國之前可能對君主立憲尚無認識，但半年考察期間，抱著學習心情，進步快速。他的重點考察，包括日本、英國、法國、比利時四國，每至一處，虛心尋訪，不恥下問。他在日本、英國、法國都聘請專家爲其講解憲政，更拜謁日相伊藤博文請教，希望學得愈多愈好，所見所聞，一一納入日記。

他在日本時，有法學大家穗積八束作他的講師，爲其講解日本二院制的由來，上院貴族，下院百姓，君主有裁奪之權，此予載澤「君上大權」觀念，牢不可破。伊藤博文建議中國採行日本憲法，蓋該憲

130　端方，《端忠敏公奏稿》(台北：文海出版社影印，不著出版年)，卷6，頁51-52、65。

131　據梁啟超云，1907年他曾爲滿清親貴草擬預備立憲文字不下二十萬言，所指似即端方。見丁文江編，《梁任公年譜長編》(台北：世界書局，民國47年)，頁205-206。

法肯定君權神授，不可侵犯[132]。日後清廷決定仿效日本，載澤的報告甚有關係。

載澤來到英國，得見泰晤士河畔的雄偉議會建築，爲之震撼。他聘請學者埃喜來(原文不詳)爲其講解大英憲政，埃喜來講到英國君主不干預憲政，立法大權在下議院，上議院鮮持反對意見。他在日記中一一記下：「〔大英政權〕合君主、貴族、下議院議員三者組織而成，……實力歸於下議院。君主但據政府大臣批准，君主無不批行。」又說：「上議院之權不及下議院……萬一兩院意見不合，下議院所爭執者，上議院不得不從。此雖無定例，但由來已久，爲憲法所認可。」[133]載澤至此對議會政治有進一步之認識，英日憲政差異甚大，頗感迷惑。

載澤在法國，請一位叫金雅士(原文不詳)的法官講解法國憲政，他在日記中說：「英之下議院權重，法則兩院相埒。」他了解到英之上院爲貴族，法國上院多地主。他沒有記述法國由君主轉變爲民主的歷史，但回溯「法國未立憲時，君主專制，貴族擅權，政治腐敗，人民愁苦」，似有所自我警惕[134]。

載澤的考察不僅是君民權力問題，對於議會的結構組織亦相當留意，中央議會之外，又述地方議會。對於選舉，特別對複式選舉有所介紹：

> 選舉用「兩級遞舉法」，先於里長處注冊，納正稅之數能抵三日工值者，百人內推一人爲代表，聚合成會，而後再用「得半加一法」公舉議員。[135]

---

132 載澤著，鍾叔河注，《考察政治日記》(湖南長沙：岳麓書社，1986)，頁576、577、579。

133 同上，頁596-601。

134 同上，頁634、636。

135 同上，頁631。

　　所謂「兩級遞舉法」，就是複式選舉；「得半加一法」即過半數當選。載澤沒有提及投票，此為各家考察之同一缺點。

　　載澤考察歸來，曾經兩次上摺主張立憲，第一摺請「以五年為期改行立憲政體」[136]，第二摺是一個密摺，說實行立憲有三大重要性：「皇位永固，外患減輕，內亂可弭。」希望清廷「破釜沉舟，勇往直前」[137]，似乎是綜合了日、英、法三國的憲法精神及歷史發展而得此結論。

十一

　　以上從時間先後簡略介紹議會思想進入中國的經過，歸納起來，大略可以分為四個時期：第一時期，從1840-1870這三十年間，是知識性的介紹時期。中國自古以來，沒有議會政治的經驗，時人將西方的議會情況介紹過來，經過了此一階段，中國人對西方的政治結構有所認識，但只是一些初步的了解，並無襲用的意念。林則徐、魏源、徐繼畬等官吏的著作屬於此類，傳教士有麥都司、裨治文、慕維廉、偉烈亞力、艾約瑟、韋廉臣等。第二時期，1871-1895，這二十五年間，士人視議會代表「君民一體」，內可以團結人心，外可以抗拒強權。王韜是君民一體論的創說者，日後不少人襲用他的說法，如馮桂芬、鄭觀應、郭嵩燾、黎庶昌、張蔭桓、崔國因、薛福成等。西人傳教士則以傅蘭雅、林樂知等的著作最有影響力。第三時期，1895-1904，民權說代起，強調議會表現人民的權力，「不出代議士不納稅」的觀念取代「君民一體」而風行。何啟與胡禮垣最先提出此一說法，黃遵憲、宋育仁、梁啟超等繼起發揚。傳教士中以傅蘭雅、林樂知、李提摩太、李佳白等人的著作較有影響力。第四時期，1905以

136　《清末籌備立憲檔案史料》（北京：中華書局，1979），頁110-112。

137　《辛亥革命前後：盛宣懷檔案資料選輯》之一（上海：人民出版社，1979），〈齊東野語〉，頁26。

後，議會思想根植國內，人民起而要求付諸實現，因此有清廷之派遣五大臣出洋考察憲政，不僅深入理論，同時考求實施的技術。戴鴻慈、端方、載澤等人的著作屬於此類，梁啓超的議論尤爲詳盡，至此中國進入緊鑼密鼓的實行時期。

議會思想分成四個階段輸入中國，漸漸傳布全國。但受到影響的限於知識分子，或教育程度較高的人士。在此以孫寶瑄爲代表人物，其國會認識心路歷程，在清末民初應是大同小異的。

孫寶瑄(1874-1922)，浙江錢塘人，蔭生，是孫詒經的次子，孫寶琦的胞弟，李瀚章的女婿。在清季，只是個掛名分部主事。到了民國，因其兄的關係，任浙海關監督(1912-1922)，卒於任，年48歲。孫氏從19歲(1893年)開始寫日記，受時代的影響，一開始便關心時勢。他的閱讀甚爲廣泛，中外兼顧，由於不諳西文，西方的知識大多來自翻譯作品。1890年代的翻譯，幾乎由傳教士所主導。他常常提到閱讀《萬國公報》，甚至於提起該報的主持人林樂知，可知他受《萬國公報》的影響不小。除了對西方的事物好奇，他對西方的歷史亦有很高的興趣，常常在日記中抄錄一些西方所發生的大事和人物。國人的著作，梁啓超的《新民叢報》似乎是他最喜歡的，他因讀《新民叢報》而了解何謂「解散議會」，何謂「重新選舉」[138]，皆一一在日記中抄錄。

孫氏自述他的思想演變，從甲午乙未之交(1894-5)開始關心時勢愛談變法，五年間思想「凡數變」，他的注意力大半集中在議會政治問題上。他自己的一段話這樣說：

> 余當甲午〔1894〕乙未〔1895〕之交，始談變法，初則注意
> 于學堂報館，繼則主張民權，以爲非先設議院，許公舉〔選

138　孫寶瑄，《忘山廬日記》，《續修四庫全書》史部，傳記類，第579-
　　　581本(上海，古籍出版社，1995-2000)，580冊，頁565。

舉〕，則一切法不可變，變之徒滋擾。卒又偏于民權之不能
無弊也，遂主持立憲政體，納君權民權于法之中，而君民共
治，爲數年立論之歸束。[139]

　　檢視孫氏的日記，對議會有極大的好感，他說「國會及議院，治
天下之鍋爐也，能鎔化諸質而成器」。又說議會「如一身之腦髓，聰
明智慧之所出」。在議院中可以「融洽和合」，形成「一片天境」，
在此種情況下，何患「公理有不出哉」[140]。議會之所以能成爲一個
完美的機制，是因爲「公舉〔選舉〕有法，辨難有規……意氣無所
施，私智不得逞，……民智日進，公理愈明」[141]。這一類的贊許，
隨處可見，可以了解他對議會的羨慕和嚮往。
　　早先，孫氏並不主張即開國會，亦如時人的一個共同觀點，民智
未開。但1898年急轉直下，要求立即召開國會，是否受了康有爲的影
響，不得而知。他指出中國「水旱饑饉，盜賊四起，貧困極矣」。惟
有開國會，實行選舉，盡去「貪虐之吏」，紓解民困，才能起死回
生[142]。
　　1901年孫氏受立憲思潮的影響，稱道選舉就是「參政」[143]，也
就是政治學上的「參與」（participation）。選舉，「良法也」[144]。選
舉勝於禪讓。他認爲選舉創自華盛頓，推崇華盛頓勝過堯舜：

　　　　五霸不如三王，何也？王以仁義服人，霸假仁義者也。三王
　　　　不如堯舜，何也？二帝不利其子孫，三王利其子孫者也。堯
　　　　舜不如華盛頓，何也？堯舜私薦人于天，華盛頓定公舉之法

139　同上，580冊，頁85。
140　同上，579冊，頁476。
141　同上，579冊，頁738。
142　同上，579冊，頁702-703。
143　同上，580冊，頁202-203。
144　同上，580冊，頁311。

者也。[145]

他所了解的選舉，就是中國古代的「投瓶」。謂「治平之機出於公議，公議之人由於公舉；公舉之法決於投瓶〔票〕之為功也。大矣哉！東西各國之興，皆行斯術也」[146]。因此賦詩讚歎：「蓄匓自古非良法，移作歐西選舉公；欲破天行千載虐，神機偏在一瓶中。」[147]中國的選舉早已失傳，西方「凡國之宰相，由議院公舉」[148]，令人敬佩。

孫氏進一步認識到與選舉相關的一些技術和程序，例如選舉必須先辦理人口調查，由於中國尚無此措施，不免為之歎息[149]。又認為納稅與選舉為權利與義務的關係[150]，實未料到今天已無此要求。對於議院仍會發生流弊，他說：「較諸野蠻專制之國，其百姓苦樂，天淵之隔也。」[151]表示容忍。

1905年清廷宣布走向君主立憲，孫寶瑄感到無限欣慰，但此時他已認識到立憲的一些必要條件，以當時中國的環境，走上立憲之路並不容易。他指出：「立憲二字非空言可以塞人望也。必其民體育發達，能任戰陣；實業熾盛，能荷賦稅；智慧充周，能參政謀；財藝精致，能盡職守；道德完全，能循法律。然後聚眾多分子，上自宰相，下及平民，組織醞釀而成大立憲社會，談何容易耶，談何容易耶！」[152]他似乎預見中國議會政治的坎坷道路。

145　同上，579冊，頁485。
146　同上，579冊，頁765。
147　同上，579冊，頁765。
148　同上，579冊，頁769。
149　同上，580冊，頁311。
150　同上，580冊，頁583、590。
151　同上，580冊，頁457-458。
152　同上，581冊，頁378-379。
153　相關著作，請參考：耿雲志等，《西方民主在近代中國》（北京：中國青年出版社，2003）；熊月之，《中國近代民主思想史》（上海：人民

　　無論如何，前有郭嵩燾，後有孫寶瑄，他們的思想反應了1870-
1900年代知識分子對議會政治的嚮往。中國人在知識分子、傳教士、
外交官的引導下，找到了迎向議會政治的一個方向[153]。

（續）—————————————————
　　　出版社，1986）。

第一章
諮議局及資政院議員選舉：中國試行代議政治

一、清廷預備立憲，設立中央及地方議會

　　滿清到了垂危的晚年，試圖以立憲改革來挽救其敗亡的命運，雖然諸種措施未能使得王朝政權延續，中國卻嘗試了一些傳統政治上未有的經驗。如宣統元年(1909)全國各省設立諮議局，宣統二年(1910)中央設立資政院，便是一項空前未有的創舉。這是我國首次體驗西方式的民權政治。

　　光緒三十二年(1906)，清廷迫於革命形勢，宣布預備立憲，從光緒三十四年(1908)開始，要在九年之後(1917)召開國會，成為君主立憲國家。由於中國未嘗有過議會政治的經驗，先從地方議會開始，再從地方議會中選出代表，成立中央議會，冀望步步為營，走上議會政治的道路。在正式議會尚未成立之前，以諮議局及資政院作為人民練習議政的場所，是一種臨時議會的性質。諮議局及資政院的議員，是由選舉產生的，也有練習如何選舉、試行民權的意義，其重要性可以得見。惟預備立憲只推進至第四年(1911)就停止了，因為革命的爆發，君主立憲成了泡影。但是諮議局及資政院議員都選舉產生了，票選議員的經驗，在中國是前所未有的。

二、諮議局議員選舉

諮議局，相當於今日的省議會。按照清政府的計畫，原定在全國二十二省中成立二十三個諮議局，每省一局，江蘇因兩布政使分治寧、蘇兩屬，擬設兩局。但江蘇人士認爲這種近乎分割的辦法，有礙他們的團結，要求只設一局。又因爲新疆省人民教育程度落後[1]，地方官請求暫緩辦理，結果共設二十一局。

二十一省諮議局議員的定額，並非決定於人口比例的多寡。是時中國尚無人口普查，無法，改以舊日科舉取進學額的5%爲標準。由於各省教育水準不一，中原省分，文風較盛，學額較高；邊遠地區，文野雜處，水準較低，學額亦低[2]，故各省議員名額因之不同。另外，江蘇省負擔的漕糧較他省爲多，除依學額之外，又有增額。復因保障旗籍權利，京師及各省駐防，各專設議員1至2名。各省議員定額如下：

省份	員額
奉天	50
吉林	30

1　據報導，新疆5,000人中僅有一人認識漢字文意，見《東方雜誌》第六年(1909)元月號〈憲政篇〉。

2　「按學額多寡，視文風盛衰。州縣學各有額，府學則由州縣撥充，如其額而止。故於文理較優之州縣，多取人數，以備撥府之用。惟直隸州則自有學額，不由縣撥充也。學有廩增附諸生，皆仿自前明，我(清)朝因之。」(《甘肅通志》，〈學校〉第五，卷31，頁1。)

「每縣學額，按文風高下，錢糧丁口之多寡以爲差。分爲大、中、小學。順治四年定大縣學額四十名，中縣學額三十名，小縣學額二十名。十五年又定大府二十名，大州縣十五名，小州縣四名或五名。康熙九年，大府、州、縣仍舊額；更定中學十二名，小學七名或八名。」(商衍鎏，《清代科舉考試述錄》，頁13。)

黑龍江	30
直隸	140
江蘇	121
安徽	83
江西	93
浙江	114
福建	72
湖北	80
湖南	82
山東	100
河南	96
山西	86
陝西	63
甘肅	43
四川	105
廣東	91
廣西	57
雲南	68
貴州	39
總計	1,643

　　最多的是直隸，最少的是吉林和黑龍江。二十一省諮議局議員總數共計1,643人。

　　議員係由選舉產生。按諮議局的選舉章程規定，做為一個選民，必須有下列條件之一：1.曾在本省地方辦理學務及其他公益事務滿三年以上著有成效者；2.曾在本國或外國中學堂或同等以上之學堂畢業得有文憑者；3.有舉貢生員以上之出身者；4.曾任實缺職官文七品武五品以上未被參革者；5.在本省地方有5,000元以上之營業資本或不動產者；6.具有上列條件之一年滿25歲之男子；7.寄籍本省十年以上年滿35歲之男子，或在寄居地方有10,000元以上之營業資本或不動產

者[3]。做爲一個候選人，必須具有上列條件之一，並年滿30歲之男子。凡有下列情勢之一者，不得爲選民及候選人：1.品性悖謬營私武斷者(指宗旨歧邪，干犯名教及訟棍土豪而言)；2.曾處監禁以上之刑者；3.營業不正者；4.失財產上之信用被人控告實未清結者；5.吸食鴉片者；6.有心疾者(指有瘋狂癡騃等疾精神已異常人者)；7.身家不清白者(指娼優隸卒等賤業之人)；8.不識文義者[4]。

此一選舉權與被選舉權之規定缺點甚多，最明顯的是財產條件及婦女之不具選舉權利。在西方民權政治發展的過程中，財產上之種種要求，婦女權利之受限制，係經長時期之改革始得免除，中國初建選舉制度，仿效他人，未能免於歷史的覆轍，可以不必深論。所應注意者，是在這種規定之下，究有多少人合於選民資格？其選舉的經過情形如何？

選舉係採用複選方式，是一種直接與間接民權的混合制度。先由選民選出若干候選人，再由候選人互選而產生定額議員。舉例而言，陝西省的議員定額爲66人，初選時選出十倍於此數之候選人660名，再由這660人互選66名議員[5]。有的省份在初選中僅選出五倍於定額的候選人，如湖南即爲一例[6]。很明顯的，初選爲直接選舉，復選爲間接選舉。此種方式，亦係仿效西方而來[7]。

選舉區的規劃，與原有之行政單位相同。初選在州縣，復選在道府。各州縣經初選產生候選人，候選人再集中道府所在地，互選定額

3　〈憲政編查館會奏各省諮議局章程及案語並選舉章程摺〉，《政治官報》（光緒34年6月26日）。

4　同上。

5　《續修陝西通志》，卷43。

6　郭廷以、沈雲龍訪問，謝文孫、劉鳳翰紀錄，《鍾伯毅先生訪問紀錄》（台北：中央研究院近代史研究所，1992），頁19，按：鍾伯毅原名才宏，爲湖南諮議局議員。

7　複式選舉，在西方有久遠的歷史，1789年法國首先創設。以後英國、德國、日本均曾採用過。今天美國的總統選舉仍屬此一類型。參看本書結論。

表1-1　選民與人口比例

省　別	人口總數	選民總數	百分比(%)
直　隸	25,932,133	162,585	0.63
奉　天	12,133,303	52,679	0.43
吉　林	5,580,030	15,362	0.28
黑龍江	2,028,776	4,652	0.23
江　蘇	32,282,781	162,472	0.50
安　徽	*16,229,052	77,902	0.48
江　西	23,987,317	62,681	0.26
浙　江	21,440,151	90,275	0.42
福　建	15,849,296	50,034	0.32
湖　北	25,590,308	113,233	0.44
湖　南	27,390,230	100,487	0.37
山　東	30,987,853	119,549	0.39
河　南	35,900,038	151,385	0.42
山　西	12,269,386	53,669	0.44
陝　西	10,271,096	29,055	0.28
甘　肅	4,989,907	9,249	0.19
四　川	48,129,596	191,500	0.40
廣　東	**28,010,564	141,558	0.51
廣　西	**8,746,747	40,284	0.46
雲　南	9,466,695	—	—
貴　州	9,665,227	42,526	0.44
平均百分比			0.39

資料來源：人口總數：D. K. Lieu, *The 1912 Census of China* (Shanghai, 1931)，按該書數字係根據清政府戶口清查報告數字匯集而得。又見王士達著，〈民政部戶口調查及各家估計〉，《社會科學雜誌》，卷3期3至卷4期1。

* 《安徽通志》，〈人口志〉。
** 《清史稿》，卷101，〈戶口〉。

選民總數：散見宣統元年《政治官報》；宣統元年3月至8月號《東方雜誌》，〈憲政篇〉。

議員。

這種複式選舉，值得注意的是初選。究竟有多少人具有選民資格？在種種資格的限制下，各省公布有選舉權的人數，多者16萬餘人（直隸），少者4千餘人（黑龍江）。江蘇在當時稱爲進步省份，選舉人大縣3、4千人，小縣4、5百人[8]。如果用人口總數來與之比較，便發現享有選舉權利者之百分比爲0.39%，出人意料地低少，1,000人中竟僅有4人獲有此項權利。（見表1-1）

何以合格的選民會這樣少？據當時人的批評，5,000元資產的規定影響很大。西方在二十世紀之前規定以資產爲選舉資格，本爲司空見慣。在中國則不然。第一、中國人向來財不露白，以爲財富爲人得知極爲危險，尤其是怕將來被科重稅。第二、這次選舉爲空前創舉，人民既無納稅爲義務、選舉爲權力的觀念，更不知財產要求是一項資格或權利，甚且懷疑其用意，故有財產資格的人大多沒有登記。兩廣總督張人駿說：「人民不知選舉權利，即備有資格之人亦往往不願入冊。」[9]所指蓋爲5,000元資格問題。《順天時報》有一則山東通訊：「具有五千營業資本及不動產者，則本人堅持不承認。即以選舉權利再三勸告，亦卒若罔聞。」[10]四川方面：「有些人由於怕露富，怕官府加捐稅，雖有資格也不願去登記的。」[11]西方觀察家也有類似的報導[12]。以5,000元爲資格的規定，無形中減少了選民的數量[13]。

8　〈論蘇省初選舉〉，《中外日報》（宣統元年閏2月23日）。

9　〈兩廣總督張人駿奏籌辦諮議局情形摺〉，《政治官報》（宣統元年6月21日）。

10　《順天時報》（宣統元年2月12日）。按：該報爲日本在北京之宣傳機構。

11　張惠昌，〈立憲派人和四川諮議局〉，《辛亥革命回憶錄》（三），頁145。

12　*North China Herald*，June 12，1909；United States Department of States，*Records Relating to Internal Affairs of China*，*1910-1929*(microfilm，以下簡稱U.S.D.S.)893.00/351 2/1。

13　只有一則以〈預備立憲〉爲題的諷刺小說，謂有一鴉片煙客以爲議員就是官吏，在煙館中得悉選舉消息，即忙於購買田產以求合格。見《月月小說》第二號（光緒32年10月）。

到了投票的時候，各省的反應大多顯得極為冷淡[14]。原因不僅是選民對選舉沒有認識，全國上下，除了極少數知識分子，均不知何謂選舉。清廷在光緒34年6月24日諭令各省地方官切實籌備設立諮議局，但各督撫因不知從何著手，爽快來個相應不理。7月間憲政編查館的咨文到來，他們還是寂無動靜。及後中央再三催促，知道不能不虛應故事敷衍一番[15]，才開始打聽著手之道。舉例來說：廣西巡撫張鳴岐於接到籌備咨文時，直是束手無策。然張氏向以開明進步自詡，不敢不立即因應；無法，只好函請負有盛名的廣西籍御史趙炳麟推介人才。趙氏旋推薦陳樹勳、唐尚光兩位編修及蔣繼伊檢事回籍幫忙，這樣廣西諮議局的籌備工作才有了著落[16]。河南巡撫吳重熹步張鳴岐之後，奏調該省編修杜嚴、主事方貞、彭運斌等回籍協助，諮議局也才籌備起來[17]。從這兩個例子，可知各省地方官對籌備憲政一無認識，難怪各省對籌備之缺少熱力[18]，使這個破天荒的地方自治，自始即跋躓不進，難期成效。

由於籌備緩慢，預定在宣統元年四月間的投票，有若干省份竟拖延到六、七月間方始舉行。投票情形至為消極冷淡。根據當時在華西方人士的記載，投票所門可羅雀，形同虛設。以廣東省廣州府為例，該府選民共1千6百餘人，真正投了票的僅得399人。該府各屬計設85個投票所，其中僅有一所得十六票，算是得票最多的，其他三票五票不等，有六十處竟各僅一票[19]。再以福建省城為例，有一則報導說：「福州初選舉，投票之日，城市各區到者僅十分之四，鄉村各區，則

14　同註12。

15　〈憲政篇〉，《東方雜誌》，第五年(1908)9月及11月號。

16　同註15，第五年11月號。

17　《順天時報》(宣統元年2月23日)。

18　各省督撫對籌備反應之遲緩，詳見《東方雜誌》，第五年9月號及11月號〈憲政篇〉。

19　U.S.D.S. 893.00/351 2/1。

十分不及一二，概皆自棄選舉權也。」[20]廣州、福州本是沿海得風氣之先的城市，其情形如此，其他偏僻各地對投票的冷淡，已可想見。

觀察家謂這一次選舉，大多數是指導投票。「名為民選，實自官派。」[21]美國駐華公使的一則批評，說得更為深切：「各地的選舉未能刺激起人民的熱心。合格選民僅有極少部分眞正前來投票。官府對議員選舉的影響極大，有些省份，跡近指派，此中以東三省最爲明顯。」[22]

這樣冷漠的選舉，應該是平靜無事的。但賄賂選票的中西通病，依然不免。據報導，廣東省選舉的行賄情形，一票價值在40至200兩之間[23]。杭州複選，「每票酬勞五十兩，犧牲三百金，議員即操券而得」[24]。安徽省懷寧縣未開票櫃，即已知何人得票多寡。其弊病與廣州、杭州相似[25]。掌河南道監察御史儼忠曾有一摺參劾各地之不良選舉。茲節引一段在下面，以見一斑：

> 風聞各省初選監督，則有甚堪詫異者。如安徽懷寧縣開選投票……而票櫃未開，即知有西門宋姓票數多寡。以至爲嚴密之事，而姓氏即已諠傳，其辦理草率已可概見……而又有望江縣……辦理調查，任意延宕，及奉文飭催，遂草率造冊。冊內所列被選人，竟有久經病故者。又有官階姓名不符者。其中賢否，毫無別白，尤可想見……而又有英山縣〔劉知縣〕辦理初選，更屬兒戲。當其初選，屆期各紳多未到局，遂各傳遞填名，或以一人代數人填名。名不及額，該局紳又

20　〈各省諮議局彙報〉，《順天時報》（宣統元年3月6日）。

21　〈民國紀事〉，《江西南豐縣志》，卷之終，頁16。

22　U.S.D.S. 893.00/492。

23　U.S.D.S. 893.00/351 2/1。

24　《民呼報》（乙酉年6月4日）。

25　〈掌河南道監察御史儼忠參初選監督不愼請飭懲儆摺〉，《政治官報》（宣統元年10月26日）。

置酒邀人填名，或由地保代爲填名。名已逾額，該縣即以此
局被選人挪入彼局，以足其數，冀符具文。且選舉人多鄉曲
無賴，致正紳恥與爲伍。既投票後，名曰封匭，實則未封。
局紳互相攻訐，該縣悉置之不理。又以局費爲名，遇案苛
罰，案仍不結。民不聊生，怨聲載路，遂有劉好貨之名。[26]

　　賄賂之外，尚有公然動武奪取選票者。直隸安肅縣在初選時發生
械鬥[27]，廣西桂林東西兩區亦發生類似風潮[28]。

　　雖然一般人對此次的選舉十分失望，但也有稱許的好評。有幾種
記載一致推崇江蘇諮議局辦理最爲完善。《申報》指出該局具有議院
規模，乃由於得風氣之先，領導有人之故[29]。兩江總督張人駿謂江蘇
諮議局開會時「秩序井然」，「議員中多通達時事之人」[30]。張孝若
著《張季直傳記》中一段有關諮議局的敘述，雖不無渲染，亦有可信
之處：

　　當時議員從各地當選，差不多完全是人民的意志，自動的認
　　爲優秀可靠，就選他出來，拿最重大的代表責任和地位加在
　　他的身上。勢力金錢的作用的運動，在那時竟沒有人利用，
　　也沒有受利用的人。那當選的議員，也人人自命不凡，爲代
　　表民意力爭立憲而來；那所有的心思才力都用在這帶來的責
　　任上邊。[31]

26　同上。
27　〈憲政篇〉，《東方雜誌》，第六年(1909)7月號。
28　《民呼報》(乙酉年6月4日)。
29　《申報》(宣統2年8月22日)。
30　〈兩江總督張人駿江蘇巡撫瑞澂奏具報諮議局開會日期摺〉，《政治官
　　報》(宣統元年9月21日)。
31　張孝若，《南通張季直先生傳記》，頁141。

　　直隸在這次選舉中，辦理選民資格調查，比較尚屬得法。其選民的百分比0.63％是全國之冠。有一種記載說直隸各州縣皆力爭選民資格定額。以定縣來說，全縣約6萬1千戶人家，合格者有千人之數，比例高於他縣，但地方人士以為不如理想[32]。可見觀念方面，直隸實較內地各省進步。

　　《北華捷報》（*North China Herald*）對於山西和陝西兩省的選舉，稱道其有「卓越成功之處」。正當山西諮議局開會的時候，該報記者前往太原參觀，見其開會情形頗具議會之尊嚴，顯出了應有的重要性。議員們也有令人好感的外表（favorable appearance），他們的雍容風采顯示他們是有教養有智慧的。議長梁善濟在開幕詞中，還對英國的議會政治大大稱道一番[33]。

　　湖南省的選舉，有人嘉許競選者多謙謙君子之風，且謂選舉過程規矩守法，絕無舞弊情事。議員鍾才宏的回憶錄中說：

> 桂陽直隸州規定名額為議員三名，初選為五倍之。先由桂陽、藍山（著者家鄉）、嘉禾、臨武等州縣初選十五名，再由此十五人互選三人，是為複選……在初選十五人中，桂陽州佔十名，事實上可以壟斷選舉。然投票揭曉，余與桂陽某君同獲四票居第三位。依例應抽籤決定。但該州人士竟自動宣布放棄，因該州已獲議員兩名，故以為第三名議員應讓與藍山人士，且囑事務人員依此呈報。而與余同獲四票之桂陽某君，亦未力爭其抽籤之權力。可見當時謙謙君子之風未泯。後已獲七票膺選首名之陳士傑為老翰林，無意接受議員當選，堅持不就。桂陽某君仍復得遞補為正式議員。可謂皆大歡喜。當時之選舉頗為規矩守法，絕無舞弊情事，亦可謂人

32　《王古愚先生遺集》，卷3，頁22-25；《定縣志》，卷4，〈典政志〉。
33　*North China Herald*, Oct. 30, 1909, p. 250; Feb.18, 1910, p. 359。

民尚未重視選舉權利之競爭。觀諸日後議員之相互傾軋，選舉之公然行賄，實令人對於清末民初風俗之醇厚，追念不已。[34]

廣東的初選弊端百出，但選舉議長時似乎又很得法，合於民權初步。革命黨的《民呼報》有一則記述：

> 各執事分給議員選舉議長票，各議員乃分班到寫票處填寫，各自投筒既畢，……檢視票數符合。逐拆視，……易學清得四十五票，丘逢甲得三十五票，蘇元瑞五票，區贊森二票，趙宗檀、黃有恭、黃寶熙、崔鎮各一票。有兩票誤寫『學』字為『鶴』字者(官音鶴學不同，其誤頗甚)，不入計算。照章選舉，必得到場人數過半(四十七票乃合)方能作實，〔民政使〕王會辦乃對眾議員言，能否通融。各皆無言。已而命莫任衡對眾復陳說，請舉手決定。左邊多舉者，右邊坐則無。莫又至投筒處，請諸監察到督憲前酌議。丘等遂前進。惟易不赴，似有避嫌意者。丘等與袁督言，辦事須遵定章，今事初辦，若可苟且，則事事皆可苟且矣。似宜再舉為合。眾監察皆是之。乃再給票，分票再投。易得五十三，丘得二十九，其餘蘇得五票，區少一票，趙與黃有恭無，而陳鼎勳、周廷勳兩人均得一票也。遂決定書之於黑板。王會辦乃請易學清登堂，……易乃上，各一揖。[35]

日人井一三郎曾參觀過各省諮議局，有一比較性的報告。他認為辦得好的諮議局，以「江蘇第一，浙江第二，河南第三；湖北、直

34　《鍾伯毅先生訪問紀錄》，頁19-20。
35　〈各省諮議局片片〉，《民呼報》(乙酉年9月9日)。

隸、湖南、安徽、江西、山東諸省在伯仲之間；福建、廣東未能評定」。他以爲「最下的是山西省」[36]，此與《北華捷報》記者的看法甚是矛盾。無論如何，沿海各省，因得風氣之先，辦理較爲得法；內陸各省，閉塞落後，情況則遠不如沿海省分。

由於資料的散佚不全，對於各省諮議局的選舉情形，能知者僅此而已。綜合兩種好壞不同的評論，我們認爲這破題兒頭一遭的選舉，必然是難以理想的，多弊病的；最大的缺點是人民的冷漠態度。這種冷漠，與一個國家的基本國情有非常密切的關係。西方行民主制度的國家，其制度之良否，與經濟發展成正比。所謂經濟發展，包括工業化、城市化、財富及教育四項[37]。此四方面均已發達者，其民主制度必較完善，否則適得其反。換而言之，經濟發達的國家，其下層社會(lower social strata)或市民階層(Citizenship)必然對於公益事業熱心[38]。清季中國的經濟建設尚在萌芽階段，斯時試行西方民主制度，下層社會渾渾噩噩，市民階層有待培植，加上定章中的種種限制，其不能喚起人民的興趣是必然的。

這次選舉，事實上有許多難以克服的困難。以投票所的設置而言，初選時，每縣僅得一二處，選民們往往要在數十里以外趕去投票。交通之困難，即使有選舉知識及熱情者也會爲之氣餒，何況大多數人並不視其權利爲神聖[39]。

此外，直接影響投票熱心的因素有：(一)政府的政令能否下達民眾；(二)消息是否靈通；(三)有無團體力量的影響；(四)選民之間有

36　井一三郎，〈諮議局開設之狀況〉，日本外務省文書(1886-1945)，M. T. 1,6,1, 37.

37　Seymour M. Lipset, *Political Man: The Social Bases of Politics*(New York, Doubleday, 1963, Paper)p. 41.

38　William Kornhauser,"Power Elite or Veto Groups," in Reinhard Bendix And Seymour M. Lipset,(eds.)*Class, Status and Power*(New York, The Free Press, 1966), p. 214; S. Lipset, *Political Man*, p. 227.

39　〈兩廣總督張人駿奏籌辦諮議局情形摺〉，《政治官報》(宣統元年6月21日)。

無相互影響[40]。在清季政令不能下達民間，消息隔絕，選民絕少相互影響，是鐵一般的事實。選舉不能刺激起熱心，亦毋庸進一步討論。至於團體的影響力，由於當時有立憲派人之熱中選舉，他們力爭當選，利用團體的影響力，著實左右了選舉大局，下文還會繼續討論。

三、資政院議員選舉

資政院是一小型類似臨時國會性質的結構，議員人數訂為200人，一半由諮議局選出，是為民選，另一半由皇帝指派，是為欽選；民選者將來轉化為下議院，欽選者改為上議院。值得注意的是從諮議局中選出的半數議員[41]。

來自各省諮議局的半數民選議員，由於新疆未舉辦諮議局，該省應選的2名議員缺如，實際為98人。清廷相對亦減少欽選2人，故總數為196人。但資政院總裁、副總裁(正副議長)、秘書長各1人均出自欽選，同樣享有表決權，形成了101與98之比，欽選屬於優勢。

各省諮議局議員互選資政院議員，難免一番競爭。選舉辦法是由議員互選二倍於定額之數，然後由督撫圈定當選者[42]。以廣西為例，巡撫張鳴岐敘述該省選舉經過，他說選舉時，親臨監督，選舉完畢，由他「覆加選定」，顯示此時之行政權高於立法權[43]。

選舉結果，各省分配議員數如表1-2，多者(直隸)9人，少者(吉林、黑龍江、貴州)2人。無論為何，這是中國破天荒的第一次民選議員。

40　S. Lipset, *Political Man*, p. 190。

41　〈資政院等奏擬訂資政院院章摺〉、〈資政院會奏續擬院章並將前奏各章改訂摺〉，《清末籌備立憲檔案史科》(下)(北京，中華書局，1979)，頁627-637。

42　同上。

43　〈廣西巡撫張鳴岐奏廣西第三屆籌辦憲政情形摺〉，同註41，頁772-773。

表1-2　資政院議員名額分配

民選		欽選	
奉　天	3	宗室王公世爵	14
吉　林	2	滿漢世爵	12
黑龍江	2	外藩王公世爵	14
直　隸	9	宗室覺羅	6
江　蘇	7	各部院衙門官	32
安　徽	5	碩學通儒	10
江　西	6	納稅多額	10
浙　江	7		
福　建	4		
湖　北	5		
湖　南	5		
山　東	6		
河　南	5		
山　西	5		
陝　西	4		
甘　肅	3		
四　川	6		
廣　東	5		
廣　西	3		
雲　南	4		
貴　州	2		
共　計	98		98

資料來源：本書附錄：資政院議員名錄。

　　欽選議員分為七類（見表1-2），這七類「貴族」議員額的分配，不僅是宗室王公、宗室覺羅有定額，滿漢世爵、外藩王公也有定額。比較容易產生的是宗室王公及滿漢世爵，因其人數不多。較為難辦的是宗室覺羅，各部院衙門官及多額納稅者。這三類人數較多，採用了互選的方式。例如各部院衙門官互選，定有規則四章二十三條，在都察院舉行選舉，由都察院堂官任監督，頗有競爭。碩學通儒人數更多，採用舊日「保薦鴻博」辦法，由學部辦理。實際上學部又轉請地

方官保薦。再以廣西爲例，巡撫張鳴岐的做法，先採訪一些合於資格要求的人，將他們推薦至學部，再由學部推薦欽選。學部推薦了30人，分爲清秩、著書、通儒三類，皇帝親自點定10人[44]。由此可知，雖屬欽定，還有一些民主的意味。名重一時的嚴復、沈家本等人均當選爲議員。

四、議員的出身背景

諮議局當選議員背景資料，目前所能得見者，有奉天、吉林、黑龍江、直隸、江蘇、安徽、浙江、福建、湖北、山東、河南、陝西、四川、廣東、貴州等十五省較爲完整。江西、湖南、山西、甘肅、廣西、雲南等六省則殘缺甚多。十五省完備資料中，除黑龍江之邊遠特殊情形不能引爲例證外[45]，有以下五大特色：

（一）他們是出身於舊科舉制度下的紳士階級：表1-3所示，他們89.13%皆具有傳統功名，相對的，只有10.87%不具功名背景。各種功名的分配，進士4.35%，舉人21.27%，貢生28.73%，生員34.78%。依照張仲禮的分法，上層（包括進士、舉人、貢生）佔54.35%，下層

44　韋慶遠、高放、劉文原，《清末憲政史》（北京：中國人民大學，1993），頁399-401。

45　黑龍江省之文化程度顯然不高於新疆省。最初籌備諮議局時，巡撫周樹模即指出其落後情形：「江省向係駐兵防守之地，軍事爲多，民事爲少，與內地情形不同。舊有兵丁，隸屬各城者，大率相尚以武功，而未遑文事，其在天資聰穎之士，不過嫺熟弓馬、諳習清文；求其兼通漢文，瞭解法政者，殆不多見。本省部落……又復山居野處，言語嗜好，迥異平民……各地新知未啓，故見自封，化導尤非爲易……近日創設學校，苦心教育，文化雖然漸興，民智終難驟進。且選舉之事，既非舊日見聞所已經，尤苦新布章程之繁密，諄諄苦語，半屬茫然。」（《黑龍江志稿》，卷50，頁21-22）按：黑龍江人不識漢文者多，諮議局之選舉，變通以識滿文蒙文者參加。（見《東方雜誌》，第六年5月號，頁241）選舉結果，有生員功名者11人，其他出身背景皆無何可述（見《黑龍江志稿》，卷50，頁26-28）。

（生員）佔34.78%，顯示上層紳士為多數。二十一省63位正副議長，進士有32人，高達50.79%；舉人19人，30.16%；貢生3人，4.76%；生員4人，6.35%；不具功名者5人，7.94%，更可得見紳士陣營之強大[46]。

表1-3　十五省諮議局議員功名背景

	進士	舉人	貢生	生員	其他	合計
奉　天	3	7	22	12	9	53
吉　林	0	2	9	8	11	30
黑龍江	0	0	1	10	19	30
直　隸	5	34	33	69	14	155
江　蘇	8	30	41	38	9	126
安　徽	2	14	32	25	10	83
浙　江	4	22	40	36	9	111
福　建	4	24	19	28	3	78
湖　北	8	15	41	28	5	97
山　東	5	20	20	52	6	103
河　南	9	26	19	38	4	96
陝　西	3	11	24	20	8	66
四　川	2	32	25	55	12	126
廣　東	3	25	29	18	20	95
貴　州	0	12	15	11	1	39
共　計	56	274	370	448	140	1,288
百分比(%)	4.35	21.27	28.73	34.78	10.87	100

資料來源：奉天：「奉天省諮議局第一次報告」，《奉天通志》（民23年），卷155-156。

46　上層及下層士紳之分類，根據Chung-li Chang, *The Chinese Gentry : Studies on Their Role in Nineteenth Chinese Society*(Seattle: Washington University Press, 1955)而來，雖然何炳棣對此有不同之看法，姑採用之。何炳棣以進士、舉人、貢生列為士紳，生員不屬此一階層。見Ping-ti Ho, *The Ladder of Success in Imperial China : Aspects of Social Mobility 1368-1911*(Cambridge, Mass.: Harvard University Press, 1959).

吉林、黑龍江、直隸、安徽、福建、河南、貴州：〈諮議局議
員名錄〉，北京第一檔案館，抄件。
江蘇：江蘇省諮議局議員名錄(耿雲志先生提供)。
浙江：浙江省諮議局議員名錄(耿雲志先生蒐集)。
湖北：〈選舉表〉，《湖北通志》(民10年)，卷10，頁72-73。
山東：〈憲政編〉，《東方雜誌》(宣統元年)七月號。
陝西：〈選舉〉，《續修陝西通志稿》(民23年)，卷43，頁50-
51。
四川：《辛亥革命回憶錄》，第三冊(北京，文史，1962)，頁
146-151；又見〈四川諮議局籌備處分配議員表〉，《四川保路
運動檔案選編》(成都，人民社，1981)，頁109-118。
廣東：廣東省諮議局編，《編查錄》(宣統2年)，頁1-7。
說明：包括後補議員在內。

　　以著者粗淺的了解，其他各省士紳當選的情形，亦大致相同。我
們確知此1千6百餘名議員中，總共有84位具有進士功名[47]，其百分比
(4.98%)高於奉天等十五省之平均數。革命黨人譚人鳳對諮議局當選
議員的批評說：「他們諮議局的人，不是翰林進士，就是舉人秀才，
在社會上潛勢力非常的大。」[48]日人井一三郎於參觀各省諮議局後，
謂「議員大多爲來自田間的讀書人。」[49]其他類似之批評甚多，有相
當的正確性。

　　(二)議員中不乏受過新式教育甚至留學日本者。新式教育的類
型，或爲日本歸來的留學生，或爲國內法政或經世學堂的畢業生，或
在自治研究班接受過短期訓練。惟此類有新知背景的議員，極不容易
獲一完整統計數字。原因之一是資料不足，再則受過新式教育者，同
時又兼有傳統功名。中國社會一向重視傳統功名，議員登記出身背景
時，大多只填寫功名資格，而省略其新知教育學歷。我們查知，
1,643人中，167人(10.16%)接受了新式教育，其中本國學堂畢業者62

47　根據房兆楹、杜聯喆編，《增校清朝進士題名碑錄》(北平：，民30年)
　　查得。
48　蔡寄鷗，《鄂州血史》(上海：1985)，頁133。
49　井一三郎，〈諮議局開設之狀況〉，《日本外務省文書》，M.T.
　　1.6.1，37。

人(3.77%)，日本留學者105人(6.39%)。正確數字恐不下數倍於此，蓋甲午以後，留學風氣大開，數年之間，留學生已增至萬餘人。國內之經世學堂、法政學堂亦相繼興起。宣布預備立憲之後，各省普設自治研究所，施以八月之短期教育，研習憲政新知。士紳入新式學堂及研究所者甚夥[50]。以貴州爲例，該省向較閉塞，然其經世學堂早在光緒22年(1896)即已成立；諮議局議員多爲經世學堂之畢業生，且有4人爲日本留學歸來者。又據日人井一三郎之觀察，河南省議員96人，「有新知者三分之一」。美國駐華公使館秘書丁家立(Charles Tenney)說：「少數受過教育者組成了立憲派，他們具有才幹與熱力，進一步控制了諮議局及資政院。」[51]劉厚生更強調「當選的議員，以主張立憲留日歸國之學生爲大多數。」[52]此類批評，蓋不無根據。

(三)議員中頗多曾任政府職官者。我國傳統社會，學而優則仕，人人競爭功名，旨在獲得一官半職。士紳議員百分比既高於八十九，擔任過政府職官者自不在少數。根據不完全之資料，進士議員中有曾官至監察御史者；曾任主事、知府、知縣、教授者隨處可見。舉人貢生議員中，亦有不少出任過知縣、內閣中書、教諭等職者。惟生員議員，由於資格上之限制，大多不曾獲得官職。諮議局議長副議長之有從政經驗者最多。63位正副議長中，曾出任中央或地方官吏者40人，且多爲中級以上官吏(見諮議局議員名錄附錄)。

(四)議員多出身富有之家。由於候選人大多不願以資產登記，財富一項在資料中最屬貧乏。以5,000元資產資格當選的議員，僅陝西

50　各省設立自治研究所，每縣保送一二名入所研習。研習科目有：奏定憲法綱要，法學通論，現行法規大意，諮議局組織章程及選舉章程，城鄉地方自治章程等。以後各府廳州縣均設有自治研究所，每省不下數千人肄業，且以地方士紳爲多〔張惠昌，〈立憲派和四川諮議局〉，《辛亥革命回憶錄》(三)，頁152〕。

51　U.S.D.S 893.00/492

52　劉厚生，《張謇傳記》，頁177。

得7人、山東1人、貴州1人。他省應有類似之情形，蓋陝西並非富庶區域，該省如此，沿海及江南各省應是過之而無不及。再按清季實情，財富集中於少數人家，爲不爭之論。尤當注意者，中國傳統社會中，功名與財富往往結爲一體；貧寒者固有機會獲得功名，而財富直接間接予爭取功名者若干方便。如果說有功名者大多相當富有，爲平情之論。各省議員既大多出身士紳階級，他們的富有，想像可知。選舉時不願顯露財富，所以才以功名資格登記。

（五）他們大多數是43歲上下的中年人。目前所獲資料，奉天、黑龍江、江蘇、湖南、四川等五省議員的年齡記載完整。平均奉天45歲、黑龍江40歲、江蘇42歲、湖南45歲、四川42歲，五省平均爲43歲。（見諮議局議員名錄附錄）

出身背景的大略情形如此。根據此五種背景，可得一結論：諮議局議員大多數爲具有傳統功名之士紳；若干士紳同時又曾接受過新式教育；大多爲有產階級；高層士紳中多曾在中央或地方擔任過官職，有一些政治經驗，對政府有所認識。這些背景兼具傳統性和現代性，主導他們在議會中的論政方向。

表1-4，資政院及諮議局議員功名背景比較

功　　名	資　政　院				諮　議　局	
	民　選	欽　選	共　計	百分比(%)	人　數	百分比(%)
進　　士	22	21	43	21.94	56	4.35
舉　　人	37	6	43	21.94	274	21.27
貢　　生	19	7	26	13.27	370	28.73
生　　員	10	8	18	9.18	448	34.78
不　　明	10	56	66	33.67	140	10.87
共　　計	98	98	196	100	1,288	100

資料來源：見諮議局議員名錄附錄。

　　資政院民選、欽選議員的出身背景，仍以具有功名的紳士為多
數，尤其是上層紳士的比例高達57.1%，下層紳士尚不足
10%(9.18%)。如以之與諮議局比較，各省諮議局之擁有進士功名
者，僅得4.35%，而資政院中高達21.9%(見表1-4)，顯得功名愈高，
愈有向中央發展的機會，可見傳統的影響力仍然十分強大。

　　新式教育背景，以資料不全，無法深入了解。就目前所知，議員
中有41人(20.92%)曾留學日本(民選者30人，15.31%；欽選者11人，
5.61%，見附錄)。這在當時是非常突出的現象。有新式教育背景者
絕不止此數。新式成分在資政院中發生重大的影響是為必然，尤其此
40餘留學歸來者，受新知的激勵，胸懷改革大志，力求表現也是必然
的[53]。

　　議員年齡，民選者平均得41歲，比諮議局的平均年齡(43歲)還要
年輕一些。但欽選議員的年齡較大，平均在45歲上下，這是因為碩學
通儒之當選者較為年長之故。整體而言，80%的議員都在30-49歲之
間，超過50歲的，約為20%。(見表1-5)

表1-5　資政院議員年齡

年　　齡	30-39	40-49	50-59	60-69	70-	共　　計
民　選	50	34	13	1	0	98
欽　選	43	34	14	5	2	98

資料來源：轉引韋慶遠、高放、劉文原，《清末憲政史》，頁407。

五、議員的進取與保守

　　大部分議員由士紳當選，是為必然。在政黨組織不發達的國家，
有勢力的階級常為社會的精英分子。我國傳統社會中，士紳階級即屬

53　張朋園，《立憲派與辛亥革命》(台北：中研院近史所，民72)，頁83-
　　104；尚小明，〈清末資政院議政活動一瞥——留日出身議員對議場的
　　控制〉，《北京社會科學》(1998.2)，頁83-87。

此類。科舉制度雖然在光緒三十一年(1905)廢止了，但清亡之前，士
紳階級一直存在。根據統計，全國上層及下層士紳總數，約為145萬
人[54]。政府機構中諸種職官位置及頭銜所能容納者，不過十五萬人，
閒置無職位者，多至130萬人[55]。如此龐大數字之閒散士紳，隨時隨
地皆在尋覓機會，以達出仕目的。諮議局、資政院的意義雖然不盡為
一般人所了解，或竟有人認為其為一種官職，而力為爭取者。再者，
士紳一向以治國平天下為己任，諮議局、資政院為民意機構，以為其
為當然之代表，大有當仁不讓之勢。尤其清季七十年間之內憂外患，
士紳中不乏覺醒者，以救國救亡為己任，其所期待的，機會而已。他
們鼓吹立憲，以為憲政為救國之不二法門。諮議局、資政院既為憲政
之起點，當然要力為爭取。歷史社會學家韋柏(Max Weber)之「克瑞
斯穆領袖」(charismatic leadership)說指出：傳統政權領導發生問題
時，傳統中必然產生特殊而有非常領導能力者出而領導社會之變遷方
向，此類非常人物，多為德高望重者(virtuous)[56]。傳統士紳一向受
人尊敬，彼等之出而領導地方，得來自屬容易。士紳之優厚背景，必
然是諮議局、資政院的當選者。

　　更有進者，士紳原先已有組織，利用社團的左右力，操縱選舉，
使這次諮議局議員席次大部分落在他們的手中。光緒三十一年(1905)
以後的各省預備立憲團體，發起於士紳階級，吸收對象亦為士紳階
級，尤其是兼具新知的士紳。有了組織，進而插手諮議局之籌備事
宜，競選成為議員，掌握了諮議局的發展方向。各省預備立憲團體
中，以上海之預備立憲公會影響面最大。張謇以該會領袖資格，一手
創立江蘇諮議局，選舉之後，議員幾乎為清一色預備立憲公會之會
員，張謇因此被擁為議長。另一領袖湯壽潛，雖不入諮議局，但在幕

54　Chung-li Chang, *Chinese Gentry*, pp. 120,137.

55　同上。

56　Reinhard Bendix, *Max Weber : An Intellectual Portrait*(New York, Doubleday, 1962), pp. 294-295.

後操縱，辛亥起義後，浙江諮議局選出湯氏為首任都督，即為明證。
福建方面，劉崇佑與林長民等皆與預備立憲公會之鄭孝胥有師友關
係，整個福建諮議局在他們的左右之下。貴州方面，下層士紳在光緒
32年組織了自治學社，選舉之前不久，上層士紳組織了憲政籌備會。
選舉結果，兩組織會員分占了諮議局席次。一般而言，各省熱心憲政
之士紳皆有結合趨勢；無論其組織是否周密，他們的行動舉足輕重。
社會學家莫斯嘉(G. Mosca)說的好：「代議士並非選民們的選舉，而
是議員設法讓他自己當選，或者讓他的朋輩將他選出。」[57]諮議局的
選舉與此近似。

　　從投票模式看諮議局的選舉，「政府推行一項計畫，受到此計畫
影響的階層，其投票率必然較高」。換而言之，「盲目者不來投票，
來投票者決不盲目。」[58]清季受過新式教育者，多少知道何謂民權，
如何行使民權。在全國人民大多渾渾噩噩的狀態下，參加選舉的是受
過新式教育的少數人，當選的也是這少數人。

　　再從財富觀點論之，清季「不出代議士不納租稅」的觀念，在士
紳中已相當普遍。富有者欲爭取議員席次，目的在監督政府不得濫科
捐稅，維護其財產利益。富有者之左右選舉，中外同趨，諮議局之選
舉，自不例外，清廷也必然要在資政院欽選議員中給予多額納稅者相
當的名額。

　　此種種因素，皆為前述五種類型人物當選的原因。

　　諮議局、資政院成立之後，議員們結合而成一合法的黨派，此即
所謂的「立憲派」。他們自認是民間的代表，欲藉其合法身分，監督
政府早日實現憲政。他們似乎以政治人的姿態出現，與政府立於對峙
的地位。但立憲派並不是一個完備的政黨組織，清末的政黨尚在萌芽
階段。立憲派人雖然有君主憲政之共同信仰[59]，進入諮議局及資政院

57　Gaetano Mosca, *The Ruling Class*(New York: McGraw-Hill, 1939), p. 50.

58　Seymour Lipset, *Political Man*, pp. 194,198.

59　關於立憲派人之信仰，請參看張朋園，《立憲派與辛亥革命》。

後，頗有以此民意機構作爲政黨機關之勢，然畢竟尚無統一之政黨形式。今日來分析他們所持的態度，僅能就他們出身背景所形成的心理狀態略作說明。

諮議局、資政院人士的心底是重視現實的。第一，他們的功名由統治者賞賜而來；統治者利用功名祿位籠絡人心，千餘年如一日；獲賞賜者不察，反而以爲受了「今上」的恩遇，其報恩效死的觀念，一生牢不可破，三綱五常尤不容有離經叛道的思想；再因科第功名爲仕進的起點，一朝獲得功名，便有參加統治階級的可能性；即使沒有仕進祿位的機會，功名爲世人所景仰，在社會中永遠居於優越的地位。他們唯恐現狀改變，萬一統治者被推翻了，那十年寒窗得來的功名將付之流水，原有的社會地位隨之而廢。因此，士紳是必然重視現實的。對於改革，有限度而不損及其既得權益的措施，他們可能表示贊同，而激烈的變動，絕然難以同意。

士紳既屬富有者，富有者爲了維護其經濟利益，更不容社會現狀加以改變。社會心理學家何佛爾在他的名著《篤信者》（*The True Believer*）中指出，富有者恐懼社會有激烈的變動，富有者絕不會參加激烈的革命運動[60]，一語道破了傳統階級的保守性。

但是年齡與新知及新思潮的刺激，使士紳又有進取的一面。諮議局、資政院議員的平均年齡爲43歲；值此鼎盛之年，思想仍趨於進取。再加上他們的新知，兩者配合，在某種限度下，也還能見及國家的貧弱與內憂外患的嚴重。清季的士紳階級與日本幕末的侍（武士）一樣，同處於大變局的年代，變亦變，不變亦變，顯然洞悉國家必須求變才足以生存。基於此，他們是贊同改革的。但是中國的士紳與日本之侍亦有不盡相同之處。幕末，侍已失去了階級的憑藉，大多窮困潦倒，不得不自變，其勇往直前的精神是中國的士紳所不及的。在中國，科舉雖然廢了，社會傳統依然維繫著。士紳雖有新知的啓發和新

60　Eric Hoffer, *The True Believer* (New York: Harper & Row, 1951), p. 19.

思潮的刺激，卻不能毅然擺脫舊有的傳統，而只能接受漸進的求變觀念，蓋漸進無損於既得的利益，何況藉推動改革的機會，還可以躋身統治階層呢！

上述推論，可印證於當時人的批評及議員自身的表現。革命黨《民呼報》謂江蘇諮議局：寧蘇兩屬議員多數之比較，則蘇屬較開通，而寧屬較錮蔽[61]。梁啟超所主持的《國風報》報導，山東諮議局來自登、萊、青三府之議員，因受外界潮流之刺激，開通而有進取之精神；來自濟、東、泰、武、曹、袞、沂等七府者，因僻處內地，交通不便，閉塞而頑固。比較之下，「東三府多主張急進，西七府多主張保守。」[62]貴州諮議局由自治學社與憲政籌備會員分占議席，時起衝突，蓋自治學社多下層開明士紳，憲政會多上層保守士紳之故[63]。廣東諮議局為禁賭案，議員之贊成與反對者各半[64]。資政院中，留日下層士紳之猛烈攻擊清廷，與一部分議員之「昏夜奔走權貴之門」，同為進取與保守性之使然[65]。

縱論諮議局、資政院人士的出身背景，可以確定他們有相互矛盾的心理狀態，既保守，又進取；在保守中求進取，在進取中求保守。一位社會學家說：政治人對於現存社會政治系統，不外「樂觀與悲觀」兩種態度；抱樂觀態度者，同意在現狀下求改革；持悲觀態度者，不存改革的希望。同意改革的是自由主義者（liberals），不存改革希望的是革命家（revolutionaries）。進而之言，樂觀者之希望維持現

---

61 〈各省諮議局片片〉，《民呼報》（乙酉年9月17日）。

62 〈魯省諮議局地方黨派之衝突〉，《國風報》，第一年第二十八號，頁107-108。

63 張彭年，〈貴州辛亥革命的前前後後〉，《辛亥革命回憶錄》（三），頁441-445。關於自治學社之進取，有謂該社為革命黨組織，著者不同意此說，另有考論，見拙著：《立憲派與辛亥革命》，頁151-157。

64 廣東省諮議局為禁賭案，開會討論之日，94名議員僅得64人出席；主張禁賭者20人，反對者25人，19人乘紛議時潛避。見《國風報》，第一年第二十八號，頁106-107。

65 U.S.D.S. 893.00/482；《東方雜誌》，第七年12月號，頁176。

狀，是保守的（conservative）；悲觀者之絕望於現狀，是反動的（reactionary）[66]。此正說明了諮議局人士的態度。士紳固不必為自由主義者，而其樂觀於在現狀下求改革，正是其進取與保守心理的必然趨勢。但是立憲運動並未成功，相反地，在諮議局成立後的第三年，辛亥革命發生了。這一批人捲進了革命的洪流中，他們在革命中有重大的影響。革命的成敗，在他們進取與保守態度的左右下。

革命時期的政治勢力，大別可以分為激進、溫和、保守三個類型。所謂激進、溫和與保守之分，如果我們試用溫度計探測，所顯示的就是對於時局反應的冷熱之不同。激進的要求改變現狀，其熱度可能超過了沸點。保守的冷漠改革，可能冷漠到了冰點。只有溫和型的，取的是中庸之道，不過熱也不過冷。一般而言，走極端的少，持中庸的多。我們用一個菱形◇來表示，其位於上端者，是激進的；位於下端者，是保守的；位於中間者，是溫和的，其多寡關係十分明顯。其實，激進、溫和、保守這三個類型的自身又有程度的不同；激進中更有激進者，保守中更有保守者，溫和型的也有或多或少程度上的差異。三個菱形並置，可能有一部分是重疊在一起的，其形狀如圖一。

造成激進、溫和、保守的因素，除了家庭社會背景之外，教育亦有相當關係。清季之世，儒家文化趨向保守，西方文化強勢出擊。接受西洋文化者進取，固守儒家文化者保守。革命黨人多數羨慕西洋文化，力圖效法；保守派固守傳統，一成不變；立憲派半新半舊，有進取，有保守。再以三個重疊的菱形表示，以S分開傳統文化（T區）與

66　A.L. Lowell, *Public Opinion in War and Peace*（Cambridge，Mass.: Harvard University Press, 1923）, p. 271 ff. 其理論可表解如下：

對於現社會政治系統下可能性建設行為的態度	對社會改革及政治行為的態度	
	希望改革	希望維持現狀
樂　　　觀	自由主義者	保守主義者
悲　　　觀	革命主義者	反動主義者

西方文化(W區)的影響，可以看出三個黨派的新舊教育關係。(圖二)
當然，並非沒有例外，在此不必深論。

革命黨與立憲派關係圖

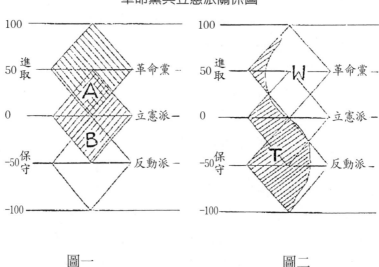

圖一   圖二

　　這三個菱形，用以形容辛亥革命時期的三個黨派，不難窺其互動
關係。革命黨中的溫和型者，在某種程度上與立憲派中的進取型者是
重疊的(圖一A區)。同樣情形，立憲派中的另一部分，又與保守派重
疊(圖一B區)，所以辛亥革命爆發後，部分立憲派人與革命黨人合
流，另一部分則走向反動。革命的狂潮迅速消退，是立憲派進取型與
革命黨溫和型領袖妥協的結果(A區)。保守與反動型者則消聲匿跡(B
區)[67]。

　　本稿於1969年5月刊載《思與言》卷5，期6；2004年3月修正。

67　詳見張朋園，〈立憲派的「階級」背景〉，《中央研究院近代史研究
　　所集刊》(期22上，民國82年)，頁221-230。

第二章
第一屆國會選舉：政黨與政治精英

一、革命共和，建立國會

中國之有正式國會，在民國二年(1913)，史稱第一屆國會，較之九年預備立憲提早了四年，足見辛亥革命有催生的作用。西方人奮鬥要求國會有達百餘年者，日本明治維新亦經二十二年始行召集國會。比較之下，中國政治參與制度的實現，不能說不迅速，不能說不是一個可喜的現象。

檢討中國議會政治的演變，清末的諮議局、資政院及民國二年的國會均有其劃時代的意義。清廷預備立憲，試辦全面性的選舉，更是破天荒的西方式選舉。民國二年的國會，是中國由君主轉變爲民主共和之後的代議機關，在全國統一局面下產生，亦屬空前。中國百餘年的近代史，可以說是一本政治社會變遷史，議會政治是其中重要的一頁，這兩次代議選舉尤其值得注意。

本文以討論民國二年的國會選舉爲主。如前所述，此爲共和政體下的盛舉，更重要的，這是中國迅速變遷的時代，此一時期的政治精英分子(political elites)曾經在辛亥革命中左右大局，影響民國初年的政治動向。再者，此次選舉，距諮議局之開辦不過五年，兩相比較，已有若干實質變遷，其間變化亦頗值深思。

本文討論的重點分三方面：第一，國會結構：民二國會分參眾兩院，討論其議員定額、人口關係、選民與候選資格等；第二，競選與投票：討論黨派競選、投票實況、選舉弊病等；第三，議員背景分

析：討論議員所來自之階層，彼等之平均年齡、教育程度、社會經驗、黨派關係等。此三方面的探討，希望能對民初的政治參與、人民的政治行爲及政治精英分子諸問題有所了解。

二、國會結構：議員定額與選民資格

根據臨時參議院所制定的國會組織法，中華民國國會由參眾兩院組成。參議院議員由各省之省議會選出，每省十人，全國二十二省，加上蒙古(二十七人)、青海(三人)、西藏(十人)、中央學會(八人)、華僑(六人)等配額，共計274人；因爲青海及中央學會均未選出，故實際爲263人。眾議院議員按人口比例選出，每八十萬人產生議員一人，但因缺乏人口調查，各省代表人數，以原先各諮議局議員定額三分之一爲定額，共計596人。兩院合計859人[1]。

此一組織法，雖有上下院之分，實際上代表性無所區別，無論省議會選出的參議員，或選民選出之眾議員，除了地方性的意義外，並無職業或階級的不同要求。考其原因，蓋當時專門職業(professions)與勞工階級尚未興起，或極不明顯，農民亦不受重視之故。

國會組織法規定，凡年滿二十五歲之男子，在選區之內居住二年以上而具有下列資格之一者，得爲候選人：(一)年納直接稅二元以上；(二)有五百元以上之不動產；(三)小學畢業以上或同等學歷。選民資格相同，但年滿二十一歲即有投票權。

有下列情形之一者，不得候選，亦無選民資格：(一)褫奪公權；(二)宣告破產而尚未撤銷；(三)精神病者、吸食鴉片、不識字。此外，現役軍人、行政司法官、警察、僧道或傳教士均無選舉權及被選舉權。小學教師及學生則停止其候選資格。

此一選舉權與被選舉權的規定，與前清諮議局、資政院一樣，有

---

1 〈中華民國國會組織〉，《政府公報》(元年8月11日)。

著極大的缺點，一般人受財產條件的限制，婦女還是沒有選舉權。但值得注意的是這一次的種種規定，與諮議局的選舉已有不同。就「居住選區二年以上」的規定而言，已較清季的「十年」要求大大縮減。就「五百元」的不動產而言，比之清季的五千元要求，亦已削減十分之九。前清的教育程度為中學畢業，此次小學畢業即可。前清的選民年齡為二十五歲，候選為三十歲，此次分別減為二十一歲及二十五歲。顯然的，民國的規定較之前清已大有改進。

種種改進的結果，選民數較前大增，由表2-1得見。前清諮議局的選民，最多的一省(江蘇)十六萬四千餘人，最少的一省(黑龍江)四千餘人；民元選舉，最多的一省(直隸，今河北)九百十九萬五千餘人，最少的一省(新疆)九千餘人。兩相比較，後者多於前者二十倍至二十五倍之間。平均言之，清季之合格選民，每省僅得八萬三千餘人，全國總數一百七十餘萬人(以二十一省計)；而此次選民平均每省一百九十餘萬，總數接近四千三百萬(以二十二省計)。換言之，前清之選民千人得四人(0.39%)，此次則百人得十人(10.50%)。此一現象，有謂為傳統衰退，人民政治覺醒，各種利益集團出現，共和觀念等因素所促成[2]。一個社會經過巨大的轉變，由君主而共和，採行進步的措施，自屬可喜。

雖然選民比例有顯著的增加，吾人仍有不能滿足之感。任何現代化的國家，其選民為人口之百分之六十至七十之間(百分之三十至四十未及齡)。此次增為百分之十，相去理想仍遠。除了因為婦女無有選舉權，財產、教育程度、納稅額[3]等種種要求限制了選民的數量

---

[2]　John Fincher, "Political Provincialism and the National Revolution", in Mary Wright (ed.), *China in Revolution: The First Phase, 1900-1913* (New Haven: Yale University Press, 1968), pp. 209-210.

[3]　選舉法第四條之規定，年納直接稅二元以上者為合格。當時稅制尚無標準規定，何謂直接稅？臨時參議院曾加以解釋，謂地租漕糧屬之。但與日本包括地租及營業稅之規定比較，範圍較狹。清季以來，商業漸次發達，已有舖捐、戶捐、屠捐等營業稅，應當列入直接稅而未列

表2-1 民國眾議院與清季諮議局選民比較表

省　別	人口總數	眾院選民總數	比例%	前清諮議局選民總數	比例%
直　隸	25,932,133	9,195,757	35.46	162,585	0.63
奉　天	12,133,303	896,408	7.39	52,679	0.43
吉　林	5,580,030	108,835	1.95	15,362	0.28
黑龍江	2,028,776	288,234	14.21	4,652	0.23
江　蘇	32,282,781	1,939,386	6.01	164,472	0.50
安　徽	*16,229,052	1,450,901	8.94	77,902	0.48
江　西	23,987,317	4,986,883	20.79	62,681	0.26
浙　江	21,440,151	1,184,629	5.53	90,275	0.42
福　建	15,849,296	1,283,348	8.10	50,034	0.32
湖　北	25,590,308	5,670,370	22.16	113,233	0.44
湖　南	27,390,230	1,277,414	4.66	100,487	0.37
山　東	30,987,853	1,368,184	4.42	119,549	0.39
河　南	35,900,038	1,688,632	4.70	151,385	0.42
山　西	12,269,386	2,588,068	21.10	53,669	0.44
陝　西	10,271,096	1,395,622	13.59	29,055	0.28
甘　肅	4,989,907	148,526	2.98	9,249	0.19
四　川	48,129,596	1,729,368	3.59	191,500	0.40
廣　東	**28,010,56	1,966,516	7.02	141,558	0.51
廣　西	**8,746,747	2,731,717	31.23	40,284	0.46
雲　南	9,466,965	233,398	2.47	—	—
貴　州	9,665,227	792,290	8.20	42,526	0.44
新　疆	2,000,000	9,506	0.48	—	—
總　計	406,880,486	42,933,992	10.50	1,673,137	0.39

資料來源：人口總數：D. K. Lieu, *The 1912 Census of China* (Shanghai, 1931).

王士達，〈民政部戶口調查及各家估計〉，《社會科學雜誌》，卷3，期3(民國20年9月)，頁65-135；卷4，期1(民國21年6月)，頁264-322。

眾議院選民總數，《順天時報》，2/1/18。

前清諮議局選民：《政府官報》，宣統元年元月至三月各期。

(續)————————————

入。(見《時報》(元年12月9日)。)

江西、河南、雲南缺。新疆未舉行選舉。
※　《安徽通志》，〈人口志〉。
※※《清史稿》，卷101，〈戶口〉。

外，選民本身的覺醒亦僅是部分的。以選民資格調查爲例，有一則報
導謂，調查員至某處調查，「同居數戶，但註其一，而漏其他。」[4]
此漏列之戶口人家竟悶不作聲，選民資格亦因此而失去。類似之情形
不知凡幾。可見中國雖有前清之預備立憲，雖然辛亥之後君主變成了
共和，但畢竟民主政治的社會化（political socialization）尚在萌芽時
期，人民政治意識的提高仍有待培植孕育。

　　選民比例不夠理想，固然與選民觀念尚未普遍覺醒有關，辦理選
舉技術不善亦爲主要原因。政治學家W. J. M. Machenzie在其《自由
選舉》一書中指出，健全的選舉，需要四個條件，其中之一，爲誠實
幹練的行政組織[5]。民元選舉，基本問題在於選民調查，而選民調查
則與人口普查有不可分的關係。第一表中所引D. K. Lieu的人口總
數，爲宣統二年（1910）以來時斷時續，於技術欠缺情況下調查估計所
得，其正確性大有疑問。從各省議員定額與人口關係看，即可得見。
以直隸省爲例，該省人口二千六百萬，非增至五十六萬與一之比，不
能產生四十六名議員。再以湖南爲例，議員定額二十七名，人口二千
七百餘萬，比例爲百萬分之一。此兩例顯示人口總數大有疑問，定額
之決定亦十分草率[6]。

　　選民資格調查最不容易。據所得資料顯示，此次辦理選民調查，
技術拙劣，毛病百出。有一則報導謂，調查員至民戶查問公民資格，

4　《順天時報》（元年12月15日）。
5　W. J. M. Mackenzie, *Free Elections* (New York: Northampton, 1967), p. 14
6　關於民國元年之人口問題，詳王士達，〈民政部戶口調查及各家估
　　計〉，《社會科學雜誌》，卷3，期3-4；卷4，期1。Ping-ti Ho, *Studies
　　on the population of China, 1368-1953* (Cambridge, Mass.: Harvard
　　University Press, 1959), pp. 73-79. 數字雖不可靠，然此爲僅有之資料，
　　估採用之。

或因說明不詳，或男人外出，婦女害怕，不敢明告，有資格的選民因此減少[7]。另一則報導說：

> 調查不得其人，大半潦草從事，每至一家，並不細心查問，……間有戶主外出，婦孺無知，不敢實言相告，而該調查員亦不述明理由，即置諸不顧而去，冊上遂無其人。此種情形，比比皆是。[8]

漏列是一大弊病，謊報、多報同樣嚴重。何以多報？蓋欲魚目混珠，冀得較多名額之故。以江蘇為例，該省定額議員四十名，分由四區選出，各區為爭取較多名額，紛紛匿造選民人數，以第三區匿造者最多，故分配之結果，為「第一區八名，第二區九名，第三區十三名，第四區十名。」[9]第三區多報人口，所以占名額較多。再以湖北漢口為例，漢口原分漢口商埠四區與夏口地方五區，共九區。二年一月一日投票時，漢口四區投票者1,170人，甚為零落，而夏口羅家墩一區，竟有一萬三千餘票；韓家墩亦高達七千餘票，並有韓某一人得一千三百餘票。以後始發現夏口地方浮報三萬餘人[10]。

總而言之，這次選舉規章與辦理選舉的技術，較前清有了改進，但缺點仍多。一個制度的建立，在經驗中發現錯誤，在理性下求其改進，民元百般在起步狀態，弊病自所難免。

7　《時報》（元年12月10日）。

8　《順天時報》（元年12月15日）。

9　張東蓀，〈國會選舉法商榷〉，《庸言》，卷1，期13(2年6月1日)。
　　江蘇選區之規劃，詳見《政府公報》（元年8月11日）。

10　《時報》（2年1月9日）；《順天時報》（2年1月24日）。

表2-2　民國元年眾議院選舉人口比例表

省別	人口總數	眾院議員額	比例(1000人)
直隸	25,932,133	46	564
奉天	12,133,303	16	758
吉林	5,580,030	10	558
黑龍江	2,028,776	10	203
江蘇	32,282,781	40	807
安徽	*16,229,052	27	601
江西	23,987,317	35	685
浙江	21,440,151	38	564
福建	15,849,296	24	660
湖北	25,590,308	26	984
湖南	27,390,230	27	1,014
山東	30,987,853	33	939
河南	35,900,038	32	1,122
山西	12,269,386	28	438
陝西	10,271,096	21	489
甘肅	4,989,907	14	356
四川	48,129,596	35	1,375
廣東	**28,010,564	30	933
廣西	**8,746,747	19	460
雲南	9,466,965	22	430
貴州	9,665,227	13	743
新疆	2,000,000	10	200
蒙古青海		30	
西藏		10	
總計	406,880,486	596	686

資料來源：同表2-1。

三、投票：複式選舉

我們進一步觀察投票的情形。民元選舉與清季一樣，都是複式選舉，直接與間接民權的混合使用，議員經初選及再選而產生。初選為直接民權，凡有選舉權之公民均可參加投票，選出五十倍於定額的候選人，再由候選人互選定額議員。以奉天（今遼寧省）為例，該省眾議員定額為十六人，初選產生候選人八百人，再由此八百人互選十六人[11]。

我們對這次的投票情形不能詳知，惟從各種報導中可得以下之粗略印象。投票程序不似今日完備。凡有選民資格者，調查員來調查時，即將選舉人資格證明一紙交與收執，至投票之日，攜同此一證明至投票所核對姓名後領空白選票一張，自填所欲選舉之候選人姓名（不能自我選投），而後投入密封之票櫃中[12]。

根據美國駐華領事的報告，奉天省奉天府與江蘇省江寧縣兩地的投票率分別為百分之六十及七十[13]。這兩則報導令人有驚喜之感：驚的是投票率與今日現代化國家的情形已無分軒輊，喜的是這個百分比顯示市民階層多熱心政治事務；但我們不能不懷疑這兩則報導的全面性或代表性。根據報紙雜誌所得的印象，選舉運作，賄賂及舞弊，比比皆是。賄賂選票為一個普遍的現象。初選票價最低者一、二元，最高者十元八元。複選票價少則數十元，多則百元以至數百元不等。以廣東為例，有三種報導一致指責賄選嚴重，《時報》說：「收買選票，或一、二元，或四、五元一張；出資數百元即可當選。複選時乃

11　《政府公報》（元年8月11日）。

12　同上；又見《順天時報》（2年1月24日）。

13　U. S. D. S., 893.00 / 1528, 1529, 奉天省分四選區，全部選民 892,916 人，
　　分配如下：奉天府 374,011 人，秦州府 239,676 人，昌圖府 146,142 人，
　　興京府 133,087 人。投票日奉天府約 224,000 人投票。江寧縣選民
　　31,018 人，投票 24,227 人。

有數百元即儼然可為國會議員矣！」[14]路透社報導有百元一票者，美國領事則說一票有高達千元者[15]。賄選的方式不一，廣東某富商以送禮求人賜票，凡投彼一票，以燕尾服為酬。當時一套禮服約需六十元。三十票當選，總數一千八百元[16]。廣東選風之壞，清季之諮議局已是如此[17]，似不足為奇。

　　湖北省亦有同樣的情事。下面是一則觀察入微的報導：

> 眾議院初選，各運動家因省議會初選違法舞弊，無從懲罰，野心益張，是以為所欲為，毫無顧忌，竟敢期前極力運動。司選舉諸員，發票諸員，因省垣居民不到約五分之二，不妨偷買，故敢大張納賄之門。其運動成熟者，即在投票所附近布置機關，以便所雇投票人更衣寫票飲酒，為聚會場所。其有以票價過昂未即運動成熟者，居然偽造入場券換票，或攔在中途收買入場券。聞是日投票所一區未啟門以前，司選諸員竟在門內預分選票，至於放鎗。紳界有名之呂聯乙、白復初、陳寶詩、趙師範、陳元璧、朱榮山、姚海田等十餘人，各搶一二千票外出，交其機關處填投。及投票時，白復初與童德宏(均司發票員)沿發票時將票藏於衣袋及褲襠中，經投票人察覺朋毆。拖至警長處，於褲襠下搜出數百票，陳元璧亦犯此弊，在褲襠及套庫內搜獲甚多。眾選民怒其作賤選票，污穢字紙，將其褲撕成片片，兩股受傷頗重，較白、童尤甚。[18]

14　《時報》（元年12月10日）。

15　《時報》（元年12月10日）；U. S. D. S, 893.00 / 1563.

16　《時報》（2年2月24日），按當選票平均在三十票左右，但亦有高達六十票以上者。見《政府公報》（2年8月15日）。

17　詳見第一章。

18　《時報》（2年1月19日）。

　　引文中所提及的省議員賄選情形尤其混亂。省議會雖不在本文討論之範圍，但參議員由省議會產生，而國會與地方議會同時舉辦，省議員選舉如此，眾議員可想而知。茲再節引如下：

> 全國省議會初選於(二年)一月一日投票，省垣一班劣紳、黨人之有議員熱者，竟日施其運動方法，或勾結承辦人員，預將選票填就，夾帶入場，一齊塞入票櫃；或邀集軍營士兵、工廠工人，更衣前往代投，或使人沿門收買選民入場券，每張代價僅銅元數枚。眾選民之知選舉權寶貴者甚少，即有知者，亦以此一票不過爲人作嫁，何必往投。遇有相識來索，無不甘願奉送。一班運動家之獲有選票千張數百張者，遂不可數計。其有資產者，則廣雇人輪番往投。其吝於錢財者，則祇請戚畢往投。甚有成捲整百投入，管理督察各員本與運動家通同舞弊，一切不遵守法定手續，入場既不劃到，換票亦不記名。場以內人聲嘈雜，場以外打架鬥毆，野蠻狀態，難以形容。發票員手執之票，竟被某某所雇工人搶去五十餘張，於人叢中逸去未獲。其一人領票數十次，自劃自名以投者，有彭紹夔等多人，經監督員斥辱，猶自投不已。更有王連三，身藏五百票，入場被眾痛毆一頓。此時場內櫃桌俱被擠倒，又被搶二百餘張。後將票櫃上封，抬入武昌署去後，外間違法舞弊提起訴訟之聲大作。……計被選諸人名譽均極平常，殊少傑出人士。聞以某某黨人佔十六人，各黨選票有數十百票連在一起者，有多出一人筆跡者。[19]

　　其他江蘇、浙江、福建、河南省均有賄選情事[20]。總而言之，此

19　同上。

20　《時報》(2年1月10日、22日、23日)；《順天時報》(元年12月4日、24日)。

次選舉有全面性的舞弊，鮮有不用賄選者。眾議員鍾才宏說，清末諮議局選舉，舞弊少見，而民國以後「則公然行賄」，亦是正確的觀察[21]。民主政治的先驅英國，其議員賄選，雖至二十世紀亦所不免[22]，中國初試民主政治，自難免同樣流弊。

賄賂之外，還有毆鬥事件發生，此在江蘇、雲南、廣西等省均有報導，顯示有黨派之爭及不公平之競選活動[23]。黨派問題下面還會提到。

賄賂、毆鬥皆可視為不可避免的現象。若議員不經由選舉產生，或政府上下其手，則情況格外嚴重。我們知道蒙古、西藏、青海等地方均未舉辦選舉，其議員全為指派，而所指派者，甚至不屬本籍。這三個地區的選舉為袁世凱一手包辦。曹汝霖（江蘇人，五四事件時被攻擊的要角之一）說，當其接獲蒙古參議員證書時，事前一無所悉，事後才知是袁總統的恩惠：

> 有一天忽然接到當選蒙古議員的證書，甚為詫異。余既不是蒙古人，又沒有參加競選，何來當選議員？……後來知道，名為當選，實由總統（袁世凱）指派，……此事聞是項城（指袁）知我清貧，暗示補助之意。[24]

其他如汪榮寶（江蘇人）、林長民（福建人）、易宗夔（湖南人）、張國溶（湖北人）、金還（江蘇人）、方貞（河南人）、康士鐸（直隸人）、薛大可（湖南人）等一批名流都占了蒙古西藏名額而成為議員。

不僅中央政府上下其手，地方政府亦有同樣情事。廣東都督胡漢

21　《鍾伯毅先生訪問紀錄》，頁19-20。

22　Maurice Duverger, *Political Parties* (New York: John Wiley, 1963), XXVI.

23　《時報》（元年12月18日、2年1月31日）；《順天時報》（元年12月31日）；U. S. D. S. 893.00 / 1541.

24　曹汝霖，《一生回憶錄》（台北，民59年），頁79。

民曾以電報指名選舉某某為議員。《時報》引胡氏的兩份電報，其
一：

> 舊都聞府聯合事務所林柏和鑒：請舉林柏和、高增者為議
> 員，餘待電商。漢民雄飛冬。[25]

其二：

> 舊都聞府林柏和鑒：請舉司徒穎、易次乾為眾議員。漢民雄
> 飛微。[26]

　　江蘇省常州縣在選舉期間，正好新舊縣長交接，舊任縣長為欲控
制選舉，於卸任之前趕辦投票事宜，竟將選票預填日期，草草投票，
以致一般選民不滿，發生打毀票櫃之事[27]。

　　控制票匭及賄賂選票，在選舉史上為兩個不同程度的腐化行為。
權力的取得如能奮臂攫取，則賄賂亦嫌代價過昂，及至不能明目張膽
以武力奪取選票，賄賂始廣為運用。此在西方選舉史上幾無例外。英
國十七、十八世紀的國會，原先鄉村的選民都被人「牽著鼻子走」
（locked-in electorates），尚在強權選舉的時代，強迫投票，把持票
匭，司空見慣。中產階級興起以後，幾次改革法案的頒訂，使地主階
級的影響力減退，始進入賄選時代，以財力買動選民，選舉行為為之
一變。賄選必須講求技巧，施惠窮人，為地方修橋舖路，博得選民好
感，自然容易取得選民的選票，是謂選舉政治。二十世紀上半有所謂
意識型態競選之說。然無財力支持則不足與言競選，此在資本主義社
會幾無例外。政治學家看賄賂選舉，認為腐化為暴力與法治的中途

25　《時報》（2年1月30日）。
26　同上。
27　《順天時報》（元年12月12日）。

站，避免暴力，容忍腐化，無可如何[28]。

　　不良報導的另一面則爲稱道，當時亦有讚許辦理選舉得宜者。南京初選之日（元年十二月六日），美國領事曾至會場參觀，認爲安排得當，十分有效。選民進入會場，各出示公民合格證書，加戳之後，即領取一張白紙無字的選票，進入另一室填寫個人所欲選舉者之姓名，再至另一室投入票匭，從後門而出。室內有警察維持秩序，井井有條[29]。日本在北京的喉舌《順天時報》亦對南京的選舉備加稱道：

> 此間初選舉辦理極佳。……南京城合格選舉人計一萬人，其中少有自棄投票選舉之事云云。[30]

廣西籍國民黨議員曾彥謂：

> 國會選舉……肯出錢買票的絕少，結果大多是地方知名之士當選。[31]

　　綜合言之，此次國會選舉，批評不良者多於稱道。不良的現象中，以賄選最爲普遍，官僚的上下其手最爲嚴重。如果以這次的選舉與諮議局的選舉相比較，前清之季，人民對民權一無認識，故冷漠者多。由於人民冷漠，公然賄賂之事亦相對較少。民國以後，人民知識較前略有進步，且有黨派的作用，投票率提高了，賄選的情形也嚴重了。但是嚴格的說，冷漠現象並未完全消失。《順天時報》說：「開

28　James C. Scott, *Comparative Political Corruption* (Englewood Cliffs, NJ: Pretice-Hall, 1972), pp. 88-106.

29　U. S. D. S. 893.00 / 1529.

30　《順天時報》（元年12月8日）。

31　曾彥，〈中華民國第一屆國會述要〉，《中國議壇》，第五期（46年8月1日），頁4。

通者競爭激烈，閉塞者視若無睹。」[32]以至於有選舉權者自己不做主張，「而由他人任意代行者」[33]。民主黨領袖湯化龍曾於預備選舉期間至長江各地視察競選情形，他認爲由於缺乏民主政治的經驗，人民對選舉事宜仍然十分幼稚[34]。最可笑者，竟有主辦選務的地方官視民主選舉爲科第選舉。甘肅某知縣接到調查選舉人札時，誤以選舉人（即公民）爲前清之舉人，該令申覆，竟謂「卑縣文風不振，貢、廩、附、增、監尚有可選，若選舉人獨無」[35]。該縣令之昏瞶可以想見，一般人民之漠不關心自不足爲奇。

從上述諸種報導所得印象，可作一結論：沿海各省及通都大邑得風氣之先，一般選民對選舉稍具常識，因而投票熱心。美國領事對奉天江寧兩地的報導，即屬此類，其投票率間有達百分之六、七十者，亦屬可信。至於內陸閉塞地區，對選舉事宜茫然，其投票率似難超過百分之五十。當然，比較之下，民國的情形已較前清進步，部分市民階層的覺醒，亦爲必然的現象。政治學家Robert E. Scott 討論墨西哥市民階層的覺醒問題，取地方觀念(Parochial)、子民觀念(Subject)、參與觀念(Participant)三個層面爲指標[36]。他說1910年時墨西哥90％是地方觀念者，9％屬於子民觀念，只有1％是參與觀念[37]。民國元年有10％的選民，是否這百分之十的人都關心政府的發展方向，固無法得一正確回答，惟從上述投票的情形看，選民十人中能有一人關心時

32　《順天時報》(2年1月1日)。

33　同上(2年1月16日)。

34　同上(元年12月12日)。

35　同上(元年12月16日)。

36　Rebort E. Scott, "Mexico: The Established Revolution," in Lucian Pye and Sidney Verba, (eds.) *Political Culture and Political Development* (Princeton, N. J.: Princeton University Press, 1965), p. 330. 地方觀念者對國家或政治事務是茫然的；子民觀念只關心政治(從產出系統上)加給他的義務，而不問政府對其是否有所服務；參與觀念則不僅(從投入系統上)支持政府，還要督促政府。

37　*Ibid*, pp. 335, 345 ff.

政的良窳已非易易。此種情形是否優於墨西哥，固然因兩國國情不同，難於比較。惟稍具歷史常識者都會了解到生活在傳統中的中國人，其政治觀念是消極的，只知納稅爲義務，不知參與爲權利。民國初建，子民觀念者或與墨西哥不相上下，而參與觀念恐亦屬鳳毛麟角。

四、黨派競爭議席

　　西方社會，有選舉必有競選。民國2年國會的建立，雖然難以令人滿意，但因黨派作用其間，亦有競選意味。首先當略爲介紹當時的黨派大勢。民國政黨源流大體可分爲兩支，其一爲革命派，另一爲立憲派。革命派以同盟會爲正宗，源於孫中山的興中會、黃興的華興會、章炳麟的光復會。立憲派在清季爲憲友會，亦爲三方面勢力，一爲梁啓超的政聞社，一爲湯化龍、孫洪伊等的諮議局聯合會，一爲張謇的江浙派。民國肇建，同盟會改組爲國民黨。章炳麟轉而與張謇合組中華民國聯合會，改統一黨，旋又擴大黨勢聯合武昌首義派——民社（以黎元洪爲中心）組共和黨。不久章氏又退出，維持統一黨。湯化龍、孫洪伊等與梁啓超聯合，先組共和建設討論會，十一月改爲民主黨。十二月國會初選時之大勢爲國民黨、民主黨、統一黨。二年四月國會開幕，五月，民主、共和、統一三黨合併爲進步黨，又形成清末兩大集團局面。（參見表2-3）

　　所謂政黨，爲習慣的稱呼，而非嚴格定義下的政黨。有謂民國初年的政黨，虛有其名，派系其實[38]。此說甚有見地。在清季，革命與立憲之分，一激進，一緩進，旗幟鮮明。革命之後，時移勢易，有原爲立憲派而加入國民黨者，亦有原爲革命派而加入進步黨者，而兩黨

---

[38] Andrew J. Nathan, *Peking Politics, 1918-1923: Factionalism and the Failure of Constitutionalism* (Berkeley, CA.: University of California Press, 1976), chap. 1-4.

黨義並無明顯之不同。兩黨同以實現三權分立為目標，並不似後來政黨之標榜主義。 Maurice Duverger說，現代政黨以群眾為基礎[39]，國民黨與進步黨均不注意此一問題。由此觀之，民初政黨並不具備現代性的政黨條件。惟 Duverger 又說，十九世紀以至於二十世紀初之政黨，以爭取議院席次為主旨[40]。此正說明了國民、進步兩黨的實質。

表2-3　清末民初黨派演變

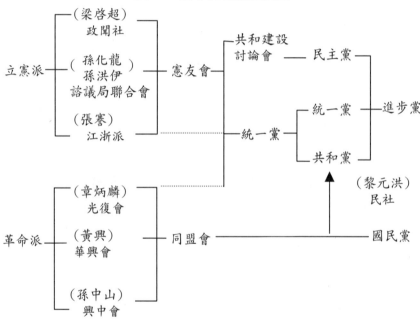

民初兩黨皆精英分子的結合，故與其說他們有政黨的理想，不如說他們是利用政黨的名目以達個人的政治目的。清末精英分子以國是自任，尚有激進與溫和之分。民國人人欲顯身手，只問目的，不擇手段，原有的黨派性格消失。除了少數具有遠見者，民國政黨人物並不

39　Maurice Duverger, *Political Parties*, pp. 63-71.
40　*Ibid*, p. 1.

以發展政黨爲職志，故民國政黨實不足以今日眼光衡量之。

國民黨的宋教仁，民主黨的湯化龍，這兩位民主政治的先驅，在國會選舉期間曾四出活動及發表演說，增加了選舉的聲色。尤其是湯化龍，一位頗爲自信的政治家，他以爲民主黨有原諮議局的基礎，必定會在選舉中獲得勝利，嘗自上海溯江而上，每至一處則發表演講，並在當地建立民主黨的分支部。可惜我們不能獲知其演說內容，亦不盡悉其設立分支部後的活動[41]。

國民黨布置選務較有計畫。以該黨在湖南的活動爲例，湖南是宋教仁、黃興的家鄉，宋、黃於革命後即銳意在家鄉經營黨勢，首先拉攏原立憲派人譚延闓加入國民黨。譚氏是否入黨，不得其詳，但同情國民黨，似無疑問；因此湖南實在國民黨掌握之下。競選期間，宋教仁又派遣老同盟會員仇鰲回鄉主持選務。仇氏接替劉人熙爲民政司長，成爲全省的選舉總監督；選務皆由黨員負責，「布置了全省的選舉網」，得到了一次「壓倒性的選舉[42]」。

鍾才宏是湖南選出的眾議員，他對於國民黨的「選舉網」有進一步的說明。他說湖南共分五個選區，每一區均有招待處（即競選辦事處），省支部撥款二千元爲競選費用。競選人有公開的演講，也有海報，似乎相當吸引人[43]。

眾議院議員統一黨人王紹鼇謂，大部分競選演說都在茶館中進行。中國的茶館原屬說書談天的地方，這次竟發生了政治性的作用：

> 當時的競選活動，除了一些人暗中進行賄賂外，一般人都採取公開發表演說的方式。我在江蘇都督府任職期間，曾抽暇到江蘇的蘇、松、泰一帶作過四十幾次的競選演說。競選者作競選演說大多是在茶館裡或者在其他公共場所裡。競選者

41　《順天時報》（元年12月12日）。
42　《辛亥革命回憶錄》（北京，1961），II，頁181-183。
43　《鍾伯毅先生訪問紀錄》，頁27-28。

帶著一些人，一面敲著鑼，一面高聲叫喊「某某黨某某人來
發表競選演說了，歡迎大家來聽呀！」聽眾聚集時，就開始
演說。有時不同政黨的競選者在同一茶館裡同時演說，彼此
分開兩處各講各的。聽講的大多是士紳和其他中上層人士。
偶爾也有幾個農民聽講，但因講的內容在他們聽來不感興
趣，所以有的聽一會就走了，有的坐在那裡也不聽。[44]

　　除了演講之外，其他較有意義的活動並不多見。時人批評，多謂
各黨不知運用有效的競選方法。茲引《順天時報》評語一則如下：

政黨各員對於此種選舉皆未習慣，一般有選舉權人民之政治
思想頗屬幼稚，不能使此次選舉呈露活潑之光景，如先進列
國之比其結果。各政黨之運動方法毫無系統，不聯絡本部支
部，以致脈絡不通。於是各省之中，或爲國民黨佔全勝地
方，反被共和黨所敗；或爲共和黨根據地方，反爲國民黨所
利用；或有民主黨本期失敗而意外優勝之地方；或有同籍一
黨互相競爭而被他黨收漁父之利地方。[45]

　　既不知運用正當的方法，在競爭中則不免正面衝突。國民黨與民
主黨的衝突最爲厲害。以直隸省的滄州爲例，有一則報導說：

直隸滄州第四區國會複選之前一日，國民黨因強迫投票（強
令他黨投本黨票—原註），硬將民主黨李寶書、趙熙兩人捉
去，前呼後擁數十人，有三人持鎗威嚇，種種強迫卑劣手
段，令人髮指。滄州知事徐君樹廷以投票須選舉自由，何得

44　《辛亥革命回憶錄》，II，頁405。
45　《順天時報》（元年11月26日）。

強迫從事，持鎗捉人，擾亂治安？當即前往南門國民黨事務
所與之嚴重交涉，始將李、趙放出，然仍扣住李、趙二人之
證書，聞民主黨已提起訴訟云。[46]

這一則報導，無論其立場如何，足見兩黨衝突之一斑。

最令人不解的，是一位叫吳寶璜者之控告湯化龍。吳氏的訴狀指
湯化龍向其賄選而未兌現：

具訴狀人吳寶璜，為營謀被欺騙鄉愚懇請傳案追訊事：竊公
民來自田間，不謀世事。本月三號，以眾議院初選當選，赴
第三覆選區投票。初六日即有同鄉湯用彬、石山儼介紹于湯
化龍，囑投伊票，甘言媚詞，而受關節，許投票後酬洋三百
元及後種種利益。民思本區覆選，既有張大晰、彭漢遺買票
於先，今又有湯化龍買票于後，必係正當行為，遂慨然應
允。及投票，遂照關節行事，出場後即向伊等寓所追索前
款。湯化龍已杳如黃鶴，石山儼、湯用彬則左支右吾。與之
再四理論，僅給紙洋二十元。爾時尚有同鄉李之萬在場，同
為質證。似此誘導投票，欺騙鄉愚，若不徹究，則狡詐者視
為長策，終受牢籠。如此跪叩廳長台前，伏乞傳案集訊，追
繳前款，是為德便。上呈，計證人李之萬、證物紙幣二十
元。[47]

此一訟案，《時報》指為國民黨誣陷湯化龍的一個苦肉計，因為
湯化龍在革命時期與同盟會人多有不合[48]，且湯為名士，「如能打
倒，則對(國民)黨之前途阻礙減少」。《時報》又說，國民黨許諾每

46　《時報》(2年1月27日)。
47　同上(2年2月27日)。
48　詳見本書第一章。

月津貼生活費二百四十元，所以吳氏才不顧本身受賄之罪嫌而出面告發。事實眞相無從查知。本案似未成立。湯化龍不僅順利當選議員，且進而出任議長。這一件訴訟公案，只證明國民黨與民主黨之衝突，從競選時期便已十分嚴重。

　　以上之討論，以兩個意識型態不甚明確的集團爲基礎，所強調的不是某種理想的消長，而是民主政治尙在幼稚時期的實況。政治世俗化(Political secularization)所要求者在富於理性、長於分析、注重經驗。政黨政治可以幫助社會化，可以促成世俗化，但一種體系或制度的移植，其歷程是漫長而崎嶇的。民主政治在中國，清季以諮議局爲試驗，民元國會亦當以實驗論，一切有待培植。

五、議員成分分析：精英分子的造型

　　參與系統是精英分子出頭的機會[49]。中國傳統以科舉制度選拔統治精英分子。自1905年此一制度廢止之後，直至國會選舉才開啓了一條新的出路，其競爭之激烈，從上述競選期間的形形色色，已可想見。但究竟什麼人當選了？目前回答此一問題，遭遇若干不能完全克服的困難。859名議員之個人資料，除年齡籍貫有完全之記載，教育背景及社會經歷則多殘缺。日人佐藤三郎曾編《民國之精華》一書，收列兩院議員452人之小傳，爲全部議員52.52%；進一步查閱有關資料[50]，再得47人，合計爲499人，增爲58.1%，僅此而已。在無可如何的情況下，惟有就此資料作爲抽樣分析。此一抽樣之可信程度，不敢遽下判斷，惟經比較之後(詳下文)可得若干解釋。再者，蒙古、西藏、青海、新疆、甘肅等邊遠地區之未知數將近百人，而蒙古西藏等

49　S. N. Eisenstadt, *Modernization: Protest and Change* (Englewood, Cliffs, N. J.: Prentice-Hall, 1966), p. 12.

50　各省地方志；《最近官紳履歷彙編》，第一集(北京：民9年)；《現代支那人名鑑》(東京：1928)。

地之議員全部由中央指派。當時北京政府對邊區採取懷柔羈縻政策，議員多授予貴胄王公，此輩世襲貴胄多無經歷及教育背景可述。如剔除此百人，未知數即減至25％左右，雖不能一般化，抽樣分析則不至失眞。再者，日人佐藤三郎編纂《民國之精華》之動機何在，在此固不必追究，而「精華」二字與社會學上的「精英分子」（elite）相近。西方學者以精英分子觀念觀察上層社會之特性[51]，《民國之精華》蓋有此傾向，兩院精英分子當已包括其中。

（一）年齡：首先討論兩院議員年齡，此有完整之資料。參議院263人，平均36.6歲。眾議院596人，平均36.3歲。兩院平均36.45歲（見表2-4、2-5）。利用分組法觀察（5歲一組，參院分八組，眾院分九組），可以看出30-34歲者人數最多（參院115人，43.73％；眾院193人，32.38％），35-39歲者次之，40-45歲者又次之。50歲以上更少，60歲以上僅得6人。

初入議院年齡若多數不超過35歲，並不是一個可喜的現象。但是革命後的政權，其政治精英分子多半年輕，民元議會即爲一例（中年以後鮮有從事革命者）。年輕人缺乏政治經驗，往往用革命時的激烈手段處理政務，操之過急，以至於賁事[52]。民國初建，國會議員處處強調責任內閣，放論限制總統權力，此爲共和政治不能穩定原因之一。法國政治學家Mattei Dogan 謂入議院之最佳年歲在45歲左右，此時年富力強，心智皆已成熟[53]。民元參眾兩院40-49歲之議員爲數20％上下，顯示持重者不能左右多數，尙難產生有爲的政治家。60歲以

51　T. B. Borttomore, *Elites and Society* (Baltimore, Penguin Books, 1967); C. Wright Mills, *The Power Elite* (New York: Oxford University Press, 1956).

52　Samuel P. Huntington 論革命家與改革家之不同，謂前者激進，以快刀斬亂麻的手段推翻現狀。後者緩進，推行政務，步步爲營，是兩者的區別。見所著 *Political Order in Changing Societies* (New Haven, 1968), pp. 344-346.

53　Mattei Dogan, 'Political Ascent in a Class Society: French Deputies, 1870-1958,' in Dwaine Marvick, (ed.), *Political Decision-makers: Recruitment and Performance* (The Free Press of Glencoe, 1961), pp. 57-90.

表2-4　參議院議員年齡

省別	人數	30-34	35-39	40-44	45-49	50-54	55-59	60-	不明	平均
直隸	10	3	5	2						36.4
奉天	10	5	1		3	1				38.3
吉林	10	5	3	1		1				36.2
黑龍江	10	6	3		1					34.5
江蘇	10	4	1	3		1	1			34.9
安徽	10	3	4	2	1					37.6
江西	10	6	4							34.4
浙江	10	3	4	2					1	35.9
福建	10	2	4	1	1	2				39.9
湖北	10	4	6							35.4
湖南	10	*3	5	2						37.3
山東	10	5	2	2		1				37.2
河南	10	7	2	1						33.6
山西	10	6	1	1	2					37.2
陝西	10	8	1	1						33.1
甘肅	10	**4	2	1	2				1	36.6
新疆	10	4	3	1	1	1				36.6
四川	10	5	4			1				36.7
廣東	10	6	2		1			1		37.4
廣西	10	4	1						5	33.0
雲南	10	2	1	2		3	2			44.9
貴州	10	3	7							35.4
蒙古青海	27	***10	4	4	1	2		1	5	38.1
西藏	10	3	2	4			1			40.0
華僑	6	4	1	1						33.3
總數	263	115	73	31	13	13	4	2	12	36.6
比例	100%	43.73%	27.76%	11.79%	4.94%	4.94%	1.52%	0.76%	4.56%	

說明：(1)資料來源：《政府公報》（2年8月15日）。

　　　(2) ※　內一人為29歲。

　　　　　※※　內一人為28歲。

　　　　　※※※內一人為26歲。

表2-5　眾議院議員年齡

省別	人數	25-29	30-34	35-39	40-44	45-49	50-54	55-59	60-	不明	平均
直隸	46	6	11	12	12	3		2			37.5
奉天	16	2	4	6	3		1				36.5
吉林	10	1	1	1	1	4	1		1		43.1
黑龍江	10	3	2	3	1	1					34.1
江蘇	40	5	6	13	7	7	1	1			38.1
安徽	27	2	12	5	4	3		1			36.6
江西	35	9	15	9	2						32.8
浙江	38	5	14	8	5	3	3				36.5
福建	24		9	6	4	3		1	1		39.4
湖北	26	1	12	6	7						35.1
湖南	27	3	13	4	5		2				34.0
山東	33	5	6	7	10	5					37.7
河南	32	4	15	7	3	3					34.8
山西	28	4	11	10	1	1		1			34.8
陝西	21	3	8	5	4	1					35.0
甘肅	14	1	6	2	3		1		1		37.7
新疆	10	2	4	1	1					2	32.1
四川	35	6	7	17	5						34.5
廣東	30	8	11	2	3	1	3	2			36.1
廣西	19	3	4	7	3	2					35.4
雲南	22	3	4	9	4				1	1	36.7
貴州	13		2	7	4						37.8
蒙古	30	4	9	8	3	3		3			38.4
西藏	10		7	1		1					36.0
總數	596	80	193	156	96	40	13	11	4	3	36.3
比例	100%	13.42%	32.38%	26.17%	16.11%	6.71%	2.18%	1.86%	0.67%	0.50%	

說明：資料來源：《政府公報》（2年8月12日）。

上的議員不過數人，則屬一可喜現象，蓋六十以後入議院者，其目的多不在政治[54]。民國經革命而建立，年老者入議院的機會較少。

54　*Ibid.*

　　（二）教育背景：清末民初是中國的轉型時期。C. E. Black 論中國新領導階層的崛起，以1905年之科舉廢止爲轉捩點[55]。按科舉廢止之次年，新式教育代興，一面國內普設學校，一面大量派遣學生出國留學，中國知識分子造型爲之一變，根據499名議員資料觀察，其中257人（51.5％）仍有傳統功名，可見傳統的因素依然相當濃厚。但是這257人中58人（11.66％）已轉而接受國內新式學校教育，105人（21.05％）前往日本（英、美）留學，僅只94人（18.84％）於傳統功名之外，未曾自求蛻變。499人中242人（48.50％）爲完全新式教育出身，而不具傳統功名；89人（17.84％）爲國內新式學堂畢業，153人（30.66％）留學日本。（見表2-6，2-7）

表2-6　兩院議員新舊教育背景

		25-29	30-34	35-39	40-44	45-49	50-54	55-59	60-	不明	總數	比例%		
傳統教育	進士			4	6	3	4	1	1		19	3.81	18.84	
	舉人		5	11	6	6	1	4	1		34	6.81		
	貢生		5	4	3	6	3	1	1	1	24	4.81		
	生員	1	4	4	6	2					17	3.41		
本國新式教育	進士		1		1						2	0.40	11.62	29.46
	舉人		3	2	3	1				1	10	2.00		
	貢生		7	8	2	2	1	1	1		23	4.61		
	生員	1	11	7	3						23	4.61		
	全新	16	42	18	8	4	1				89	17.84	17.84	
留學日本（英美）教育	進士		3	7	4	3		1			18	3.61	21.04	51.70
	舉人	1	10	10	9		2		1		33	6.61		
	貢生		1	6	4	1					12	2.40		
	生員	5	16	17	2	2					42	8.42		
	全新	21	*79	37	13	2				1	153	30.66	30.66	
總計		45	187	135	70	33	12	8	4	5	499			
比例%		9.02	37.48	27.06	14.03	6.61	2.40	1.60	0.80	1.00	100.00	100.00		

※其中留英、美各2人，留法1人。

55　C. E. Black, *The Dynamics of Modernization: A Study in Comparative History* (New York: Harper & Row, 1966), p. 92.

表2-7　參眾兩院議員教育程度

省別	傳統教育	新式教育					總計
		留日	大專	法政	師範	自治	
直隸	7	16	6	4	3	2	38
奉天	2	6	1	5	3	4	21
吉林	5	1		6	2		14
黑龍江	7			5	3	1	16
江蘇	8	17		1	1		27
安徽	4	8	2	2			16
江西	4	22	1		1		28
浙江	5	20	3				28
福建	7	8	4	5	1		25
湖北	1	16	2	2			21
湖南	3	18	2	3	1		27
山東	4	14	2	1	5		26
河南	4	14	2	4	2		26
山西	3	14	4	2	1		24
陝西	5	8	4	2	1		20
甘肅	3		3		1		7
四川		22	6		1		29
廣東	7	10	4	5	1		27
廣西	2	6	1	4	3		16
雲南	5	10		3	1		19
貴州	4	8	1	2			15
新疆	3		1	2			6
蒙古青海	1	11		1			13
西藏		6					6
華僑		4					4
總計	94	259	49	59	31	7	499
比例	18.84%	51.90%	9.82%	11.82%	6.21%	1.41%	100%

說明：傳統：完全爲傳統教育，不具任何新式教育背景。

　　　　留日(英、法、美)：不論長期短期。

　　大專：指本國大學堂，短期法政學堂除外。

　　法政：清末普設法政學堂，爲期半年、一年、二年不等。

　　師範：簡易師範，初級師範屬之。

　　自治：清末預備立憲，普設自治研究所以增進人民權利思想，爲期三月五月不等。

　　此一教育背景，以之與前清諮議局議員比較，該局1288名議員之有傳統功名者高達89%（見第一章），有功名而又至日本留學者，約爲20%，可見先後不過五年時間，知識分子已有甚大轉變；傳統士紳衰退，新式知識分子興起。1909年之諮議局選舉，距科舉制度之廢止不過四年，新的因素已很明顯，此與1900年前後留學風氣的展開及國內新式學堂在1902年以後相繼出現很有關係，民國元年國會選舉，較諮議局的轉變尤爲顯著。自表2-6 中觀察，下層士紳較有自我調整的能力，上層士紳亦有不甘示弱者，但顯然的，年輕者更具自我調整的願望。

　　在此必須對新式教育進一步說明。表2-7 中將接受新式教育之405人（無論其是否曾經獲得傳統功名）細分爲留日、大專、法政、師範、自治五類，加上傳統功名者94人（不具任何新式教育），共六類，以觀察其比例。清季自設學堂而新式教育興起，預備立憲期間，各省普設法政學堂及自治研究所，一則培植人才，再則灌輸權利思想。法政學堂有一年二年不等，其程度不過今日之初級專科學校。自治研究所則爲三數月或半年不等之短期訓練，有無功名均可參加，程度不超過今日高中生。師範學校則爲培植師資而設，入學者亦多下層士紳，在學一年二年不等，程度與法政相當。此處之大專界說則甚鬆懈。清末民初國內已有大學堂，但其程度亦難與今日相提並論。留學日本，程度亦參差不齊。1900年後中國留學生大量湧入日本，1906年之際，已超過二萬人。日本爲應付大量中國留學生之要求，速成學校如雨後春筍，亦不乏開學店圖利者，眞正進入東京或京都之帝國大學者，十不得一。故此處之留學程度實不宜過於高估。惟二十世紀之開始，日本維新已有三十餘年，氣象蓬勃，能至日本一遊，耳目爲之一新，觀念自然隨之有所改變，留日學生雖未必深入書本汲取新知，所見所聞刺激其求變思想，實爲回國後推動改革的原動力。然日本模仿西方，我人再模仿日本，一再轉手，欲求了解三百餘年來西方的巨大轉變，無異戴面紗者之觀察事物，難免有看走樣的地方。議員中留學歐美者

僅數人，尚難發生作用。

（三）社會背景：自教育背景而可以推測此輩議員的社會背景。以科舉出身而言，功名與財富往往結爲一體；貧寒者固然有獲得功名的機會，財富則直接間接予爭取功名者若干便利。應考者的基本要求爲儒家典型，此非長時期的培育不可，自義學、私塾發蒙以至於書院攻讀，家境若不富裕，絕難接近功名階梯[56]。我國舊日人口百分之八十爲文盲，顯示識字已非易事，況乎侈談爭取功名。新式教育亦屬同樣性質。歷來讀大學者屈指可數，負笈海外幾可視爲特權。舊日財富以土地爲標準：士紳階級多自稱「來自田間」或「世代務農」，他們正是社會主義者所指的「地主階級」。一言以蔽之，民元議員多數來自富有之家庭，屬於上層社會（賄選亦可以看出財富的關係，沒有財力甚難當選）。個人爲維護自身的利益，往往形成保守的態度，民國議員之保守，與此有絕對關係。

（四）經歷：觀察議員的經歷背景，可以探測他們對當時的政治及社會的了解程度，所代表的社會成分。惟競選者所登記的職業，不一定是他的眞正本業。一個實業家可以說他是某某學校的董事，一個偶然投稿的人可以說他是新聞從業者，故討論此一問題時必須特別愼重。根據496人之資料，兩院議員來自不同的職業階層，此處將之歸納爲政府官吏、教育界、新聞界、工商界、律師、議員、革命等七類（見表2-8），以議員、官吏、教育三類所占比例最大，茲分別說明如下：

議員出身者170人（34.27％）。所謂議員，凡曾任前清諮議局、資政院、縣議會及民國之臨時參政院、臨時省縣議會議員均屬之。其中以出身諮議局者最多（99人），餘則數人或十數人不等。此類人物非無他種經歷，惟因競選國會議員，所以特別強調其有議員資歷。西方民

56　Chung-li Chang, *The Chinese Gentry* (Seattle: University of Washington Press, 1955), pp. 182-183; Ping-ti Ho, *The Ladder of Success in Imperial China* (New York: Columbia University Press, 1962), pp. 50-51.

表2-8　參眾兩院議員經歷

省別	政府官吏			教育	新聞	工商	律師	議員	革命	總計
	上級	中級	下級							
直隸		2		16	1			15	3	37
奉天		2	3	6				8	1	20
吉林		2	4	3				6		15
黑龍江			2	4				9		15
江蘇	1	8		1			1	14	1	26
安徽		4		5	2			11		22
江西		11		5			1	9	3	29
浙江	1	10		3	1			13	1	29
福建		6		5				6	3	20
湖北		3		3	1			4	8	19
湖南		9	2	6				6	5	28
山東		4		7				9	4	24
河南		9	2	6				6	5	28
山西		9		3				6	5	23
陝西		2		5	1			7	3	18
甘肅		4	1	1						6
四川		7		6	1			8	2	24
廣東		3	3	11			1	7	4	29
廣西				4				7	3	14
雲南	3	6				1		3	2	15
貴州		7		3				4		14
新疆		2	2					1		5
蒙古青海	4	9	1					7		21
西藏	1	1		3	2	1		2	2	12
華僑								2	1	3
總計	10	120	20	106	9	3	2	170	56	496
比例	2.02%	24.20%	4.03%	21.37%	1.82%	0.60%	0.40%	34.27%	11.29%	100%

經歷說明：

政府官吏：上級：督撫，都督，布按使。

　　　　　中級：縣令，知州，廳（司）長，道尹，主事，科長，參議，顧
　　　　　　　　問，檢察長等。
　　　　　下級：科員，筆帖式。
　　教育：校長，教授，教員。
　　新聞：報館經理，主筆，記者。
　　工商：實業，銀行，商人。
　　律師：
　　議員：諮議局、資政院議員，臨時參議員，省議員，縣議員，參事會議
　　　　　員，臨時省議員。
　　革命：不著職業而僅言其爲同盟會員者，民社分子之參加武昌革命者。

　　主國家，政治家多出身議會。英國議員之平均任期爲九年，論者謂英
國議員任期長，所以不斷有傑出的政治家出現。法國不如，平均任期
一年九個月，所以有爲的人物不多見[57]。民初議員雖然少數人有諮議
局三年之經驗，臨時參議院一年餘的閱歷，皆不能以正式議會議員視
之，其他地方議會更是無論。嚴格言之，民二國會議員無實際議會經
驗，此所以在議會中不知如何運用議論技巧，彼此意見不合，動輒衝
突毆打。對於政府，一味強調責任內閣，不知進行協商；大言限制袁
世凱的權力，豈知袁氏擁有武力後盾。這是中國民主政治失敗的原因
之一。

　　有政府經驗的議員150人，30.25％，占第二位。從政經驗有助於
議論，但此類經驗大半在清季，於共和政治無實際裨益。再加上多數
屬於有功名者，趨向保守，形成了民元議會的另一保守因素。

　　出自教育界106人（21.37％），占第三位。汪一駒謂留學生回國之
後的出處，不入官場則入教育界，鮮有例外。其所以如此，蓋政府容
納量有限，不能立即獲得官職者，惟有暫時棲身教育界[58]。議會既爲
精英分子出頭的機會，從教育界轉入是一種必然的趨勢。有謂從事教

57　Dwaine Marvick, (ed.), *Political Decision-makers: Recruitment and
　　Performance* (The Free Press of Glencoe, 1961), pp. 56-60.

58　Y. C. Wang, *Chinese Intellectuals and the West, 1872-1949* (Chapel Hill:
　　The University of North Carolina Press, 1966), p. 367.

育者適於出任議員，他們有足夠的知識、充裕的時間以從事議會活動[59]。這或許是民初議會最值得重視的一個有利因素。

出身律師、新聞事業、工商實業界者僅數人，此與專業精神之尚未出現有直接關係。我國之有專業律師在1910年代之初，新聞事業及工商階級雖已興起，專業精神尚未確立。Dogan 論議會人物，律師及新聞從業者最爲合適[60]。然中國此時尚無從有此要求。

表2-8 中有革命一欄，56人（11.29%），此爲不得已之處置，因爲資料中僅此一項記載。同盟會員皆入此一欄。國會中之同盟會員不只此數，雖然國民黨改組時吸收了若干士紳及立憲派人，同盟會員仍爲基幹，此爲國會中的激進因素。

（五）兩黨在議院中的大勢：政治學家Duverger 謂研究黨派關係最大的困難爲不能獲得黨員名錄[61]，我們亦有同樣的遭遇。但是民國2年11月4日袁世凱沒收國民黨議員證書448人[62]，有此根據，兩黨大勢已很明顯。表2-9探討兩黨議員的平均年齡，以國民黨爲一組，非國民黨則納入進步黨，其他小黨附之。所得結果，平均年齡極其相近（參議院國民黨141人，平均36.6歲；進步黨122人，37.3歲；眾議院國民黨307人，33.2歲，進步黨289人，37.9歲；兩院平均，國民黨34.9歲，進步黨37.6歲）。因此，以年齡論，實不能看出兩黨的激進緩進關係。

再看兩黨中的傳統因素。兩院中之有傳統功名者，國民黨45人（9.02%），進步黨48人（9.61%）。國民黨接受新式教育者（不論有無傳統功名）238人（47.69%），進步黨168人（33.67%），顯示國民黨的新式教育因素大於進步黨；換而言之，國民黨具有進取或激進的性格，進步黨則溫和而保守。（參看表2-10）

59　Marvick, pp. 71-72.
60　同上，pp. 100, 104.
61　Duverger, pp. 61-64.
62　《政府公報》（2年11月23日）。

表2-9　兩黨議員年齡

省別	參議院				眾議院				兩院平均			
	國民黨		進步黨及		國民黨		進步黨及		國民黨		進步黨及	
	人數	平均	人數	平均	人數	平均	人數	平均	人數	平均	人數	平均
直隸	4	36.3	6	36.5	22	37.8	24	37.3	26	37.1	30	6.9
奉天	5	34.0	5	42.6	11	34.4	5	40.8	16	34.2	10	41.7
吉林	8	36.4	2	35.5	5	38.6	5	47.6	13	37.5	7	41.6
黑龍江	8	34.8	2	33.5	4	29.8	6	38.4	12	32.3	8	36.0
江蘇	6	43.5	4	33.0	14	37.2	26	38.6	20	40.4	30	35.8
安徽	9	37.0	1	43.0	11	35.3	16	37.0	20	36.2	17	40.3
江西	10	34.4	—	—	24	32.1	11	34.1	34	33.3	11	34.1
浙江	5	35.4	*4+1	36.3	25	36.0	13	37.5	30	35.7	*17+1	36.9
福建	7	39.3	3	41.3	7	39.9	17	36.8	14	39.6	20	39.4
湖北	5	35.2	5	35.6	10	33.8	16	35.8	15	34.5	21	35.7
湖南	10	37.3	—	—	23	34.2	4	41.0	33	35.8	4	41.0
山東	5	40.0	5	34.4	14	36.4	19	36.5	19	38.2	24	35.5
河南	6	33.7	4	33.5	11	33.2	21	34.0	17	33.5	25	33.8
山西	1	33.0	9	37.7	11	34.1	17	35.3	12	33.6	26	36.5
陝西	5	33.4	5	33.0	20	34.6	1	43.0	25	34.0	6	38.0
甘肅	4	38.3	*5+1	35.2	8	35.1	6	41.2	12	36.7	*11+1	38.2
新疆	4	36.3	6	36.8	5	31.0	*3+	34.0	9	33.7	*9+2	35.4
四川	5	38.4	5	35.0	17	33.3	18	35.7	22	35.9	23	35.4
廣東	10	37.2	—	—	28	36.1	2	36.0	38	36.7	2	36.0
廣西	*5+4	33.0	*0+1	—	13	35.4	6	36.0	22	34.2	7	36.0
雲南	6	42.0	4	49.3	13	35.2	*8+	39.8	19	38.6	*12+1	44.6
貴州	—	—	10	35.4	1	42.0	12	37.5	1	42.0	22	36.5
蒙古青海	*1+1	31.0	*21+4	38.4	8	40.3	22	36.7	*9+	35.7	*43+4	37.6
西藏	1	44.0	9	39.6	2	35.0	8	36.3	3	39.5	17	37.9
華僑	6	31.7	—	—	—	—	—	—	6	31.7	—	—
合計	141	36.6	122	37.3	307	33.2	289	37.9	448	34.9	411	37.6

＊＋號後之數字為年齡不詳人數

表2-10　國民黨與進步黨議員教育背景比例

	國民黨				進步黨			
	傳統教育人數	%	新式教育人數	%	傳統教育人數	%	新式教育人數	%
參議院	19	3.81	75	15.03	13	2.60	49	9.82
眾議院	26	5.21	163	32.66	35	7.01	119	23.85
合計	45	9.02	238	47.69	48	9.61	168	33.67

　　以上之背景分析，已可看出二十世紀初葉中國精英分子正處於一個急速蛻變的時代：1905年科舉制度未廢止之前教育是傳統的，之後，新式教育代興；這一制度的興革，使精英分子的造型隨之改變。由於辛亥革命推翻了二千餘年的專制政體，極端保守的傳統因素亦急遽消失。但是由於蛻變中的精英分子大多來自富裕的家庭環境，受過新舊不同的教育，進取與保守的態度形成了一個矛盾的狀態。如果借用傳統性與現代性（tradition-modernity）的對比觀念來觀察1910年代的精英分子[63]，可以做成一個假設性的關係互動圖解（如圖2-1）：

　　這一個假設性的圖解，又可做成下面幾項暫時性的結論：

　　(1)從教育背景來看，精英分子之接受新式教育者，其現代性大於傳統性。換而言之，在傳統下出身的士大夫階級，其傳統性大於現代性；新舊教育兩者皆有接觸者，傳統性與現代性趨於均衡；接受新式教育多者，其現代性大於傳統性。比較之下，第三種型態漸趨優勢。

　　(2)就年齡關係看，越是年輕，其現代性越大，反之適得其反。當然年齡與新舊教育的關係是互動的，年輕者多半由傳統的教育轉向了新式的教育，所以容易接受現代性，年老者比較缺乏調適的勇氣，所以傳統性依然很濃厚。因此，年輕者進取，年老者保守，這一個現

63　關於傳統性與現代性，參見 Black, pp. 9-26; David Apter, *The Politics of Modernization* (Chicago: University of Chicago, 1965), pp. 83, 319.

圖2-1　民初政治精英結構圖

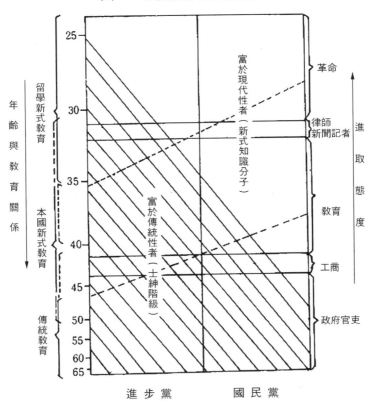

象似乎是蛻變中社會的特色。

　　(3)就黨派關係看，國民黨的現代性略勝於進步黨，這與兩黨黨員的教育背景及年齡關係等互動因素有關。

　　(4)就職業關係看，來自教育界及曾任政府官吏者甚多，從事革命而未有其他經驗者次之，其他均不足論。新式職業、教育家，從事革命者的現代性大於官吏與商人。

　　民初是一個迅速變遷的時代，政治參與在萌芽中，精英分子亦在蛻變中。雖然傳統已逐漸衰退，現代化的方向並未確定。論者謂中國自清末已朝向民主政治的方向發展，而不幸竟走向了威權的發展(見

第四章）。實則民初的國會選舉，有民主政治的外觀，尚少民主政治的實質。大眾人民在這次空前的大選中是茫然的，對政治有興趣的只有極少數的精英分子。精英分子的造型是半傳統半現代性的，他們有求變的觀念，但自身的利益優先。那茫然的群眾是孤苦無依的。中國未來的變遷將是市民階層的覺醒，因此中國將繼續變化，繼續追求一個理想的方向。

第三章

第二屆國會選舉：安福系與研究系

一、安福國會的由來

　　議會選舉是民主政治重要的一環。前兩章分別討論清末及民國二年的國會選舉，本章賡續討論民國七年的第二屆國會，時人稱新國會，亦即大家所熟知的安福國會。一次又一次的選舉，中國人是否在經驗中求得了進步，民主政治的展望樂觀嗎？

　　民國五年袁世凱稱帝失敗，被其解散的第一屆(民二)國會得以重開。正當大家慶幸中華民國又回到了民主共和的體制，不料張勳發動復辟，國會旋即被迫再度解散，共和體制又一次面臨考驗。要不是段祺瑞(1865-1936)、梁啓超(1873-1929)等馬廠誓師，打敗張勳，阻遏復辟，共和政治的前途難以逆料。但是段、梁等討平復辟後，決心不再恢復舊日的國會。他們理直氣壯的說，第一屆國會是正式解散了的，沒有理由再次恢復。他們掌握了當時的政治形勢，宣布修改國會組織法，要由新法產生新的國會。民國七年(第二屆)的國會就是這樣來的。

　　第二屆國會又稱安福國會，原因是這次的選舉，完全在段祺瑞、徐樹錚(1880-1925)等的安福俱樂部控制之下，賄選舞弊，給世人的印象極壞。可幸的是，共和國的外觀沒有消失。我們必須強調，民主政治不是一蹴可幾，只要民主的火苗不滅，中國的全民政治仍有厚望焉。雖然新國會在安福系的控制之下，一無可取之處，但檢討其中種種缺失，對中國發展民主政治的困難所在，應可增進了解。

　　段祺瑞、梁啓超等決定不要舊國會，從頭做起，選舉一個新的國會。他們的做法是先召集臨時參議院，由該院起草新的國會組織法，凡是舊國會法規對他們不利的條款均予刪除，建立新的條款。其重點有二：(一)議院人數不要太多，多了不易控制；(二)提高當選門檻，防止激進的國民黨人當選。此兩大原則影響新國會組織法甚大。

　　首先是臨時參議院的召集。該院由各省省長指派五人為臨時參議員，加上特別行政區的分配名額，合計113人[1]，由他們制定新國會組織法。北洋時期的各省省長大多由督軍兼任，也可以說幾乎由軍人所控制，臨時參議員皆由他們所指派，清一色是自己的親信，親信所制定的新國會組織法，自然萬無一失。

　　新國會組織法仍然維持二院制：參議院和眾議院。梁啓超於1910(宣統二年)著〈中國國會制度私議〉便主張採用兩院制[2]，第一、二屆的國會組織法似即受其影響。西方的參議院和眾議院，如同上下兩院。舊日某些國家有貴族與平民之分，貴族入上院，平民入下院。梁謂中國雖無貴族，但可因地方的特殊性或以元老人物或專業人物充當上議院議員，兩院制因此而成定案。第一屆的參議員由省議會間接選舉產生。修改之後，改由地方團體選舉產生，這是第一、二屆國會唯一不同之處。有謂這一改變也是從控制著眼。民初的省議會多半由革命黨改組而來的國民黨所控制，段、梁避免國民黨再度得勢，因而有此改變。

　　為了便於控制，組織法將參院的門檻提高了，教育水平和財產要求是兩個高門檻，參議院議員必須有大專程度，或年納直接稅一百元以上，或家有不動產五萬元[3]。在貧窮如洗的中國能夠適合這兩大要

1　名單見附錄三。

2　《飲冰室文集》，卷24(台北：中華書局，民49)，頁1-147。

3　〈修正中華民國國會組織法〉，《政府公報》民7/2/18/744號(以下簡稱〈組織法〉)；陳茹玄，《增訂中國憲法史》(上海：世界書局，民36)，頁102-103。

求的人，無異一個新的貴族。曾經出任薦任以上的官吏或獲授勳三位者也可以參選，但這一類人物並不多見。

最重要的改變是議員人數大減。第一屆國會之參議院，各省可以選派議員10名，新國會減為每省5名。加上中央學會等分配名額，合計為168名，較諸第一屆的274名，減少了三分之一強，又由於西南五省脫離，未參加選舉，再減少25人。茲將分配情況列如表3-1。

表3-1　民初參議院議員席次分配比較

區域或單位	第一屆參議院 （民元年8月公布）	第二屆參議院 （民7年2月公布）
各省選出	220（10×22）	110（5×22）（實選85，[5×17]）
蒙古選出	27	15
西藏選出	10	6
青海選出	3	2
中央學會選出	8	30（實選29）
邊遠與特別行政區	0	5
華僑	6	（4人，納入中央學會）
共　計	274（實選263）	168（實選146）

資料來源：樂天，〈安福國會選舉現形記〉，《戊午雜誌》，期2(民7)，頁1-15。

各類名額均普遍減少，唯中央學會有所增加。所謂中央學會，原先只是由教育家、學者組成，後來增加為六個類別：有舊時的高官（特任以上）顯爵，有富翁，有滿洲王公，有回回王公。這是一個特殊而又混雜的團體。所謂學者，指的是高學歷，參加競選者必須在國立大學或外國大學本科畢業，任事三年，或曾任國立大學校長或教員三年，或有學術著作經審定者。官吏指的是退職的大總統、副總統、國務員、特任官滿一年以上，或有三等以上勳位。這一個高額的中央學會，其目的也是為了便於控制，下文還會提到。

關於眾議院，第一屆眾議員為596人，經過修改之後人數減為408

表3-2 民初眾議院議員名額分配比較

區域單位	第一屆（元年8月）	第二屆（7年2月）
直隸	46	23
奉天	16	11
吉林	10	8
黑龍江	10	7
江蘇	40	27
安徽	27	18
江西	35	24
浙江	38	26
福建	24	16
湖北	26	18
湖南	27	18
山東	33	22
河南	32	22
山西	28	17
陝西	21	14
甘肅	14	10
新疆	10	7
四川	35	22
廣東	30	20
廣西	19	13
雲南	22	15
貴州	13	9
蒙古	27	20
西藏	10	7
青海	3	2
京兆		4
熱河		3
歸綏		1
川邊		2
察哈爾		2
共計	596	408

資料來源：樂天，〈安福國會選舉現形記〉；〈組織法〉。

人。在組織法中明定人口一百萬可以產生議員一名，不滿七百萬人口的省份，亦可以產生議員七名。不滿一百萬的特別行政區（如歸綏）亦可產生議員一名。中國在1953年之前未嘗舉辦過人口普查，但各省各地方或特別行政區均有一個估計數字，408名的名額就是這樣推算出來的。（見表3-2）

二、選民調查與名額分配

　　選舉的第一個步驟是選民調查。有多少人合於選民資格？民國六年底公布的國會選舉法明文規定，做為一個選民必須具備下列資格：(一)男性；(二)年滿25歲；(三)居住投票地點二年以上；(四)年納4元以上直接稅，或有五百元以上不動產；(五)小學以上畢業，或具有同等學力[4]。這樣的選舉規定，一眼就知道合於規定的人不會多。首先，人口二分之一的女性仍然沒有投票權[5]。男子還是必須二十五歲才有資格投票，比之於今天的二十歲或十八歲即具備公民資格，顯然有很大的差別。納稅在中國是一個嚴苛的要求。中國是一個窮國，人民的生活低落，能夠納稅的屬於鳳毛麟角，此一規定必然使大多數的人不具公民權。小學教育的要求看似並不苛求，實際上中國的教育不普及，二十世紀初葉，識字率不超過百分之二十[6]。由此可知合於選民資格的比例不高。整體的說，資格要求太苛，加上社會經濟落後，具有公民權的人非常有限。

4　〈組織法〉。

5　婦女享有投票權，1893年始於紐西蘭，是世界各國最早的國家。1906年芬蘭跟進，以後逐漸普遍。但瑞士直到1971年才男女平權。小國Liechtenstein遲至1986年婦女才有投票權。Rein Taagepera, Matthew S. Shugart, *Seats and Votes: The Effects and Determinants of Electoral Systems* (New Haven: Yale University Press, 1989), p. 17.

6　Evelyn S. Rawski, *Education and Popular Literacy in Ch'ing China* (Ann Arbor, Michigan: The University of Michigan Press, 1979), pp. 23, 241.

規定嚴苛是一回事，有無實際調查又是一回事。根據觀察家的報告，這次選舉還是沒有眞正的執行選民調查。以江蘇爲例，該省在中國屬於較爲進步的地區，其〈選舉人名冊〉是「造報」的。地方官吏憑其個人對轄區的認識，加上一些地方保甲的呈報，是一個大略的情況，絕談不上準確性。中國一向沒有戶口普查，人口統計是一個大概數字。在傳統的保甲里甲制度下，鄉村與城市的行政當局對轄區有一些基本的了解；一個鄉村中有幾十戶人家，鄉鎮長可以大概數得出來，就憑藉平時的了解與認識掌握地方上的情形。所謂「瞭如指掌」，完全是平時所得的印象。因此，歷來的人口報告，雖不能斷然否定，或稱爲謊報，畢竟不是有根據的統計數字，我們不能全信，但不能不以之爲分析討論的依據[7]。

雖然多少有一些可信度，使用這些數據資料，仍然令人感到不安，原因是報告人上下其手。梁啓超是這次選舉制度的設計人，從頭至尾密切注意其動向。他對於選舉名冊極其失望，他說：「在選舉名冊上湊些假名，供那班「政棍」買票賣票的工具。」[8]當時的新聞記者對選民調查的批評非常嚴厲，有的說調查「敷衍塞責」[9]，名額「浮開至倍蓰」[10]。北京如此，上海如此，武昌亦復如此[11]。常熟與蘇州的選民分別爲91,300與60,000人，前者大於後者，絕難令人相信，蓋常熟的人口不會超過蘇州。

7　蕭一山和蕭公權都有同樣的看法。蕭一山，《清代通史》（上海：商務印書館，民36年），頁103-104；K. C. Hsiao, *Rural China: Imperial Control in the Nineteenth Century* (Seattle: University of Washington Press, 1960), pp. 25-39. 中國人口研究，參見 Ping-ti Ho, *Studies on the Population of China* (Cambridge, Mass.: Harvard University Press, 1959), pp. 1-25.

8　〈人權與女權〉，《飲冰室文集》，卷39，頁86。

9　〈蘇州初選舉之確期〉，《申報》（上海）1918/5/19(7)。

10　〈力陳選舉調查之冒濫〉，《申報》1918/6/9(10)。

11　〈復查〔上海〕參院選舉人數〉，《申報》，1918/5/8(10)；〈武昌〉，1918/7/12(7)；〈蘇州〉，《民國日報》，1918/5/7(7)。（按《民國日報》爲國民黨喉舌，立場反對北京政府。）

　　浮報選民人口是為了多得代表名額。北京審判廳有一個訟案，列舉所轄各縣浮報情形，如大興縣以30,000報61,000，宛平縣以24,000報65,000，涿縣以10,000報22,000，安次縣以23,000報31,000[12]。

　　學歷記載亦不可靠。不合格、不識字的人收入了名冊，已經亡故的人也在名冊中[13]。地方本無其人，但選舉名冊中赫然在焉。省議會的名冊中，年納直接稅二元者缺如，但在眾議院選舉名冊中，納直接稅四元者，竟高達61,000餘人。省議會選舉名冊合格者僅有33,000人，而眾議院選舉名冊竟高達32,000餘人，後者的門檻高於前者，如何可能？民國五年的男丁僅85,216人，民國七年高達110,000人，兩年間增加了三分之一，可能嗎[14]？

　　新聞記者的報導如此，西洋人的觀察極為相近。英國駐南京領事Bertram Giles有如下記載：

　　　這次選民調查可訾議之處甚多，一是偽造選民，一是一人數
　　　次登錄，乃至於未成年者、已亡故者均可在名冊中發現。合
　　　格的選民不多，而登錄者加倍列報。[15]

　　我國人民一向保守，往往隱匿人口不報。議會選舉在中國是新興的制度，人們對之認識不深，中央要求呈報選民人口，一般人仍受舊觀念的影響，不敢據實上報。及至獲知可以選派代表入京參與政事，

12　〈京兆選舉之風潮〉，《申報》，1918/6/23(6)。按京兆時轄有大興、宛平、次安、涿縣等各縣。

13　〈九江〉，《申報》，1918/6/6(7)；〈松江〉，《申報》，1918/5/29(7)；〈國會初選舉方法宜慎重規定說〉，《大公報》，1918/5/16(5-3)。

14　〈京兆選舉之風潮〉，《申報》，1918/6/23(6)。

15　F. O. 228/3279, "Nanking Intelligence Report for the Quarter Ended December 31st, 1917," Bertram Giles, n. d. pp. 19-20; Andrew J. Nathan, *Peking Politics, 1918-1923: Factionalism and the Failure of Constitutionalism* (Berkeley: University of California Press, 1976), p. 95.

表3-3　民國七年國會選舉之各省選舉人數統計

省分	各省人口數	參議院選舉人數	比例(%)	眾議院選舉人數	比例(%)
直隸	27,312,673	7,263	0.026	3,240,931	11.86
奉天	12,487,583	18,016	0.144	892,864	7.15
吉林	5,511,406	9,188	0.166	232,050	4.21
黑龍江	2,000,000	2,219	0.110	137,100	6.85
江蘇	33,678,611	27,321	0.081	2,779,600	8.25
安徽	20,002,166	9,020	0.045	1,324,579	6.62
江西	24,490,687	4,575	0.018	4,115,065	16.80
浙江	22,909,822	15,268	0.066	1,642,633	7.16
福建	17,067,277	7,595	0.044	1,191,589	6.98
湖北	25,939,336	12,813	0.049	5,923,346	22.83
湖南	22,040,000	16,208	0.073	1,192,137	5.40
山東	30,955,307	5,680	0.018	1,623,566	5.25
河南	32,547,366	15,864	0.048	2,861,725	8.79
山西	10,891,878	3,665	0.033	1,155,365	10.60
陝西	9,087,288	6,237	0.068	4,361,526	47.99
甘肅	6,083,565	665	0.010	191,795	3.15
四川	61,444,699	未辦理選舉	—	未辦理選舉	—
廣東	35,195,036	未辦理選舉	—	未辦理選舉	—
廣西	10,872,300	未辦理選舉	—	未辦理選舉	—
雲南	8,824,479	未辦理選舉	—	未辦理選舉	—
貴州	11,470,099	未辦理選舉	—	未辦理選舉	—
新疆	1,750,000	1,260	0.072	22,860	1.30
京兆	—	3,523		670,259	
熱河	—	2,776	—	705,222	—
察哈爾	—	1,197		168,972	
綏遠	—	570	—	19,237	—
川邊	—	245	—	1,243	—
蒙古	7,780,000	64	0.001	—	—
西藏	2,200,000	24	0.001	54,983	2.49
青海	—	18	—	—	—
平均		172,469	0.056	36,508,647	14.88

資料來源：1.王士達，〈近代中國人口的估計〉，《社會學雜誌》，卷2
　　　　　　期1(民國20年3月)。
　　　　　2.參、眾兩院選舉人數取自民國七年《政府公報》資料。

以爲議員亦屬「一官半職」，大力爭取，多報選民人數，希望多得代
表名額，所以多報濫報頓成風氣。要不是選舉議員的門檻甚高，選民
人數勢必更爲浮濫。

　　雖然有許多浮報濫報的情形，我們仍不能不引用這些僅有的數字
作爲討論的依據，不過在運用時特別愼重，同時保持警覺與批判的態
度。以下，請進一步觀察選民與人口的關係。(見表3-3)

　　由於參議員和眾議員選民資格的要求差別甚大，前者的標準高而
嚴，後者低而寬，因此適合於前者要求的選民人數甚少，適合於後者
的人數則比較的多。使用各省的人口總數與選民人數核算，參議院僅
得0.056%，眾議院則得14.88%。參議院之最高者爲吉林0.166%，最
低爲蒙古、新疆，各得0.001%，其嚴苛可以概見。眾議院的比例
14.88%，高過於民國初年的10.50%，有所增加是正常的現象。如果
門檻要求沒有提高，比例應該不止百分之十五而已。

　　我們對於這兩個百分比數字仍然抱持懷疑的態度。如上文所述，
其差距懸殊太大，任意呈報或上下其手是此次選民調查的最大缺點。
雖然如此，仍然可以看出參議院中精英主義的濃厚。

　　這次所引用的選舉制度，仍屬於「多數決」(Simple member
plurality)制[16]。此一制度有兩大特色，一是複式選舉，一是以道爲單

16　選舉制度的採用，最初爲「多數決」，英國中古時期及美國立國前
　　後，都是如此。這種一回合決勝負的辦法，往往忽略了少數人的權
　　益，因此有選區制的產生。其特點是保護少數(minority protection)，
　　1900年以後逐漸普遍。見Taagepera and Shugart, *Seats and Votes*, pp. 9-
　　15; Stein Rokkan, "Elections: Electoral Systems," in David L. Sills (ed.),
　　International Encyclopedia of the Social Sciences (1968) Vol. 5. pp. 6-21 ；
　　郭秋慶，《德國選舉制度與政黨政治》(台北：志一，民75)，第三章
　　及結論。

位。複式選舉必須經過兩次投票，初選在本縣舉行，由公民投票選出初當選人。第二次投票在道治所在地舉行，互選產生定額議員。第一屆國會選舉以省爲選區，在縣初選，集中省城複選。因爲選區以省爲單位，競爭激烈，甚至於造成許多縣份沒有代表。這次以道爲選區，道爲省與縣之間的建制，一省有三至五道，消除了大選區的缺點。雖然吉林和新疆某些道的人口稀少，不能獲得定額，但比之於第一屆的選舉，有了改進[17]。

表3-4、表3-5所示，是選民人數與議員額的關係。以河南省爲例，該省在新國會組織法中定額22位眾議員。河南分爲四個道，由於各道的人口多寡不一，平均十三萬餘人可以分配議員一名。分配尚有餘額，其中三道又各增加議員一名。由此可知小選區制注意到了選民人數較少區域的權利，不因人少而不能參與，自然不會有絕對多數獨占的偏差。這是眾議院的情形。

參議院的名額少（每省五名；邊遠地區，如綏遠，僅有一名），但各縣在初選舉中均可產生初當選人，集中複選，雖僅一票，有時亦發生舉足輕重的作用。以綏遠爲例，當時屬於邊區，八縣合選參議員一人，只要本縣有選民384人，就可以產生初當選人一名；結果七縣均有初當選人。唯一的例外是東勝縣，選民人口僅得120人，未能產生代表，當時以「法律之窮」加以解釋，這種情形是很少見的（見表3-6）。

議員定額的設置，除了人口爲決定因素，還有邊區、特區及特類等的訂定，屬於特殊的考慮。邊區爲蒙古、西藏，有代表28名；特類的中央學會30名。合起來幾乎占參議院百分之四十的名額，數字不小。這些名額是如何得來的，在此必須有所說明[18]。

17　吉林、黑龍江、新疆共有三個道未獲代表名額。地方官曾要求中央補救，籌備國會事務局回答稱：此爲「法律之窮」，無法補救。見《政府公報》第824號，1918/5/10。

18　〈中央選舉第一部之聯歡會〉，《申報》，1918/5/23(3)；〈新選舉之

表3-4　眾議院選民與議員分配

選區	選民總數	議員數	平均當選票數	註：各道當選數
直隸	3,240,931	23	140,910	津海道8，大名道6，保定道7，江北道2
奉天	982,864	11	89,351	遼陽道？東邊道？洮昌道？
吉林	232,050	7	33,150	吉長道4，濱江道2，延吉道1，依蘭道0
黑龍江	137,100	7	19,585	龍江道3，綏蘭道4，黑河道0
江蘇	2,779,600	27	102,948	金陵道4，滬海道4，蘇常道7，淮陽道7，徐海道5
安徽	1,324,579	18	78,500	安慶道7，淮泗道6，蕪湖道5
江西	4,115,065	24	171,461	豫章道7，廬陵道7，贛南道5，潯陽道5
浙江	1,642,632	26	63,178	錢塘道6，會稽道10，金華道3，甌海道7
福建	1,191,589	16	74,474	閩海道6，廈門道3，建安道3，汀漳道4
湖北	5,923,346	18	329,074	
湖南	1,623,566	18	90,198	
山東	1,623,561	22	73,798	濟南道6，濟寧道4，東臨道5，膠東道7
河南	2,861,725	22	130,078	開封道7，河北道5，河洛道4，汝南道6
山西	1,155,365	17	67,962	冀寧道7，雁門道5，河東道5
陝西	4,361,526	14	311,537	關中道7，漢中道5，榆林道2
甘肅	191,795	10	19,179	
新疆	22,860	7	3,265	迪化道3，伊犁道0，塔城道0，阿克蘇道2，喀什噶爾道2
京兆	670,259	4	167,564	
熱河	705,222	3	235,074	
歸綏	19,237	1	19,237	

（續）————————————

大勢談〉，《申報》，1918/6/12(3)。

察哈爾	168,972	2	84,486	
共計	34,973,844	297	117,757	

資料來源：《申報》，1918/6/14(6)。

表3-5　眾議院省道議員定額與選民

省名	道名	議員額	選民數	餘額	平均(人)
河南		22	2,865,092		130,000
	開封道	6+1	879,481	98,095	
	河北道	5	696,070	44,195	
	河洛道	3+1	510,337	119,644	
	汝陽道	5+1	779,204	128,049	
山東		22	1,623,566		73,798
	濟南道	5+1	431,744	62,754	
	膠東道	6+1	496,749	54,161	
	濟寧道	4	325,608		
	東臨道	5			
江蘇		27	2,779,600		102,948
	金陵道	4	411,182		
	滬海道	4	357,506		
	蘇常道	7	747,116		
	淮陽道	7	740,262		
	徐海道	5	523,532		
浙江		26	1,642,633		63,178
	錢塘道	5+1	348,389	189,000	
	會稽道	10	652,195	167,23	
	金華道	3	190,492	167,243	
	甌海道	7	451,557	167,548	
新疆		7	22,860		3,265
	迪化道	2+1	9,276	2,746	
	阿克蘇道	1+1	6,401	3,136	
	喀什噶爾	1+1	5,234	1,969	
	塔城道	0	785		
吉林		7	232,050		33,150
	吉長道	3+1	137,364		

濱江道	2	68,337	
延吉道	1	15,218	
依蘭道	0	11,131	
安徽	18	1,324,579	78,500
安慶道	7	524,560	
淮泗道	6	454,290	
蕪湖道	5	345,729	
江西	24	4,115,065	160,000
豫章道	7	1,323,067	
廬陵道	7	1,170,717	
贛南道	5	812,541	
潯陽道	5	808,740	
山西	17	1,155,365	68,000
冀寧道	7	495,073	
雁門道	5	358,534	
河東道	5	341,758	
湖北	18	5,923,346	329,074
江漢道	11	3,471,016	
襄陽道	3	1,094,489	
荊南道	4	1,357,841	
湖南	18	1,192,137	28,413
湘江道	10	666,064	
衡陽道	4	278,973	
辰沅道	3+1	227,100	
陝西	14	4,361,526	311,533
關中道	7	2,115,805	
漢中道	5	1,588,609	
榆林道	2	657,112	
甘肅	10	191,795	19,179
蘭山道	3		
渭川道	2		
涇原道	1+1		
寧夏道	1		
甘涼道	1+1		

西寧道	0	5,634	
安肅道	0	3,548	

資料來源：〈各省籌備國會事務局電〉，《政府公報》，1918/5-7月。
說　　明：+號後之數字為餘額票數所增加之議員額。

表3-6　綏遠邊區參議員選舉初當選人之分配

區　　域	選民數	初當選人數	議員數	備　註
全　　省	19,237人	50	1	
東　勝　縣	120	0		（384票可產生）
歸　綏　縣	4,958	12+1		（餘額票數350）
薩拉齊縣	2,437	6		（餘額票數133）
五　原　縣	2,564	6+1		（餘額票數260）
武　川　縣	3,816	9+1		（餘額票數360）
托克托縣	1,935	5		（餘額票數15）
和林格爾縣	1,253	3		（餘額票數101）
清水河縣	2,154	5+1		（餘額票數234）

資料來源：〈綏遠都統致內務部籌備國會事務局電〉，《政府公報》，
　　　　　1918/5/27（第211號）。
說　　明：+號後之數字為餘額票數所增加之初當選人（凡餘額票數超過234
　　　　　票即可增加初當選人一名）。

　　資料中鮮有蒙藏的選舉消息，蓋邊遠地區沒有選舉。既無選舉，
當然就不會有選民調查。這二十八個名額，由北洋政府全權處理，不
過是當權者的囊中物，用以助成其派系的優勢籌碼而已。

　　中央學會在輦轂之下，不能含糊其辭。據我們的了解共分六部
（類）選舉，茲述其結構情形如下：

　　第一部為有學識者：基本要求是大學畢業，當時出身大學畢業者
以北京大學、北洋大學、山西大學為主。另外有留學歐、美、日本回
來者。這一類學者型的人物，有的來自地方教育會之推薦，有的就地
取材，由北京學部或學會推薦。他們的特色是：「〔有〕名山著述，
或坐擁皋比或畢業大學，或特別發明。……皆智識優良，經驗豐富，
為我國四萬萬人最優秀分子。」此類人物多數來自較為開發地區的直

隸、江蘇、廣東三省。共計447人參加競選。提名之前，如吳宗濂（前
駐義大利公使）、何駿、張瑞峰、魏阜甌、周詒春、徐崇欽、羅雁
峰、楊振新等（皆留學歐美），已是知名人物。

　　第二部爲勳三位以上人物：包括已退職的大總統、曾經受勳之官
吏。以湖北省推薦的爲例，名單就有黎元洪、湯化龍、湯薌銘、陳
宧、饒漢祥、李開銑、周樹模、張國淦、胡瑞霖、劉承恩、李漢卿、
孫武等十二人[19]。黎元洪曾任大總統，其他曾任高層官員。

　　第三部爲資本家：所謂資本家，必須年納直接稅一百元以上，或
有一百萬元以上的資產。各省推薦合於規定者401人。茲依多寡順序
列如表3-7，可以略窺中國區域性的差異狀況。中國經濟較爲發展的
地區是沿海沿江各省，名單的情況正是如此。山西所代表的是傳統的
錢莊業。這些「富有」的人物，在民主政治升起的過程中，享有特
權，並不意外。

　　第四部爲華僑：華人僑居海外，由來已久。給予國會代表名額俾
增加其向心力，清朝末年便已注意到了此一問題。此次國會選舉，定
額四名，先由農商部推薦了一批名單。投票之日共有27人參加[20]，唯
此類人物來自何地？代表性爲何？以資料欠缺，未能深入了解。

　　第五部爲滿洲王公：滿清雖然被推翻了，但民國與清廷訂有優惠
條約，紫禁城內仍有小朝廷，清皇族享有特殊的待遇。民國六年的復
辟不成，段祺瑞並未取消原先的優惠條約。國會選舉，爲了拉攏滿
人，給予議員名額二人[21]。

　　第六部爲回部王公：此爲拉攏邊疆回民貴族所設議員名額，計二
人，有其政治意義。

　　中央學會的選民調查及定額，情形大概如此。嚴格的說，多屬指
派。

19　〈湖北選舉新消息〉，《申報》，1918/5/24(2-2)。
20　〈中央選舉會之怪象〉，《申報》，1918/6/24(6)。
21　同上。

表3-7　各省推薦資本家人數

省區	人數	名次
江蘇	137	（1）
安徽	66	（2）
山西	32	（3）
湖北	29	（4）
浙江	28	（5）
廣東	27	（6）
直隸	14	（7）
奉天	13	（8）
京兆	9	（9）
山東	9	（10）
吉林	7	（11）
福建	6	（12）
河南	6	（13）
江西	5	（14）
湖南	4	（15）
熱河	4	（16）
陝西	2	（17）
四川	1	（18）
廣西	1	（19）
旗人	1	（20）
共計	401	

資料來源：《申報》，1918／6／12(6)。

三、選舉活動與派系競爭

選舉是一種競爭，各顯身手，希望獲得選民的愛戴，投給自己一票。在分析選舉投票之前，我們要略為敘述當時的黨派大勢。近代的選舉政治產生了黨派競爭，互相支援，互相抵制，期能獲得勝利。

黨派在中國萌芽，起於近代的救國運動。晚清國勢衰微，在精英

分子的號召下，人民紛紛參加救國運動，黨派由之產生。由於個人政
治態度的不同，產生了激烈與溫和各異的黨派。激烈的是革命黨，溫
和的為立憲派。辛亥革命以後，革命黨改組為國民黨，立憲派蛻變為
進步黨。此兩大陣營，從兩黨政治的觀念看，一激進，一溫和，互相
牽制，原是理想的兩黨形勢。但黨派之爭，缺乏妥協精神，水火不
容，互不相讓。民國五年(1916)袁世凱稱帝，國民黨被袁解散，進步
黨亦無法生存。袁氏稱帝失敗之後，避免黨同伐異的往昔經驗，兩
黨都放棄了前此的政黨名稱，改採學會方式出現，亦有意致力於憲
法的制訂，蓋有憲法則政黨政治可以推行，屆時再發展政黨不遲。
學會組織如雨後春筍，國民黨有憲法商榷會，進步黨有憲法研究
會、憲法討論會等不同的名稱。

　　國民黨既被排斥於國會之外，進步黨以為新國會已在控制之下，
可以制訂一本他們理想的憲法。憲法研究會合併了憲法討論會，形
勢大好，梁啓超、湯化龍等抱持樂觀的想法，以為美好的將來即可
實現[22]。

　　但是梁、湯等的想法只是一個不易實現的夢。國民黨雖已遠離北
京，另一個崛起的勢力——安福系——絕難認同國會由研究系一黨
包辦[23]。安福系的首腦段祺瑞、徐樹錚等繼承了袁世凱的北洋勢力，
掌握軍政大權，進一步還要控制國會。排他性強烈的徐樹錚，因為得
到段祺瑞的提拔[24]，無條件擁護段氏；如果段氏一朝坐上總統寶座，
國務總理非其莫屬。段祺瑞馬廠誓師得研究系的策畫，不能不分杯羹

22　憲法研究會以梁啓超為領袖，憲法討論會的首領是湯化龍。

23　時人簡稱安福俱樂部為安福系，憲法研究會為研究系。

24　徐樹錚出身生員，早年投靠段祺瑞任文書。追隨段氏期間，曾上一書
　　給袁世凱，大談軍事改革之道，袁驚訝其才華，送去日本士官攻讀，
　　畢業後回到段氏身邊。1916年段任國務總理，兼陸軍總長，徐升至陸
　　軍次長，並在參謀處辦公，最後出任秘書長，掌握軍令軍政大權，人
　　稱其為段的「小扇子軍師」，信任有加。參閱：吳錫祺，〈徐樹錚之
　　死〉，《文史資料選輯》(北京：1980，三版)，卷2，頁107-110。

給梁啓超、湯化龍等；但是徐樹錚不以爲然。他說天下是他們軍人打來的，梁、湯不過時逢其會，揀了便宜；他反對拉攏梁、湯等，他說了一句重話：「我輩衝鋒陷陣，始奏膚功，結果乃爲幾個文人〔指梁、湯〕造機會，恐必有憤慨不平者。」[25]徐樹錚的派系觀念涇渭分明。

下面我們談談派系的鬥爭。

安福系：安福系看起來既不像一個政黨，也不像一個學會。原來段祺瑞一派並沒有具體的組織；段氏在政治上根本沒有什麼理想，他以爲有某些北洋軍人擁護便就擁有了全局，從來不曾思索要組織一個現代性的政黨。他的得力助手徐樹錚也沒有一個稱之爲意識型態的想法。他們的共同觀念是掌控軍政大權，成爲一個堅強的勢力。安福系是在無意中產生的，竟成爲一個運作控制的工具[26]。

由於徐樹錚並不是國會議員，他通過另一位政客王揖唐(1877-1946)運作。王氏是眾議院議長，成爲當然領袖。二人一唱一和，安福系蒸蒸日上。

安福系這個名稱和其由來，帶有一些諷刺的意味。民六冬天臨時參議院開幕以後，一位李姓議員租了安福胡同梁宅作爲休閒聯絡感情的場所，可以下棋，可以打牌。後來梁宅漸漸變成了一個聚會的場合，議長王揖唐也參加了進來，政治意味便濃厚起來了[27]。徐樹錚得悉此一聚會場所之後，靈機一動，有組織議員爲一黨的想法，撥了八十萬元給王氏爲開辦費。王揖唐與時常往來的幾位議員商量，接受議員光雲錦的建議，就以安福二字組織俱樂部，所謂「安民福國」是也

25　劉以芬，《民國政史拾遺》(台北，民43)，頁13-14。

26　李思浩(直皖戰爭時任財政總長，安福部評議員)說：「徐樹錚是安福部的發起者和操縱者。」林熙，〈安福俱樂部簡史〉，《大成雜誌》(香港)，期75(1979)，頁35-36。

27　劉振生，〈安福系的形成及其內幕〉，《文史資料選輯》(北京)，期26(1980.12)，頁108-109；〈政海潮流之裡面與眞相〉，《盛京時報》1918/4/12(7)。

[28]。安福系就是這樣來的。

安福系並不是一個嚴密的組織，除了一些事務性質的結構，沒有信條或黨綱[29]。組織安福俱樂部的目的在聯絡人際關係。除了北京本部，又在各省設分部。例如在浙江者稱「澄廬」，在江蘇者稱「雅園」，各地均由原籍議員主持。分部的任務是結合盟友，尤其是拉攏軍人，使之聯成一氣。後來國會選出了徐世昌為總統，內閣大多數是安福系的人物[30]，軍政兩界幾全為該系把持。

交通系：時代不斷演進，生活其間的人們，有一些自以為比別人新式而且前進。清末民初的官僚系統取向革新，進入該一系統的「新鮮人」，便以為他們是新式人物，是現代化的推動者。雖然當時還沒有技術官僚這一個名辭，他們的心態卻是如此的。他們自認知識最新，思想開明，不把舊有的官僚群放在眼中。在此我們要介紹交通系這一個派閥，他們之所以自成一系，便由於自居於技術官僚的地位。

中國現代化的進展，至二十世紀初葉才認識到交通系統的重要性。百業交通為先，輪船火車必須大力發展，1906年（光緒三十二年）設郵傳部。由於這是一種實業建設，需要大量的資金周轉，銀行業亦應運而生。官僚體系兼擁有財力，勢力雄厚，交通系隱然成形。

梁士詒（1869-1932）是交通系的始祖。梁氏有進士功名，原是一個受傳統影響較深的紳士階級人物。但是他從十三歲便在香港生活，對西洋有所認識，也就以新時代人物自居。在1903年（光緒二十九年）的經濟特科中，戴鴻慈給他的考語是：「識智明達，樸實不浮，於中西地理，水師兵學，頻年講習，寒暑不渝。」反映時人亦承認他是新

28　林熙，〈安福俱樂部簡史〉，頁35-36。

29　安福俱樂部下設五課：文牘、交際、會計、遊藝、庶務。每課設一常務幹事主持。

30　交通總長曾毓雋，財政總長李思浩，司法總長朱深，外交次長吳鼎昌、陳籙，交通次長姚國禎，農業次長江天鐸，大理院長姚震，京師警察總監吳炳湘，京兆尹王達。見林熙，〈安福俱樂部簡史〉，頁35-36。

時代的人物。及後袁世凱聘之擔任北洋編譯局總辦，接觸西洋知識的
機會大增。1905年隨唐紹儀赴印度交涉中英藏務，唐氏賞識他的才
識廣博；唐氏旋出任郵傳部大臣，梁追隨任丞參，自此與中國的交
通事業發生關係。1907（光緒三十三年）年創辦交通銀行，財勢兼
備。1912年成為民國官吏，任總統府秘書長，交通銀行總理，財政
部長，儼然交通系龍頭[31]。

交通系多「新式人物」。追隨梁士詒者如朱啓鈐、周自齊、葉恭
綽、龍建章等，或曾經留學美國、日本，或出身國內新式學堂，他們
的新知識掌握了新時代的發展大勢。他們原先一心擁護袁世凱，認為
袁氏早年表現傑出，可以說是中國現代化的推動者。的確，要是袁氏
不迷失原先推動現代化的大方向，辛亥革命之後成為第一任大總統，
形勢大好，正可以中國的華盛頓自居。不幸「天命」之夢毀了袁的大
好前程，也毀了交通系成為中國實業建設的大黨。

袁氏稱帝失敗，梁士詒被通緝亡走香港。及至新國會選舉，梁氏
獲釋捲土重來；雖然當上了參議院議長，但時不我予，一批後起之
秀，以「長江後浪推前浪」的聲勢逼使梁氏後退。這一批新起之秀，
以曹汝霖（1877-1966）、陸宗輿（1876-1958）為首，是為新交通系，梁
士詒成了舊交通系。新交通系曹、陸都曾留學日本，他們得日本的支
持；段祺瑞政府依賴日本的財力，不得不倚重曹、陸的穿針引線。國
會選舉的勝敗，與財力運用大有關係，安福系的榮枯，新交通系舉足
輕重[32]。

研究系：研究系從進步黨演變而來，這批清末從事立憲運動的紳
士階級人物，以實現憲政為目的，原是有理想的一群。在梁啓超領導
之下，他們自認是推行憲政的導師。辛亥革命以後，他們有一個「引

---

31 《三水梁燕孫先生年譜》上下二冊（出版時地不詳）。

32 〈東報紀交通系之離合概觀──分離之勢是事實，但又謂其不破裂〉，
　　《民國日報》，1918/7/15；謝彬，《民國政黨史》（台北：文星書店，
　　民51），頁76-77。

導論」，要引導政治人物走向憲政。首先是以袁世凱爲對象。然而袁氏何許人也！不僅不受引導，反過來要引導進步黨人；在他的眼中，進步黨也好，北洋勢力也好，都是他的追隨者；是袁某人在領導，立憲派不過是尾隨於後而已。袁世凱死後，梁啓超轉過頭來要以段祺瑞爲引導對象，所以馬廠誓師，段氏組閣，新國會選舉，梁啓超、湯化龍等皆以國師自居。梁說：「不扶助此人，則國事更無望矣。」[33]但是梁、湯等的引導論在段祺瑞看來，也是大言不慚，再加上其助手徐樹錚之橫霸無理，從開始便沒有把研究系放在眼中，甚至於是敵視的。「段梁內閣」既成事實，無可奈何，然而即將展開的國會選舉，絕不讓研究系得逞。

研究系的龍頭是梁啓超和湯化龍，追隨的是前清即已成形的立憲派。立憲派演變爲進步黨，再演變爲研究系。他們的背景是紳士階級，由於他們兼具傳統和現代性的知識，可以說是一批知識分子。像梁啓超一類的人物，「非國務大臣不做」，表面上和心底裡都以技術官僚自居。但是他們沒有交通系的財力，難與該系比擬，政治上更不是安福系的對手。

新國會的派系大致如此。選舉活動展開之後，合縱連橫，各顯神通，誰能控制中央與地方的關係，誰有較爲雄厚的財力，誰就會成爲選舉的贏家。

安福系從一開始就注意到財力爲決勝的主要條件，四出張羅財源，他們刻意拉好交通系，梁士詒日後能成爲參議院議長，大概是一個交換條件[34]。傳說梁士詒捐款二百萬元，雖不確實，但財政部（曹汝霖）和交通部（葉恭綽）各出七十萬元，合共一百四十萬元，大致是可靠的[35]。

33　張朋園，《梁啓超與民國政治》（台北：食貨，民70年再版），頁90-
　　92。

34　南海胤子，《安福禍國記》（民國9年），頁51。

35　日本亞東通信社如此報導。見同上，頁45。

　　拉好交通系，安福系欲利用曹汝霖、陸宗祥等向日本借款也是原因之一。史家李劍農說安福系的財源來自西原借款，此款原爲對德參戰之用，竟挪移部分作爲選舉費用[36]。

　　安福系的第二個財源是地方督軍。此一時期的北洋軍人對於總統副總統寶座懷有野心的大有人在。有一個報導說：「張〔作霖，奉天督軍〕、倪〔嗣沖，安徽督軍〕因副總統之預約，各出數十萬元之捐款。」[37]前四川督軍陳宦捐助六十萬元，黑龍江督軍鮑貴卿也有所饋贈[38]。一說徐樹錚在選舉期間出任張作霖的副司令，挪移東北軍的經費四十萬元作爲選舉用度[39]。

　　第三種來源是鴉片煙的買賣。《民國日報》轉錄《晨鐘報》消息，指出鴉片買賣是重大財源之一：

> 此次有人假託北京政府名義，在滬上收買存土一千五百七十六箱，每箱收買價格六千二百兩，轉售某公司之價格則爲八千兩，居中買賣者每箱可得一千八百兩之利益。以一千五百七十六箱計之，共得二百八十三萬六千八百兩，即三百九十四萬元之鉅款。……而此次收買之主動者實即某要人（原注：按即段祺瑞）。……某俱樂部（原注：即安福俱樂部），欲包辦新國會選舉，正在籌款之際，故談判數次，即決定收買之計畫，先由梁某所組織之某公司發售，表面上雖以製藥爲名，而其實則仍係售人吸食。所得利益，除居中經手者分潤若干外，餘作爲某俱樂部運動選舉費用。[40]

36　李劍農，《中國近百年政治史》（台北：商務印書館，民56），冊2，頁517。

37　樂天，〈安福國會選舉現形記〉，頁9；一說倪嗣沖出一百萬元，見〈大競爭之一〉，《申報》，1918/6/8(3)。

38　樂天，同上。

39　〈安福部破裂矣〉，《民國日報》，1918/8/25(6)。

40　〈收買存土案大黑幕之批露〉，《民國日報》，1918/6/19(6)。

　　一說鹽稅也被挪用[41]。總而言之，安福系傾力籌款，雖不確知得了多少，其實力雄厚，超過其他黨派的能力所及。

　　交通系似乎不曾爲財力傷神。國會選舉初期，交通系與安福系有合作的關係，安福系欲利用交通系的財力，交通系想在國會中占有一部分勢力，所籌得的款項共同分享。但是兩系的合作並不愉快，原因可能就在財源分享上的歧見。交通系人物的心理卑視安福系，而安福系握有大部分政治資源，以老大自居，試圖占用大部分財源。形勢如此，交通系很不情願。據謂從財政部和交通部籌得的一百四十萬元，梁士詒要求動用四十萬，徐樹錚和王揖唐大爲不快[42]。交通系參選的人本來不多，如果梁士詒表現財力雄厚，可能有人就會轉到交通系的旗下，勢必分散安福系的力量。財源之爭，兩系漸行漸遠，成了貌合神離的狀態。所以後來梁士詒對參議院議長寶座不感興趣，認爲在安福系控制之下，無可施展，上任不久便辭去議長職位。僅新交通系曹汝霖、陸宗輿與安福系互相利用，保持關係。

　　研究系亦籌措選舉費用。清末以來的知識紳士階級，雖不窮困，亦不富有，要想以金錢取得選舉勝利，顯然不是能力所及；他們也表示不屑於訴諸金錢以求勝利。但選舉活動是非常昂貴的遊戲，沒有相當費用，任何宣傳都無法如願。所以研究系與其他兩個派系一樣，也展開了籌款活動。

　　研究系有一個大籌款計畫，欲借用清室的公債票三百萬元，以之向銀行抵借現金一百六十萬元。想法甚好，但不料段祺瑞「暗中破壞」，計畫未能實現[43]。

　　研究系較爲接近的政界大老爲馮國璋[44]。馮氏由副總統而繼任總

41　〈安福部破裂矣〉，《民國日報》，1918/8/25(6)。

42　〈安福交通兩系之分裂〉，《民國日報》，1918/6/27(6)。

43　樂天，〈安福國會選舉現形記〉，頁9。

44　倒袁時期，梁啓超與馮國璋有某種程度的結合，見張朋園，《梁啓超與民國政治》，頁92-93。

統，新國會改選，雖未公開表示連任之意，但順水推舟有何不可？據《順天時報》報導，馮氏支持研究系六十萬元，希望得到該系的擁戴，連任總統。該報導說：

> 〔研究系〕經費則多仰給於最高機關之某要人（原注：按指馮國璋）。蓋某要人對於此次選舉，表面上雖持冷靜態度，然因國會選舉之結果，與總統選舉關係甚大，實際上自不能不竭力準備，研究系乃利用此機會向某要人處領得鉅款六十萬餘元，供運動選舉之用。[45]

另一報導說沒有六十萬，而是四十萬。該報導說得很清楚，馮國璋通過早年的同僚張一麐和王克敏，找到民國二年第一屆國會議長王家襄，王又找到研究系的黨務部長梁善濟，交給他四十萬元[46]。雖然有謂馮之「私人經濟，夙極講究，竊恐選舉無效，徒耗金錢」[47]。就當時的選舉形勢推測，出四十萬應屬可能。

除此之外，研究系亦向某些同情他們的督軍募款，得了「數十萬元」[48]，但都沒有確實的證據。總而言之，研究系的財源十分有限，難與安福系相抗衡。

各黨派的大勢及財力有如上述，預期他們會有一番熱烈的競爭。但是資料顯示，表面的競爭並不熱烈。如果以今天台灣選舉的宣傳活動來比較，民國七年的第二屆國會選舉的外觀是冷冷清清的，一般人幾乎都不曾察覺到這一件影響國家大政的選舉在進行中。此一則是具有參與權的人太少，限於精英分子而已；再則是二十世紀初的選舉，

45　〈議員之選舉〉，《順天時報》，1918/5/21(2)。

46　劉冰天，〈關於徐樹錚與安福俱樂部〉，《文史資料選輯》，期 26(1980)，頁116。

47　樂天，前引文，頁9。

48　同上。

由於經濟財力的限制，有能力花錢大肆宣傳的人不多，所以在市面上看不到自我吹捧的宣傳廣告。要不是報刊雜誌的記者稍稍留意，做一些簡要的報導，老百姓絕難意識到正在發展中的選舉大事。

雖然民眾對選舉非常冷漠，各黨派積極活動的策畫卻早已展開。只是競爭活動不像今天西方政黨政治發達的國家，競選者緊守「君子之爭」的原則；相反的，凡是可以取得勝利的手段，則無所不用其極。

徐樹錚有心掌控選舉，從召集臨時參議院修改國會組織法就已經有了打算。上文曾經提到，梁啓超不願新的參議院議員從省議會產生，是擔心省議會中的舊國民黨勢力太大，如果國民黨在新國會中仍爲多數，研究系豈不重蹈前此失敗的覆轍。豈知徐樹錚也有同樣的想法。徐氏不但害怕國民黨爲多數，同樣不願讓研究系奪取控制權；所以無論是國民黨或研究系，徐氏都要與之爲敵，阻止對方的發展。從修改議院組織法開始，各懷鬼胎，各爲自己盤算[49]。

選舉活動展開了，徐樹錚要在「十餘省區普獲全勝。」[50]湊足了財力，安福系派遣幹員攜款到地方各省，大肆運作[51]。他們吸收黨羽，凡是願意加入安福系的，立即可以取得競選補助費用，當選後每月可以領取一定的生活津貼。種種做法相當誘惑人，其勢力愈來愈大是必然的。

除了金錢勢力之外，安福系暗中與地方行政首長聯絡，控制提名，排斥非本系人物。茲引徐樹錚電報原文數通如下，可以得見一

49　臨時參議院，「議員每省有五人，〔徐樹錚〕密令各省長官指派」。南海胤子，《安福禍國記》，頁3；劉以芬，《民國政史拾遺》，頁19。

50　徐樹錚，〈致倪嗣沖敬電〉(1918/3/24)，《徐樹錚電稿》(北京：中華，1963)(以下簡稱《電稿》)，頁64；〈致各省督軍蒙電〉(1918/4/24)，《電稿》，頁89-90；〈徐樹錚之選舉運動忙〉，《晨報》，1918/5/24(2)。

51　〈南京快信〉，《申報》，1918/5/12(3)；〈議員選舉與朝野之運動〉，《盛京時報》，1918/5/30(4)。

斑。1918年5月31日致奉天督軍張作霖：

> 進〔步〕黨議員雖不以新〔國〕會為非，而不得由彼壟斷，即亦隨事作梗。……日來初選已訖，成效甚佳，彼輩無從梗阻。[52]

1918年6月7日致陝西督軍陳樹藩：

> 聞研究〔系〕中人近在陝西勾結老派，大肆煽惑，確與雪〔省長劉鎮華，字雪亞〕有勾連，乞相機防止。[53]

1918年7月7日致湖北政務廳長何佩瑢：

> 頃聞研究〔系〕擬加入數人。該黨野心不死，萬不可引虎入室，致壞全局。[54]

安福系以財勢軍閥夾攻其競爭對手，形勢十分嚴峻。

研究系也派人到地方活動。他們寄望在江蘇、江西、湖南、湖北、安徽、東北等省獲得勝利。就江蘇而言，因為該省原是馮國璋的地盤。有一則報導說，研究系取得督軍李純（馮國璋的追隨者）的默契，不許安福系使用江蘇省的電報局，「凡遇有安福系匯款及傳達消息之電，一切扣發」，逼使安福系不得不轉往上海發電[55]。但研究系仍然不能獲得全勝，時人傳說雙方打成了平手[56]。

52　徐樹錚，《電稿》，頁192。
53　同上，頁206。
54　同上，頁277。
55　〈江蘇非法選舉之怪象：安福系爭不過研究系〉，《民國日報》，1918/6/26；南海胤子，《安福禍國記》，頁97。
56　同上，頁28。

　　研究系人物陳國祥（前眾議院副議長）曾至奉天觀察，有所活動，希望能穩定前此之立憲派人，增加議會席次[57]。但徐樹錚爲東北軍副司令，與張作霖維持相當一段時期良好關係，早已有了布局，研究系無法打入。

　　交通系似乎不甚重視地方勢力之收攬，新聞報導中少見該系活動。交通系的焦點在北京，直接打入中央學會，他們認爲這是一個比較有把握的做法。

　　三黨競爭的大勢如此。我們所得的印象，以金錢收買黨羽和選票是競選活動的特色。但在腐化的形勢下，仍有出污泥而不染的理性行爲。例如研究系的藍公武，曾在上海的一次宴會中「大施演講」，談個人的抱負[58]。北京的中央學會，在一片賄選聲中，工業家陳濟華發起一個聯歡會，邀請競選者吳宗濂（前駐義大利公使）、孫增大（浙江教育會副會長）等一一發表演說，令人印象深刻[59]。不過這一類的活動並不多見。

　　進一步觀察投票的情形。我們要再強調Joseph A. Schumpeter 的話：沒有選票，便沒有民主。安福國會是一次有選票的選舉嗎？回答是正面的。前文已經提及，民國七年的選舉亦如清末及民國二年，採用選區代表制，是一種複式選舉；兩次投票，初選在縣，複選在道。初選得30人以上的選票，就可以成爲初當選人，50個初當選人便可以產生一位眾議院議員。例如甘肅省定額選出十名眾議員，初當選人不得少於五百名[60]。由於民國初年省的行政爲三級制，省縣之間還有道，議員的產生，亦即第二次的投票，是在道治舉行。按照人口分配名額，看上去是一個相當合理的制度。其後之所以不被採用，在於兩次投票容易受到野心家的控制行賄。

57　〈陳國祥米奉運動選舉〉，《盛京時報》，1918/6/15(2)。
58　〈續記江蘇參院投票之不成〉，《申報》，1918/6/23(7)。
59　〈中央選舉第一部之聯歡會〉，《申報》，1918/5/23(3)。
60　〈組織法〉。

　　初選爲直接選舉。以直隸省津海道爲例，該省眾議員定額23名，津海道分配8名。該道有選民1,206,613人，平均每3,016人可以產生初當選人一名[61]。天津縣的人口最多，得44名。新鎮縣人口太少，竟然沒有初當選人[62]。

　　進一步觀察，津海道的天津縣選舉結果，44人當選，29人候補。得票最多的3,065票，最少的986票，投票人數不下10萬人[63]。

61　計算方法：3,016人×50×8=1,206,400人+213人=1,206,613人。

62　茲將津海道29縣所獲初當選人數抄錄如下：

天津縣	44名	靜海縣	13名	阜城縣	6名	遵化縣	4名	灤縣	31名
青縣	5名	臨榆縣	12名	交河縣	7名	東光縣	8名	樂亭縣	15名
滄縣	13名	文安縣	4名	寧津縣	26名	盧龍縣	8名	豐潤縣	9名
鹽山縣	10名	新鎮縣	0名	景縣	13名	遷安縣	13名	玉田縣	8名
慶雲縣	4名	大城縣	9名	吳橋縣	10名	撫寧縣	14名	寧河縣	14名
南皮縣	6名	河間縣	18名	故城縣	7名	昌縣	22名		

錄自：〈津埠選舉之形形色色〉，《晨報》，1918/5/23(6)。

63　茲錄天津縣當選人姓名及得票數如下：

韓子章	3,065票	杜笑山	2,644票	曹　鈞	2,633票
石作蘭	2,417票	李學曾	2,371票	孫金鎔	2,336票
劉玉瑩	2,111票	趙光瀛	2,036票	胥士微	2,001票
劉志誠	1,915票	周景頤	1,947票	田樹堂	1,817票
王文達	1,798票	謝方桂	1,786票	房紹謙	1,785票
田文元	1,776票	齊鼎升	1,746票	韓金榜	1,736票
胡啓堂	1,686票	黃金祥	1,681票	葉鴻緒	1,652票
李夢吉	1,621票	田星五	1,618票	李培英	1,610票
孫兆義	1,609票	趙　熙	1,608票	石兆呈	1,599票
朱壽鈞	1,588票	徐定國	1,582票	畢　奎	1,572票
劉翔龍	1,571票	崔崧蕃	1,563票	張紹村	1,560票
孫恩壁	1,559票	畢祖培	1,558票	于光斗	1,555票
李壽增	1,553票	柴永璋	1,547票	李壽祺	1,545票
田儒林	1,542票	畢鴻儀	1,538票	鄭葆書	1,536票
劉椿壽	1,530票	楊文翰	1,530票		

候補：

李蔭恒	1,528票	馮春元	1,527票	孫文彥	1,525票
楊明僧	1,522票	周彤輝	1,519票	王以熙	1,517票
卞肇薪	1,516票	趙士琦	1,514票	周　熙	1,501票
朱鳳鈞	1,507票	孫士清	1,494票	呂恩第	1,488票

投票順序是這樣的：(一)在投票人名簿上找到自己的名字，名簿上寫有姓名、年齡、籍貫、地址等；(二)投票人出示選舉通知書，核對姓名之後，領取選票一張，領票後簽名或蓋章於名簿上；(三)以無具名的方式圈選自己所選舉的人——無記名單記法，投入票匭，完成投票[64]。江蘇省省長齊耀琳特別爲投票制定14條「多設票匭」辦法，詳細規劃投票的步驟，俾有助於投票順利進行。直隸省清苑縣亦有類似的辦法[65]。

我們對於投票的實際情況有一些零星的了解。以上海市區爲例，

(續)

馬千里	1,485票	田沛然	1,473票	邵鳳翔	1,459票
李夢奎	1,393票	陳春廷	1,360票	范從周	1,306票
錫　元	1,220票	陳鳳樓	1,166票	王自芬	1,149票
康永泉	1,116票	李家杉	1,098票	趙夢齡	1,093票
陸鴻通	1,092票	王思楫	1,075票	夏宗虞	1,056票
董春霖	997票	徐匯川	986票		

資料來源：同上。

64　〈組織法〉。
65　茲錄原文以供參考：
一、投票場所須擇公共寬廣地點；
二、投票匭先期編列「天地元黃宇」等字樣；
三、投票紙加蓋「天地元黃宇」等字樣戳記；
四、管理員設：掌投票簿一人，掌投票紙一人，掌投票匭一人，招待一人；
五、投票人完成投票之後即行出場，不得逗留；
六、投票處應有「入口」「出口」明白標示；
七、投票期限內不到場投票者，即作放棄選舉權論；
八、開票按「天地元黃宇」先後順序執行；
九、開票結果按當選及候補排列；
十、當選票額應滿本匭三分之一爲準；
十一、當選不足額時，依法定期再行投票；
十二、同一人兩匭均爲當選者，以第一匭爲準，餘不作數；
十三、當選人按匭排列登錄；
十四、再行投票亦以本辦法爲準。
錄自：〈鄂蘇選舉消息〉，《民國日報》，1918/5/25(6)；河北清苑縣初選規則，見〈保定初選投票已定期〉，《大公報》，1918/5/22(2-2)。

選舉參議員，其投票情形甚屬安靜：

> 上海初選舉，劃分十區，上海市分兩區，一區在救火聯合
> 會，二區在公共體育場。昨為投票之期，上午八時開始投
> 票，選民由大門而入，門口高懸國旗，並貼有「入口」二
> 字。各選民魚貫而入，由後門而出。後門口貼有「出口」二
> 字。一二區投票僅千餘之數，較上屆減少。投票完畢，管理
> 員將票匭加封，送也是園公款公產處保存，定於二十二日當
> 眾開票[66]。

看上去，投票情形頗為合理。但當日不開票，與民主政治相背，下文
還會提出討論。

湖北眾議員複選在武昌舉行，記者對投票處的布置有所描寫：

> 兩轅頭二門及大堂均紮彩頭，門高紮彩棚，大書「眾議院議
> 員覆選舉」八個金字。入口內設簽到處。二門內東西廳為選
> 舉人憩息所。大堂階前右設發票處，左設寫票處。階下為
> 參觀人席。投票匭十二座橫列大堂上桌上，右為圈選監督
> 席[67]。

湖北的投票人數：江漢道238人，襄陽道39人，荊南道75人，共計352
人，非常冷淡[68]。

投票是「無記名單記法」。究竟有多少主持人看清楚了這個原
則？實是一個疑問。真正採用了這一個辦法的又有多少？由於新聞界
的報導不多（他們似亦不認識此一問題），我們今天很難深入討論。當

66　〈市民對非法選舉之冷淡〉，《民國日報》，1918/5/21（10）。

67　《申報》，1918/7/22（7）。

68　同上。

時的人似乎認爲一個名額投一票，兩個名額投兩票，十個名額就要投
十票。以參議員爲例，每省有五個名額，所有的投票人在複選時都投
下五票。主持選政的人如此堅持，投票時有五個票匭，每一投票人逐
匭投票，造成了許多困擾。下面是一些零星的實例。浙江省杭州縣參
議員複選投票，每人投五票：

> 按照規定辦法，以每五人爲一起，每一人入場，先驗證書，
> 繼分別給票。例如赴甲匭給票處簽到領票，簽投完畢，再向
> 乙匭領票，以次及於戊匭。進退有常，故秩序毫無紊亂。[69]

奉天參議員選舉，每人投五票：

> 至省公署先出示初當選證，按名簽到，換給選舉證，並給予
> 出入徽章。持證再至發票處領票五張，至寫票處寫票。寫票
> 室共有五處，即分「天地元黃宇」五號……[70]

天津參議員初選，每人有十二票：

> 設票匭十二個，每一選舉人有十二票權，共投票十二張[71]。

江蘇省松江縣參議員選舉，每人投二十票：

> 投票人入門後……監察員爲之講習投票方法，令其依次填
> 投，投滿二十張後，由監察員爲之指導出外[72]。

69　〈杭州〉，《申報》，1918/7/2(7)。
70　〈參議員複選詳記〉，《盛京時報》，1918/5/28(2, 4)。
71　〈關於選舉之彙誌〉，《大公報》，1918/5/28(3-2)。
72　〈松江〉，《申報》，1918/6/7(7)。

以上形形色色，最令人不解的是設五個或更多的票匭，簽投五張或更多的選票[73]。以今天的常識來評論，直是令人不可思議。

投票選舉，必定有熱烈與冷淡之分，這都是平常的現象，此次投票當然不會例外。有些地方非常熱烈，如吉林眾議員初選，便「擁擠異常，且有將門窗玻璃擠碎者」[74]。而直隸省灤縣投票，「有選舉資格者六千餘人，到場投票者祇有三百餘人」；評論者謂：「豈彼五千餘人均自〔動〕放棄其選舉權耶？」[75] 這是不熱烈的一型。浙江省嘉興縣選舉眾議員，「白票及廢票頗多」[76]。棄權者比比皆是，當然屬於冷漠。

研究選舉行為的學者指出，影響冷熱的因素很多，其中最普遍者有三：(一)教育與投票率成正比，教育愈普及的國家，投票率愈高；(二)城市居民的投票率比鄉村居民高；(三)關心政治的去投票，不關心的棄權[77]。民國七年的選舉，這三個因素顯然同時存在。中國人的教育水平低、不普及，百分之八十為文盲；這些人在選民調查時就被剔除了。但是在投票時，還是有許多有資格的選民不知道要選誰，或不知書寫候選者的姓名。由於不知道名字的書寫，有人便在選票上隨意塗鴉[78]。

73　類似的例子甚多，如江蘇省江陰縣12個票匭，〈江陰〉，《申報》，1918/6/14(7)；上海縣有「天地玄黃」四個票匭，〈非法參議員初選定期〉，《民國日報》，1918/5/24(10)；湖北參議員選舉，「設甲乙丙丁戊五櫃」，〈湖北參議員產生之經過〉，《時報》，1918/7/31(2)。

74　〈吉林〉，《盛京時報》，1918/5/25(4)。

75　〈時評〉，《大公報》，1918/5/23(5-2)。

76　〈嘉興〉，《申報》，1918/6/8(7)。

77　Angus Campbell et al, *The American Voter: An Abridgement* (New York: John Wiley, 1967, 5th Printing), pp. 124, 211-3, 252；胡佛，《政治學的科學探究(三)：政治參與與選舉行為》(台北：三民書局，民87)，散見各章。

78　〈選舉之悲觀〉，《大公報》，1918/5/27(3-2)；〈無錫〉，《申報》，1918/5/29(7)；〈參議院議員複選竣事〉，《申報》，1918/6/12(10)；〈非法選舉雜聞〉，《民國日報》，1918/6/2(6)。

路遠不便或許是選民棄權的主要原因，這一類的報導甚多。江蘇蘇州為了鼓勵選民投票，每人發給二元路費[79]。這一筆路費非常可觀，沒有預算的地方，根本不可能這樣做。以當時中國的貧困狀況，實際上很難做出預算。

在中國這個沒有民主基礎的國家，除了一般性的缺失，還有一些令人驚訝的現象。以上海縣的眾議員初選舉為例。該縣應當選出初當選人十六名。由於第一天上午投票僅選出四人，不得不於同日下午第二次投票，選出八人；兩次投票均未足額，又於第二天舉行第三次投票，選出餘額四人[80]。兩天三次投票，令人驚訝。我們無法深入三次投票的情形，多少人參與投票，是不是三次投票都是原班人馬？計票是如何計的？何謂當選？由於記者的報導過於簡略，這些問題都得不到答案。這不是一個孤立的例子，蘇州也是經過兩次投票才產生初當選人的[81]。

複選也有經過多次投票的。如直隸省參議員選舉，六月二十日舉行投票，選出馮家遂、馮鈞二人，二十一日二次投票，楊以儉、陳賡虞二人當選，第三次投票又選出趙元禮[82]。

不僅是多日多次投票，而且是一人多票。一個奉天選舉的報導：

> 選舉運動固在所默許，然選票由一人循環投遞，則為此次之特例。前往投票者皆挾有選民證書多張，由前門進，後門出，往返循環，甚至一人投選票數百張者，或五六十張者，在事人員雖知之亦不查問[83]。

79　〈蘇州〉，《申報》，1918/6/18(7)，原文作「二十元」，似不可能，折為二元。

80　〈非法眾議員初選開票續紀〉，《民國日報》，1918/5/7(10)。

81　〈蘇州〉，《申報》，1918/6/16(7)。

82　〈再紀直隸參院之複選〉，《申報》，1918/6/25(6)。

83　〈選舉聞見錄〉，《盛京時報》，1918/5/22(4)。

吉林選舉：

> 每一選舉人每日照該所發之油印單，依次寫票，計每人日投
> 十票，六日可投六十票。説者謂：車輪選舉，一人有投七十
> 票之權利，眞創聞也[84]。

中央學會代表的素質最高，應該是有模有樣的，實際上仍多令人
不解之處。中央學會似沒有初選舉，候選人蓋爲提名產生，提名者爲
地方或中央的長官。複選在北京舉行，第一部(有學識者)投票，定額
10人，參加競爭者447人。投票日(1918/6/20)306人(68.4%)到場，經
過三次投票，選出六人。次日投票，335人(74.9%)到場，選出四人
足額[85]。

第二部(元老大員)複選，定額8人，提名20人。投票日14人
(60%)到場，清朝元老世續、趙爾巽等親來投票。當選者8人，候補
者8人，「大約得一二票即可當選」[86]。

第三部(資本家)投票，提名401人。投票日(1918/6/20)僅6人到
場。因爲安福系與交通系互爭名額，互相抵制不出席投票。後來達成
協議，334人到場投票，產生了定額議員[87]。

---

84 〈吉林選舉片片錄〉，《盛京時報》，1918/5/16(4)。

85 第一日(6/20)投票當選六人：羅鴻年155票，胡鈞141票，周詒春149
票，許喆140票，吳宗濂148票，何焱森147票。第二日(6/21)選出四
人：王世澂155票，鄧鎔122票，魏斯靈156票，陳煥章126票。見〈中
央選舉會之怪象〉，《申報》，1918/6/24(6)；〈中央選舉會投票情形
三誌〉，《晨報》，1918/6/23(3)。

86 同上。當選者：張元奇、朱啓鈐、周自齊、王揖唐、蔡儒楷、陳振
先、熙彥、呂元；候補者：段書雲、李兆珍、畢桂芳、屈映光、王克
敏、許世英、汪大燮、張國淦。

87 〈續紀中央選舉會之狀況〉，《申報》，1918/6/25。當選人：梁士詒
192票，陳邦燮167票，江紹杰151票，任鳳賓134票，王郅隆(得票數不
詳)。

　　第四部(華僑)代表27人出席投票，產生定額議員4人[88]。

　　第五部(滿洲王公)13人投票，第六部(回部王公)投票情形不詳。根據徐樹錚的電報，蓋屬「指選」產生[89]。

　　這些形形色色的投票方式，多有不符選舉法者。但什麼是合法，什麼是違法，由於選舉是新式的政治活動，了解的人不多，或無從深入了解。

四、賄選及選舉結果

　　新國會選舉的結果如何？上文我們討論各個派系的財力，便已判定贏家必屬安福系。加上徐樹錚的周密布置，新國會形同該系囊中之物。選舉尚未揭曉，輿論界就說安福系占優勢，勝利在望[90]。但是沒有人料到安福系會大勝，研究系大敗，交通系不受重視。茲列三個派系當選議員數如表3-8。

表3-8　參眾兩院議員當選及派系關係

院　別	議員總數	安福系議員	研究系議員	交通系議員	不　明
參議院	144	99	3	4	38
眾議院	328	236	18	1	73
合　計	472	335	21	5	111
％	100	71.0	4.4	1.1	23.5

　資料來源：見附錄〈參眾兩院議員名錄〉

　　各省的分配如表3-9。

88　第四部當選人：譚瑞林31票，盧諤生12票，林韻宮11票，韋榮熙(票數不詳)。同上。

89　徐樹錚於1918/7/14致電新疆督軍兼省長楊增新：「新省遼遠，非指選在京人員，恐難如期報到。」見《電稿》，頁273。

90　〈雜評：和戰與選舉〉，《申報》，1918/6/14(7)。

表3-9　兩院席次與派系之區域分配

省　別	派　系	參議院席次	眾議院席次
直隸 （曹錕）	安福	4	10
	非安福	1	13（研1）
奉天 （張作霖）	安福	5	11
	非安福	1	0
吉林 （孟恩遠）	安福	5	5
	非安福	1	3
黑龍江 （鮑貴卿）	安福	5	4
	非安福	0	3
江蘇 （李純）	安福	3	14
	非安福	2（研2）	13（研1交1）
安徽 （倪嗣沖）	安福	4	15
	非安福	0	3
江西 （陳光遠）	安福	3	16
	非安福	2	8（研6）
浙江 （楊善德）	安福	1	12
	非安福	4（交1）	14（研8）
福建 （李厚基）	安福	3	11
	非安福	2	5（研3）
湖北 （王占元）	安福	5	18
	非安福	0	0
湖南 （張敬堯）	安福	3	17
	非安福	2	1
山東 （張懷芝）	安福	3	4
	非安福	2	18
河南 （趙倜）	安福	4	22
	非安福	1	0
山西 （閻錫山）	安福	4	17
	非安福	1（研1）	0
陝西	安福	4	9
	非安福	1	5
甘肅 （張廣建）	安福	5	9
	非安福	0	1
新疆	安福	4	7

特區、邊區※	非安福	1	0
	安福	3	10
	非安福	2	2
青海	安福	2	2
	非安福	0	0
蒙古	安福	12	16
	非安福	3	3
西藏	安福	3	7
	非安福	4	0
中央學會	安福	14	—
	非安福	16(交3)	
合計	安福	99	236
	非安福	46	92

資料來源：見附錄：參眾兩院議員名錄。
說　　明：※包括：參議院：京兆、熱河、察哈爾、歸綏、川邊。
　　　　　　　　　眾議院：京兆、歸綏、川邊。

　　綜合言之，兩院472席，安福系獲得335席，高達71%；研究系僅得21席，不足5%；交通系5席，1%而已；前者大勝，後者大敗。

　　這一個統計是根據資料得出。過去的說法，謂安福系佔三百三十餘席，交通系一百二十餘席，研究系最少，二十餘席而已。楊幼炯的《中國立法史》便採用這個說法[91]。問題是交通系的席次何在？如果不將「不明」的一百十一席全部歸屬交通系，傳說中的一百二十席即無處可以尋覓。或者我們只有說交通系的議員也被安福系吸收了，這正如研究系被吸收一樣，下文還會進一步討論。

　　徐樹錚是幕後的操縱大黑手。在選舉進行中，新聞界指出徐氏和王揖唐秘密推動選務，大搞賄選。《徐樹錚電稿》公布以後[92]，二人聯手控制選舉的真象大白。徐氏以密電與各省省長督軍往還，指定兩院議員人選，排擠研究系的候選人。徐的種種行為，在民主社會中可

91　楊幼炯，《中國立法史》（台北：中國文化公司，民49），頁280。
92　北京中華書局1963年出版。

以說是一個禁忌，但在民國七年的選舉中，徐氏為所欲為，橫蠻無理。

我們清清楚楚的知道，徐樹錚密電往還的北洋軍人至少16人，他們是：

張作霖，奉天督軍兼省長；　　　王占元，湖北督軍兼省長；

鮑貴卿，黑龍江督軍；　　　　　張敬堯，湖南督軍兼省長；

曹錕，直隸督軍；　　　　　　　楊增新，新疆督軍兼省長；

趙倜，河南督軍；　　　　　　　李厚基，福建督軍兼省長；

張懷芝，山東督軍兼省長；　　　盧永祥，淞滬護軍使；

閻錫山，山西督軍兼省長；　　　蔡成勳，綏遠都統；

倪嗣沖，安徽督軍；　　　　　　姜桂題，熱河都統；

陳樹藩，陝西督軍；　　　　　　田中玉，察哈爾都統。[93]

從這一張名單可以知道，參加選舉的十七省，徐氏能直接影響的高達十三省[94]。換而言之，除了江西、浙江、江蘇三省，地方首長幾乎與之聯為一氣，控制選舉。徐樹錚以電報將名單送往地方，除了少數較為強勢的督軍兼省長，無不照單全收。

以山西為例，徐致電督軍兼省長閻錫山，參議院提名8人，候補5人；眾議院21人，候補13人。結果當選者參議院4人，眾議院13人皆在其名單中。茲錄原電文如下：

太原閻督軍鑒：貴省人才，各舉所知，備兄參考。參〔議

93　《電稿》，頁253。

94　劉冰天的回憶錄說：擁護段祺瑞、徐樹錚的北洋軍人有：楊善德、盧永祥、段芝貴、李厚基、曲同豐、陳光遠、魏宗瀚、田中玉、吳炳湘、吳光新、倪嗣沖、張敬堯、陳樹藩。最後三人最為親近，無事不可商量。但因徐樹錚的態度狂傲，目中無人，致使段祺瑞時有不能得心應手之感(劉冰天，〈關於徐樹錚與安福俱樂部〉，《文史資料選輯》，期26，1980二版，頁119)。早在民國七年時便有類似的報導，見〈合肥藥籠中的人物〉，《晨報》，1918/9/17(3)。

院〕：擬田應璜✓、賈耕✓、祁景頤或曾紀綱✓、陳鈺或劉懋
賞、解榮輅✓或張端；眾〔議院〕：擬冀寧道屬：李慶芳、
祁景頤✓、郭象升✓、吳淞、冀貢泉、賞贊春✓或李友蓮、
斐寶棠、……雁門道屬：耿臻顯✓、狄麟仁✓、邢殿元✓、
藍鈞✓、劉械或梁濟；……河東道屬：郭德修✓、高時臻
✓、楊柏榮✓、李道在✓或龐全震、劉培澤✓或張集義……
各員鄉望素孚，宗旨純正，特請鑒定，惠予揄揚。如蒙鼎力
扶持，幸得入彀，于國于晉，兩具裨益也。樹，陽卯[95]。

參議院定額5席，安福系得了4席。研究系之梁善濟在地方上聲譽卓
著，閻錫山不得不將之入選。

　　陝西省參眾兩院議員定額19人（參院5人，眾院14人），徐樹錚提
名12人，留7名給陳樹藩彈性運用。陳在徐的名單內挑了8名，自己提
7名[96]。陳樹藩以張作霖為榜樣，指定人選並派軍隊監場，有三人未
遵從其名單投票，陳查出之後，將之逮捕，「幾遭殺身之禍」[97]。

　　湖北參議員候選人，徐兩次提名，第一次名單未見，第二次提名
三人。督軍兼省長王占元本為段祺瑞的忠實追隨者，但此次提名，王
卻甚有主見，只接受了徐樹錚的名單二人[98]。

　　湖南是南北交鋒的地區，戰事連年，我們無法深入了解選舉是如
何進行的。只知督軍兼省長張敬堯原先說要在省城長沙舉辦選舉，地
方人士以長沙不便，請在沒有戰事的鄰縣舉辦[99]，張敬堯擬有一個

95　《電稿》，頁205，〈致閻錫山陽電〉。有✓者均當選。
96　徐的提名：崔雲松、譚湛、張蔚森、王觀墀、宋伯魯、段大信、何毓
　　璋、高杞、羅仁博、張樹森、白建勛。「尚餘七名，兄更就近取
　　材。」（〈致陳樹藩陽電〉，《電稿》，頁205-6。）
97　〈議員大貼報單之佳話〉，《晨報》，1918/8/6(6)。
98　第二次提名：「鄂中尚有襄陽錢葆青✓、黃遜、蕭延平✓三人，品行端
　　方，鄉望素著，堪備議員之選。」〈致王占元寒電〉，《電稿》，
　　1918/5/14。有✓者當選。
99　〈中央政界雜聞〉，《申報》，1918/6/15。

「操縱辦法」，徐樹錚稱其「藎籌周密」且「至為佩仰」[100]。二人合力操控，滴水不漏。

以上是一些實例。比較強勢的張作霖，將初當選人集中起來，宣布推薦名單，「不准選舉限外人員」[101]。

安徽省是倪嗣沖全權當家，《申報》指出：

> 皖省此次眾議員額十八人，參議員五人，業經倪督軍派定：眾議員皖北六人，皖中七人，皖南五人；參議員派定皖北兩人，皖中兩人，皖南一人[102]。

安徽當選的兩院議員，人稱「十八羅漢與五路財神」[103]，都是來自同一源流，揭曉之後，全部是安福系的人物。

山東督軍兼省長張懷芝責成四個道尹，按照所指定的名單選出該省兩院議員[104]，又是一個強勢的例子。

河南複選之前，督軍趙倜令其弟趙三召集初當選人表示：「張鳳台、畢太昌、李明燦、王祖同、史寶安五人，為中央指派，必須投票選出。」「務必認定範圍，如不在指派之列者，即使當選亦屬無效。」[105]

徐樹錚與各省軍人通力合作，操縱選舉，獲勝在所必然。七年六月廿九日，徐氏以電報對他的「同志」們說，選舉大勝。他排比勝利的情況說：全勝者：奉天、安徽、黑龍江、山西、熱河、察哈爾、中

100　〈致張敬堯電〉，《電稿》，頁172。

101　〈密電指定當選人〉，《盛京時報》，1918/6/4(2)；〈議員尚待審查〉，《盛京時報》，1918/6/16(4)。

102　〈蕪湖快信〉，《申報》，1918/6/1(7)。

103　南海胤子，《安福禍國記》，頁30。

104　陶菊隱，《北洋軍閥統治時期史話》(北京：三聯書店，1984)，頁144。(以下簡稱《史話》)

105　《順天時報》，1918/7/10。

央各部、蒙古、西藏；十分之九勝利者：吉林、河南；五分之四勝利者：京兆、綏遠；四分之三勝利者：山東、江蘇；三分之二勝利者：直隸、江西、浙江[106]。這時湖北、湖南、新疆、甘肅幾省的選舉尚未揭曉，或延後舉行。事後證實，這幾處亦屬大獲全勝。

七月初安福系勝選的形勢大定，徐樹錚又以電報向各省報告凱旋的消息，對掌控選舉得意非常。七月十三日致陳樹藩：「選舉得人，爲國稱慶，諸賴藎籌，佩仰無任。」七月十六日致趙倜：「選員得人，爲國稱慶，諸賴藎籌，曷勝佩仰。」七月十八日致張敬堯：「選員得人，爲國稱慶，諸賴藎籌，曷勝佩慰。」七月二十二日致王占元：「選員揭曉，爲國得人，諸賴藎籌，曷勝佩賀。」八月十二日致李厚基、倪嗣沖等，均有類似的表示[107]。

安福系勝利，反過來便是研究系的失敗。研究系的當選者，共計21人（參院3人，眾院18人）。以省區分，直隸1人，江蘇3人，江西6人，浙江8人，福建3人。選舉前有人預測研究系在江蘇會大勝，因爲江蘇是馮國璋的地盤；然而結果只得了3席，多數仍爲安福系所攫取。出人意料的是在浙江得8席，江西得6席，但仍然都不是一省的多數。研究系敗得很慘是明顯的。

研究系的失敗，除了前述的財力因素，政治上的影響力下降也有關係。梁啓超、湯化龍等因爲贊助段祺瑞討伐復辟有功，段氏酬庸梁、湯等，邀之入閣，是雙方關係最親密的時候。但由於徐樹錚敵視研究系，梁、湯一無施展。臨時參議院修訂國會組織法尚未出爐，段、梁內閣下野，研究系人物離開了權力結構。選舉期間，長於組織的湯化龍遠遊在外，不久爲國民黨刺殺於加拿大溫哥華。此雙重關係不利於研究系的選舉十分明顯[108]。

106　《電稿》，頁253。

107　《電稿》。

108　1917/11/22段祺瑞內閣辭職，梁、湯等隨之去職；1918/3/23段氏重組內閣，研究系已非盟友；1918/6/20選舉開始，研究系無法施展。見郭廷

　　徐樹錚一面運作各省督軍兼省長阻止研究系人當選，釜底抽薪的辦法是根本買斷各議員與研究系的關係。以政黨的觀念看研究系，原本是一個非常鬆懈的組織。列寧式的政黨要在蘇俄革命政權起來之後才流傳到東方。在此之前的政黨大多模仿英美的型式，結構簡單而缺乏約束力量。研究系屬於紳士階級，當然十分歡迎放任自由的政黨組織。平時大家的利益相近，尚可維繫志同道合的外貌，一有外力誘惑，分崩離析在所不免。

　　徐樹錚用金錢打散了研究系。七年七月間，上海的《時報》有一則報導說，湖北選出的安福系參議員，「大多數為研究派改嫁者」[109]。江蘇省原為研究系的地盤，但該系當選的議員多為安福系所收買。《申報》報導：金陵道舉行參議院議員複選，該道有四個名額。選舉結果，安福系二人，研究系一人，中立派一人；但不旋踵研究系及中立派兩人均被安福系所「吸收」[110]。

　　另一報導說，中央學會選舉，原來屬於研究系的人經過運作之後，都一齊投到安福系的旗下[111]。這一類的例子，必定還有不少，不過不見報導而已。

　　檢視安福系的人物，有許多原本是舊日進步黨黨人。黎安友教授做了一個統計，新國會中有98人(21%)來自舊國會(參院29人，眾院69人[112])；舊國會的國民黨人大都去了廣州，留下來的以舊進步黨人為多。他們當中有的「改嫁」，有的「投靠」。早年王揖唐原屬統一黨，該黨併入進步黨，若謂王氏是進步黨人，未嘗不可。

　　安福系以財力勝過研究系，然而該系是如何運用其財力的？值得進一步追究。

(續)————————————————
　　　以《中華民國史事日誌》（台北：中研院近史所，民68）。
109　〈湖北參議員產生之經過〉，《時報》，1918/7/31。
110　〈江蘇選舉之競爭(二)〉，《申報》，1918/6/20(3)。
111　〈續記中央選舉會之狀況〉，《申報》，1918/6/25(6)。
112　Andrew Nathan, *Peking Politics*, p.101.

　　安福系以金錢賄買選票，徐樹錚用「買魚」——不是釣魚，來形容他的賄選策略，有不擇手段爭取的意味[113]。這一個策略並不是徐氏發明的，清末的諮議局和民國二年的國會選舉，都有賄選的先例。袁世凱更是後人仿效的模型；但袁氏以籌安會收買擁護者所消耗的金錢數字，遠不如徐樹錚爲安福國會所揮霍。傳說此次賄選用度，其總額不下千萬元；袁氏地下有知，恐亦慨歎莫如[114]。

　　徐的策略是中央與地方分頭進行。中央的選舉重點在學界（第一部），此有10個名額。安福系以10萬元爭取，平均每人一萬元[115]。辦法是派人分頭接洽賄買，先是選定對象，向王揖唐報告，王氏轉報徐樹錚裁定，即進行交易。中央第一部有選票的共計448人，每票的價格是二百至四百元，平均三百元。估計需要十三萬元。傳說安福系一共買了350餘票，用去十萬餘元[116]。

　　地方上的賄選費用是每省十萬元。以山東爲例，該省四道爲四個選區，每區分配一萬五千元。凡是複選候選人，每人均發給一定數字的「運動費」，膠東區一千八百元，濟南區二千一百元，濟寧區二千三百元，東臨區二千四百元。有人從北京回鄉競選，每人給一千元路費[117]。

　　落實到運作，更是形形色色，花樣百出。賄買選票，複選最受重視，因爲結果關係當選與否。但某些核心人物擔心自己能否成爲初當選人，從初選就開始賄賂，他們以每票一角或二角的些微代價便取得了初當選人的資格。江蘇江都（揚州）便有這樣的例子，在投票所發現

113　《電稿》，頁181。

114　〈最近之中央選舉界〉，《申報》，1918/6/9(6)；陶菊隱，《史話》，冊4，頁144。

115　〈最近之中央選舉界〉，《申報》，1918/6/19(6)。

116　〈最近之中央選舉界〉，《申報》，1918/6/19(6)；〈中央選舉界之怪象〉，《申報》，1918/6/17(3)。

117　〈魯省選舉買賣場之怪象〉，《盛京時報》，1918/6/16(7)；〈要聞〉，《申報》，1918/6/7(3)；陶菊隱，《史話》，冊4，頁144；南海胤子，《安福禍國記》，頁27。

有人持大把的選票(二十或三十張)一齊塞入票匭，大多都是一二角錢輕易取得的[118]。

複選時的票價每張提高至二百元以上。因為複選是互選，票數有限，每一票都可能與當選或落選有密切關係；因此抬高票價，有一票高達七八百元者，駭人聽聞[119]。物以稀為貴，當氣氛緊張時，好像收買十分困難，無可奈何，只有接受已經提高了的價錢，為了幾張選票，不得不親切的招待投票人，「川費全開，店費全開，眠花睡柳之費及澡術聽戲之費全開」[120]。反過來票價亦可能遭到壓抑。如果賄買選票者製造謠言，便可以令出賣者難以脫手。湖北發生一個例子。投票的前一日，地方當局就放出空氣，說已經湊足了當選票數，多餘的票不需要了。結果有些鄉間來的初當選人「恐額滿見棄，難作歸計」，不得不低價求售，二百元就成交了。果然投票日有未售出的票百餘張，「已成廢紙」，二三十元亦無認購者。「孝感一縣十一票全未售出。」類似的情形尚有襄陽、鶴峰、施南、鄖陽四縣。記者稱其為「同作天涯淪落人」[121]。

江西省參眾兩院選舉更是商業化了。安福系為了壓低收購價錢，以公司組織方式進行收購。多人合夥，統一價格，可以壓低，不可抬高。但也有人出面組織初當選人，非有一定的價格，絕不出賣。因此該省四個選區，票價不一，有高至七八百元一票者，亦有低至二三百元者。《申報》描寫安福系的做法：

〔安福〕俱樂部集資十六萬元，組織一六人合資公司，以對

118　〈揚州〉，《申報》，1918/5/22(7)。
119　各省價格不一。浙江一票在150-250元之間(〈杭州快信〉，《申報》，1918/6/21(7))；安徽在400-500元之間(〈皖省近事〉，〈蕪湖快信〉，《申報》，1918/6/18(7)；1918/6/22(6))；湖南「喊價到八、九百元」(〈湖南之片片觀〉，《申報》，1918/7/23(7))。
120　〈社會之聲〉，《大公報》，1918/5/17(3)。
121　〈湖北參議員產生之經過〉，《時報》，1918/7/3(2)。

付一般賣票者。因是，票價漸低，俱樂部見賣票人既墮術
中，乃揚言只收買百餘票，限定某日某時止，逾時不收。賣
票人以票果無人過問，大起恐慌，即各持〔投票〕證書，群
相奔赴六人公司，到門求售，價由公司規定。[122]

　　結果安福系人指定出賣選票者集中投票，五個提名人一人一張，
附加一候補者，合共只給一千元（平均每票二百元）。合共只收購120
票；前來求售者156票，多出36票。賣票人爭先恐後，「竟有人向該
公司百般苦求者」[123]。

　　以上我們將賄選做了一個簡略的敘述和討論。在此要談一談賄選
以外的舞弊。一是主辦單位的上下其手，一是投票人的違規不法。先
述前者。安福系控制著政局，一方面以金錢賄買選票，一方面掌握票
匭的開啓，雙管齊下。既有金錢的運作於先，不難控制票匭於後。明
顯得很，他們以金錢買下投票證，持證換領選票，填入自己的候選人
姓名，一氣呵成。這一類的報導甚多。以北京大興縣眾院選舉為例，
「投票人共約二百餘人，來回一再投票，每人一次投入十數票。左北
兩營初選共計二萬餘名，所有之票，均經二百餘人約三刻鐘將票投
竣」[124]。

　　浙江杭州眾議院初選，「有一人領十餘票者，有一人領五六票
者」[125]。江蘇揚州，「有選民一手持數張至數十張之換票證前來換
票者」[126]。阜寧投票，「一人或填數十票數百票不等」[127]。

122　〈江西選舉參議員之內幕〉，《申報》，1918/7/7(6)。
123　同上；〈贛省之選舉觀〉，《申報》，1918/7/3(6)；〈九江近事〉，
　　　《申報》，1918/6/27(6)；〈贛省複選舉之展期〉，《申報》，
　　　1918/6/24(7)。
124　〈北京選舉怪現象〉，《大公報》，1918/6/2(2-3)。
125　〈杭州〉，《申報》，1918/5/28(7)。
126　《申報》，1918/5/22(7)。
127　〈阜寧〉，《申報》，1918/6/2(7)。

買動選民投票是有意避嫌，然而許多投票所的主持人或監督者，肆無忌憚，親自將大把的選票塞入票匭內。江蘇松江一張姓監督委員，早先辦理選民調查，投票日他將選票五百餘張發給地保前去投票，自己控有一千餘張，填寫他兒子的名字投入票匭[128]。淮陰有選民57,000人，應選出初當選人27人，投票日「董其事者僅發出一萬餘票，餘皆留下自投自選」[129]。察哈爾多倫投票，監督人明告投票者選舉對象，最後「自投二千餘票」[130]。

買動他人為自己投票最為平常。蘇州有一商人買動四百餘人，投票前「以酒席招待，席開五十餘桌」；投票人「衣衫藍縷，類似乞丐者約居十之六七」[131]。

賄選是民主政治的禁忌，但民主政治最怕的是暴力。投票選舉時發生暴力事件是司空見慣的，幸而新國會選舉時的暴力事件並不嚴重。資料顯示，有數處發生小規模的暴力衝突。天津《大公報》描寫當地的一次投票打鬥：

> 投票人麕集院內，言語複雜，萬頭攢動，叫罵連聲，皆因有人不能領得選票。於是群情激憤，起而質問，一時鼓掌者有之，叫好者有之，謾罵者有之，動武者有之，書記〔管理員〕等雖曾打人，而亦曾被人打。打打訟訟之聲震人耳鼓，至十一二鐘猶搗亂不休，彈壓者亦無法過制之[132]。

江蘇江寧亦有暴力事件。由於投票處標示不明，發生錯誤，「秩序因而大亂。起初管理員、監察員猶力為維持，厥後人數愈聚愈眾，

---

128 〈松江〉，《申報》，1918/5/23(7)，24(7)。
129 〈淮陰〉，《申報》，1918/5/24(7)。
130 〈多倫選舉之怪狀〉，《申報》，1918/6/4(2-3)。
131 〈蘇州：運動非法當選〉，《民國日報》，1918/5/21(7)；〈蘇州：眾議員初選舉之怪狀〉，《申報》，1918/5/22(7)。
132 〈關於選舉之彙誌〉，《大公報》，1918/5/22(3-2)。

有持投票證一張，硬搶投票紙十餘張。管理員亦無力禁止。一人作俑，眾人效尤，秩序更形紊亂」[133]。幸而只是秩序不好，情況並未惡化。江蘇無錫「投票之日，突來頑民，到所便搶選舉票數十張；不予，則大肆毆打，毀壞器物，擾亂秩序。〔主持人〕當即宣布中止，投票無效」[134]。安徽安慶投票日「有五六百人蜂擁入內，搶奪選舉票、簽名簿，且互相毆鬥，拳足交加，有楊某被打得頭破血流。一時人聲鼎沸，愈集愈眾，實難排解。所有執事人員見勢不佳，均抱頭鼠竄而去」[135]。這是較為嚴重的一次暴力事件。

　　政治學家指出，賄賂令人無奈，暴力必須譴責。這樣看來，新國會之選舉，在諸多醜惡賄選行為之下，避免了重大的暴力事件，是屬不幸中之大幸。時人有詩諷刺云：

> 投票場為打架場，公民氣象本軒昂；能文能武讒人傑，姓氏還教千載香[136]。

中國的選舉還沒有與嚴重的流血事件相銜接。

五、議員背景

　　以上所述為新國會選舉的經過，對這次選舉的得失，大致有一個初步的認識。現在我們要問最後一個問題，什麼樣的人當選了議員？這些當選人是什麼樣的背景？

　　議員背景的了解，通常最值得注意的有三方面：年齡、教育背景、個人經歷。年齡愈輕，顯示有活力；年齡愈大，可能暮氣沉沉。

133　南海胤子，《安福禍國記》，頁29。
134　〈無錫：眾院初選之經過〉，《申報》，1918/5/24(7)。
135　〈安慶：眾院初選投票無效〉，《申報》，1918/5/25(7)。
136　〈杭州選舉竹枝詞〉，《民國日報》，1918/6/13(8)。

教育程度愈高，愈較理性，議事思考，愈能做深入的分析；反之可能意氣用事，輕率決斷。個人有社會經歷，認知易於深入，其效應與教育背景有相得益彰的正面關係。

總而言之，議員背景研究，是一種精英研究。精英分子在民主社會中往往掌握社會的動向，他們左右統治者的決策，引導基層社會的廣大人群。中國的民主政治尚在萌芽階段，精英尤其左右政局的發展。所以了解議員背景特徵，有助於了解當時的政局。

年齡：在我們所得的資料中，年齡較為完備。參院議員的平均年齡為47.2歲，眾院為39.8歲。分組觀察，35歲至39歲之間的人數最多（兩院合計150人），比例亦最高，31.7%；其次是40歲至44歲組，人數次多（82人），比例次高，17.3%。兩組合起來（35至44歲），所占比例接近半數，49%（見表3-10）。比較觀察，民七議員比民二議員的平均年齡多了七歲。可以說他們成熟了，但也可以說，已不如七年前那麼富於朝氣或衝勁[137]。

表3-10　參眾兩院議員年齡

年齡組別	參議院人數（A）	%	眾議院人數（B）	%	平均（A+B）人數	%
30-34			46	13.9	46	9.7
35-39	37	25.8	113	34.2	150	31.7
40-44	25	17.5	57	17.3	82	17.3
45-49	29	20.3	42	12.7	71	15.0
50-54	25	17.5	22	6.7	47	9.9
55-	24	16.8	12	3.6	36	7.6
不明	3	2.1	38	11.5	41	8.7
共計	143	100	330	100	473	100
平均	47.2歲		39.8歲			

資料來源：見議員名錄

137　見第二章。

　　紳士功名：清末民初的議員（指諮議局及民二之第一屆國會）背景
中有一大特色：他們大多數出身傳統的科舉考試，有紳士功名頭銜，
諮議局的紳士比例高達百分之八十九，民二國會下降為百分之二十
二。新國會的議員仍然保持此一特色。在不十分完備的資料中，143
位參議員中有54人（37.8%）具有功名，330位眾議員中也有54人
（16.4%）有功名。兩院合計，473位議員中，108人有功名，平均為
22.9%，較諸民二國會的比例還要高出一個百分點。如果資料完備，
相信百分比還要提高。

　　這一個現象，乃由於民國七年時，清朝的末代紳士階級仍在壯年
時期。民國二年的比例驟降，是因議員中多革命黨分子，他們年輕，
大多數不曾參加科舉考試。到了民國七年，革命黨（國民黨）被排擠在
外。另一方面，原先隱退的紳士復出，競選成為議員。（參看表3-11）

表3-11　參眾兩院紳士階級議員人數

	參議院	%	眾議院	%	合　計	%
總人數	143	100	330	100	473	100
功名人數	54	37.8	54	16.4	108	22.8
進士	24	16.8	17	5.2	41	8.7
舉人	19	13.3	21	6.4	40	8.0
貢生	8	5.6	11	3.3	19	4.0
生員	3	2.1	5	1.5	8	1.7

資料來源：見議員名錄

　　新式教育：清末以來，傳統教育式微，1905（光緒三十一年）年科
舉考試制度廢止，代而興起的是新（西）式教育。各省諮議局中便有兼
具傳統教育和新式教育的議員。民國二年的國會此一特色更為突出。
民國七年的新國會繼續此一趨勢發展。可惜我們的資料不甚完備，不
能得出一個具體的統計。表3-12所示，只是一些零星資料的總和，聊
備參考而已。雖然資料並不完備，就此殘缺統計觀察，亦可以看出新式

教育的勇往直前，有留學背景的人數大增。中國人最先選擇前去日本留學，所以議員中留日的人數占多數。留學歐美者少，議員人數亦少。

表3-12　兩院議員新式教育背景人數

	參議院	%	眾議院	%	合　計	%
議員總數	143	100	330	100	473	100
新式教育人數	45	31.5	78	23.6	123	26.0
本國中上學堂	20	14.0	26	7.9	46	9.7
留學日本	17	11.9	48	14.5	65	13.7
留學歐美	8	5.6	4	1.2	12	2.5

資料來源：見議員名錄

　　經歷：新國會議員的經歷則較為複雜。他們來自不同的行業，有的曾經在政府中做官，有的在教育界任教，有的是商人。惟由於資料不全，無法做數據的觀察。前文已經提到，新國會議院中有98人曾經當選清末諮議局的議員，或民國二年的國會議員[138]。這些曾經多次當選議員的人，在議會中頗有榮居領袖地位者，他們熟諳議事的技巧，認識政府的弊病，就常理推斷，他們的經驗有助於民主政治的發展，然而從派系的觀念去看，未必如此。

六、餘　論

　　本文探討民國七年的新國會選舉，由於這次選舉是在南北分裂的局面下舉行，從開始便就難期令人滿意的結果。雖然如此，如果北京政府立意在政治上與南方和平競爭，並非不能將選舉辦好。在分裂的局面下，南方的地盤只有五個省份，北方有十七省和蒙藏等地區，控有五分之四的人口和土地，是國際承認的合法政府，形勢甚屬優越。不幸段祺瑞內閣主導下的選舉，從修改議院組織法到擬定選舉章程，

138　Andrew Nathan, *Peking Politics*, p.101.

皆不具大公無私的胸襟。一味要求控制，從預備選舉到投票開票，做法令人訾議，幾可謂一無是處。段祺瑞、徐樹錚等利用安福俱樂部把持選舉，賄買選票，腐化彰明較著，使中國民主政治的發展蒙上一層陰影。

我們要問，何以腐化在北洋時期會那麼嚴重？稍一回顧，這是有原因的。(一)長遠以來，科第功名和中下層官吏都可以因捐納而獲得。議員雖然不是官吏，但視之為官吏者，大有人在，一官半職的心態，賄買選票，並不偶然。(二)中國人講究人際關係，凡事欲求迅速達成目的，皆先尋找關係，獲得捷徑；親戚、同學、同事、師生、朋友，皆可拉上關係。萬一拉不上關係則送禮；送禮可多可少，送大禮則無異賄賂。(三)階級森嚴的國家比較不腐化，階級不明的國家容易走向腐化，中國屬於後者。(四)政黨愈羸弱的國家，腐化愈嚴重[139]；北洋時期的政黨有名無實，其傾向腐化，似難避免。(五)窮國人民易於腐化，一杯酒，一些食物就交換了窮人的選票，印度、菲律賓多半就是如此[140]，中國人不例外，其窮困與印、菲相去不遠。

我們應該對腐化行為有較為深入的認識。腐化不是中國所獨有，此在西方同樣有長遠的歷史。古羅馬共和國時期，由於賄賂嚴重，曾經(西元67B.C.)立法禁止。不久(56B.C.)重申禁令的嚴肅性。羅馬人與中國人一樣，賄買官位十分普遍，包括議會賄選在內。通常他們是通過一位「舌人」(interpretes)行賄[141]。英國人承襲了羅馬的傳統，也用舌人行賄。美國人行賄的中介者稱為「選區售票員」(precinct captain)。十八世紀Tory和Whig兩黨興起之後，英國人在地主和大家族的控制之下，如果兩派(或兩大家族)相峙不下，即整批交

---

139 Samuel Huntington, *Political Order in Changing Societies* (New Haven: Yale University Press, 1968), pp. 65-66, 71.

140 Guy Hermet et al, *Elections without Choice* (N.Y.: John Wiley, 1978), p. 24.

141 James C. Scott, *Comparative Political Corruption* (Englewood Cliffs, N. J.: Prentice Hall, 1972), pp. 93-94.

易，一方賣出所有的選票，一方全數買下，鮮有零星交易者。直到1885年，下院的席位可以經由賄買而取得[142]。但是奇怪得很，十八世紀以後，歐洲大陸的賄選並不盛行。這可能有幾種原因：(一)歐洲大陸上的官僚體系與政黨發生得較早，政府也能規劃選舉的行為；(二)近代寡頭政治興起之後，不鼓勵群眾的影響力，賄賂因之就沒有必要了；(三)官僚體系強，對選民用威脅而不是賄賂，德國即是如此；(四)美國的賄選在1870-1930這60年間日漸減少而歸於消失，原因至今不明。英國情況好轉似與改革有關，第一是嚴懲行賄，第二是限制選舉費用[143]。

賄賂選舉有正反兩面的意義。一般人都痛恨賄賂，認為這是社會道德淪亡的現象。經濟學家Gunner Myrdal認為一個腐化的社會，其經濟成長必然受阻。他說：賄賂行為形成社會的墜性(inertia)、不理性(irrational)、沒有效率(inefficient)；最大的不幸是拖延(delay)誤事；小人未得賄賂之前沒有行動，正人君子不接受賄賂，遇到行賄則惟恐走避不及，造成政事無法推動。南亞和東南亞社會，尤其是印度、菲律賓，賄賂風氣盛行，所以這一帶的貧窮不可自拔[144]。

但是政治學家和社會學家大多不接受Myrdal的說法，因為他的假設不能實證。有一些社會科學家不僅不指責賄賂是一種罪惡，反過來詮釋其帶有安定的作用；一個最有力的說詞是，賄賂所引發的傷害比之於暴力要小得多。有一位政治學家說：「腐化是暴力與制度化的中間站；腐化雖不好，但比之於暴力尚可容忍。在國家尚未制度化之

142　同上，頁98-99。James Bryce, *The American Commonwealth* (New Delhii, Eurasia Publishing House, 1996), pp. 218-229.

143　Jeremy Boissevain, "Patronage in Sicily", in Arnold J. Heidenheimer (ed.), *Political Corruption* (New Brunswick, N. J.: Transaction Books, 1978), pp. 362-364.

144　Gunner Myrdal, *Asian Drama: An Inquiry into the Poverty of Nations* (New York: Pantheon, 1968), pp. 951-955.

前，只有容忍腐化，避免暴力。」[145]另一位政治學家對前者的說法
有進一步的解釋。他指出：賄賂帶有認同的意味，在政治現代化的過
程中，有認同才有安定。暴力的意義正好相反[146]。更有人說，賄賂
可以突破落後的制度，促成經濟的成長[147]。

面對這樣分歧的解釋，我們應當怎樣看待安福國會的賄賂選舉？
如果接受Myrdal的說法，我們應該譴責段祺瑞、徐樹錚和王揖唐等
人。但是仔細思索一下，又不能不同意幾位政治學家的看法。我們甚
至於可以說，徐樹錚等還算有良心，要不然他們盡可以訴諸武力奪取
選票，那民國初年的中國就成了暴力世界。就事論事，軍閥的私鬥，
那才是暴力行為；他們使中國的無辜人民陷於水深火熱之中。議會的
賄賂選舉，正如政治學家的看法，是一過渡現象。

腐化是民主政治的絆腳石，中國能像西方社會將其消滅嗎？回答
雖不悲觀，但也不甚樂觀。研究腐化的學者大多都說這是一個不容易
克服的困難。英國是前車之鑑，十七世紀以後，英國每有國會選舉，
賄賂行為便暗中有計畫地推動，且日形惡化；正直人士只有瞪眼，無
可奈何。即使到了1832年的改革法案通過，刻意要打擊賄選，但法律
的無力感令人歎息。腐化與護持（patronage）及分贓（spoils）關係密
切，這在日常生活中就難於避免。北洋時期的護持關係是派系形成的
樞紐，黎安友教授就是用護持和派系來研究北洋政治的[148]。派系講
求關係（connections），有關係最好，沒有關係拉關係。在這種情況
下，護持者得到追隨者的擁護，護持者要保護追隨者，追隨者要孝敬
護持者，賄賂腐化在所不免，將之消滅談何容易！直到今天我們的國
情未嘗改變[149]。

145　James Scott, *Comparative Political Corruption*, p. 146.

146　Samuel Huntington, *Political Order in Changing Societies*, pp. 64-75;
　　　Jeremy Boissevain, "Patronage in Sicily", pp. 480-481.

147　同上，p.481.

148　Andrew Nathan, *Peking Politics*, 第二章。

149　關於黎安友教授《北洋政治》一書，參看張朋園書評，〈黎著《北洋

　　然而論者謂也不要過於悲觀，從立法上去防弊是必要的。同時，政治與社會與之配合，例如有負責任的政黨，推動全民教育，文官不要錢，資訊靈通，人人有榮譽感，專業化有尊嚴。西方社會掃除貪污腐化有成，各方面的改革與之配合，似有密切關係[150]。我們應該做相同的努力。

原載《中央研究院近代史研究所集刊》
期30(1998年12月)

（續）————————

　　政治：派系政爭與憲政不果〉〉，《中研院近史所集刊》，期6(民66年)，頁415-420。楊美惠最近的研究反過來對「關係」的發展轉向樂觀，認爲將來可能成爲中國民主政治的有利因素。見Mayfair Mei-hui Yang, *Gift, Favors, and Banquets: The Arts of Social Relationships in China*, (Ithica: Cornell University Press, 1994), pp. 299-311.

150 Arnold Heidenheimer (ed.), *Political Corruption*, p. 274; 美國在1880年就注意到了選舉經費的限制。鄭端耀，〈美國國會選舉經費限制之改革〉載，鄭哲民編，《美國國會之制度與運作》，(台北，中研院歐美所，民81年)，頁420。

第四章
國民大會選舉：國民黨與威權主義

一、國民黨還政於民：三院制國會

　　中國國民黨統治中國二十一年(1928-1949)，信奉孫中山的革命三時期進程說，強調軍政、訓政完成之後，必須進入憲政，還政於民。1911年辛亥革命雖然推翻了傳統的帝制，但是國民黨並未取得政權。1917年退處廣東，十年整軍經武，於1926年誓師北伐，三年有成，建都南京，可謂達成了軍政時期的使命。1929年該黨三屆二中全會通過：「訓政時期規定為六年，至〔民國〕二十四年(1935)完成。」[1]從這一年開始，國民黨一再宣示要召開國民大會，雖一再延期，終於在1948年實踐諾言，進入憲政時期，但次年(1949)即為中國共產黨打敗，失去了政權。本文的題旨，在討論國民大會的召集，亦即國民大會代表(簡稱國代)的選舉。由於孫中山的議會思想中，立法權和監察權與國民大會三足鼎立，如同民主國家的國會，本文將立法委員(立委)和監察委員(監委)的選舉一併納入討論[2]。

1　〈第三屆中央執行委員會第二次全體會議決議(1929年6月15日)〉，《革命文獻》，輯79(台北：文物出版社，民國68年)，頁128。

2　崔書琴指出，孫中山的五權憲法思想是「自三權分立脫胎而來」。孫中山將三權再分彈劾及考試兩權，是受傳統的御史制度及考試制度的影響而創五權憲法之說〔崔書琴，《三民主義新論》(台北：商務印書館，民國57年)，頁200-201〕。民國46年5月3日大法官會議對中華民國憲法第25, 62, 90各條(國大、立法、監察)有如下之解釋：「國民大會、立法院、監察院共同相當於民主國家之國會。」〔《大法官會議解釋彙編》(台北：三民書局，民國84年)，頁1, 2, 4〕

　　首先要說明的是議會結構。依照國民大會、立法院、監察院的組織法，中華民國國會是一個龐大的結構：國民大會代表3,045人，立法院立法委員773人，監察院監察委員223人，合共4,041人。

　　國大代表之分配如下：（一）各縣市及同等區域各選代表1名，但人口逾90萬者，每增加50萬人，增選代表1名，全國二千餘縣市，共2,177名；（二）蒙古18盟旗，共57名；（三）西藏共40名；（四）各民族之居住邊疆地區者（指四川、西康、貴州、雲南、湖南、廣西六省）共34名；（五）僑居海外之國民可選65名；（六）各職業團體（包括農、工、商、漁、教育、自由業）487名；（七）婦女團體共168名；（八）居住內地生活習慣特殊之國民（如回民、藏民）共17名；共計3,045名。全國35省12直轄市及相關單位詳細分配名額，如表4-1。

　　立法委員名額之分配如下：（一）由各省各直轄市選出：其人口在300萬以下者5名；其人口超過300萬，每滿100萬人，增選1名，共622名；（二）蒙古各盟旗共22名；（三）西藏共15名；（四）邊疆地區各民族共6名；（五）僑外國民共19名；（六）各職業團體共89名；共計773名。詳細分配如表4-1。

　　監察院雖為議會之一環，但間接由地方議會選出，是其與國代、立委產生方式不同之處。其成員分配如下：（一）每省5人，35省共175名；（二）各直轄市2人，12市共24名；（三）蒙古各盟旗共8名；（四）西藏共8名；（五）僑外國民共8名；共計223名。詳細分配如表4-1。

表4-1　人口、選民人數與國會議員數

省市	人口(千人)	選民人數(千人)	國大代表				立法委員		監察
			縣市	應得	增額	總數	分區	名額	名額
江蘇省	36,052	12,207(34%)	63	63	12	75	7	38	5
浙江省	19,942	13,000(65%)	78	78	1	79	4	23	5
安徽省	21,703	14,603(67%)	64	64	3	67	4	25	5
江西省	12,699	7,679(60%)	82	82	0	82	4	22	5
湖北省	21,034	9,812(47%)	71	71	0	71	6	28	5

省市	人口(千人)	選民人數(千人)	國大代表				立法委員		監察
			縣市	應得	增額	總數	分區	名額	名額
湖南省	26,171	16,062(61%)	79	79	8	87	6	33	5
四川省	48,108	26,149(54%)	147	147	4	151	10	53	5
西康省	1,651	807(49%)	52	52	0	52	-	5	5
河北省	28,529	19,794(69%)	134	134	0	134	5	31	5
山東省	38,672	7,278(19%)	110	110	0	110	7	40	5
山西省	15,025	8,564(57%)	106	106	0	106	3	16	5
河南省	28,473	19,155(67%)	111	111	0	111	6	36	5
陝西省	9,492	4,895(52%)	93	93	0	93	3	13	5
甘肅省	6,898	2,922(42%)	72	72	0	72	2	8	5
青海省	1,346	569(42%)	21	21	0	21	-	5	5
福建省	11,101	6,440(58%)	69	69	0	69	4	14	5
台灣省	6,126	2,674(44%)	17	17	2	19	-	8	5
廣東省	27,825	15,936(57%)	100	100	3	103	6	33	5
廣西省	14,603	7,930(54%)	104	104	0	104	3	16	5
雲南省	9,171	4,342(47%)	129	129	0	129	3	14	5
貴州省	10,519	5,990(57%)	80	80	0	80	2	12	5
遼寧省	9,992		26	26	0	26	-	13	5
安東省	3,164		20	20	0	20	-	5	5
遼北省	3,789		19	19	0	19	-	5	5
吉林省	6,981		20	20	0	20	-	9	5
松江省	4,534		17	17	0	17	-	6	5
合江省	1,936		18	18	0	18	-	5	5
黑龍江省	2,563		26	26	0	26	-	5	5
嫩江省	2,407		19	19	0	19	-	5	5
興安省	328		8	8	0	8	-	5	5
熱河省	6,110		20	20	0	20	-	8	5
察哈爾省	2,114	416(20%)	20	20	0	20	-	5	5
綏遠省	2,167	1,220(56%)	23	23	0	23	-	5	5
寧夏省	773	416(54%)	14	14	0	14	-	5	5
新疆省	4,012	1,825(46%)	82	82	0	82	-	6	5
南京市	1,037	822(79%)	1	1	1	2	-	5	2
上海市	3,153	2,320(74%)	1	1	9	10	-	7	2
北平市	1,602	822(51%)	1	1	2	3	-	5	2

省市	人口(千人)	選民人數(千人)	國大代表				立法委員		監察
			縣市	應得	增額	總數	分區	名額	名額
天津市	1,679	968(58%)	1	1	2	3	-	5	2
青島市	752	431(57%)	1	1	0	1	-	5	2
重慶市	1,000	528(53%)	1	1	1	2	-	5	2
大連市	544		1	1	0	1	-	5	2
哈爾濱市	760		1	1	0	1	-	5	2
廣州市	1,276	715(56%)	1	1	1	2	-	5	2
漢口市	749	413(55%)	1	1	1	2	-	5	2
瀋陽市	1,175	451(38%)	1	1	1	2	-	5	2
西安市	523	291(57%)	1	1	0	1	-	5	2
蒙古			18	57		57		22	8
西藏			3	40		40		15	8
邊疆民				34		34		6	
內地生				17		17			
農業團				134		134		10	
漁業團體				10		10		3	
工人團體				126		126		10	
工業團體				24		24		16	
商業團體				44		44		20	
教育團體				90		90		15	
自由職業				59		59		15	
婦女團體				168		168			
僑外國民				65		65		19	8
共計	460.260	216.810(53%)				3.045		773	223

資料來源：《第一屆國民大會實錄》（台北：國大秘書處，民國50年），頁
　　　　45-72；董翔飛編著，《中華民國選舉概況》（台北：中央選舉
　　　　委員會，民國73年），頁51-89；〈内政部全國人口統計〉（民國
　　　　36年7月14日），《中華民國史事紀要》（台北：國史館，民國
　　　　85年），頁195-196；《選舉概要》（不著出版時地），頁38-39；
　　　　彭樹勛，《中華民國行憲以來之立法院》（台北：成文，民國
　　　　75年），頁109-113；陳玉祥，〈立法委員之選舉糾紛及法定配
　　　　額〉，《東方雜誌》，卷44期8（民國38年8月），頁9-14；P. T.
　　　　Ho, *Studies on the Population of China, 1368-1953* (Cambridge,
　　　　Mass.: Harvard University Press, 1959), pp. 94-95.

說　　明：＊所謂增額，指人口每超過50萬，增額1人。

　　超過四千人的國民政府國會，雖然12萬人才有代表1人，可謂世界各國之最龐大者。決定國會定額的兩大原則，一是社會結構，一是人口多寡。通常的情況，如果社會結構複雜，而人口眾多，員額必然較大，反之則較小。中國正好是個人種複雜（53種）而人口眾多的國家，所以有此龐大的國會成員定額 [3]。中國是否必須訂定四千有餘的額數，則屬見仁見智。在此必須指出的是，孫中山的三院制國會可能是構成議院員額龐大的第三個原因。惟此一問題並非本文的重點所在，可以不必深論。讀者將會發現，本文的討論，國代和立委占據了較多的篇幅，原因是當時的精英分子以爭取此兩者爲榮，其競爭極爲熱烈。相對的，監察委員便沒有太大的聲勢。

　　更值得注意的是女性議員有了一定的比例。前此的三次國會選

3　在此引錄1980年代83個國家的國會人數與人口的關係，並比較歐美、日本等七國，可以得見中國的議員額相當龐大。

1980年代各國議員額與人口關係

人口	議員數	國家數	人口	議員數	國家數
100萬以下	40	13	6000萬～8000萬	459	2
100萬～1000萬	162	32	8000萬～1億	-	-
1000萬～2000萬	228	13	1億～2億	483	3
2000萬～4000萬	300	9	2億以上	1,177	4
4000萬～6000萬	445	7	總計		83

1980年代八國國會結構

	人口(百萬)	國會議員數(人)	每人平均代表人口(人)
中國	1,032.0	2,978	347,000
德國	61.7	563	119,000
法國	55.0	994	95,000
義大利	56.2	953	89,000
日本	117.1	763	229,000
英國	55.5	1,833	85,000
美國	226.5	535	521,000
蘇俄	271.2	1,500	362,000

資料來源：Inter-Parliamentary Union, *Parliaments of the World* (New York: Facts of the Publications, 1986), pp. 3-61.

舉，婦女皆不具選舉權，更遑論被選舉權[4]。選舉法規定，女性議員名額約爲十分之一，定額10名以下，必須有女性1名；超過10人，則增加1名。例如江蘇省有國代定額75人，必須有8人爲女性。又該省有立委38人，必須有4人爲女性。加上監委5人中1人爲女性，合共得13人之多。這是保障名額。除此之外，婦女團體有國代168名，立委82名。總數將近500人，約爲全體議員八分之一。這是中國現代化中的一大特色。

二、選民調查與候選提名

討論選舉，必須先述選舉法。民國初年的兩次國會(1913、1918)均由臨時參議院制定選舉法，以之爲推動選舉的依據。國民政府的辦法不僅先訂定選舉法，根本就制定一部憲法，依此而選舉行憲。所以，1946年國民政府先召集了制憲國大，此一擁有一千餘人的制憲大會，不論其代表產生的方式是否合於民主程序，一部憲法終於公布[5]。

籌辦選舉的機關稱爲「國民大會代表及立法委員選舉事務總所」，這是一個特設機構。按選舉事務通常由內政部執行，何以特設？蓋與國民黨取聯繫有關，主持選務的人員大多由該黨指派。如果說選舉由國民黨主導，並不過分。

中央設選舉事務總所，地方設分所，有省級及縣市級分所、院轄

4　見第一至三章。

5　制憲國大於1946年11月15日開幕，預計有代表2,016人出席(區域代表754名，職業代表317名〔農工商265名，自由業52名〕，特種代表245名〔東北地區122名，蒙藏42名，僑民41名，軍隊40名〕，遴選700名〔國民黨220名，中國共產黨190名，民主同盟120名，青年黨100名，社會賢達70名〕)由於中共、民盟等拒絕參加，實際出席者1,367人。詳見《國民大會實錄》(南京：國大秘書處，民國35年)，頁73-128。按國民政府奠都南京，於1933年成立立法院，議員約二百人，由國民黨提名產生，其功能在草擬憲法。1936年5月5日所公布草擬之憲法，稱爲「五五憲草」，提交1946年之制憲國大通過，是爲中華民國憲法。

市分所、僑民分所、職業及婦女分所等。每一選舉事務分所設委員三至五人，或更多人員組成委員會，其職責是指揮和監督選舉事務。時人批評指揮與監督併設同一機關之內，無異監守自盜。

1945年8月20日，國民黨六屆中央執行委員會常務會議(中常會)發布國大選舉事務總所委員名單，委員：葉楚傖、邵力子、吳鼎昌、張厲生、張道藩、陳立夫，由葉楚傖任主任委員，張厲生為副主任委員[6]。次年二月葉楚傖逝世，改由張厲生任主任委員，加派張維翰為總幹事，金體乾為副總幹事。

有了選務機關，旋即展開選務工作。首先是選民調查。

國大及立委選舉事務總所公布了一個選舉程序：(一)民國三十六年(1947)七月一日至二十二日，選舉人調查登記，各職業團體自行造冊報告；(二)同年七月二十三日至八月二十一日，完成選舉人名冊之造冊；(三)同年八月二十二日至二十六日，公告選舉人名冊及更正事宜[7]。仔細觀察這一個選舉程序，先後僅僅兩個月的時間，要想從四億五千萬人中調查、登記、造冊有資格的選民，顯然是很困難的。選舉事務總所的做法是發出一紙公文，要求各省市轉飭其所屬縣市，再通知鄉鎮保甲辦理。我們不見調查的事蹟；有之，自由「造報」而已。一個回憶性的記述，諷刺性的寫道：

> 所謂選民登記，就是由各鄉鎮的保甲長造具花名冊報上來的，不管他寫的是張三、李四、王二麻子，縣選舉事務所當然也無需審核了。[8]

6　《中國國民黨第六屆中央執行委員會常務委員會議紀錄彙編》(台北：中央委員會秘書處，民國43年)，頁45。以下簡稱《六屆紀錄》。
7　《大公報》，天津，民國36年7月13日(2)。
8　鍾濟民，〈雲夢縣國大代表競選經過紀實〉，《〔湖北〕雲夢文史資料》，期3(1987年1月)，頁65。

　　在這樣的情況下，全國47個省市單位，有的草草應付了事，胡亂編造一個數字呈了上來；有的自始至終，不知所措，遲遲呈報，或根本不報。由於沒有可靠的依據，選民總數說法不一。天津《大公報》說「約二億五千萬(47%)人民有投票權」[9]。上海《字林報》(*North China Daily News*)說有一億五千萬(20%)[10]。國民政府宣布的數字是三億五千萬(66%)[11]。蘇俄駐華大使館竟說「不到一千萬人」[12]。

　　根據內政部的「國民大會選舉檔案」，本文勉強湊合了一個選民總數，約二億一千七百萬人(53%)(見表4-1)。這些數字確實是來自各省市的報告。上文已經指出，各省市既未舉辦選民調查，其由來何自？我們在各省市的報告中發現，數字是編造的。歷來各省地方政府，對於所轄區域的人口，雖無調查統計，但有一個估計，這在何炳棣的人口史一書已經有了驗證[13]。這次的選民調查，各省市便根據原有的人口估計，武斷一個百分比做爲選民總數。例如河南省的報告說，係以百分之八十「估計」[14]；江蘇省說是以百分之七十「估算」[15]；山西省則爲53-57%[16]。所有的選民報告中，最高的是南京市(79%)，青島市(75%)，上海市(74%)，最低的是山東省(19%)，察哈爾省(20%)，江蘇省(39%)。所列報的數字都沒有根據。我們也得承認，這些估計數字雖不正確，在不得已的情況下，仍不得不引爲參考依據。

　　根據選舉法的規定，選民應具備兩個條件：年滿20歲；沒有犯罪

9　《大公報》，天津，民國36年11月21日(2)。

10　《字林報》(*North China Daily News*)，上海，1947年11月18日。

11　〈你選舉誰〉，《中央日報》，南京，民國36年11月21日(2)。

12　民國36年11月26日蘇俄大使館向莫斯科報告，謂中國人口四億五千萬，而選民僅得「不到一千萬人……實爲笑話」。見國史館藏，〈國大選舉結果〉，《內政部國民大會選舉檔案》

13　P. T. Ho, *Population of China, 1368-1953*, pp. 65-97.

14　〈河南省選民報告〉，《國大選民調查報告》，國史館藏原件。

15　〈江蘇省選民報告〉，《國大選民調查報告》，國史館藏原件。

16　〈山西省選民報告〉，《國大選民調查報告》，國史館藏原件。

記錄，沒有精神病，不吸食鴉片[17]。選民資格比之過去的幾次選舉放寬了許多。女性享有完全的權利，不再被排斥於外。過去多少還有教育水平(識字)和納稅額的要求，這些均爲此次選舉法所摒棄，可謂一大進步。由此推想，不具備選舉資格的人口，限於不及齡者而已。估計有三億五千萬選民，應該是可以接受的。

我們要進一步了解候選資格，什麼樣的人可以候選？如何才能成爲候選人？

選舉法規定，年滿23歲，具備選民資格者，都可以成爲國代和立委的候選人，而唯監委必須年滿35歲[18]，蓋認知上，較大的年齡才算是理性的成熟。

選民調查完畢之後，旋即展開候選人登記。登記的期限，國大自八月二十七日至九月二十五日，立委自十月十七日至十一月十六日，同樣要求在短促的一個月期間完成十分複雜的程序。奇怪的是，國代與立委的候選人登記，竟然分在兩個不同的時段中進行。原來這與黨的提名有關。國民黨將國代、立委的選舉分開處理，有其單純性，也比較容易掌握。

在國民黨控制下的國代、立委選舉，原規定參選者應先進行簽署成爲候選人。競選國代必須有500人連署支持，立委則需3,000人。監委係在地方參議會中進行[19]，有省市參議員5人連署即可取得候選人資格。但國民黨旋即發現進行連署費時費事，改由政黨提名。雖然簽署方式並未放棄，國民黨員參選，必須經由黨中央提名[20]。

17　《國民大會代表、立法院立法委員、監察院監察委員選舉概要》（以下簡稱《選舉概要》）（出版地不詳：行政院新聞局，民國36年10月），頁9-10。

18　《選舉概要》，頁11、56-57。

19　各省市參議會遲至民國35年(1946)始設立，議員多數是指派的。例如南京市議會於民國35年10月20日始有議員「選舉」。見內政部選舉檔案。按省市及各縣參議會爲訓政重要之一環，然國民黨迄未重視。

20　《六屆紀錄》，第103次會議，民國36年11月10日，頁571。

　　國民黨分別在中央和地方設立提名指導委員會和提名審查委員會；前者有委員數十人，派遣前往各省市執行提名工作[21]；後者設於中央，審查核定合格的候選人[22]。各省市的提名指導委員會，與選舉事務所合設，由中央派去的大員與地方政要組成。以湖南爲例，其成員如下[23]：主任：劉文島，中央大員；委員：王東原，省主席；張炯，省黨部主任委員；李樹森，三民主義青年團幹事長；莫萱元，省黨部書記長；劉業昭，三民主義青年團書記；劉千俊，民政廳長；劉修如，社會處長；陳大榕，省黨部委員。這是一個典型的例子，其他各省市大同小異，黨的控制極爲明顯。

　　從中央和省市選舉指導委員會及審查委員會的組成，可以看出提

21　見《六屆紀錄》，頁484, 498。茲將各省市指導委員名單開列如下：江蘇：鈕永建；浙江：李文範；安徽：賀衷寒；江西：劉紀文；湖南：劉文島；湖北：魯蕩平；廣東：李大超；廣西：吳忠信；雲南：黃實；貴州：梁寒操；四川：賀耀組；陝西：苗培成；甘肅：彭昭賢；福建：王泉笙；河南：程潛；寧夏：趙允義；青海：韓振聲；綏遠：趙仲容；察哈爾：駱美奐；熱河：李永新；台灣：蕭錚；西康：熊克武；新疆：張治中；上海：蔣經國；南京：黃紹竑；漢口：甘家馨；青島：王子壯；廣州：陳策；天津：劉瑤章；北平：李嗣璁；重慶：曾擴情；西安：顧希平；遼寧：黃宇人；瀋陽：周兆棠。

22　《六屆紀錄》，頁515-516；又見〈各地選務順利進行〉，《中央日報》，南京，民國36年10月26日。分爲七組，每組有十餘人至三十餘人不等，名單如下：第一組(負責京、滬、蘇、浙、台、閩等省市之審查)召集人：吳忠信、朱家驊、陳立夫，審查委員：吳敬恒等30人；第二組(負責豫、鄂、湘、贛、漢等省市審查)召集人：居正、李敬齋、賀衷寒，審查委員：張默君等23人；第三組(負責川、康、滇、黔、渝、穗、粵、桂等省市)召集人：孫科、吳鐵城、白崇禧，審查委員：鄒魯等34人；第四組(負責魯、晉、冀、熱、察、綏、平、津、青島等省市)召集人：張繼、張屬生、范予遂，審查委員：姚大海等18人；第五組(負責陝、甘、青、新、康、蒙、藏、內地生活習慣不同民族)召集人：于右任、李世軍、田浼山，審查人：麥斯武德等20人；第六組(負責東北九省三市審查)召集人：朱霽青，審查委員：劉贊周等11人；第七組(負責職業團體及婦女團體之審查)召集人：谷正綱、李維果、馬超俊，審查委員：劉蘅靜等30人。

23　蔡杞材，〈1948年行憲國大雜憶〉，《湖南文史》，期36(1989年)，頁133-141。

名程序十分嚴密。其運作是中央與地方互動，省與縣市互動。提名開始，理論上是縣市最先展開，各縣市皆有候選人提出，交省府匯齊上呈中央，最後由中央核定。中央掌握核定大權，不僅核可地方呈上的名單，還會主動有所增刪。

中央圈定的候選人有正選與候補之別。在提名的過程中，中央就決定了誰為正選，誰為候補。中央所提正選為無條件當選，候補只能在正選出缺時遞補。如此武斷的決定，造成了後來的混亂，下文還會繼續討論。現在先看一些提名的實例，提名劉真為安徽省立法委員非常典型。根據劉氏的口述，他是國民黨元老吳忠信提名而當選的。他自述其經過說：

> 有一天我正在三民主義青年團中央團部辦公時，忽然接到〔中央團務部常務幹事，中央黨務常務委員〕賀衷寒先生一個電話，……要我盡速到禮老〔吳忠信，字禮卿〕府上去一趟……第二天前往禮老寓所拜謁……〔禮老〕提我為安徽省的立法委員候選人。[24]

江蘇崔錫麟競選國代提名的經過是另一種典型。崔是江蘇鎮江農民銀行的經理，得悉國代選舉消息，便想參加競選。他去拜望老師鈕永建，鈕是江蘇國代資格審查委員會主任委員，建議崔先取得陳立夫的同意。崔與陳立夫沒有關係，但立夫的哥哥果夫是農民銀行的董事長。崔去拜望果夫，果夫給立夫打招呼，果然有效，崔得提名為高郵縣的國代候選人[25]。

理論上縣市是有提名權的，實際上其權力常為省方所攫取，縣內

24　胡國台訪問，郭瑋瑋紀錄，《劉真先生訪問紀錄》（台北：中央研究院近代史研究所，民國82年），頁45-49。

25　崔錫麟，〈我是怎樣賄選國大代表的〉，《江蘇文史資料集粹：政治卷》（不著出版時地），頁342-347。

無有任何運作的可能性。一位湖北雲夢縣縣長有下述的回憶：

> 我〔縣長〕先後接到兩封有關圈定候選人名單的「極密」通
> 知：一封是省選舉事務所的通知，圈定的候選人是丁錚域和
> 王義周，但他們都沒有在縣裏登記過，上面卻圈定下來了，
> 可見他們都在省裏作了一番活動的。另一封是省黨部的通
> 知，圈定的是黃建中（曾擔任過省黨部主任委員）和張樹華。
> 我接到這兩個通知後，既啼笑皆非，又感到左右爲難。[26]

劉先雲參與湖北省立委提名，有所記述。他說黨和三民主義青年
團的負責人幾度在省主席萬耀煌的官舍中商量，「討論至深更半
夜」。「誰上誰下」，有的以交換條件而達成協議，有的有所補償而
後退出[27]。

有意成爲候選人者，在地方上爭取到了提名，還要再跑中央去活
動，否則被中央刷了下來，前功盡棄。湖北省主席萬耀煌先前還看不
出中央提名的關鍵性，他認爲既要競選，就應該爭取選民的支持。他
鼓勵地方上獲得提名的人下鄉從事競選活動。後來他發現這是一個錯
誤的想法，歎息自己太不切實際：

> 我想得太天眞，叫候選人下鄉，不料提名由中央決定，他們
> 反而向南京跑，再沒有人向鄉下跑了。[28]

大家得知了提名大權操之中央，都向南京活動，形成了一種「奔

26　鍾濟民，〈雲夢縣國大代表競選經過紀實〉，《雲夢文史資料》，期
　　3，頁66。

27　遲景德訪問，陳進金紀錄，《劉先雲先生訪談錄》（台北：國史館，民
　　國84年），頁153-154、156-157。

28　沈雲龍訪問，賈廷詩等紀錄，郭廷以校閱，《萬耀煌先生訪問紀錄》
　　（台北：中央研究院近代史研究所，民國82年），頁445-446。

營之風」。陳立夫說：

> 此次選舉，中常會決定由政黨提名後，致許多人紛紛來京競圈，造成奔營之風。圈到者固然滿意，未圈到者又皆集怨於中央。[29]

在南京奔走競圈提名的情形，劉先雲的描寫甚爲深入。劉氏競選立法委員，他在湖北地方上取得提名之後，立即趕赴南京，四出奔走。此時湖北人在南京官場運動的有胡秋原等十餘人，他們向中央表示：「湖北〔提名〕會報名單頗爲公允，請中央尊重會報意見。」但是大家還是奔走不息。劉先雲在南京的種種活動，不僅僅是爲了自己，同時也爲了「同志」。劉氏是三民主義青年團支持出來的提名人。三青團另一位候選人是滕昆田。滕在南京碰到了困難，他的競選對手李國偉得到蔣經國等的支持，形勢使滕感到不利。劉先雲爲了營救滕昆田，自稱有一番「艱苦」的奮鬥[30]。

國民黨要求絕對控制國代、立委之提名，中常會曾多次強調其提名權，例如第80次會議（民國三十六年八月十八日）決議：「中央決定之同志，未獲當選者，各級承辦選舉之同志，應由中央查明情節，課以責任。」115次會議（民國三十六年十二月十日）決議：「凡未經本黨提名爲正式候選候補人之黨員，而選舉結果，竟當選爲正式或候補者，由各級黨部照國務會議之規定，通知同級選舉機構，撤銷其當選資格。」[31]

蔣介石以總裁身分也一再強調黨的提名權，他說：「黨員參加競選，必須由黨提名，絕對禁止自由競選，任何黨員不聽命令自由競

29　陳立夫，《成敗之鑑》（台北：正中書局，民國83年），頁358。
30　遲景德訪問，陳進金紀錄，《劉先雲先生訪談錄》，頁158-160。
31　《六屆紀錄》，頁478、596。

選，黨部即開除其黨籍。」[32]

這一類的命令與決議，顯示黨的態度非常堅決。擔任選務的大員亦公開發表聲明，要求服從黨的決定。例如賀耀組於民國36年9月25日抵達四川成都，宣稱其係「奉命指導黨團同志競選立委與國代工作」：

> 本黨同志競選，必須依法登記審核，一經中央最後決定，即應絕對服從，一致支持。若不經登記或未經中央予以提名，仍繼續競選，即為違反黨紀，黨必予嚴重處分。[33]

國民黨主導提名的決策，引發了一個嚴重的後果——當選與退讓，下文還會詳為討論。

三、競選與賄選

提名完畢，到了競選階段。在先進國家，競選活動往往是熱烈而引人注目的，種種自我宣傳或自我兜售，顯現社會自由而生氣蓬勃。但是中國的選舉不然，人民對之冷漠，競選者並不重視競選活動，國代、立委選舉，情況與先前的幾次選舉沒有太大的差異。除南京、上海等較大的都市受外來的影響，出現了一些類似西方的競選活動外[34]，全國廣大的農村是一片死寂，沒有反應。青年黨的喉舌《中國評

---

32 蔣介石，〈四中全會之成就與本黨會後應有之努力〉（民國36年9月13日），《先總統蔣公思想言論集》（台北：中國國民黨黨史會，民國73年），卷22，頁239-248。

33 〈中央圈定候選人〉，《申報》，民國36年10月8日。

34 根據《中央日報》、《申報》、《大公報》的報導，南京、上海有競選人的宣傳車在市區來去，有宣傳標語、演說等。陸京士在上海競選立委，以23輛車組成宣傳隊，聲勢浩大。見〈全國泛選期〉，《中央日報》，民國36年11月22日；〈立委選舉開始〉，《申報》，民國37年1月22日（1）。

論》有一篇社論這樣寫道：

> 全國新聞紙，看不見一篇競選的好文章，更聽不見什麼富有
> 政治性的選舉演說，也沒有一個政黨公布他們如果執政將做
> 些什麼事情的政策。[35]

常見的競選方式是酒食邀宴，所謂「無酒無漿，不成道場」，競選者邀請的是官場主持選務的官員，是地方上的行政長官、鄉保長……，這些人控有選票，得他們的臂助，即可囊括一個地區的選票[36]。酒食徵逐之外，有人還會利用鴉片美色招待。致贈金錢禮物，已是一種賄賂的行為，下文還會進一步討論。

至於投票，人民對「神聖的一票」一無認識。二十世紀初年（清末）的選舉如此，二十世紀中葉依然如此。《字林報》引述路透社（Reuter）的消息說，記者訪問下層社會，一個匠人說：「我不知道什麼叫選舉，我只知道賺錢養家活口。」一個人力車夫說：「我是一個苦力，有保甲長替我做主就好。」[37]其實何止是下層社會對選舉冷漠，中上層有所認識的也寥寥無幾。美聯社（UP）駐中國的一位記者有一個總的批評：「中國人對大選毫無興趣。」[38]

35　劉漢宗（農林部科長），〈看大選，論民主〉，《中國評論》，期6（民國36年12月10日），頁2-3。

36　劉鳳翰訪問，何智霖紀錄，《梁肅戎先生訪談錄》（台北：國史館，民國84年），頁164；胡慎明，〈一個參加競選的人的自白〉，《觀察》（上海），卷3期4，頁21；蔡杞材，〈1948年行憲國大雜憶〉，《湖南文史》，期36，頁140；蘇縉如，〈國民黨內的黨團派系鬥爭在邵陽〉，《邵陽文史資料》，期9（1988年6月），頁280-281；崔錫麟，〈我是怎樣賄選國大代表的〉，《江蘇文史資料集粹——政治卷》；〈杭州立委競選〉，《申報》，民國37年1月27日(2)。

37　"No Signs of Election Fever in China," *North China Daily News*, August, 11th 1947.

38　轉見唐人，《金陵春夢》之七（台北：文藝出版社，民國76年），頁99。

投票的日期一再改動，但終於有了決定，國代投票日定在民國三十六年十一月二十一～二十三日，立委在民國三十七年一月二十一～二十三日。國代、立委分開投票，不知增加了多少人力物力的浪費，一天可了的事，卻要拉長爲三天，更是令人不解。無論如何，投票啓動了，每一個縣市分別有數十個或數百個投票所[39]。從人口的眾多與地域的遼闊觀看，顯然還是不方便的。

投票的前夕，有些地方官曾派員宣示，敦促人民出動投票。上海市參議會議長潘公展便在廣播電台中呼籲人民踴躍投票[40]。投票的當天，南京、上海均汽笛長鳴，南京還有飛機臨空散發傳單[41]。

投票的場所大多設置在中小學校中，將學生的課棹排成寫票與投票的區域，用指標告訴投票人進出的路線，形成一個簡單的臨時場所[42]。

投票的程序是：驗證、簽名、發票、書寫票、投票，一共五個步驟[43]。選票有一個設計：票長約10厘米，寬約7厘米，頂端印有黑體字「國民大會代表(或立法委員)選票」字樣，並加蓋行政區的大印。國代選票是空白的，任由投票人填寫候選人名字。立委的選票有了改進，選票上有候選人的名字，圈選即可[44]。採用的是「無記名單記法」[45]。

39　上海有263個，南京228個，青島115個，天津73個，漢口90個，廣州37個，濟南44個，杭州48個。(見《中央日報》零星報導)

40　〈議長……廣播演講〉，《申報》，民國36年11月22日(4)。

41　〈全國投票選舉立委〉，《大公報》，民國37年1月22日(2)。

42　李建海，〈華安解放前國代選舉〉，《華安文史資料》，期7(1985年10月)，頁76。

43　〈舉行投票開票演習〉，《中央日報》，民國36年11月20日(2)。

44　〈立委昨開始選舉〉，《大公報》，民國37年1月22日(1)；〈全國圈選立委〉，《中央日報》，民國37年1月21日(2)；唐建勛，〈解放前夕蒲圻的三次選舉〉，《〔湖北〕蒲圻文史資料》，1989年9月，頁12-13；黃德文，〈國民黨國大代表掠影〉，《〔廣西〕藤縣文史資料》，期1，頁15。

45　《國民代表大會〔湖南〕安東縣選舉事務所報告書》(無出版者，民國

　　巡視一下全國各大城市投票的情形，據《申報》報導，北平投票日，天氣陰冷，「市民投票欠踴躍」，「第一投票所（在青年館）上午只有數十人投票」，「第五區的福音堂投票所，上午只有五十餘票。鐵路公會特種投票所人數最多，五百餘張而已」[46]。《大公報》對上海的報導：「一般民眾在物價猛跳，生活日艱之際，對選舉皆不感興趣。」「估計全市第一日投票不過十餘萬張。」「一個投票所最高不過五千張，少則數十張。」[47]三天投票下來，棄權者高達百分之五十二[48]。青島的報導：「第一日選民頗不振奮，區域投票冷落，竟日投票最多場所有三百人，少則數十人。」[49]天津的報導：「各地秩序井然，各投票所的選民卻不甚踴躍，每處不過數百人。」[50]天津市長杜建時認為一般人民教育水準太低，難於提高投票的興趣[51]；因此，天津七十餘萬選民，投票者僅得六萬八千餘，其中廢票高達三千三百餘張[52]。瀋陽投票日「情形熱烈」[53]；福建林森縣選舉，「投票者寥寥」[54]；杭州的自由業投票，大多棄權：「會計師的三十餘票，全部棄權；三天裏面，一個人也沒有來投票。」[55]

　　還有一些相關的記載，都說投票不熱烈。如劉先雲的回憶謂湖北選舉「平靜而冷落」[56]，湖北通城縣「投票時，選民稀稀拉拉，斷斷

（續）————————————

　　37年元旦），頁22。

46　〈全國投票〉，《申報》，民國36年11月22日（1）；司馬既明（劉心皇），《蔣介石國大現形記》（台北：李敖出版社，1995年），頁54-55。

47　〈普選開始……〉，《大公報》，民國36月11月22日（2）。

48　〈國代選舉圓滿結束〉，《申報》，民國36年11月24日（1）。

49　〈普選開始……〉，《大公報》，民國36月11月22日（1）。

50　〈全國選舉昨日開始〉，《大公報》，民國36月11月22日（5）。

51　〈全國選舉第二日〉，《大公報》，民國36年11月23日（5）。

52　放竹，〈立委選舉在天津〉，《成都西方日報》，民國37年2月26日。

53　〈國代選舉第二日〉，《申報》，民國36年11月23日（1）。

54　〈各地選舉竣事〉，《申報》，民國36年11月26日（1）。

55　〈自由職業太自由〉，《申報》，民國37年1月27日（2）。

56　遲景德訪問，陳進金紀錄，《劉先雲先生訪談錄》，頁160。

續續，進度很慢。投了一天的票，爲數甚少」[57]。

投票冷落的原因，主要是氣候。在十一月至元月間舉行投票，氣候寒冷，冰天雪地，影響至大。再者，人民生活困苦，饑寒交迫，何來投票的興趣。當時，國共交兵，物價飛漲，自顧不暇，要求毫無政治意識的人民去投票，幾爲奢望。

投票時也面臨一個普遍的困難，多數選民不識字，不知如何投下「神聖」的一票，當局解決此一困難的辦法是請人代筆。過去已有代筆先例，國代、立委選舉當然不會例外，代筆人多半是中小學生。史學家張玉法和謝培智在小學時，都曾經在山東家鄉被拉去當寫票員。三天下來，腰痠背痛[58]。

但是有了寫票員並未解決問題，下面引錄寫票員與投票人之間的一段對話，可以看出其錯綜複雜：

> 代寫選票的有張慶生、楊光迪、張蔭年和我。
> 投票剛進行半個多小時，有一位六十多歲的老大娘，手拿選票，走到楊光迪代寫選票桌前，遞過選票。楊光迪接過選票來問道：「你老選誰？」老大娘說：「誰知道誰是誰呀，你看著寫吧！」楊光迪解釋說：「大娘，劉會文和唐紫園兩位，您說選誰我就給您寫誰。這是選舉法的規定。」老大娘說：「我誰也不知道，你寫誰都行啊！」楊光迪提筆在選票上寫了「劉會文」。[59]

57　譚鶴鳴，〈記通城選紀國大代表和立法委員〉，《通城文史資料》，期1(1985年8月)，頁121。

58　張玉法先生說：「民國36年的國代選舉，那時我還是四年級的小學生，老師叫我去寫票，我並不知道就是選票，是後來才明白的。」(訪問張先生談話，1999年9月10日)謝培智先生是加拿大教授，早年他的父親在山東臨清縣縣黨部任職，培智被叫去寫票(張存武先生對著者轉述，1995年5月24日)。

59　崔玉莊，〈國大選舉的回憶〉，《漢沽文史資料》(天津：1988年?)，頁65。

投票人多半不知道誰是候選人，指導員或代寫人不得不手點候選人名單，指指點點，代寫的學童謂爲「點秋香」[60]。投票人出得門來，人問他選了誰，「大多瞠目結舌無以回答」[61]。

美國駐華大使司徒雷登(John L. Stuart)批評這次選舉「多有不法而貽人口實」(irregularities and controversies)[62]，口氣頗感失望。一般的印象，都認爲這次選舉只是形式，或者是一個「過場」，並無實質意義[63]。但是稍爲深入觀察，會發現舞弊賄賂非常普遍。個人的賄賂行爲固然令人厭惡，嚴重的還是政府與黨派的權勢介入。

包辦選舉，上自中央，下至鄉保，無處不在。國民黨從提名候選人開始，便是一手包辦的做法，該黨中常會一再指示，黨的提名人必須當選，甚至於候補的順序都一一指明。但是，雖然三令五申要求張三、李四必須當選，還是有不服者起而競爭。許多國民黨人得不到黨的提名，便以簽署方式參加競選，加上地方派系的傾軋，同時國民黨必須爲青年黨、民社黨、社會賢達等背書，情況益形複雜而呈現混亂。每一個選區出現三五個競選者十分平常。在此種情況下，國民黨雖欲嚴加控制，事實上沒有絕對的把握。

黨欲從中央控制，而地方省市另有他們的利害關係，不能完全接受中央的命令。省與縣之間也不完全一致。省主席握有實權，意欲一手獨攬，管事官員從中牟利，也要分享杯羹，正是上下交征利，各顯神通。

政府與黨團進行控制，最簡單的是配票。下面是一些實例。劉眞

60　〈國代選舉圓滿結束〉，《申報》，民國36年11月24日(1)。

61　楊奉祿等，〈〔四川〕達縣國大代表和立法委員選舉概況〉，《達縣文史資料》，期1(1986年3月)，頁126。

62　John L. Stuart, *Fifty Years in China*（New York: Random House, 1954), p. 193.

63　梁上賢，〈湖北省大選一瞥〉，《湖北文史資料》，期5(1982年6月)，頁110。

說：「民國三十七年……我竟以高票當選（立法委員）。」[64]他沒有說高票是多少票。他根本沒有回到家鄉安徽去競選，一切由黨主控，他的得票是分配來的。劉先雲競選立法委員，於投票後三天（民國三十七年一月二十六日）接到電話，知道他「在（湖北）通縣的選票已經按省黨部方主委指示，分配六萬張給鄧翔宇」[65]。劉先雲的得票一定不少，當選之餘，還可以將多出的票配給別人。劉先雲不僅自己競選，也為他人拉票。他為三青團的湯如炎奔走，因為湯的處境危殆，康澤（前三青團組織處長）要他前去湖南「跑一趟」，設法挽回湯的頹勢。劉從武漢來到長沙，找到湖南省主席王東原；王手中握有多方面的選情，知道某人要退選，便將其選票十餘萬張給了湯如炎，湯順利「當選」[66]。

另一位湖北的立法委員候選人金紹先，自稱施展「絕技」，自省主席萬耀煌手中取得數萬張選票；他是通過康澤的關係，直接向萬耀煌要票。他說，萬主席的手中「控有一位放棄競選的女士選票二十餘萬張」，估計萬主席給了他「三至五萬張票」[67]。

黃通競選南京市的立法委員，他有這樣的記述：

> 〔南京〕投票的第一天（民國三十六年十一月二十一日），青年部〔即三青團〕有人打電話給我，「你怎麼不來拿票啊？我們這裏的三百多張選舉權證都在我這裏，快來拿去」。我立刻派人去取來，就一大把扔進字紙簍。[68]

64　胡國台訪問，郭瑋瑋紀錄，《劉真先生訪問紀錄》，頁49。

65　遲景德訪問，陳進金紀錄，《劉先雲先生訪談錄》，頁164。

66　遲景德訪問，陳進金紀錄，《劉先雲先生訪談錄》，頁165-166。

67　金紹先，〈立法委員選舉記〉，《文史資料選輯》，期55（1981年6月），頁50-58。

68　陸寶千訪問，鄭麗榕紀錄，《黃通先生訪問紀錄》（台北：中央研究院近代史研究所，民國81年），頁243-247。

不論黃氏扔進字紙簍的話是眞是假，三青團控有選票是一個事實。

劉健群在貴州遵義競選立法委員，遵義有選民三十三萬餘人，他說：「省方配了我二十七萬票，配了〔對手〕吳六萬票。」[69]劉航琛說他當選四川立法委員，得了九十萬票，這些票是「弄來的」[70]。劉氏與四川地方軍人關係密切，他的當選，來自地方軍人的支持。湖南祁陽縣國大代表，「中央核定蔣伏生爲唯一候選人，進行選舉時，選務所將二十萬張選票集中在縣城，由縣黨政機關填寫選票工作，蔣伏生就這樣當上了祁陽縣國大代表」[71]。湖南湘潭立委選舉，省選務所子刪代電：湘潭縣配得選票474,215張；該縣再分配，韓中石得330,000票，宋英仲得100,000票，唐國楨得10,000票，黃振華得10,000票，劉鵬九得24,000票[72]。

以上是上層的控票舉例，我們再看縣市以下對選舉的影響。縣長左右選舉的故事不少，湖北竹溪縣陸樹聲與李燕競爭國代，縣長某助陸，「叫人趕寫陸票，換取李票……撬開甌子底板，先把李票取出，再把陸票換入，開票唱票時，陸票直線上昇超過李票」[73]。江蘇崔錫麟在高郵競選國大，他先拉關係取得了提名(見前)，後來，他以一百兩黃金賄賂縣長，取得了四十萬張選票。其實他既已取得國民黨的提名，大可不必賄賂，但爲了保證當選，還是這樣做了。他的自敘：

> 我並和縣長約定，選前兩日交換黃金代價與選票。一天深夜，我給縣長送去一百兩黃金等價的鈔票，同時取回了四十

69　劉健群，《銀河憶往》（台北：傳記文學社，民國55年），頁147-148。

70　沈雲龍訪問，張朋園紀錄，《劉航琛先生訪問紀錄》（台北：中央研究院近代史研究所，民國79年），頁188。

71　羅鑫，〈我所經歷祁陽黨團磨擦〉，《湖南文史》，期36，頁50。

72　彭志堅，〈湘潭縣立法委員選舉內幕〉，《湖南文史》，期36，頁129-132。

73　賀覺非，〈記竹溪縣國大代表的選舉〉，《湖北文史資料》，期5，頁110。

萬張選票，裝了一大麻袋，我並未點數，全放在高郵農民銀行(是我下屬單位)。我發動行員近二十人，花了一天兩夜的時間，把每張選票上「崔叔仙」的名字圈寫好，……投票前一天，我把圈好的選票送交縣長。親眼看到縣長把這四十萬張選票分封在十個區的投票箱內，加上省府封條，我才放心。[74]

貴州黃平縣國代選舉，縣長黃麟書指示說：

〔選票〕要掌握百分之八十在孫宏成身上，百分之十在劉文釗，餘百分之十可在其他〔四〕候選人中每人散它一二票。這是內部指示，務必遵守。[75]

　　江蘇丹陽縣國代名額，中央指令分配給青年黨人。競選展開之後，青年黨俞康與國民黨裴元鼎競爭。縣長李日剛召集選務人員講話，務必青年黨人俞康當選。開票之日，俞票少於裴，「即將裴之得票所多的票數付之一炬，而易以空白票填上俞康之名」。論者謂這是一個「換龍盜鳳」的做法[76]。
　　鄉保長亦同時捲入國代、立委選舉。民國二十一年(1932)國民黨為剿共而恢復了保甲制度[77]，一個鄉保長可能控有數百至數千張選票，他們的重要性突然間顯現出來。候選人暗中拉好他們，收買控制

74　崔錫麟，〈我是怎樣賄選國大代表的〉，《江蘇文史資料集粹》，頁346-347。

75　劉剛，〈民國三十六年黃平縣國大代表選舉眞相〉，《黃平文史資料選輯》，期4(1989年12月)，頁6-8。

76　蔡伯川，〈青年黨在丹陽獲選國大代表之內幕〉，《藍城縣文史資料》，期1-2(1986年1月)，頁283-287；張大川，〈丹陽國大選舉側聞〉，《丹陽文史資料》，期6(1988年4月)，頁16-17。

77　胡慶鈞，〈論保長〉，《觀察》，卷3期7(民國36年12月20日)，頁11-13。

在他們手中的選舉權證。有一位保長回憶說：「過去進城，哪個看得起你這個鄉巴佬！這次進城，不是這家請，就是那家拉，請來請去，還不是為了那幾張選票？」[78]他們意識到了自己的身價，說：「要想我〔鄉〕的選票，必須付出一定的代價，豈能隨便送人！」[79]向鄉保長拉票，變得困難起來。有一位鄉長為其所支持的候選人競選，「竟持槍入投票所，包填選票四千張。另一鄉長則領取全鄉選票，並不發出，據以勒賄選舉」[80]。當然鄉保長並不真正具有實力，在他們的上面還有頂頭上司，往往他們就成了被控制的對象。「許多縣都把鄉保長集中在鄉公所，關起門來打好圈圈後，放入票箱裏，就算是選舉結果。」[81]

無知的中小學生也被利用。中小學生被拉去替人寫票，原是幫助解決文盲的困難，但竟被拉去代填代投，做了違反選舉法的事情。例如四川合江縣黃土鄉中心小學的學生，說好是去代人寫票，但因沒有人來投票，「鄉公所只有叫學生代填代投，完全包辦」[82]。湖北應山縣兩個中學生被拉去寫票，在體育老師的指導下，他們做了選票的手腳，硬要一個姓易的當選，一個姓楊的落選。他們打開票箱，看見姓楊的選票即將之拿出來，「夾在大衣內，跑到廁所，將選票丟在糞坑裏，或點火燒掉」；「在廁所裏搞多了，怕人發覺，就偷了帶回學校燒。這樣丟的丟，燒的燒，不知毀了幾萬張票」[83]。湖南邵陽愛蓮女

78　〈松桃競選國大代表概況〉，《〔貴州〕松桃文史資料》，期6(1988年12月)，頁21。

79　〈松桃競選國大代表概況〉，《松桃文史資料》，期6，頁20。

80　〈國大競選一場鬧劇〉，《〔湖北〕松滋文史資料》，期2(1987年7月)，頁72-73。

81　王進三，〈三民主義青年團湖南支團始末〉，《湖南文史》，期36，頁69。

82　李勇仁，〈黃土鄉競選國大代表內幕〉，《合江文史資料》，期5(1988年11月)，頁60-63。

83　吳昀等口述，〈應山縣國大代表競選醜聞〉，《廣水文史資料》，期4(1989年12月)，頁141-146。

師的學生被拉去寫票，校長對學生說：「大家寫楊繼榮將軍，他是一位有名的將領，要以他爲邵陽人自豪。」[84]這一類的例子舉不勝舉。

以上可以用集體舞弊行爲概括之。個人的舞弊賄賂行爲又如何？

個人的腐化舞弊大多與金錢有關，國大、立監委的選舉中有不少例證。最令人驚訝的是一個監察委員的賄賂案。雲南省的監察委員選舉，段克昌參加競選。他估計要從雲南省參議會中脫穎而出，最少需要20張票。他以每票一億法幣（合黃金三兩三錢）收買，一共買了十九張票，關鍵性的一票是二億元。後來有人在昆明益華銀行查到段的一億元連號支票16張，收款人都是省參議員[85]。

四川仁壽縣國代之爭，唐式遵和潘文華兩個地方上的軍人，互不相讓。最後，唐式遵以二億元補償潘文華而當選[86]。湖北恩施國代之爭，王獻谷是地方大紳，鄭子陽是縣田糧處長。最後二人妥協，王以一棟洋房贈予鄭作爲補償，取得國代[87]。湖北自忠縣（宣城）陳門智賣田二百畝賄選而成爲國代[88]，恩施張文和以三億法幣取得對手的選票而當選立委[89]。

選票有價，有的昂貴如上述種種，有的便宜，任意即可獲取。在貧窮的地方，一些糧食或一點食鹽便可交換選票，甚至於吃一碗麵條，一杯水酒，即可拿走選舉權證，以吸一口鴉片做爲交換的也時有

84　蘇緝如，〈國民黨內的黨團派系鬥爭在邵陽〉，《邵陽文史資料》，期9（1988年10月），頁279。

85　劉鎮宇，〈國民黨在昆明地區導演國代立監委選舉紀實〉，《昆明文史資料選輯》，期4（1985年4月），頁173。

86　徐忠稷、李熙，〈仁壽國大代表選舉始末〉，《仁壽文史》，期4（1988年11月），頁48-63。

87　賴家蔭，〈王獻谷競選國大代表始末〉，《鄂西文史資料》，期5（1987年12月），頁233-240。

88　姚吉成等，〈一幕選舉鬧劇〉，《湖北襄樊文史資料》，期8（1989年6月），頁196-199。

89　張熾卿，〈張文和賄選立委〉，《建始文史資料》，期1（1987年8月），頁149-152。

所聞。總之，個人之間的賄賂，司空見慣，已無贅述必要[90]。

四、派系之爭與退讓風波

國民黨控制選舉的手段幾乎滴水不漏。但是該黨自身的派系競爭卻是十分激烈，選舉之所以充滿舞弊和賄賂，便與派系競爭密切相關，這是必須進一步討論的。

國民黨中的派系繁多，但真正有決定性影響力的，只有CC和黃埔兩系。此次國代、立、監委選舉，兩系拚鬥得十分激烈，其嚴重性關係到國民黨在大陸上的解體失敗。

追溯一下兩個派系的由來。「蔣家天下，陳家黨」順口溜使我們意會到陳果夫、陳立夫兄弟在國民黨中的實力。蔣介石控制了軍政大權，大部分黨務交給了陳氏兄弟，1928-1949這二十一年之間，黨的組織部幾乎一直在陳氏兄弟手中（只有1939-1944例外）。二陳傾力控制文官系統，中級以上的官員，無論中央或地方，都要經過他們點頭才能上任。傳說加入CC必須在一個傳統的幫派儀式中喝一種象徵性的紅色飲料，形同宣誓服從門規。CC並沒有一個組織性的結構。何謂CC？有兩種說法，一說是「中央俱樂部」（Central Club)的縮寫，陳氏用此俱樂部控制全局；一說是二陳的姓氏，其英文拼音為Chen。這兩種說法都沒有得到陳氏的證實，但也沒有斬釘截鐵的否認[91]。一個比較合理的看法，是陳氏大搞思想教育，舉辦長短期的訓

90　相關資料：胡慎明，〈一個參加競選的人的自白〉，《觀察》，卷3期4，頁22；特約記者，〈關於四川最近混亂情形的詳細報告〉，《觀察》，卷3期22，頁12-13；張驥，〈陽朔縣競選國大代表內幕〉，《〔廣西〕陽朔文史資料》，期2(1987年10月)，頁78-80；顏紹榮，〈〔貴州〕大定國大代表選舉見聞〉，《大定文史資料選輯》，期4(1988年5月)，頁158-162；宋文化，〈〔雲南〕永仁縣國大代表選舉內幕〉，《永仁文史資料選輯》，期1(1989年10月)，頁70-71。

91　陳立夫，《成敗之鑑》，頁436-437；何廉，〈簡述國民黨的派系〉，《傳記文學》(台北)，卷26期6，頁82-90；劉鳳翰訪問，何智霖紀錄，

練，灌輸三民主義，服從領袖蔣介石，與受訓者結爲師生關係，成爲
一個緊密結合的派系。例如中央黨務學校，日後發展成爲中央政治學
校、政治大學，出自此一系統的門生，何止萬千，稍加一點意識型態
的整合，不難建立起同仇敵愾、黨同伐異的認同感[92]。

　　所謂黃埔系，從民國十三年(1924)黃埔軍校之建立，每年招生
五、六百人至二、三千人，不到十年的時間，已有二萬餘人。但是他
們畢業之後大部分分發到軍中擔任初級軍官，彼此缺少聯繫，難於發
揮集體的力量。民國二十年(1931)「九一八事變」，日本強占東北，
同時中國共產黨形成了一個獨立發展的勢力，蔣介石在外患內憂壓迫
下，興起了組合自己的子弟兵的想法，要將已經爬升至中上級的將校
組織起來，形成橫面的聯繫，發揮更大的力量。民國二十一年(1932)
在十個親密追隨者的策劃下，組成了「復興社」。復興社以「力行
社」爲核心，以先前即已存在的「革命青年同志會」及「革命軍人同
志會」爲外圍，擁護蔣介石爲他們的領袖[93]。

　　抗日戰爭爆發之後，蔣介石想重組中國各黨派一致抗日。雖然後
來發現糾合各黨派困難重重，蔣的決心並未改變，終於有「三民主義
青年團」(三青團)的組成。但是三青團絕非一個新的政黨，也沒有外
來黨派的加入，主要的骨幹是復興社成員，唯一的不同是，過去復興
社是祕密的組織，民國二十七年(1938)六月改組爲三青團以後，成爲
一個公開的政團[94]。

(續)────
　　　《梁肅戎先生訪談錄》，頁73-74。
92　范小方，《二陳和CC》(開封：河南人民社，1993年)，頁101。
93　滕傑，〈力行社的創立〉，《傳記文學》，卷48，期4(總503號，
　　　2004/4)，頁33-47；康澤，《康澤與蔣介石父子》(北京：群眾出版
　　　社，1994年)，頁31-55；鄧元忠，《三民主義力行社史》(台北：實踐
　　　出版社，民國73年)，頁12-13，223-224；陸寶千訪問，鄭麗榕紀錄，
　　　《黃通先生訪問紀錄》，頁151-152、173-174。
94　〈抗戰時期之青年活動〉，《革命文獻》，輯62-63，頁1-4；康澤，
　　　〈三民主義青年團成立的經過〉，《文史資料選輯》，輯40(1980年)，
　　　頁197-207；康澤，《康澤與蔣介石父子》，頁43、46、105-108。

　　三青團下設六處：組織、訓練、宣傳、經濟、社會服務、總務。
此中以組織處最有權力，由蔣的得意門生康澤負責。康頗有組織能
力，在復興社時期主持別動隊的訓練和組織，有聲有色，顯示其忠心
耿耿，深得蔣的喜歡。康氏似懷有大志[95]，企圖伸展其影響力於全國
各地。三青團成立後，吸收青年人入團，數年之間，達140萬人[96]。
由於其發展迅速，難免表現強烈的排他性，不僅CC一派感受壓力，
連蔣介石亦認為康澤的派系色彩過於濃厚。抗日戰爭結束後，蔣撤銷
康的職務，將之放逐美國，美其名為出國進修。民國三十六年(1947)
蔣決心解散三青團，將之併入國民黨內，結束了九年的三青團組織
[97]。

　　但是三青團的勢力已經伸入全國各地，併入國民黨後，重要人員
在黨內仍多居要津。國會選舉期間，舊三青團的勢力結為一體，投入
選舉。此時康澤已自美國回來，仍有間接影響，黃埔與CC的競爭在
選舉中達於白熱化[98]。

　　三青團與CC競爭國會席次，他們先打入地方議會，由地方而中
央。例如他們在湖南省參議會中的比例為42%，在福建為58%[99]，在
南京市超過三分之一[100]。國會選舉結果，在國民大會及立法院中占
有顯著的勢力[101]。國民黨六全大會中，他們攻占二分之一的代表席

95　陳立夫，《成敗之鑑》，頁226。

96　康澤，《康澤與蔣介石父子》，頁223。

97　《六屆紀錄》，第74次會議(民國36年6月30日)，頁454；《蔣介石先
　　生事略初稿》(稿本)，國史館藏，民國36年12月31日，頁1082。

98　〈國民黨黨團合併前前後後〉，《觀察》，卷2期5(民國36年9月27
　　日)，頁17-18。

99　Lloyd E. Eastman, *Seeds of Destruction: Nationalist China in War and
　　Revolution, 1937-1949* (Stanford: Stanford University Press, 1984), p. 103.

100　陸寶千訪問，鄭麗榕紀錄，《黃通先生訪問紀錄》，頁242。

101　陳進金，〈三民主義青年團在湖北，民國27-37年〉，《國史館館
　　　刊》，復刊，期21(民國85年)，頁166。滕傑謂1949年撤至台灣的國民
　　　大會，約二分之一的老國代又都是復興社出身的。見氏著〈國民黨在
　　　台北分裂親歷記〉，《傳記文學》，卷84，期3(2004/3)，頁6。

次[102]。三青團極力與CC競爭，並企圖與CC劃清界限，甚至於要從國民黨中分離出來，另外成立一個「三民主義青年黨」。蔣介石直指三青團人不屑為國民黨人：

> 現在大家心理以為國民黨腐敗了，社會對黨的觀感壞極了，
> 國民黨到今天的聲譽幾乎一落千丈，快要倒楣了，我們趕快
> 避開他，不要和他混在一起，免得連累我們。[103]

黨團合併後的成效不彰，鬥爭持續不斷。然而鷸蚌相爭，漁人得利，中共的大軍南下，國民黨就此瓦解，那裏還有個別的派系利益！

國代、立、監委選舉之後，發生了「退讓」風波，國民黨要求非屬黨之提名當選者退下，讓予他人。讓予之對象有二：一為該黨提名而未當選者，一為該黨同意分配給青、民兩黨的名額。前文已經提到，國民黨提名黨員參選國代、立委，有正選與候補之別。該黨明白宣示，凡提名為正選者，必須選出正式當選，三令五申，要求各縣市之選舉機關嚴格執行，不得有誤。青、民兩黨的候選人情形相同，亦必須選出[104]。但是既為選舉，號稱全民投票，各式各樣的選舉行為，其結果必然難如預期。國民黨的提名人固然有不少正式當選，同樣也有不少落選。選舉結果，國民黨、青年黨、民社黨預期當選而未當選的人數為485人[105]，是一個相當龐大的數字，奪取這近五百人的

102　Lloyd E. Eastman, *Seeds of Destruction: Nationalist China in War and Revolution, 1937-1949*, pp. 101-102.

103　蔣介石，〈團員同志對黨團統一組織應有的認識〉（民國36年9月8日），《先總統蔣公思想言論集》，卷22，頁230-231。

104　中共與民盟拒不參與國會選舉，國民黨不得不拉攏青年黨和民社黨，否則全民選舉難於自圓其說。國民黨同意給予一定的名額（青年黨230人，民社黨202人），同時保證當選。（〈國大畢竟召開了〉，《觀察》，卷4期7，頁10；〈國大、總統、憲法〉，《觀察》，卷4期8，頁16）

105　《六屆紀錄》，第154次會議（民國37年6月5日），頁701；另一報導，謂

席位者，有的是簽署參選的競爭者，有的是提名為候補卻表現突出者。正所謂各路英雄，各顯神通，情況極其複雜。國民黨要全盤控制，顯然是不可能的。

國民黨處置這些非黨的提名當選者，是扣發他們的當選證書，沒有證書，便沒有前往南京出席大會的報到文件。估計有600餘以簽署當選者的證書被扣[106]。有308人接到命令必須退下[107]。

處此情境，領不到出席證被迫退讓的人非常不滿，紛紛前往南京，直接要求大會發予出席證。大會秘書處當然沒有滿足他們的要求，甚至於拒絕接見他們。在投訴無門的情況下，為了發生力量，他們組織了起來，稱「簽署當選國大代表聯誼會」[108]。

黨的提名人而未當選者，也紛紛趕往南京，向中央黨部哭訴，宣稱他們曾經獲得黨的保證當選，如今名落孫山，中央要為他們作主，討回「公道」，他們也組成了團體，稱「中央提名當選國大代表聯誼會」[109]。

這些討公道的退讓者及落選者，一部分在民國三十六年(1947)底就到了南京，展開請願活動。國民大會一延再延，拖到民國三十七年三月二十九日才正式開幕，但是要求者仍然得不到滿意的答覆。三月二十八日清晨，有二十餘人集結在大會堂外面，發布宣言，要「以絕食爭取民權，維護憲法」。大言「儒以身殉道，佛以身殉法，皆出於

(續)───────────
　　　未當選者，國民黨300人，青年黨101人，民社黨70人(見〈國大畢竟召開了〉，《觀察》，卷4期7，頁10；〈國大、總統、憲法〉，《觀察》，卷4期8，頁16)一說青年黨未當選者154人，民社黨134人，共計288人。見司馬既明，《蔣介石國大現形記》，頁235。

106　光明，〈國代和立委的選舉糾紛〉，《觀察》，卷4期6，頁18。

107　《六屆紀錄》，第132次至154次會議(民國36年12月26日至37年6月5日)，頁655-701，黨內討論退讓問題記錄。

108　尚質，〈我被簽署提名當選國大代表的回憶〉，《湖南文史》，期36，頁108-119；〈立法院首屆會議草草開議〉，《觀察》，卷4期12，頁15；劉振鎧，《中國憲政史話》(台北：憲政論壇，民國49年)，頁273-274。

109　同上。

自動，義無反顧」[110]。旋有10人在神不知鬼不覺的情況下進入會場，在場內展開靜坐絕食[111]。

　　絕食抗議正在難分難解之際，另一場抗議行動也展開了，一位名叫趙遂初的抗議者「抬棺抗議」。趙是天津商會選出的國代，他接到退下命令。由於他的當選曾經花費不貲，非常氣憤，決定南下抗議。到了南京，以380萬元法幣購買了一口白木棺材，抬棺抗議，自稱是「民主烈士候選人」[112]。趙的行為引來了新聞界的注目，西方報紙雜誌曾經刊出他站在棺木上的照片[113]。

　　絕食抗議與抬棺抗議使國大開幕前的氣氛十分凝重，政府和國民黨不能充耳不聞。最先採取的態度只是勸導。國民黨指定陳立夫、吳鐵城、谷正綱、張厲生等大員出面安撫，國大秘書長洪蘭友、天主教國代當選人于斌主教、社會賢達王雲五、教育家胡適等先後晤見絕食者，進行說服，但均為抗議者拒絕[114]。

　　大會秘書處無法解決問題，只好向蔣介石報告，意在搬出黨主席來鎮壓。其實蔣氏早已獲悉抗議事件的發生，非他出面不可。三月二十五日，他與「退讓」代表60餘人見面，以點心招待，和顏悅色的和大家談退讓決策之不得已，他說：「大家要知道，今天不能單純講

---

110 〈中華民國民選國民大會代表絕食敬告全國同胞書〉，《憲政五》，國史館藏原件。

111 〈楊翹新等十人到會場絕食力爭〉，《大公報》，民國37年3月29日（2）。絕食十人姓名：顏澤滋（廣東）、李化成（熱河）、楊翹新（廣東）、周游（廣西）、黃謨（福建）、劉彬（湖南）、張敷（湖北）、楊世麟（雲南）、蘇銘芳（雲南）、連退庵（山東）。

112 趙遂初，〈陳棺競選國大代表〉，《文史資料選輯》，期113（1987年12月），頁231-235；王尊光，〈一九四八年二屆國代見聞〉，《山西文史資料》，期9（1983年12月），頁81-82；林濁水等編，《南京最混亂的三十四天：國民大會現形記》（台北：博班出版社，1984年），頁24。

113 "Delegates on Hunger Strike in National Assembly Hall," *North China Daily News*, March 29, 1948.

114 〈……絕食力爭〉，《大公報》，民國37年3月29日；〈簽署絕食〉，《申報》，民國37年4月16日；*The New York Times*, 23:1, Feb. 29, 1948.

理，也不能單純講法，爲了政治上的關係，必須遷就事實。」抗議者以沉默作爲回應，沒有接受蔣的勸告，蔣無可奈何，只有說「大家吃點心，改日再談」，不歡而散[115]。

　　蔣介石堅持退讓政策是明顯的。三月二十七日他發表了下述聲明：

> 余以爲：本黨同志間互相的問題，應依一般選舉之通例，使得票較多數者當選。至本黨同志與友黨候選人之間的問題，則應以政治方法爲解決，本黨同志應本於尊重政黨協商，讓與政黨提名之精神，放棄其當選資格，俾友黨候補人膺選。……深望諸同志體念黨的決策，遵守黨的紀律，犧牲小我，顧全大局，協助中正解決此遷延不決之問題。[116]

蔣氏至此知道退讓問題非常棘手，他很感慨地在日記中說：

> 自愧不知組織，以致今日黨務、軍事、政治、經濟、教育，皆無幹部，一經危困，所有基礎完全動搖。黨務幹部更是愚拙，國民大會代表問題之惡劣至此，而彼輩尚不知負責自恥，以致最後皆須由余一人承擔處理，痛苦極矣。[117]

　　在勸解無效的情況下，國民黨採取了強制的手段，將十名絕食抗議者，以彪形大漢四十人挾持，轉移至大光路國大第五招待所，趙遂初的白木棺材則以大卡車一輛裝載他去[118]。

115　《蔣介石先生事略初稿》，民國37年3月25日；王尊光，〈一九四八年二屆國代見聞〉，《山西文史資料》，期9，頁81-82。

116　〈國民大會開幕前夕，主席發表重要聲明〉，《申報》，民國37年3月28日(1)。

117　《蔣介石先生事略初稿》，民國37年3月25日。

118　此一決策，由國民黨秘書長吳鐵城，組織部長陳立夫，國大秘書長洪

　　絕食者被轉移之後，繼續抗議。國民黨只怕大會會場秩序不保，能在會前將之轉移他處，沉重的心情緩和了許多，再度改採懷柔政策，送上雞湯牛奶，勸慰進食，甚至於派醫生為他們打葡萄糖針，國大正式開幕之後，有人在會場中提案，要求妥善處理絕食請願，一度獲得相當同情[119]。

　　國民黨自六屆132次中常會（民國三十六年十二月二十六日）討論處理退讓辦法，一派主張強硬，一派認為應該溫和；前者的聲勢較大，傾向處罰不肯退讓者，經過長久的醞釀，終於在146次（民國三十七年三月十五日）中常會中達成決議：（一）不肯協議退讓者，「一律送中央監察委員會議處」；（二）退讓之後無工作者，「送請國民政府聘為戡亂建國動員委員會會員」[120]。峰迴路轉，終於想出了憲法增修臨時條款的辦法，設置「戡亂建國動員委員會」，名額450名，聘退讓者為委員，給予簡任一級的待遇。此時大會已至尾聲，抗議者雖非全體滿意，強弩之末，不穿魯縞，何況大會還有一些個人的安撫動作，個個擊破，問題不解而解[121]。

　　立委同樣有退讓糾紛。選舉結果，國民黨及青、民兩黨所提候選人，正式提名而未當選者73人，提名為候補反而正式當選者117人。國民黨堅持前者必須當選，後者必須退讓。由於經過先前的國代退讓糾紛困擾，防患於未然，黨部事先要求參選者簽署「辭讓當選書」，

（續）————————————————

　　蘭友共同商定，由大會警衛處長、憲兵司令兼首都衛戍司令張鎮，副處長、首都警察廳長黃珍吾共同執行。見〈退讓之爭仍未息〉，《大公報》，民國37年3月30日(2)；周劍心，〈國大瑣憶〉，《中外雜誌》，卷19期2，頁16-19。

119　季羨林，〈忠告民社黨和青年黨〉，《觀察》，卷4期13(民國37年5月22日)，頁3-4；童新濟，〈行憲國大？違憲國大？〉，《新聞天地》，期39(民國37年5月1日)，頁1-4。

120　《六屆紀錄》，頁689-690。

121　《國民政府公報》，號3117(民國37年4月26日)；司馬既明，《蔣介石國大現形記》，頁70-71。

必要時即根據字據行事，因此糾紛並未擴大[122]。

國代、立委的退讓糾紛，不僅是中國選舉史上空前的案例，在民主政治史上恐怕也是空前的。當時曾經引發學術界及民主人士的嚴厲批評，指爲不當。就事論事，這根本就是國民黨違背民主政治的武斷做法。國民黨爲什麼要這麼做？人謂該黨爲類似列寧式的政黨，倡行威權政治，強行決策，不得不然。

五、議員背景

國代、立、監委的選舉形形色色，已如上述，最後我們要問誰當選了？議員的背景是怎樣的？

三院議員的總人數4,041人（國代3,045人，立委773人，監委223人），1948年（民國三十七年）三至七月間先後齊集南京開會。大會結束之後，國民黨的剿共戰爭失利，已到了撤退他遷的時候。因此我們從未得見一本完整的議員名錄。日後三院雖在台灣台北復會，來台議員不及其半，國民黨不得不以遞補的方式湊足開會人數（總數的二分之一，2021人）。由於遞補的目的在湊人頭，張三李四，只要是與1947-1948年選舉拉得上些許關係的，都可成爲代表或委員，議員素質已是參差不齊。

根據在台編製的三種名錄《第一屆國民大會代表名錄》（民國五十年十月出版），《第一屆立法委員名錄》（民國四十二年九月出版），《監察院第一屆監察委員名鑑》（民國四十三年八月出版），台灣三院議員的總人數爲2,232人，其中1,506人（67.5%）（國代993人，立委424人，監委89人）爲1947-1948年正式選出，726人（32.5%）爲在

---

122 《六屆紀錄》，150次中常會（民國37年5月3日），頁694；第154次中常會（民國37年6月5日），頁701-702；〈立法院首屆會議草草開議〉，《觀察》，卷4期12，頁15；陳玉詳，〈立委之選舉糾紛及法定配額〉，《東方雜誌》（上海），卷44期8，頁9-14。

台遞補(國代602人，立委120人，監委4人)。本文採用正式當選者作為「樣本」，分析其出身背景，藉以觀察國民黨當政時期精英分子(elites)的結構一斑(見表4-2～4-5)。

表4-2　在台國代、立、監委人數

	大陸選出	在台遞補	共計
國代	993(62.3%)	602(37.7%)	1,595(100%)
立委	424(77.9%)	120(22.1%)	544(100%)
監委	89(95.7%)	4(4.30%)	93(100%)
共計	1,506(67.5%)	726(32.5%)	2,232(100%)

資料來源：見正文三種出版品。

年齡：1,506人中，1,496人有年齡記載，平均國代42.7歲，立委45歲，監委49.7歲，可謂盛壯之年(表4-3)。正表現國民黨人從1920年代中期北伐奪得政權，追隨者二十餘歲投入，而今來到權力分享的時候。

表4-3　議員年齡

年齡	國代 人數(%)	立委 人數(%)	監委 人數(%)	三院合計 人數(%)
20-29	43(4.4)	3(0.7)	0(0.0)	46(3.1)
30-39	301(30.7)	94(22.2)	8(9.0)	403(26.9)
40-49	438(44.7)	224(52.8)	44(49.4)	706(47.2)
50-59	178(18.1)	85(20.0)	24(27.0)	289(19.2)
60-69	21(2.1)	18(4.3)	12(13.5)	51(3.4)
70-79	2(0.2)	0(0.0)	1(1.1)	3(0.2)
總計	983(100.0)	424(100.0)	89(100.0)	1,496(100.0)
平均	42.7歲	45歲	49.7歲	43.7歲

資料來源：附錄：議員名錄。
說明：年齡以1947年為基準。

　　教育：三院議員背景最突出者是教育程度。他們幾乎都曾經接受過大學以上的教育，留學尤為特色。平均約四分之一（24.8%）的議員曾經留學，立委的比例更高（35.6%），監委居中（28.1%），國代較低（19.9%）。這與二十世紀初年的留學熱潮有關。（表4-4）

表4-4　議員與留學

	總人數	留學人數	%
國代	993	198	19.9
立委	424	151	35.6
監委	89	25	28.1
合計	1,506	374	24.8

資料來源：附錄：議員名錄。

　　留學國別以日本為最多（45.5%），美國次之（23%），以下順序為：法國（10.4%），英國（8.3%），德國（7.2%），蘇俄（4%），其他（1.6%）。出國留學早期以去日本者最多，蓋同文同種，且鄰近費省。但留學歐美的風氣後來居上，總人數（54.5%）超過了去日本者[123]。（表4-5）

表4-5　留學國別

留學國	人數	%
日本	170	45.5
美國	86	23.0
法國	39	10.4
英國	31	8.3
德國	27	7.2

123　關於留學，見實藤惠秀，《中國人日本留學史》（東京，1960年）；黃福慶，《清末留日學生》（台北：中央研究院近代史研究所，民國64年）；Y. C. Wang, *Chinese Intellectuals and the West* (Chapel Hill: The University of North Carolina Press, 1966).

蘇俄	15	4.0
其他	6	1.6
共計	374	100

資料來源：附錄：議員名錄。

議員之具有傳統功名者幾乎完全消失。1905年以前獲得功名之人士，經過四十餘年的歲月，衰老隱退，政海浮沉，已少見到他們的蹤影，如于右任(有舉人功名)等仍然健在活躍者，已屬鳳毛麟角。

黨派：這一屆的國會議員，包括國民黨、青年黨、民社黨及無黨派人士，但要找出三黨明確的人數則甚困難，原因是資料中鮮有黨派關係的記載。但是在零星資料中，不難發現某議員屬於某黨的蛛絲馬跡。有一個說法，本屆國會百分之八十以上都是國民黨黨員[124]，其觀察有相當的真實性。國民黨與青民兩黨談判席位分配時，除了保障名額(青年黨230人，民社黨202人)絕不絲毫讓步。國民黨把持了大餅的一大半，明處是自己的人，暗處還是自己的人，層層控制，黨政不分，正面是選舉，暗處是腐化的攫取，「大獲全勝」在意料中，言其有百分之八十的比例，應是一個保守的估計。

綜合言之，此次選出的國代、立、監委，仍屬一代精英分子，用進取與保守的觀念去衡量，他們多數屬於保守的型態。中國精英分子的結構，在傳統的科舉時代，具有功名的紳士就是社會精英。傳統的紳士階級受儒家思想的薰陶，他們大多來自富有的家庭，馬克斯主義者稱他們為地主階級。1905年科舉制度廢止之後，紳士階級繼續擁有社會精英的地位，但隨著歲月而逐漸凋零。新式教育取代了傳統的儒家教育，精英的傳統性格滲入了西方的激進因素，但直到二十世紀中葉，精英分子的家庭背景沒有明顯的改變，他們的階級屬性依舊如前，所不同的是進取與保守的分野而已。激進的左轉投入了馬列主義的懷抱，溫和保守的右轉追隨國民黨。要說此次的國會精英心態保

---

124 童新濟，〈行憲國大？違憲國大？〉，《新聞天地》，期39，頁1-4。

守，似不爲過。再次引用社會學家G. Mosca的話，國會選舉，是精英
分子讓他們自己中選，而非人民要選舉他們。雖在國民黨控制之下，
精英的背景沒有太大的改變。

六、餘論

　　以上是這次選舉的經過和結果。從制度層面看，選舉法規較之前
此的三次選舉有了明顯進步，如婦女享有兩性平等的權利，選民資格
不再受財產的限制，其進步性與先進國家不相上下，值得贊揚。

　　但是選舉的運作則大大走樣，正如時人批評，選舉有名無實，絕
無民主政治的實質。選舉必先做選民調查，選民調查必先有戶口普查
爲基礎。國民政府時期仍無戶口普查，如何得知誰爲選民，誰不是選
民？其選民數字完全是虛假的。再看候選，候選人幾爲國民黨所控
制，欲取得候選人資格，必先取得國民黨的提名。國民黨宣布，該黨
所提候選人必須當選，霸權式的運作，一般人民不能與之競爭。

　　投票更是絕無僅有，除了少數沿海沿江的大城市得風氣之先，稍
有形式上的投票，全國廣大的農村社會，不知投票爲何物。國民黨的
提名人以配票方式而當選，舞弊欺騙，無所不用其極。由於舞弊欺騙
無處不在，不滿者起而抗議，南京國民大會場外的絕食抗議，抬棺抗
議，烏煙瘴氣，國民黨灰頭土臉。

　　最使國民黨下不了台的是其退讓政策。自己的提名人落選之後，
竟要求當選者退下，這是民主政治史上一大笑話，同樣鬧得烏煙瘴
氣，國民黨失去民心，莫此爲甚。

　　總而言之，國民黨舉辦的國會選舉失敗了！爲什麼會失敗？當時
的政治環境似乎有密切的關係。就政治形勢而言，國民黨於1947-
1948年召集國會，堪謂不得其時，絕不相宜。國民大會開幕之前，
國、共兩黨火拚已經白熱化，全國46個省市選區將近二分之一(22個
省市)爲共軍控制或受其影響。在此情況下，呼籲停辦國大者頗有人

在[125]。1947年11月間，國民黨中常會商討應否立即叫停，推定10人密集研商(孫科、居正、于右任、張羣、戴傳賢、白崇禧、吳鐵城、邵力子、鄒魯、陳立夫)，他們傾向停辦，指出：一、此時召集國大，分散剿共力量，於勢不利；二、選舉必起紛爭，選後「黨內會分崩離析」，「同志變成仇人」；三、美國已表示國會不是急事，剿共才是急事；四、延期只是違憲，但可以向人民解釋。他們將決議上呈總裁蔣介石，蔣氏批示：「選舉不能停辦，應如期舉行為宜。」[126]

蔣氏堅持如期召開國會，是不是別有用意？國民黨宣稱從訓政邁向憲政，訓政是憲政的準備，目的在培養人民行使政權的能力。然而六年訓政期間，不見具體推展自治的行動。蔣介石多次談到自治建設，所強調的是新生活運動，國民精神總動員，他所指的自治，是戶口調查、土地測量、公民訓練。在這些綱目中，最應該積極推動的是戶口調查和公民訓練，這是訓政的重點所在。但是戶口沒有調查，訓練人民行使政權的地方議會直到召開國大之前一年(1946)才催促各省市辦理，無異臨渴掘井。至於蔣介石經常談論的軍事化、合理化、生產化，更是空洞無物，不見行動[127]。

國民黨的訓政實情如此。蔣介石堅持要在1947-1948年召開國會還政於民，難於令人相信。回憶1936年(民國25年)訓政期限結束，雖一無成績，但那時中國有比較性的安定環境，正是所謂國民黨執政「黃金十年」[128]的末期，如果那時召開國會，必然可以獲得較多的

125 如制憲國大聯誼會上書謂：「北方各省遍地烽火，人民在流離死亡中。」視選舉為「粉飾太平」，應該停辦。(〈國大聯誼會上書〉，《申報》，民國36年10月28日；美國大使司徒雷登也建議停辦。〈國大畢竟開了〉，《觀察》，卷4期7，頁10-11)
126 《中華民國重要史料初編：對日抗戰時期》，冊2(台北：中國國民黨黨史會，民國70年)，頁813。
127 蔣的相關言論，散見《言論集》。
128 國民黨史家多以1927-1937這十年間為「黃金十年」。見薛光前編，《艱苦建國的十年》(台北：正中書局，民國60年)。

支持。然而大好時機稍縱即逝[129]。而1947-1948年半壁山河已爲中共占據，倉猝爲之，其意圖當然令人懷疑。試爲了解蔣介石的心態，在徐蚌會戰之前，他對於剿共是絕對有信心的，他認爲一面開國會，一面剿共，雙管齊下，並無困難，可以同時達成目的。開國會是要以民主的外觀實現他的全國最高領袖之夢，同時可以獲得美國的援助，「早日消滅共匪」；前者是他的生平大願，後者是他的心頭大患。

　　希望做領袖是人之常情，但是蔣介石要做的是法西斯主義(Fascism)信仰下的領袖。法西斯主義在1930年代不可一世，世界各地有威權思想的人物(authoritarian)無不奉爲最高信仰。法西斯主義的特色是：一、做全國人的領袖，大權集於一身；二、宣揚民族主義、國家至上；三、全國總動員[130]。蔣介石在1930年代夢寐以求國人擁戴他爲領袖[131]。

129　1936年國民黨宣布召集國會，半年後宣布選舉未能如期完成，改於次年舉辦，不料，「七七抗戰」爆發。

130　S. J. Woolf (ed.), *The Nature of Fascism* (New York: Vintage, 1969), pp. 51-61.

131　1931(民國20)年蔣氏第一次提及法西斯主義，稱其爲「超象主義之精神，依國家機體學說爲根據」。國家至高無上，國民必須爲國家民族犧牲，而非國民向國家要求個人的福利。領袖統治國家，人人服從最高領袖〔在國民會議上演講。見《自反錄》(無出版時地)，集2卷2，頁286；又見《中華民國史事紀要》(台北：國史館，民國75年)，民國20年5月5日，頁651〕。次年(1932)蔣第二次談法西斯主義，認爲日本正在學法西斯主義，「一定不會成功」，言下之意，中國適合於引入〔〈軍隊政治工作方法的改善〉(民國21年5月19日)，《言論集》，卷10，頁574〕。1933年，他對幹部大談法西斯主義，說「現在我們中國也有法西斯蒂，但是……有其名而無其實，人家說一定不會像外國一樣的成功」。這時他才指出法西斯的特質，是信仰領袖，要求國人擁護他爲領袖：「我們現在認定中國非有一個領袖，非大家絕對信仰他這一個領袖，不能改造國家，不能完成革命。」(同前，頁565-566)要求他的子弟兵和部屬將「生命和自由幸福交給他」，「決沒有第二個思想和第二個精神」，「只有這一點，我們才可以眞正叫做一個法西斯蒂」(同上，頁566-567)。他也說了做領袖「要首先以身作則，忠於主義，忠於革命，忠於全體的黨員，誠心誠意的爲國家爲民族負起革命的責任來」〔〈革命的心法——誠〉(民國22年9月21日)，《言論

　　1932年(民國二十一年)蔣的黃埔弟子組「復興社」，是法西斯組織的具體化，是祕密的。1938年(民國二十七年)改復興社爲「三民主義青年團」，是中國法西斯黨的公開化。同年國民黨推舉蔣介石爲總裁，是法西斯式領袖的肯定與合法化。抗戰期間(1937-1945)國民黨以「國家、榮譽、責任、領袖、主義」勉勵全國軍民，處處有「國家至上，民族至上」的標語，是全國全面性的法西斯主義化[132]。

　　雖然如此，蔣氏並不是一個典型的法西斯主義者，因爲傳統的儒家思想對他仍然是有影響的[133]。所以Frederic Wakeman Jr. 謂蔣信奉的是「儒術的法西斯主義」(Confucian Fascism)[134]。如此的折衷信仰，有其長處，也有缺點；長處是他沒有變得像希特勒一樣是個殺人魔王；缺點是他沒有發揮法西斯主義至極致。他的儒家思想流於口號。如果蔣能發揮法西斯主義的精神，或許他不至於在對抗共產主義中敗退下來。他沒有取得希特勒、凱末爾權力控制的眞髓[135]。

　　心懷法西斯主義便不可能實行民主政治。爲了取得美國的支援，他不得不搞選舉、開國會，所以選舉「只是一個過場」，不做戶口調

(續)————————————————————

　　　集》，卷11，頁581〕。滕傑説：以「領袖」一詞稱呼蔣公介石，原是
　　　出自我的創始，當時用此稱呼是何等慎重，……變成了對蔣公的專有
　　　尊稱(見滕傑，〈國民黨在台北分裂親歷記〉，《傳記文學》，卷84，
　　　期3，頁8)。請進一步參看汪榮祖、李敖，《蔣介石評傳》(台北：商
　　　周文化事業股份有限公司，民國84年)，頁20、282-284。

132　這些都是著者在青少年時期親眼得見。按「責任、榮譽、國家」(Duty,
　　　Honour, Nation)三者爲美國西點軍校的校訓(戰時用以勖勉在外作戰的
　　　軍人)，「領袖、主義」是國民黨添加的。

133　〈革命軍人的哲學提要〉(民國23年7月23日)，《言論集》，卷12，頁
　　　369-370；Pichon P. Y. Loh, "The Politics of Chiang Kai-shek: A
　　　Reppraisal," *The Journal of Asian Studies* (May, 1966), pp. 431-451.

134　Frederick Wakeman Jr., "A Revisionist View of The Nanjing Decade:
　　　Confucian Fascism," *The China Quarterly*, 150 (June, 1997), pp. 395-432.

135　例如説法西斯主張動員，蔣也主張動員，但他祇提出了主張而無行
　　　動。他想用自己的子弟兵控制全國，但復興社也好，三青團也好，只
　　　是精英主義，精英們沒有像共產黨一樣，往下耕耘，深入民間，反而
　　　互鬥，爭權奪利。儒家思想在民國年間已是強弩之末，蔣雖取其統御
　　　之術，實無助於其權力之穩固，加上腐化不得民心，不免歸於失敗。

查而捏造選民人數，武斷提名，提名等同當選[136]，提名過程中精英
分子四出奔走請託，投票有名無實，賄賂舞弊，社會風氣敗壞到了極
點。最諷刺的是，要求非提名的當選人退讓，貽笑大方。凡此種種，
無不反映威權主義的本質。有一位政治學家給威權主義的定義是：獨
一無二的意識型態，一人統制獨裁，有一個祕密的控制系統。另一位
學者說，現代威權主義下的政治是全面性層層控制，中央化、官僚
化，教人民信仰國家至上，領袖第一，領袖就是國家。古來凱撒是威
權主義的典型[137]。國民黨及其領袖的所思所志，何其神似。

136　這是法西斯義大利的做法。1928年義大利國會議員400人均由法西斯黨
　　　提名，然後全國投票。此種投票，不是選舉，而是接受。Alan F.
　　　Hattersley, *A Short History of Democracy* (Cambridge: The Cambridge
　　　University Press, 1930), pp. 226-227.

137　Juan J. Linz, "Totalitarian and Authoritarian Regimes," in Fred I.
　　　Greenstein, Nelson W. Polsby eds., *Handbook of Political Science:
　　　Macropolitical Theory* (Reading, Mass.: Addison-Wesley, 1975), pp. 187-
　　　188, 255-256, 353-354; Amos Permutter, *Modern Authoritarianism: A
　　　Comparative Institutional Analysis* (New Haven: Yale University Press,
　　　1981), pp. 5-6; Maurice Duverger, *Political Parties* (New York: John
　　　Wiley, 1963), p. 160.

結論
中國民主政治的困境

　　中國在二十世紀上半葉，先後舉行四次國會選舉，第一次在1909年，由滿清政府推動，建立了諮議局和資政院；第二次在1913年，是共和建國後的第一屆國會；第三次在1918年，是民國第二屆國會；第四次在1947年，是國民黨治下的國會。這四次國會堪稱中國人對民主政治的嘗試。民主政治從選舉開始。本書敍述討論這四次選舉的經過和結果，觀察中國人的民主政治經驗。我們不禁要問：這四次經驗，何以不能使民主政治生根發芽、開花結實？

　　首先從選舉制度來觀察。本書一再提及Joseph Schumpeter的觀念，認爲民主政治的成敗繫於選舉，若無選票，便無民主。這四次選舉，大體上遵循英國的多數決(simple member plurality)制度，獲得較多的票數，即爲當選。前三次都採用複式選舉，需要經過兩次投票，才能產生結果。這是西方早年極爲普遍的投票方式，第一次由選民直接投票，產生選舉人，再由選舉人互選產生定額議員[1]。

1　法國最先採用此一制度。1789年法國革命後選舉制度即爲複式選舉，先在市鎭(canton)舉行初選，有選舉資格者投票選出選舉人(electeur)，他們集中到省城(department)二次投票，互選定額議員。美國、德國、日本等均曾採用此一制度，今天美國的參議員(senators)和總統選舉，還有複式選舉的味道。此種直接與間接並用的選舉，又稱「過濾式選舉」。相關資料，參看：Richard S. Katz, *Democracy and Elections*(New York: Oxford University Press, 1997), pp. 198,330; Maurice Duverger, *Political Parties*(New York: John Wiley and Sons, 1954), p. 239; Bernard Mann, *The Principles of Representative Government*(Cambridge: Cambridge University Press, 1997), pp. 100-102; Robert A. Dahl, *Democracy and Its*

　　此一制度之採行，似受梁啓超的影響。梁氏在1899年著〈各國憲法異同論〉，首次提到複式選舉。十一年後(1910)在〈中國國會制度私議〉一文中，極力主張採用複式選舉。他認爲中國人民的教育程度低落，「智識能力誠不免有缺乏之感」，「惟有間接〔選舉〕制，可以略矯此弊」。再者，中國幅員遼闊，兩次投票有大小區域之分，運作較爲容易。憲政考察大臣戴鴻慈、載澤的考察日記也提到了複式選舉，或許也是受梁啓超的影響。如此一來，清廷採用複式選舉趨勢大定，在〈諮議局章程〉中說明因爲「矜愼」而採複式選舉[2]。到了民國初年，第一、二屆國會仍然承襲舊制，此一時期梁啓超的影響仍在。直到1947年國民黨的國會才將之放棄，採用簡單的一票多數決制。

　　複式選舉確如梁啓超所言，有其長處，但也有缺點。最明顯的是必須兩次投票，甚屬繁複。最大的缺點是容易被人操縱，互選時往往賄賂橫行，當選者大多數爲富有的人，正直或財力不足者，只有望洋興歎。西方如此，中國亦蹈此覆轍[3]。然而國民黨不用複式選舉，並沒有採行二十世紀中葉以來流行的比例代表制(Proportional Representative System)。該黨一黨獨大，與共產黨絕裂，排擠小黨，表面上是依循英國多數決舊制，實際嚴密控制，選票之有無，已無關宏旨[4]。

(續)————————————————————

　　　　Critics(New Haven: Yale University Press, 1989), p. 361, note 2；張炳楠，《日本選舉制度》(台北，國防研究院，民國52年)，頁13。

2　梁啓超，〈各國憲法異同論〉，《飲冰室文集》，卷4，頁75；〈中國國會制度私議〉，《飲冰室文集》卷24，頁75、78、98；戴鴻慈，〈出使九國日記〉，《走向世界》(湖南長沙，岳麓書社，1986)，頁397；《清末籌備立憲檔案史料》(下)(北京，中華書局，1979)，頁671。

3　Duverger, *Political Parties*, p. 239; Bernard Mann, *The Principles of Representative Government*, pp. 100-102.

4　關於比例代表制，見Andrew McLaren Carstairs, *A Short History of Electoral Systems in Western Europe*(London: George Allen and Unwin, 1980), pp. 1-6；謝復生，《政黨比例代表制》(台北：理論與政策雜誌

　　選舉制度的第一步是確定選民人數，這是一個複雜的問題。早年選民有年齡和性別的限制，不及齡的人沒有選舉權，婦女沒有選舉權。除了年齡和性別之外，還有資產、教育程度等要求。因此必須舉辦費力費時的選民調查，難度不小。西方在二十世紀之前大多已經有了人口普查，根據普查，便可確定人民的選舉權。中國直到1953年才有第一次人口普查。四次選舉都在二十世紀上半，尚無完整的人口資料，不得不作一些權宜之計，草草決定。選民調查可以說是敷衍了事，甚至於完全憑空「造報」。根據這些報告，前三次合格的選民極少（見表一）。

表一、四次選民人口估計

年代	全國人口	選民人口估計	％
1909	450,000,000*	175,500	0.39
1913	450,000,000*	472,500	10.50
1918	450,000,000*	669,600	14.88
1947	530,000,000**	350,000,000***	66.04***

說明：*估計數
　　　**1953年人口普查數。
　　　***國民政府公布數，本書核算為53%。（見第四章）

　　清朝末年的選舉，幾乎限於功名紳士階級。第一、二屆國會的選民人數雖有了增加，但仍多限制。二十世紀中葉選舉制度經過大肆改革，國民黨受時代的影響，放棄了財產限制，女性亦全面享有選舉權利，選民人數因而大增，高達百分之六十六，但這僅是一個表面的數字而已。

　　有了選民而後確定候選人。誰願意出來競選？在政黨尚未發達的早期，競選者多出於個人意願，只要合於資格要求，便可登記為候選

（續）────────────

　　社，民國81年）；吳文程，《政黨比例代表制》（台北：五南，民國85
　　年），頁247-249。19-20世紀的選舉不公平，大黨控制全局，小黨極不
　　容易取得席次，此為比例制產生的原因。

人。但此一時期需要家有相當財產（如清末的諮議局為5,000元）和較為成熟的年齡（30歲），才能成為候選人。在安福國會時期，已有政黨競爭，採政黨提名方式。徐樹錚把持選舉，以電報指定議員，視為提名。國民黨時期，黨的控制嚴密，不經中央同意，不得為候選人。有意競選者，紛紛找關係、拉關係，有的直接去南京中央黨部取得提名，有的在地方上取得提名，而後奔赴南京獲得中央同意，情況相當混亂。

關於競選，黨派出現之前，是個人的競爭，黨派興起之後，變成了有組織的競爭。大城市中可能見到競選活動，但小城市或鄉村，則鮮有候選人前往爭取。上海是先進的城市，國大代表、立法委員選舉時，有人發表競選演說，有報紙廣告，有街頭海報，以及利用無線電廣播競選者。也有人利用傳統的茶館酒樓發表競選演說，不過似乎作用不大。

從諮議局選舉開始，便有一種說法：「名為選舉，實為官派」。西方人的觀察，也認為「跡近指派」。但諮議局及民國二年的選舉不能說沒有選票，美國觀察員稱讚幾處選務辦理得「井井有序」，日本在華的報紙也有類似報導。賄選是一個嚴重的問題，但有賄選即證明有選票。四次選舉，真正投了票的極少。大多數的人對選舉沒有認識，寧願棄權，無心過問什麼是投票，什麼是神聖的一票。「冷漠」是一個極為普遍的現象。湯化龍批評說，選舉在中國是一個十分幼稚的活動。國民黨時期，官僚政黨控制選票，民間不知有所謂選舉，官家造報了種種選舉的成果。

因此，投票率的多寡難以確定。民國二年的國會，報導謂某些地方投票率有高達百分之六、七十者，與西方人的選舉情況似乎不相上下。實際上能有百分之二、三十的，就算很可觀了。鄉村或交通不便之處，幾乎不見投票活動。蒙古、西藏、青海等地均未舉辦選舉，其議員全為指派，甚至於被指定的人不屬本籍。民國二年曹汝霖（五四運動中被群眾毆打）之成為蒙古籍議員就是一例（曹為江蘇人）。政府

指派某人爲議員，往往一通電報或電話就決定了。民國二年廣東都督胡漢民指定議員的電報爲報紙一一揭載。徐樹錚與地方官吏商斟議員的名單，可謂指派彰明昭著。1947年國民黨的提名等同當選，又何須選票！

誰當選了？選舉的目的是爲了實現代議政治（representative government）。希臘、羅馬時代，小國寡民，可以實行直接民權，今天世界各國人口眾多，直接民權已屬不可能，所以有代議制度的產生。十九世紀初的自由主義者John Stuart Mill稱道代議制度是民主政治最好的制度。但他同時也強調出任人民代表者必須有良好的教養，能爲人民的福祉著想。但二十世紀初葉的社會學家V. Pareto則認爲人民選出的代表即是所謂的精英（elites），他們未必都以人民的福祉爲依歸，他們所形成的政策可以有利於人民，也可能不利於人民[5]。這兩個不同的觀念，可以引導我們觀察二十世紀上半期中國四次選舉的議員品質。

清末民初是一個轉型的時代。中國的科舉制度經過一千二百餘年的歷史，至1905年（光緒三十一年）而廢止。雖然如此，二十世紀上半，末代紳士仍然健在，尤其是1909年的選舉，士紳們多屬壯年時期，他們參加競選成爲議員，可謂必然。民國初建，士紳們的勢力並未完全消退，議員中還有相當比例的當選者。直到1947年時，去科舉制度之廢止已四十餘年，他們已是耄耋之年，隱退民間，走向凋零。

隨著科舉之廢止，新式（西式）教育起而代之。新式教育在1900年前後已經漸漸升起，國內有新式學堂，也可以出國負笈日本或西方，新式教育如雨後春筍，蓬勃發展。1909年的議員中已有百分之十的新興成分。以後新式教育出身者越來越多，至1947年的選舉，傳統出身

5　Robert A. Dahl, *Democracy and Its Critics*, pp. 28-30; Lance DeHaven-Smith, *Foundations of Representative Democracy*(New York: Peter Lang, 1990), p. 4, 68. David Held, *Models of Democracy*(Stanford: Stanford University Press, 1987), pp. 85-104.

的議員已屬鳳毛麟角。（見表二）

表二、議員的教育背景

年代	議會	傳統功名%	新式教育%
1909	諮議局及資政院	89.3	10.7
1913	第一屆國會	21.9	78.1
1918	安福國會	22.9	77.1
1947	國民黨國會	0	100

從帝制轉變爲共和，先後四十年間，教育制度有極大的改變，精英的造型也徹底大改。傳統教育欠缺新式知識，新式教育有所彌補。但新知識不一定重視民主政治。政治學家Robert Dahl認爲代議士以德行（virtous）爲重[6]。早期的功名紳士其傳統儒家背景並不完全阻礙民主政治的發展，反倒是新式教育下產生的精英，未必都是民主政治的鬥士。

議員的年齡大多數在壯年時期，四十歲至五十歲之間。資政院平均43歲。第一屆國會下降至36歲，這是革命後的必然趨勢；革命黨年輕力壯，他們打下了江山，自然而然的就成了精英分子。（見表三）

表三、議員年齡比較

	議會名稱	參議院	眾議院	平均
1910	資政院	45(欽選)	41(民選)	43
1913	第一屆國會	36.6	36.3	36.5
1918	安福國會	47.2	39.8	43.5
1947	國民黨國會	45(立委)	42.7(國代)	43.9

以上敘述，反映四屆國會議員的一些共同背景：他們大多來自殷富的家庭，其中以紳士階級及地主階級爲主，兩者難於嚴格劃分，但都屬於社會上層結構。革命黨人多數沒有科舉功名，由於他們出生也

6　Robert A. Dahl, *Democracy and Its Critics*, p. 28.

晚，沒有趕上科舉考試。但他們大多數是紳士階級或地主階級之子弟，否則難於進入新式學堂或負笈海外。來自富有家庭者傾向保守，即便有心改革，態度亦較爲溫和。Maurice Duverger說：溫和型的精英選擇在國會中求表現，步步爲營；激進分子視議院如糞土，他們訴諸武力於議院之外，打破現狀，從頭做起[7]。1947年國民黨的排他性獨占鰲頭，實際上共產黨也不甘心在議院中坐第二把交椅。

　　綜合上述，可以了解中國四次國會選舉，制度借自西方，自必有其得失，然關鍵在如何運作。就制度而言，政治學家認爲多數決的選舉，有利於兩黨制的發展，而不利於小黨的生存[8]。二十世紀中國的黨派大勢，激進的革命，溫和的漸進，頗有兩黨的趨勢。滿清政府逼於形勢而採行預備立憲，革命黨不予理會，溫和型的精英則在制度內求改革，所以諮議局與資政院中只有立憲派。共和以後，第一屆國會中的兩黨形勢甚爲明顯——國民黨與進步黨，原是清末以來的黨派大勢，但不能說與選舉制度完全無關。第二屆國會中，安福系與研究系仍然維持兩黨外貌。這時候的保守勢力(安福系)抬頭，只有溫和型的精英(研究系)與之相抗衡，激進派(國民黨)被排擠在外，乍看仍屬兩黨趨勢。

　　長期以來，英美的兩黨制備受稱道，但多數決制度顯然不利小黨發展，所以二十世紀前後已有不少國家採行比例選舉制。1947年國民黨不求變革，實是獨霸心態的作祟。結果共產黨尋求國會外發展，訴諸武力，國家分裂，生靈塗炭。雖然我們不能肯定比例制就能保有和平發展，但可肯定多數決制度有其缺點，1947年的選舉，青年黨與民社黨的席位，幾乎是國民黨的施捨。

7　Maurice Duverger有「議會內」及「議會外」政黨(interior and exterior parties)之分。見*Political Parties*, "Introduction".

8　David M. Ferrell, *Electoral System: A Comparative Introduction*(New York: Palgrave, 2001), pp. 19-48; Andrew McLaren Carstairs, *A Short History of Electoral Systems in Western Europe*, pp. 1-6.

選舉的運作，第一、二兩次雖缺少經驗，但弊病反不如後來嚴重。第三、四兩次大大走樣，弊病百出。諸多弊病中，有人指責賄賂最爲嚴重。但比較英美民主國家的選舉經驗，經濟尚未發達之前，富人以金錢物質換取選票，勢所難免，爲時已達二三百年之久[9]。及至社會富有了，人民的知識水平提高了，賄賂才會漸漸減少。有些社會學家甚至於說，社會面對賄賂與暴力，寧願容忍賄賂，避免暴力；兩害取其輕，實爲無可奈何之事。中國一再革命，民主遙遙無期。如果在國會制度下和平競爭，說不定中國的選民早就可以像西方人一樣，談笑間一票決定他們的新領袖[10]。

中國民主政治遲遲不得發展，其原因各家說法不一，黎安友（Andrew J. Nathan）教授歸納爲十點：(一)民主政治沒有得到共識。中國稍有知識的人都說應該實行民主，但所希望的是國家統一，萬眾一心，而一直生活在威權主義下，還沒有培植起來西方人的民主意識；(二)國家一直處在不安定的狀態下，因爲內在或外在的因素，受到戰爭的威脅，無暇思索實行民主；因此，(三)總是軍事第一，誰控有槍桿子，便控有政權，全體國民對民主政治可望而不可及；(四)政

9　英國在17世紀前後的選舉，根本沒有什麼選票，即使有選票也不過是地主貴族的工具，他們以金錢誘惑人民依照他們的意志投票。18世紀以後的賄選，費用極爲龐大，有一票多至千鎊英幣者。19世紀的選舉賄賂，雖然立法防止，但效用不大，賄賂之風仍然盛行，即如William E. Gladstone與他的父親當選下院議員都有賄賂的嫌疑。參看Eva Etzioni-Halevy, *Political Manipulation and Administrative Power*(London: Routledge, 1979), pp. 35-71; Edmund S. Morgan, *Inventing the People: The Rise of Popular Sovereignty in England and America*(New York: Norton, 1988), pp. 175-176; Michael Partridge, *Gladstone*(London: Routledge, 2003), p. 17, 34.

10　有一位學者說：民主政治就是人民不必用暴力去推翻他們不喜歡的政府。他們有了更替政府的權力—選票，從家中走到投票所，「談笑間就解決了那令人不喜歡的政府或官員」。見John Mueller, "Democracy and Ralph's Pretty Good Grocery: Elections, Equality, and the Minimal Human Being", *American Journal of Political Science*, 36(Nov. 1992), p. 985.

治學家Lucian Pye說中國人不容忍異己，但又害怕衝突（conflict），這是一種政治文化的缺失；（五）因為落後（under-development）而又貧窮，教育不夠，人民無暇關心民主政治，公民社會（civil society）不存在，所以民主不發達；（六）中國是個農民社會（peasant society），農民無知、保守、貧窮、反民主；（七）憲法不好（實際上是沒有付諸實施）；（八）道德不振（moral failures）；（九）精英不下台：如袁世凱、蔣介石、毛澤東都是把持權位，不到死不下台；（十）帝國瓦解後，廢墟上不容易建立新的制度[11]。

　　四次國會選舉，一次不如一次，上列十大因素，無一不可引用。在此要強調的是威權主義。Samuel Huntington謂民主三波的第一波在1930年代便開始退潮。中國在這一個潮流中昇起落下，似乎受法西斯主義的影響最大。法西斯主義1922年始於義大利，1933年德國跟進，日本亦緊隨其後。這三個國家原本就沒有深厚的民主政治基礎，威權主義在野心家與軍人的鼓吹下，於第一次世界大戰之後猖獗起來，幾乎橫掃全球。除了德、義、日三國，波蘭、奧地利、西班牙、土耳其、捷克、南美洲大多數國家，都是威權主義的政府。相對的民主國家漸漸減少。1920年代有35個民主國家，1938年減為17個；1944年全世界64個國家，只有12個為民主政府[12]。

　　安福國會便已受威權主義的影響。段祺瑞、徐樹錚都是留學德、日回來的軍人，他們的腦子裏沒有民主觀念，思想與行動都是威權主義。1926年國民黨奪得政權之後，如果以孫中山的建國三時期——軍

11　Andrew J. Nathan, "Chinese Democracy: The Lessons of Failure", *China's Transition*(New York: Columbia University Press, 1997), Chap. 5；黎安友著，柯洛漪譯，《蛻變中的中國：政經變遷與民主化契機》（台北：麥田，2000），第五章，〈中國的民主：失敗的教訓〉。

12　參看 Robert A. Dahl, *Democracy and Its Critics*, pp. 235-9; William Eberstein, *Today's Isms*（台北：馬陵出版社影印，1976）, pp. 110-111; *Eric Hobsbawn, The Age of Extremes: A History of the World, 1914-1991* (New York: Vintage Books, 1996), p. 112.

政、訓政、憲政——爲指導原則，應該可以逐步走上民主政治的道
路。不料北伐成功之後，法西斯主義襲來，迷惑了黃埔系的軍人，他
們把訓政當作口號，相反的大搞威權主義，終止了民國以來的地方議
會，議會的火種宣告熄滅[13]。地方議會爲民主政治的基礎，英國大政
治家Gladstone即如此主張，印度的民主就是這樣建立起來的[14]。國民
黨大搞保甲控制，孫中山的遺訓被置諸腦後。1947年的國會選舉，沒
有地方自治爲基礎，如何能將選舉辦好！法西斯主義下的選舉，在二
十世紀一直不衰。例如南美，幾乎都是此一類型，人稱其爲「威權主
義下的選舉」（electoral authoritarianism），是一種「虛僞的民主」
（pseudo-democracy），「沒有民主的選舉」（election without
democracy）[15]。這樣的選舉，沒有公開（open）、自由（free）、公平
（fair）的實質，統治者一手操控，大把的選票由他們分配，讓自己的
人當選，排斥異己。這一類的國家今天還有六十多個[16]。二十世紀初
的安福系，與四十年代的國民黨，一模一樣，都代表威權主義。安福
系還談不上意識型態，國民黨則自義大利、德國、日本學樣。影響最
大的是土耳其的凱末爾模型。土耳其在凱末爾的統治下，舉行過6次
選舉（1923,1927,1931,1935,1939,1943），後三次雖然強人凱末爾已經

13　民國的省議會承襲清末的諮議局，曾經舉行三屆選舉
　　（1913,1918,1923），1924-1926年北伐軍所至，封閉各省議會，將議場改
　　爲黨部。見沈曉敏，《處常與求變：清末民初的浙江諮議局和省議
　　會》（北京：三聯書店，2005），頁384；朱浤源，《從變亂到軍省：廣
　　西的初期現代化，1860-1937》（台北：中央研究院近代史研究所，民國
　　84年），頁289-302。

14　英國人統治印度，爲印度奠定了議會基礎，他們的做法是，先建立地
　　方議會，由英人主導，直至印度人熟習運作，始放手轉移。見Peter
　　Rapp, *A History of India*（New York: Palgrave, 2002）, p. 39.

15　見 Larry Diamond, "Thinking about Hybrid Regimes", *Journal of
　　Democracy*, Vol.13, N.3（July, 2002）, pp. 21-35。按 "Election without
　　Democracy"爲*Journal of Democracy*, 2002年第二號專號標題。

16　Larry Diamond, "Thinking about Hybrid Regimes", pp.27.

過世，但他的陰影猶在，一黨獨大，兩個小黨尾隨，沒有競爭[17]。一位學者對極權主義下的選舉有如下的批評：

> 選舉在民主國家是凱旋門，是立國之道；選舉在威權主義下是一個謊言，統治工具。威權主義以選舉取得合法性，嚴加控制，長保權力。看似民主，實質極權。[18]

安福系和國民黨的選舉就是這樣的[19]。

　　國際現實不利於中國民主化，這是外在的因素。國內環境似乎亦尚未齊備。

　　近年史學界有一個辯論，問中國社會是否已經有了「公共領域」(public sphere)或「市民社會」(civil society)？這個二而一的概念是Jürgen Habermas在1960年代建立的[20]，賡續討論的著作甚多。美國研究中國近代史的學者借用過來，有的說中國在十九世紀已經有了類似的社會結構，有的則說中國與西方社會完全不同，沒有相近之處[21]。

17　Myron Weiner and Ergun Özbudun(eds), *Comparative Elections in Developing Countries*, (American Enterprise Institute for Public Policy Research, 1987), p. 24; Ergun Özbudun, "Turkey"，同上，pp.339-341。我在讀中學的時候，便在教科書中讀到凱末爾與土耳其的故事，教科書對凱末爾推崇備至。

18　Larry Diamond，見前注，pp.36-37.

19　關於安福系，參見Andrew J. Nathan, *Peking Politics 1918-1923: Factionalism and Failure of Constitutionalism*(Berkeley, CA.: University of California Press, 1976)；關於國民黨，見Edmund S. K. Fung, *In Search of Chinese Democracy: Civil Opposition in Nationalist China, 1929-49* (Cambridge: Cambridge University Press, 2000), pp. 41-43,50; Michael R. Dutton, *Policy and Punishment in China: From Patriachy to "the People"* (Cambridge: Cambridge University Press, 1992), pp. 85-88.

20　關於Habermas的概念，有兩種介紹性的讀物可參考：Thomas McCarthy, *The Critical Theory of Jürgen Habermas*(Cambridge, Mass.: The MIT Press, 1978); Michael Pusey, *Jürgen Habermas* (New York: Tavistock, 1987).

21　William T. Rowe認為清代(1644-1912)中國的社會中已有許多不由政府

　　何謂公共領域或市民社會？回答此一問題之前要先了解人與經濟、社會、政治三者的密切關係。按馬克思的說法，經濟決定一切。Habermas則認為政治對人的影響最為深切。社會中有兩大環節：一是家庭生活，一是市場經濟。政府的每一決策均對個人發生影響，納稅義務尤為切身感受。因此，人民必然要與政府互動。如要互動活絡，兩者之間必須有一個中介體。這就是公共領域，或稱公共軀體（public body），有此結構，人民可以對政府表達意見，維護他們的自由與權利[22]。

　　公共領域以市民社會為基礎，市民社會「溫文有禮」（civility）。Edward Shils說生活在市民社會中，人人謙讓有禮，互相尊敬[23]。可以想見市民社會是個文明社會（civilized society）。文明社會的高質文

（續）——————————————

　　控制的空間，享有一定的自主性，如商幫、商會等，漢口的發展便與這些自主性的團體有關。Frederic Wakeman Jr.則認為雖有這些團體，皆不足以對法律和政治有所影響，形成所謂的市民社會。見William T. Rowe, *Hankow: Commercial and Society in a Chinese City, 1796-1889* (Stanford, CA.: Stanford University Press, 1984); *Hankow: Conflict and Community in a Chinese City, 1796-1895*（同上，1989）；Frederic Wakeman Jr., "Civil Society in Late Imperial and Modern China," in Frederic Wakeman Jr. and Wang Xi(eds), *China's Quest for Modernization: A Historical Perspective*(Berkeley: University of California Press, 1997), pp. 300-324。以後表示贊同Rowe說法的，有Marie-Claire Bergère, Mary Rankin, David Strand, Timothy Brook等，不同意的有Philip Kuhn, Philip Huang, Peter Zerrow, Thomas Metzger 等，相關著作見 *Modern China*, Vol. 19, N. 2; April 1993；上引Frederic Wakeman Jr. and Wang Xi; Peter Zarrow, "From Subject to Citizen",《中央研究院近代史研究所集刊》，期42(民國92年2月)，pp.155-177；Philip Kuhn(孔復禮，〈公民社會與體制的發展〉，《近代中國史研究通訊》，期13(民國81年3月)；Thomas A. Metzger, "The Western Concept of Civil Society in the Context of Chinese History", in Sudipta Kaviraj and Sunil Khilnant (eds), *Civil Society: History and Possibilities*(Cambridge: Cambridge University Press, 2001), pp. 204-231.

22　Michael Pusey, *Jürgen Habermas*, pp. 1-89.
23　Edward Shils, "Civility and Civil Society", in Edward E. Benfield(ed.), *Civility and Citizenship in Liberal Democratic Societies*, (New York: Paragon House, 1992), pp. 1-15.

化是經過長時期的培植而得。生活在這樣的社會中，大家「誠心、互信、和諧」(cordial, trustful, and cultural homogeneity)。這樣的社會對民主政治是一種支持和穩定的力量(foundation of democratic stability)，也是民主性格的基礎(democratic personality)[24]。市民社會與政府(civil society and the state)相得益彰；輿論由民間形成，政策依民間需要而產生[25]。

具體的說，市民社會是自治(self-government)的社會，以老牌民主國家美國為例，他們的社會由各式各樣的社團組成，如教會、睦鄰會、慈善團體，此外還要加上各式各樣的營利團體，如財團，如商幫……他們各有各的功能，而維護社會的安定與繁榮，防止犯罪，則為共同目標[26]。這些民間機構就是中介體，也可以說是人民與政府之間的緩衝體(buffers)。如果沒有這個緩衝體，人民便呈無力感的狀態。法國大革命時期，雅各賓黨(Jacobin)大權在握，專斷獨裁，就是因為民間缺少緩衝結構之故。希特勒、史達林之所以會那麼凶狠，成為極權政治的典型，就是因為缺少緩衝體之故[27]。

究竟傳統中國有沒有公共領域或市民社會？余英時著《宋明理學與政治文化》似乎有意要回答這個問題。他認為在中國的傳統思想中，「內聖外王」觀念是市民社會的基石，可以建造中國社會的公共領域。「格物、致知、誠意、正心、修身」是求內聖，「齊家、治

24　John Keane, *Civil Society: Old Image, New Vision*(Cambridge: Polity Press, 1998), pp. 114-116; Samuel Huntington, *Third Wave*, p. 263; Alex Inkeles, *National Character: A Psycho-social Perspective*(New Brunswick: Transaction Publishers, 1997), pp. 33-34, 312-313.

25　楊美惠稱市民社會為「民間社會」，見Mayfair Mei-hui Yang, *Gift, Favors, and Banquets: The Art of Social Relationships in China*(Ithica: Cornell University Press, 1994), pp. 291-292.

26　Alexis de Tocqueville, *Democracy in America* (New York: Schocken Books, 1974), vol.1, pp. 216-226; vol. 2, pp. 134-144.

27　Nancy L. Rosemblum and Robert C. Post(eds), *Civil Society and Government* (Princeton: Princeton University Press, 2002), "Introduction".

國、平天下」是達外王；前者建造自己，後者構築社會。內聖外王的
思想出自《中庸》，原是《禮記》中的一部分。唐宋時期佛教逐漸儒
化，推崇《中庸》的修身要義。宋朝以禮治國，士人反過來援佛入
儒，《中庸》大旨得到發揚，內聖外王的精神自此成為士人的中心思
想。王安石是內聖外王思想的奠基者，朱熹強調「士大夫以天下為己
任」，陸象山亦言「宇宙內事，是己分內事」。以後王陽明頓悟「引
君之道」及「得君行道」，最後昇華為「覺民行道」，其「致良知」
為「覺民行道」的一體兩面。由此可見中國的士大夫(知識分子、精
英)都有「天下興亡，匹夫有責」的職志。市民社會的內涵在儒家思
想中原本是很豐富的[28]。

舉例來說，士大夫為傳統中國社會的中堅。他們進則為官，退則
為紳；為官在行道，為紳則守護家園，地方上的興學講學、修橋鋪
路、慈善事業，士大夫責無旁貸。士大夫之有科舉功名者，享有崇高
的社會地位，舉人謁見知縣知府，平起平坐。有功名的士紳犯罪，必
先請旨革除功名，否則不得用刑或笞撻。由此可知，地方紳士享有與
官吏交涉的權利，地位類同西方的中產階級。公共領域在中國是存在
的，發展至何種程度而已。

清朝末年士紳主導下的諮議局及資政院選舉，官民互動，士紳表
現雍容醇厚，謙讓有禮，是一個具體的例證。士紳在清季約一百五十
萬人，人口雖然不多，但從國民性(Model Characters)觀念觀察，走
向全面的市民社會是樂觀的。依照民族學家的說法，一種國民性起始
的時候，為數不過數個百分點而已[29]。

28　余英時，《宋明理學與政治文化》(台北：允晨，2004)；Peter Nosco與
　　Henry Rosemont Jr.有相近的看法，見"Confucian Perspectives on Civil
　　Society and Government", Commentary and Addenda on Nosco's
　　"Confucian Perspectives on Civil Society," in Nancy L. Roemblum and
　　Robert E. Post前引書，pp. 334-359，361-369.

29　Alex Inkeles, *National Character*, pp. 208-11, 218-20; Chung-li Chang, *The
　　Chinese Gentry*(Seattle, Washington: University of Washington Press,

　　但市民社會未能逐漸成長，最大的原因應是人民貧窮，知識落後，不能與士紳配合。中國經濟落後，百分之八十的人民皆為文盲。儒家有言，「衣食足而後知榮辱」。從民主政治的觀點言，衣食足而後知權利。社會學家Seymour M. Lipset五十年前即指出，民主必須有經濟支持[30]，中國就是缺少經濟的力量。

　　精英性格的改變也是一個重要原因。1905年的廢科舉與1919年的「五四運動」，這兩大事件對儒家思想的衝擊極為深遠；廢科舉而紳士階級中斷，五四運動後儒家思想衰落。新引進的外來事物與思想迅速取代數千年的傳統。馬克思主義與民族主義大受歡迎，中國的精英分子一分為二；前者激進，後者保守；前者掀起巨大的革命，後者隨著威權主義試圖緊握政權。1947年的國會選舉有名無實，就是此一後果[31]。

（續）——————————————————————

　　　1955), pp. 137-141.

30　Seymour M. Lipset, *Political Man: Social Bases of Politics*(New York: Doubleday, 1959, 1963), pp. 31-33.

31　二十世紀上半歐洲知識分子對馬克斯主義與民族主義的狂熱，影響中國而有中國共產黨的興起，國民黨亦得民族主義的助力而大張威權主義。參看Raymond Aron, *The Opium of Intellectuals*, (London: Secker and Warburg, 1957)；蔡英文譯，《知識分子的鴉片》（台北：聯經，1990）；Julier Benda, *The Treason of the Intellectuals*, (New York: The Norton, 1928, 1969)；沈松僑，〈我以血薦軒轅：黃帝神話與晚清的國族建構〉，《台灣社會研究季刊》，期28(1997/12)，頁1-77。

插圖

插圖一

清末諮議局（廣東省）議員合影

（資料來源：《國風報》：第二號，宣統二年正月）

插圖二

清末資政院議場外觀

（資料來源：《東方雜誌》，卷8期2，宣統三年二月）

插圖三

第一國會（眾議院）議員合影

（資料來源：《東方雜誌》，卷9期11，民國二年四月）

插圖四

第二屆（安福）國會議員合影

（資料來源：《安福禍國記》：台北：文海出版社影印，民國八十五年）

插圖五

國民大會堂

（資料來源：《中華民國憲政發展史料圖錄》，頁98）

插圖六

被迫退讓國代在國民大會堂前抗議讓出席位
後立人牆為警戒之軍警
（資料來源：*North China Daily News*, 1948/4/20）

插圖七

國代趙逐初抬棺抗議讓出席位
（資料來源：*North China Daily News*, 1948/3/31）

附錄一
諮議局及資政院議員名錄

一、各省諮議局議員名錄

奉天省：共計53人：定額50人，3人候補。

資料來源：奉天全省諮議局第一次報告，頁13-21；《奉天通志》，卷155-156。

職任	姓名	當選年齡	籍貫	傳統功名	新式教育	當選前職銜
議　長	吳景濂	37	遼陽	舉人	京師大學堂 日本考察	奉天教育會會長
副議長	孫百斛	46	承德	進士		保送知府
副議長	袁金鎧	40	遼陽	歲貢	日本考察	遇缺即補知縣
議　員	陳瀛洲	43	鐵嶺	舉人		揀選知縣
議　員	毛椿林	38	法原	附生	留日師範	
議　員	溫廣泰	52	義州	增生		教育會會長
議　員	永　貞	43	遼陽	拔貢		詢用直隸州州判
議　員	書　銘	37	開原	附生	留日法政大學	選用巡檢
議　員	劉興甲	31	昌圖		留日法政大學	候用巡檢
議　員	張程九	52	遼中	歲貢		候選知縣
議　員	王香山	50	安東	增生	留日師範	
議　員	牟維新	32	復州		自治研究所	縣丞職銜
議　員	吳國珍	56	義州	進士		知縣
議　員	王蔭棠	37	海龍	廩生		統計長
議　員	王化宣	39	鎮安	拔貢	自治研究所	
議　員	鹿　鳴	43	奉天	舉人		主計
議　員	王玉泉	44	海城	舉人		揀選知縣
議　員	焉泮春	47	復州	廩貢	自治局養成會	委用訓導
議　員	王星原	42	盤山	附生	自治研究所	典史

議 員	辛酉山	48	懷仁	副貢		候選縣丞
議 員	馬芳田	76	義州	進士		知縣
議 員	徐 珍	61	遼陽			自治期成會 會長
議 員	王在鎬	61	海龍	副貢		儘先選用知縣
議 員	宋聯琦	59	復州	附生		
議 員	劉東烺	58	鐵嶺			
議 員	薛俊升	58	義州	舉人		揀選知縣
議 員	杜贊宸	55	綏中	歲貢		候選訓導
議 員	英 桂	51	莊河	副貢	自治養成會	
議 員	任聖之	51	蓋平	恩貢		訓導、候選直隸 州州判
議 員	齊賡雲	50	錦西	恩貢		候選直隸州 州判
議 員	張允中	50	西豐	舉人		候選訓導
議 員	杜培元	49	鳳凰	副貢		
議 員	董成珠	49	彰武			縣丞職銜
議 員	高瀛海	46	蓋平	優貢		
議 員	福珠隆阿	47	鐵嶺	舉人		揀選知縣
議 員	桂 森	45	法庫	恩貢		候選直隸州 州判
議 員	周連昌	44	蓋平	恩貢		鄉正
議 員	鄭宗僑	43	康平			
議 員	王文閣	43	懷法	附生		候選巡檢
議 員	李冠英	43	洮南	武庠 生		
議 員	惠如霖	41	鎮安	副貢	憲政畢業	
議 員	蕭露恩	40	廣寧	附生		即選巡檢
議 員	董之威	39	寬甸	附生	自治研究所	
議 員	杜燮銓	38	東平	歲貢		候選通判
議 員	楊鴻序	38	海龍			候選縣丞
議 員	華鏡堂	37	莊河	附生		
議 員	殷廷璋	35	安東			
議 員	張煥械	35	撫順	貢生		
議 員	楊雲淑	33	莊河	附生	憲政畢業	
議 員	王伯勳	32	奉化		新式學堂	州同職銜
議 員	玉 德	43	遼中	副貢		
議 員	曾有嚴	41	奉天	優貢		
議 員	孫紹宗	40	海城	副貢		

吉林省：共計30人：定額30人。

資料來源：名單取自《東方雜誌》，宣統元年十月號附錄，出身背景取
自故宮一檔原抄件，縣志及其他零散資料。

職任	姓名	當選年齡	籍貫	傳統功名	新式教育	當選前職銜
議　長	慶　康	41	吉林府	舉人		試用州同
副議長	慶　山	38	吉林府			分省試用道
副議長	趙學臣	35	長春府	舉人	北洋法政學堂	內閣中書
議　員	姜宗義		盤石			
議　員	李　芳		吉林府			府經歷職銜
議　員	福　威		吉林府			花翎候選知府
議　員	祝華如		吉林府		學堂畢業	府經歷職銜
議　員	徐穆如	38	伊通	歲貢	法政學堂	
議　員	穆錫侯		伊通	附生	學堂畢業	
議　員	何印川		長春府	歲貢	學堂畢業	候選府經歷
議　員	王玉琦		長春府	貢生		候選教諭
議　員	林寶興		長春府			齋奏廳
議　員	郭善成		長春府	貢生		
議　員	張雲五		長春府	貢生		
議　員	趙韞蒲		長春府			指分山東試用府經歷
議　員	梁雲嶂		長春府			州同銜
議　員	李雲章		長春府	附生		
議　員	王叔槐		五常府	附生		
議　員	富克興阿		五常府	附生		
議　員	善雛嶽		賓州府	恩貢		
議　員	蕭鍾廷		賓州府	監生		
議　員	福　裕		依蘭府			
議　員	鄭雨人		延吉府	附生		
議　員	于源蒲		新城府			候選知縣
議　員	谷嘉蔭		新城府	恩貢		候選通判
議　員	富克精阿		新城府	附生		八品筆帖式
議　員	關毓謙		雙城府	增貢		筆帖式
議　員	沈景佺		榆樹廳	優貢		候選知縣
議　員	么瑞峰		榆樹廳			
議　員	王耀晨		榆樹廳	附生		

黑龍江省：共計30人：定額30人。
資料來源：故宮一檔抄件；《黑龍江志稿》，卷50，選舉議員，頁26-
28。

職任	姓名	當選年齡	籍貫	傳統功名	新式教育	當選前職銜
議　長	王鳴鶴	43	龍江府			同知補用通判
副議長	戰殿臣	37	木蘭	拔貢		
副議長	李品堂	35	海倫府			
議　員	達抗阿	42	龍江府			藍翎候選直隸州知州
議　員	文　鐸	30	綏化府	生員		
議　員	桂　山	32	綏化府			通肯裁缺筆帖式
議　員	胡殿試	34	綏化府			
議　員	呂佐臣	46	餘慶	生員		
議　員	黃履中	32	餘慶	生員		
議　員	于文繡	52	蘭西			
議　員	劉瑞春	39	蘭西			
議　員	于澍雲	36	大通			
議　員	李伯荊	43	呼蘭府			
議　員	李連發	48	呼蘭府			
議　員	韋景文	56	巴彥州			
議　員	曹福陽	48	巴彥州			
議　員	唐德元	46	海倫府	生員		
議　員	尤德成	41	海倫府	生員		
議　員	賽崇阿	35	海倫府			
議　員	王永和	47	海倫府			
議　員	汪貴陞	30	海倫府	生員		
議　員	德　馨	37	海倫府	生員		
議　員	閻玉珩	45	青岡			
議　員	劉玉珍	50	青岡			
議　員	張大倫	30	青岡			
議　員	孫蘭升	34	拜泉	生員		
議　員	欒修仁	43	拜泉	附生		
議　員	吉　順	34	呼倫爾背	監生		（八品）
議　員	孟喜祿	33	璦琿			筆帖式
議　員	明　保	34	西布特哈			筆帖式

直隸省：共計155人：定額140人，京師八旗10人，駐防3人，候補2人。
資料來源：名單取自《東方雜誌》，宣統元年十月號附錄；政治官報，
　　　　　七月初七、十四日。出身背景取自北京故宮一檔原抄件、政
　　　　　治官報、縣志等零散資料。

職任	姓名	當選年齡	籍貫	傳統功名	新式教育	當選前職銜
議　長	閻鳳閣	51	高陽	進士	日本法政大學	
副議長	谷芝瑞		臨榆	進士	日本法政大學	
副議長	王振堯		定州	舉人	日本法政大學	候選知府
議　員	李蘭增		文安	舉人		
議　員	趙雲書		武清			總董
議　員	高書官		房山	增生		
議　員	張鎮詒		固安	附生		
議　員	王邦屏		房山	拔貢		
議　員	郝鴻詞		房山	廩生		
議　員	曹克祇		東安	舉人		
議　員	楊蔚林		大城	附生		
議　員	蕭啓宗		涿州	副貢		
議　員	張慶熙		通州	廩生		
議　員	張銘勳		霸州	附生		
議　員	李恭治		昌平	附生		
議　員	王汝煥		薊州	貢生		
議　員	張錫光		大興	貢生		
議　員	姚翼唐		永清	廩生		
議　員	陳樹楷	40	大興	副貢		
議　員	李摺榮		武清	廩生		
議　員	張瑞年		霸州	附生		
議　員	張鳳瑞		豐潤	生員		
議　員	丁宗嶧		豐潤	廩生		
議　員	劉際熙		玉田	廩生		
議　員	李兆佺		無極	生員		（候補，宣統三年補正）
議　員	崔　謹		祈州	舉人		
議　員	宋如璋		祈州	舉人		
議　員	李　渠	37	東鹿	進士	日本法政大學	北洋法政專校校長
議　員	張照坤		東鹿	生員		
議　員	王丹桂		東鹿	生員		

議　　員	張冠卿		東鹿	舉人		
議　　員	孫玉峰		蠡縣	生員		
議　　員	王錫泉		蠡縣	增生	日本經緯學校師範科	
議　　員	齊樹楷		蠡縣	舉人	日本法政大學	
議　　員	田西河		清苑	生員		
議　　員	石之梅		清苑	舉人		
議　　員	吳德鎮	34	新城	進士		翰林院編修
議　　員	仇翰垣		雄縣	生員		
議　　員	孔憲章		滿城	貢生		
議　　員	王法勤	40	高陽	生員	留學日本	
議　　員	劉續曾		安州	舉人		
議　　員	翟士杰		博野	貢生		
議　　員	長　海		駐防			
議　　員	王輔仁		易州	優貢		
議　　員	馬汝典		廣昌	生員		
議　　員	劉丕承		承德	生員		
議　　員	張其密	34	平泉			
議　　員	高錫恩		承德	生員		
議　　員	羅存瑛		承德	貢生		
議　　員	董承榮		赤峰	舉人		
議　　員	沈鳴詩		朝陽	舉人		
議　　員	孟昭文		阜新	舉人		
議　　員	張澍田		建昌	貢生		
議　　員	胡學海		遷安	增生		
議　　員	范光國		灤州	貢生		
議　　員	張炳麟		昌黎	生員		
議　　員	齊桂棻		昌黎	貢生		
議　　員	祖興緒		撫寧	生員		
議　　員	張肇隆		樂亭		學堂畢業	
議　　員	聶丹書		撫寧	貢生		
議　　員	李津舟		盧龍	生員		
議　　員	傅　圻		盧龍	貢生		
議　　員	張汝桐		河間	廩生		
議　　員	賈文龍		獻縣	生員		
議　　員	楊籙之		獻縣	增生		
議　　員	劉春霖	35	肅寧	進士	日本法政大學	翰林院修撰
議　　員	高奎照		交河	舉人		

議　員	張書元		寧津	廩生		
議　員	田啓琩		寧津	武生員		
議　員	馬鑅籌		東光	廩生		
議　員	劉　鍇		吳橋	廩生		
議　員	籍忠寅	33	任邱	舉人	日本早稻田大學	
議　員	冉漢文		河間			候補遊擊
議　員	陳甫杰		天津	生員		
議　員	劉樹鑫		滄州	舉人		
議　員	劉福田		靜海	舉人		議敘知縣
議　員	李士銘		天津			度支部郎中
議　員	孫洪伊	40	天津	生員		
議　員	胡家祺	40	天津	舉人	日本宏文書院	
議　員	康景昌		元氏	生員	自治研究所	
議　員	彭國棟		城	拔貢		
議　員	呂邦憲		晉州	副貢		
議　員	李鏡蓉		晉州	生員		
議　員	商　佑		平山	生員		
議　員	馬立中		正定	生員		
議　員	竇文光		新樂	生員		
議　員	王廷燭		棗強	歲貢		
議　員	于邦華	41	棗強	貢生		
議　員	高俊淜		冀州	舉人		
議　員	李諧韺		冀州	舉人		
議　員	董德馨		衡水	廩生		
議　員	劉壽山		南宮	貢生		
議　員	賈玉鐸		武邑	廩生		
議　員	王賡漢		趙州	生員		
議　員	朱丕彰		趙州	增生		
議　員	劉澄琛		隆平	貢生		
議　員	張　凱		深州			
議　員	王慶黼		安平	增生		
議　員	田益錕		饒陽	廩生		
議　員	宋震坤		定州	舉人		
議　員	么立祥		定州	舉人		
議　員	李清源		深澤	拔貢		
議　員	彭　堃		曲陽	貢生		

議　員	陳洪範		曲陽	舉人		
議　員	韓有仁		平鄉			教職
議　員	張廷鈺		南和	廩生		
議　員	張瑞雲		鉅鹿	舉人		
議　員	喬培茂		任縣	生員		
議　員	郝士元		邢臺	生員		
議　員	路克讓		邢臺	貢生		
議　員	田爾硯		內邱	舉人		
議　員	呂昭祥		唐山	貢生		
議　員	王庚堂		永年	舉人		
議　員	宋　楨		永年	廩生		
議　員	王培心		鶴澤	生員		
議　員	陸爾修		曲周	舉人		
議　員	王寶圭		磁州	舉人		
議　員	鄭長善		邯鄲	副貢		
議　員	張作梅		肥鄉	生員		
議　員	趙宜修		永年	增生		
議　員	張同佩		磁州	貢生		
議　員	張之桂		大名	舉人		
議　員	徐蓮峰		開州	副貢		
議　員	劉　鉽		東明			運司銜
議　員	李培眞		長垣	廩生		
議　員	谷連陞		南樂	舉人		
議　員	郭方剛		開州	廩生		
議　員	朱培仁		清豐	生員		
議　員	崔潤之		長垣	舉人		
議　員	呼九澤		元城	舉人		
議　員	王振鐸		長垣	廩生		
議　員	姬　治		元城	舉人		
議　員	袁華林		延慶	舉人		
議　員	徐壽光		懷安	拔貢		
議　員	王國彥		西寧	貢生		
議　員	賈睿熙		蔚州	舉人		
議　員	李恩澤		萬全	廩生		
議　員	薛　潭		蔚州	拔貢		
議　員	王吉士		宣化	貢生		
議　員	聶作賓		延慶	舉人		
議　員	張秉鏓			生員		

議　員	谷鍾秀		定縣	生員	日本早稻田卒業	
議　員	玉　衡		臨榆	舉人		
議　員	連　祺		駐防	生員		
議　員	定　祿		駐防	生員		
議　員	李景芳		京師八旗	生員		
議　員	世　英		京師八旗		學堂畢業	
議　員	祥　俊		京師八旗			禮部贊禮郎
議　員	錫　林		京師八旗	生員		候選筆政
議　員	吉　安		京師八旗			
議　員	林　莊		京師八旗	副貢	學堂畢業	
議　員	文　成		京師八旗	貢生		度支部七品筆政
議　員	樂　紱		京師八旗	監生		翰林院待詔
議　員	文　敏		京師八旗			印務筆政
議　員	文　福		京師八旗			七品筆政

江蘇省：共計126人：定額112人，駐防4人。
資料來源：名單取自江蘇省諮議局議員提名錄。

職任	姓名	當選年齡	籍貫	傳統功名	新式教育	當選前職銜
議　長	張　謇	57	通州	進士	日本考察	翰林院修撰
副議長	蔣炳章	41	吳縣	進士		翰林院編修教育會會長
副議長	仇繼恒	51	江寧	進士		知縣
議　員	王乃屏	36	江寧	舉人	日本師資	揀選知縣
議　員	孫啓椿	37	江寧	舉人		
議　員	陶保晉	34	江寧	貢生	日本法政大學	知州
議　員	蔣鳴慶	68	句容	舉人		
議　員	吳榮萃	31	六合	貢生	日本明治大學法律科	
議　員	侯　瀛	40	江浦	生員		補用知府
議　員	王嘉賓	42	高淳	舉人		
議　員	唐慶昇	36	江寧	廩生		雲騎尉
議　員	方　瑜	45	江寧	附生		
議　員	忠　俊	30	駐防	附生	自治研究所	
議　員	錦　山	40	駐防	廩生	日本法政大學	
議　員	夏寅官	44	東臺	進士		翰林院編修保送知府

議	員	周樹年	43	江都	拔貢		直隸州判 教育會長
議	員	梁 棻	42	江都	增貢		補用知縣 商校教員
議	員	凌文淵	33	泰州	附生	師範科	江南女子公學 董事
議	員	張鶴第	37	甘泉	舉人		候選知縣 視學
議	員	朱萃生	51	寶應			大理寺左評事
議	員	譚慶藻	50	高郵	舉人	江南法政講習 所	揀選知縣 法制教 員
議	員	顧 葵	41	興化	廩貢		
議	員	汪秉忠	36	楊子	歲貢		三品銜候選知府 兩江師範監學官
議	員	凌鴻壽	55	江都	歲貢		分省試用通判
議	員	周紘順	38	泰縣	廩生		
議	員	馬士杰	43	高郵	舉人		內閣中書
議	員	趙鉦鈜	34	東臺	廩生		
議	員	張延壽	35	鹽城	廩生		
議	員	莊其仁	38	泗陽	副貢		保舉同知職銜
議	員	王錫爵	45	漣水	拔貢		教育會幹事
議	員	王化南	49	淮陰	附生		勸學所經濟員
議	員	王以昭	55	阜寧	廩貢		五品封職
議	員	朱繼之	42	漣水	副貢		教育會幹事
議	員	周虎臣	56	淮安	廩生		勸學員
議	員	趙承霖	49	阜寧	增貢		教諭
議	員	高梅仙	46	豐縣	增生		
議	員	李鴻壽	32	豐縣	增生	高等學堂	
議	員	段慶熙	38	蕭縣	拔貢		浙江候補道
議	員	朱方曾	58	沛縣	拔貢		教諭
議	員	王立廷	39	碭山	舉人	日本法政大學 政治速成科	
議	員	張伯英	39	銅山	舉人		
議	員	張鴻鼎	39	宿遷	拔貢		提舉銜
議	員	葉 蔚	46	宿遷	歲貢		同知銜
議	員	胡伯言	39	銅山	優貢	日本法政大學	
議	員	馮珍文	47	邳縣	副貢		學堂董事
議	員	孫寶書	53	通州	進士		度支部主事
議	員	于振聲	43	通州	副貢		中書科中書

議　員	張鑑泉	40	泰興	副貢		同知銜、安徽知縣
議　員	沙元炳	46	如皋	進士		四品銜 翰林院編修
議　員	沈藏壽	33	海門		日本東洋大學法政科	教諭
議　員	張蔭縠	51	靜海	舉人		法政教員
議　員	許鼎霖	52	贛榆	舉人		安徽補用道
議　員	施雲鷺	51	沐陽	副貢		中書科中書
議　員	王錫光	40	泰縣	附生	日本經緯學堂	地方自治事務所坐辦
議　員	邵長鎔	46	灌雲	歲貢		小學堂堂長
議　員	金祖澤	43	吳江	拔貢		勸學所總董
議　員	錢崇威	40	吳江	進士		翰林院庶吉士
議　員	方　還	43	崑山	廩貢		教育會長
議　員	劉永昌	35	蘇州府	廩生	日本宏文書院	教育會副會長
議　員	費樹達	54	吳江	廩貢		候選郎中
議　員	潘承鍔	42	蘇州府	廩生		法政教員
議　員	楊廷棟	32	吳縣		日本早稻田大學	江蘇鐵路公司文報所長
議　員	丁祖蔭	39	常熟	廩貢		候選州同、小學堂堂長
議　員	蔡　璜	38	崑山	附生		學堂齋務長
議　員	俞　復	42	無錫	舉人		文明書局總理
議　員	陶維坻	54	吳縣	舉人		議敘知縣
議　員	金詠榴	43	清浦	舉人		自治公所職員
議　員	張家鎮	42	青浦	舉人	日本法政大學	自治公所職員
議　員	雷　奮	33	華亭	附生	日本早稻田大學	自治籌備處副所長
議　員	朱祥黻	44	南匯	優員		
議　員	穆湘瑤	37	上海	舉人		總工程議董
議　員	張開坼	43	松江	舉人		自治公所副所長
議　員	謝源深	41	上海	舉人		善後局董
議　員	黃炎培	32	川沙	舉人	留日研究教育	浦東中學校總督
議　員	朱家駒	53	奉賢	舉人		勸學所總董
議　員	盛之驤	35	松江		上海龍門師範文科	教育會評議　員
議　員	顧忠宣	59	南匯	副貢		候選教諭

議　員	黃端履	34	金山	廩生	上海法政講習所	教育總會評議員
議　員	姚　文	53	上海	舉人		勸學所總董
議　員	朱開甲	47	青浦	副貢		
議　員	泰錫田	49	上海	舉人		內閣中書
議　員	朱溥恩	33	武進	廩生		武陽教育會會長
議　員	儲南強	34	宜興	廩貢		視學員
議　員	孟昭常	39	武進	舉人		預備立憲公會駐辦
議　員	屠　寬	30	武進	副貢		中學堂監督
議　員	于定一	34	武進	附生		商會議董
議　員	胡麗榮	70	無錫	恩貢		教諭
議　員	孫靖圻	34	無錫	增貢		分部主事
議　員	顧鳴岡	37	無錫	附生		中書科中書
議　員	孟　森	41	常州	生員	日本法政大學	（兼秘書長）
議　員	錢以振	33	武進	附生		鄒平縣知縣
議　員	蔣　鏞	33	江陰	附生	法政畢業	自治公所坐辦
議　員	吳鴻基	42	宜興	廩生		自治公所議董
議　員	蔣士松	48	無錫	副貢		候選訓導
議　員	黃應中	43	宜興	副貢		自治公所議董
議　員	劉廷熾	45	靖江	廩生		勸學總董
議　員	趙　橫	33	武進			知縣銜
議　員	蘇高鼎	37	金匱	增生	日本法政大學	南洋勸業會調查員
議　員	謝保衡	42	宜興	舉人	警察學校	國使館謄錄
議　員	瞿　樹	39	靖江	增生		自治公所副所長
議　員	王楚書	43	江陰	廩生		自治公所坐辦
議　員	泰瑞玠	37	無錫	優貢	日本法政大學	分發知縣
議　員	狄葆賢	34	溧陽	舉人	日本留學	候選知縣
議　員	馬敬培	43	溧陽	廩生		學務總董
議　員	馬　良	70	丹陽		西式教育	候選道
議　員	吳佐清	44	丹徒	廩生		丹徒教育會副會長
議　員	陳　義	34	丹徒	附生		
議　員	王承毅	45	丹陽			商會坐辦
議　員	陳慶年	48	丹徒	優貢		學部二等諮議官
議　員	陳允中	36	鎮江	廩生	日本考察	師範學堂監督
議　員	史耀堂	43	金壇	副貢		（講求農商）

議　員	趙瑞豫	39	丹陽	廩生		學務總董
議　員	姜光輔	30	丹陽	副貢		自辦小學
議　員	崇　樸	39	（駐防）	舉人		
議　員	延　祥	43	（駐防）	舉人		
議　員	陸祖馨	43	太倉	舉人	法政畢業	小學校長
議　員	洪錫範	32	太倉		前北洋大學堂	教育會副會長
議　員	夏日琦	42	嘉定	舉人	日本法政大學	江西淳安知縣
議　員	顧　瑞	37	嘉定			選用訓導
議　員	林可培	42	崇明	舉人	日本宏文書院	中學堂監督
議　員	蘇雲章	39	崇明	附生		自治公所副所長
議　員	潘鴻鼎	45	寶山	進士	法政畢業	翰林院編修
議　員	嚴師孟	42	崇明	增貢	法政畢業	自治公所副所長
議　員	袁永良	44	沐陽	廩生		教育會代表
議　員	嚴懋修	37	溧水	附生		
議　員	朱祥黻	44	南匯	優貢		

安徽省：共計83人：定額83人。
資料來源：名單取自《東方雜誌》，宣統元年十月號附錄，出身背景取自北京故宮一檔原抄件、縣志等零散資料。

職任	姓名	當選年齡	籍貫	傳統功名	新式教育	當選前職銜
議　長	方履中	37	桐城	進士		翰林院編修、法部丞參
副議長	李國筠	32	合肥	舉人		分省補用道
副議長	竇以珏		霍邱	廩生		江蘇候補知府
議　員	何錫祺		宿松	恩貢		江蘇候補知府
議　員	趙繼椿		太湖	舉人		
議　員	葛天民		懷寧	貢生		
議　員	姜　晃		懷寧	副貢		分省補用縣丞
議　員	王宏祖		太湖	副貢		分省補用知縣
議　員	產紹泗		懷寧	舉人	直隸法政學堂	直隸補用知縣
議　員	黃家駒		歙縣	舉人		
議　員	洪廷俊		休寧			四品封職
議　員	江　謙	35	婺源	附生	日本法政大學	分部員外郎
議　員	趙文元		婺源	舉人	學堂畢業生	江蘇補用知縣
議　員	吳翔藻		婺源	貢生		署廬州府訓導
議　員	周懋和		績溪	貢生		
議　員	徐乃光		南陵	廩生		江蘇候補道

議　　員	袁一清		宣城	歲貢		
議　　員	杜樹榮		太平	拔貢		
議　　員	陶　琨		南陵	廩貢		
議　　員	鄭錫章		涇縣	優貢		
議　　員	江　翰	39	德縣	舉人		
議　　員	錢光德		宣城	歲貢		
議　　員	舒學謙		涇縣	歲貢		
議　　員	周學銘		建德	進士		江西候補道
議　　員	高炳麟		貴池	舉人		揀選知縣
議　　員	林之楠		青陽	副貢		江蘇試用通判
議　　員	朱曾蔭		當塗	廩貢		
議　　員	陶冠禹		蕪湖	增生		
議　　員	鮑文鑣		蕪湖	舉人		訓導、江蘇候補知縣
議　　員	潘祖光		蕪湖	副貢		
議　　員	魯式金		當塗	歲貢		
議　　員	陶　鎔	44	舒城	舉人		
議　　員	丁葆光		無為	廩生		
議　　員	李克賢		巢縣	廩生		
議　　員	李國松		合肥	舉人		度支部郎中
議　　員	王樹功		巢縣	附生		
議　　員	徐敬熙		廬江	廩生		
議　　員	張樹錡		合肥	附生		中書科中書
議　　員	王善達		合肥			光祿寺署正職銜
議　　員	周行原		合肥	副貢		度支部郎中
議　　員	高慕堯		無為	廩生		直隸候補知縣
議　　員	管元純		宿州	廩生		
議　　員	鎮燦章		宿州	附生		
議　　員	孔廣煜		宿州	增生		
議　　員	宮元鎧		懷寧	附生		
議　　員	柳汝士	42	鳳陽	舉人		
議　　員	王藎臣		鳳陽	增貢		
議　　員	盧　彥		秦州	歲貢		
議　　員	范錫恩		定遠	副貢		候補訓導
議　　員	張　綸		壽州			
議　　員	徐甲榮		靈璧	歲貢		
議　　員	常球芳		宿州	恩貢		
議　　員	方式穀		定遠	副貢		

議　　員	王慶雲		壽州	廩生		
議　　員	劉嘉德		霍邱			候選道
議　　員	張念典		穎州	廩生		
議　　員	寧繼恭		阜陽	舉人		
議　　員	葛萬和		亳州	副貢		
議　　員	呂擢恩		阜陽			河南試用府經歷
議　　員	盧璠璵		阜陽			江西候補知府
議　　員	倪毓桐		阜陽			候選州同
議　　員	常凝章		穎上	廩貢		
議　　員	羅炳圻		霍邱	附生		
議　　員	楊孟春		蒙城	貢生		
議　　員	魏咀華		渦陽	附生	師範畢業	
議　　員	田金聲		太和			項城縣知縣陞任直隸州知州
議　　員	董獻章		廣德	舉人		
議　　員	朱鍾鼐		全椒	廩生		
議　　員	黃厚裕		滁州	廩貢		候選訓道
議　　員	李炳輝		滁州	附生		
議　　員	盛元龍		全椒			候選州同
議　　員	夏華藻		和州	廩生		同知職銜
議　　員	謝家法		和州	廩貢		
議　　員	嚴道治		含山			分省補用鹽大使
議　　員	張澤春		六安	廩生		
議　　員	陳紹棠		六安	廩貢		
議　　員	方　幹		英山	廩生		
議　　員	蕭文英		霍山	廩生		
議　　員	孫錦城		天長	優貢		
議　　員	張祖維		盱眙	廩生		
議　　員	秦其增		盱眙	廩貢		江蘇候補知府
議　　員	孟繼銘		泗州	歲貢		
議　　員	張仲烜		泗州	舉人		

江西省：共計105人：定額93人，候補12人。
資料來源：名單取自《東方雜誌》，宣統元年十一月號附錄，出身背景
　　　　　取自北京故宮一檔原抄件、縣志等零散資料。

職任	姓名	當選年齡	籍貫	傳統功名	新式教育	當選前職銜
議　　長	謝遠涵		興國	進士	日本法政大學	監察御史

副議長	黃大壎		石城	進士		翰林院編修
副議長	郭賡平		萬載	進士		刑部主事 湖南候補道
議　員	余仲田		進賢			
議　員	張德輿		進賢			
議　員	張拜颺		義寧			
議　員	葉潤蔡		武寧	舉人		
議　員	徐士信		奉新			
議　員	段方祁		南昌			
議　員	李　隅		新建	副貢		
議　員	熊元鍠	63	南昌			
議　員	閔荷生		奉新	進士		度支部郎中
議　員	陳永懋		靖安			湖北候補道
議　員	王明德		豐城	副貢		
議　員	冷開運		義寧			
議　員	鄒安孟		南昌			
議　員	袁宗濂		豐城			
議　員	周揚烈		宜黃	附生		
議　員	董道修		樂安			
議　員	楊懷芳		樂安			
議　員	謝增齡		崇仁			
議　員	饒正音		東鄉			
議　員	謝寶德		金谿			
議　員	彭士芸		臨川			
議　員	黃象熙		臨川	舉人		（孝廉）
議　員	黃立大		崇仁			
議　員	詹聯芳		金谿	舉人		
議　員	張履福		南豐	舉人		
議　員	羅　楨		廣昌			
議　員	黃鴻烈		南豐	舉人		
議　員	吳士材		南城	附生	學堂畢業	
議　員	吳樹枬		廣昌			
議　員	傅壽康		高安	舉人		
議　員	嚴祖光		上高			
議　員	黎思位		新昌			
議　員	鄒凌沅		高安			

議　　員	喻兆蕃		萍鄉	進士		翰林院庶吉士，寧波府知府，護理布政史
議　　員	易子猷		宜春	進士		
議　　員	楊守洛		萬載	舉人		
議　　員	趙效猷		宜春			
議　　員	謝濟沂		萬載	舉人		
議　　員	曾紀良		宜春			
議　　員	葉先圻		萍鄉	進士	日本法政大學	翰林院庶吉士（後爲副議長）
議　　員	郭迴瀾		萬載	舉人		臨川縣知縣
議　　員	江　雲		宜春			
議　　員	高玉松		萬載			
議　　員	鍾子榮		分宜			
議　　員	文　龢	36	萍鄉	舉人		內閣中書四川財政監理
議　　員	李耀宗		新喻			
議　　員	羅志清		清江			內閣中書
議　　員	劉芳蕃		新淦			
議　　員	聶傳曾	55	清江	進士		湖北即用知縣
議　　員	巫　祥		弋陽			
議　　員	饒紹唐		貴谿			
議　　員	饒熙春		鉛山	廩生		
議　　員	傅學璟		廣豐			
議　　員	吳清眘		弋陽			
議　　員	張　柱		上饒	附生		
議　　員	楊存基		上饒			
議　　員	鄒國瑋	38	安仁	拔貢		大理院推事
議　　員	程運熙		鄱陽			
議　　員	汪龍光	48	浮梁	舉人		內閣中書
議　　員	戴書雲		餘干	副貢		
議　　員	黃　鍾		萬年			
議　　員	吳寶田		餘干	舉人		
議　　員	曾秀章		餘干			
議　　員	徐鳳鈞		樂平			
議　　員	范保廉		瑞昌			
議　　員	劉喬祺		德化			浙江候補道
議　　員	王顯謨		湖口	舉人		

議 員	秦鏡中		都昌	副貢		
議 員	黃蘭芳		安義	舉人		
議 員	蔡允升		建昌			
議 員	王仁煦		安福	舉人		
議 員	賀贊元		永新	舉人		在籍郵傳部主事
議 員	孫桂芳		萬安			
議 員	郭炳謨		龍泉			
議 員	孫振渭		泰和	舉人		
議 員	郭志仁		泰和			
議 員	曾沂春		萬安			
議 員	巫占春		龍泉	拔貢		
議 員	肅輝錦		永新	舉人		
議 員	羅 銓		廬陵			
議 員	梁鳳岐		廬陵			
議 員	周煥奎		廬陵			
議 員	朱壽慈		花蓮	進士		
議 員	黃念鑫		崇義	附生		
議 員	董德淵		南康			
議 員	周 述		大庾			
議 員	劉景烈	31	贛縣		日本陸軍士校 成城學校	第九鎮執法官
議 員	蔡世培		贛縣	舉人	虔南師範學校	
議 員	陳 瀛		贛縣			
議 員	廖光墀		龍南			
議 員	歐陽勳		安遠	廩貢		
議 員	謝大光		雲都			
議 員	唐皁昌		安遠			
議 員	古廷松		長寧			
議 員	王寶光		信豐			
議 員	劉景熙		贛縣	進士		禮部主事
議 員	葉揀材		安遠			
議 員	謝聯珏		安遠			
議 員	邱 璧		寧都			江蘇即用知縣
議 員	楊世鼎		瑞金			
議 員	陳燾受		瑞金			
議 員	歐陽霖		彭澤			

浙江省：共計118人：定額114人，內駐防3人，4人候補。
資料來源：名單取自《東方雜誌》，宣統元年十一月號附錄，出身背景
　　　　　取自「浙江諮議局籌備處報告」、「浙江諮議局第一次開會
　　　　　議　員寫真錄」、縣志等零散資料。

職任	姓名	當選年齡	籍貫	傳統功名	新式教育	當選前職銜
議長	陳黻宸	53	溫州府瑞安	進士		度支部主事
副議長	陳時夏	34	寧波府鄞縣	附生	日本法政大學	
副議長	沈鈞儒	39	嘉興府秀水	進士	日本法政大學	刑部主事
議　員	梁有立	33	杭州府錢塘	舉人		
議　員	范耀文	46	杭州府仁和	舉人		
議　員	洪錫承	42	杭州府新城	舉人		
議　員	王　渡	33	杭州府餘杭	增生		
議　員	章毓才	54	杭州府富陽	舉人		
議　員	吳錫璋	45	杭州府新城	副貢		
議　員	姚祖範	38	杭州府臨安	廩貢		試用縣丞
議　員	汪秉豪	53	杭州府臨安	廩貢		
議　員	盛如彭	30	杭州府富陽	舉人		
議　員	潘振麟	72	杭州府昌化	歲貢	日本法政大學	勸學所總董
議　員	潘秉文	39	杭州府昌化	歲貢	日本法政大學	
議　員	陳敬第	34	杭州府仁和	進士	日本法政大學	翰林院編修
議　員	劼　義	35	杭州府仁和	廩貢	日本法政大學	
議　員	張宣藻		杭州府	監生		
議　員	駱　恒		杭州府	廩生		
議　員	張　綱	44	杭州府於潛	廩貢		
議　員	墨爾根圖	75	（駐防）			
議　員	熊　文		（駐防）	附生		
議　員	裕　祥	36	（駐防）	附生		
議　員	朱其鎮	40	嘉興府嘉善	拔貢		
議　員	張　棣	60	嘉興府嘉興			運使銜，布政司經歷
議　員	褚輔成	39	嘉興府秀水	附生		（同盟會會員）
議　員	楊文燾	37	嘉興府石門	廩生		

議員	周斌	32	嘉興府嘉善	廩生		
議員	陶葆霖	39	嘉興府秀水	附生	日本法政大學	特賞員外郎
議員	勞綱章	36	嘉興府桐鄉	附生		
議員	莫如滋	71	湖州府安吉	歲貢		
議員	蔡煥文	31	湖州府德清	舉人		
議員	蔡豪	55	湖州府烏程	舉人		
議員	徐含章	45	湖州府長興	附生		
議員	韓國藩	40	湖州府歸安			
議員	潘澄鑑	35	湖州府烏程			
議員	章毓麟	35	湖州府孝豐	廩生		
議員	張善裕	31	湖州府烏程	增生		
議員	楊山立	52	湖州府烏程	廩貢		
議員	俞宗濂	44	湖州府歸安	舉人		
議員	顧榮第	39	湖州府烏程	副貢		
議員	蕭鑑	33	湖州府辰興	附生		
議員	王序賓	37	寧波府奉化	舉人		
議員	余鏡清	35	寧波府鎮海	廩貢		
議員	沈椿年	35	寧波府定海	貢生		
議員	丁中立	54	寧波府定海	舉人		同知銜、雲南恩安縣知縣
議員	王世釗	55	寧波府鄞縣	廩貢		
議員	王予袞	52	寧波府象山	舉人		揀選知縣
議員	顧清廉	49	寧波府鄞縣	廩貢		
議員	柳在洲	56	寧波府慈谿	舉人		
議員	張傳保	33	寧波府鄞縣	舉人		
議員	陳訓正	38	寧波府慈谿	舉人		
議員	謝元壽	56	紹興府餘姚	廩貢		
議員	王家襄	36	紹興府會稽	貢生	日本警察專科學校	
議員	韓澤	32	紹興府蕭山	附生		
議員	樓守光	30	紹興府諸暨	附生		
議員	趙鏡年	33	紹興府嵊縣	歲貢		
議員	高金培	40	紹興府上虞	廩生		
議員	陳冀亮	51	紹興府蕭山	舉人		分省知縣
議員	王澤灝	41	紹興府諸暨	歲貢		
議員	王佐	54	紹興府嵊縣	舉人		
議員	黃贊義	38	紹興府新昌	附生		

議　員	金葆	33	紹興府上虞	附生		
議　員	盧觀濤	32	紹興府嵊縣	附生	浙江官立法 政學校	
議　員	張其光	43	紹興府餘姚			
議　員	杜子枬	34	紹興府山陰	附生		
議　員	王世裕	36	紹興府會稽	附生		
議　員	錢允康	61	紹興府山陰			五品封職
議　員	羅賡良	31	紹興府會稽	附生		
議　員	蔡裔麟	49	臺州府寧海	歲貢		
議　員	何奏簧	45	臺州府臨海	副貢		
議　員	鄭際平	37	臺州府黃岩	舉人	日本明治大 學	
議　員	周鍾俊	32	臺州府臨海	副貢		
議　員	金尚銑	42	臺州府太平			同知銜
議　員	黃崇威	37	臺州府臨海			候選通判
議　員	阮維崧	60	臺州府黃岩	監生		
議　員	陳樹鈞	43	臺州府太平	廩生		
議　員	周祥麟	52	臺州府黃岩	歲貢		
議　員	謝鍾瑞	58	臺州府天台	副貢		
議　員	狄翟	65	臺州府太平	增生		
議　員	王應奎	37	臺州府黃岩	廩生		
議　員	張迺明	55	臺州府仙居	拔貢		
議　員	金秉理	41	臺州府太平	廩生		
議　員	管穰	45	臺州府黃岩			湖北候補知府
議　員	蔡汝霖	37	金華府東陽	舉人	日本考察	
議　員	傅典修	49	金華府義烏	廩貢		
議　員	黃志璠	57	金華府浦江	恩貢		
議　員	張若驪	33	金華府浦江	副貢		
議　員	張時星	46	金華府浦江	廩貢		
議　員	汪時亨		金華府	歲貢		（當選後故逝）
議　員	應貽賠	41	金華府永康	副貢		
議　員	宋吉成	42	金華府金華			
議　員	祝紹政	44	金華府蘭谿			
議　員	陳士幹	32	台州黃岩			
議　員	鄭永禧	42	衢州府西安	舉人		
議　員	涂山	37	衢州府開化	廩生		
議　員	聶日培	48	衢州府常山	廩生		
議　員	詹熙	58	衢州府西安	恩貢		

職任	姓名	當選年齡	籍貫	傳統功名	新式教育	當選前職銜
議　員	張　芬	55	衢州府龍游			江蘇候補知縣
議　員	葉誥書	70	嚴州府壽昌	拔貢		知縣
議　員	徐秉謙	55	嚴州府淳安	恩貢		
議　員	王秉融	53	嚴州府分水	拔貢		
議　員	羅燦麟	57	嚴州府桐廬	歲貢		
議　員	汪光典		嚴州府	附生		（候補）
議　員	畢錦元		嚴州府	拔貢		（候補）
議　員	徐象嚴	41	溫州府永嘉	廩生		
議　員	王理孚	34	溫州府平陽	廩生		
議　員	黃式蘇	36	溫州府樂清	舉人		
議　員	黃　炎	44	處州府松陽	歲貢		
議　員	沈國琛	55	處州府麗水	恩貢		
議　員	鄭希樵	38	處州府青田			
議　員	呂朝陽	58	處州府縉雲	廩生		
議　員	連正釗	46	處州府龍泉	舉人		
議　員	劉耀東	33	處州府青田		日本法政大學	
議　員	項湘藻	52	處州府瑞安	監生		
議　員	王廷揚	45	京華府金華	進士		江蘇知縣
議　員	阮性存		紹興府餘姚		日本法政大學	
議　員	譚　獻		處州府麗水	拔貢		
議　員	朱寶進	52	杭州府海寧	舉人		

福建省：共計79人：定額72人，內駐防3人，候補3人，秘書長1人。
資料來源：名單取自《東方雜誌》，宣統元年，十月號附錄。出身背
　　　　　景，取自故宮一檔抄件、福建通誌(民國27年)及有關縣志。

職任	姓名	當選年齡	籍貫	傳統功名	新式教育	當選前職銜
議長	高登鯉	42	延平府順昌縣	舉人		
副議長	劉崇佑	32	閩侯	舉人	日本早稻田大學	
副議長	陳之麟		漳州府	舉人		
議　員	黃乃裳	68	福州府	舉人		（同盟會會員）
議　員	黃鍾澧		福州府	附生		
議　員	楊廷綸	34	福州府	進士		翰林院編修
議　員	游肇源		福州府	生員		
議　員	吳廷楨		福州府	舉人		
議　員	趙錫榮		福州府	舉人		

議　員	鄭錫光		福州府	進士		翰林院編修
議　員	林石藋		福州府		學堂畢業	
議　員	董藻翔		福州府	舉人		
議　員	余鍾英		福州府	歲貢		（同盟會會員）
議　員	施景琛		福州府	附生		
議　員	李　駒		福州府	舉人		
議　員	李仲鄴		福州府	舉人		
議　員	陳位衝		福州府			
議　員	林中矗		福州府	附生		
議　員	椿　安		（駐防）	舉人		
議　員	錫　楨		（駐防）	生員		
議　員	楊長餘		（駐防）	生員		
議　員	王邦懷		福寧府			分部主事
議　員	吳鴻樞		福寧府	舉人		浙江候補縣丞
議　員	孔昭淦		福寧府	廩生		
議　員	黃謀烈		泉州府	進士		禮部郎中
議　員	葉福鈞		泉州府	舉人		
議　員	黃必成		泉州府	副貢		
議　員	林逢喜		泉州府	舉人		
議　員	洪國器		泉州府同安縣	舉人		
議　員	洪鴻儒		泉州府	廩生		
議　員	許贊虞		泉州府	廩生		
議　員	施　焱		泉州府同安縣	舉人		
議　員	林落存		泉州府	生員	留學日本	
議　員	林邦楨		泉州府	優貢		
議　員	李慕韓	32	泉州府	優貢		
議　員	陳士霖		泉州府	副貢		
議　員	周文麟		延平府	副貢		
議　員	黃　羲		延平府	廩生		
議　員	范宗福		延平府沙縣	廩貢		
議　員	楊　豫		建寧府	舉人		
議　員	謝滋春		建寧府	優貢		
議　員	潘紀雲		建寧府	廩生		
議　員	高士龍		建寧府	廩生		
議　員	王子懿		建寧府	舉人		

議　員	李迪瑚		建寧府	廩生		
議　員	孟思培		建寧府	副貢		
議　員	黃金鸞		汀州府	廩貢		
議　員	藍德光		汀州府	優貢		
議　員	張道南		汀州府	優貢		
議　員	李泰交		汀州府明溪縣	歲貢		直隸州州判
議　員	熊秉廉		汀州府	廩生		
議　員	康　詠	46	汀州府	進士		
議　員	張選青	43	汀州府	舉人		
議　員	伍春蓉		汀州府	副貢		
議　員	鄒含英		汀州府	增貢		
議　員	盧初璜		汀州府	優貢		
議　員	黃紀星		興化府	廩貢		
議　員	陳　義		興化府	廩生		
議　員	鄭田龍		興化府	舉人		
議　員	張步青		興化府	舉人		
議　員	上官華蓋		邵武府	拔貢		
議　員	陳梅勳		邵武府	廩生		
議　員	鄧　畿		邵武府	廩生		
議　員	楊慕震		漳州府	附生		
議　員	林天驥		漳州府	舉人		
議　員	鄭藻山		漳州府	舉人	留學日本	（即鄭祖蔭，同盟會會員）
議　員	陳錫鵬		漳州府	生員		
議　員	李鍾聲		漳州府	生員		
議　員	張國寶		漳州府	生員		
議　員	周壽恩		永春州	廩生		（孝廉方正）
議　員	蘇春元		永春州	拔貢		
議　員	賴其俊		永春州	舉人		
議　員	劉志和		龍巖州	廩生		
議　員	謝受殷		龍巖州	增生		
議　員	連賢基		龍巖州	舉人		
議　員	俞光華		龍巖州	廩生		
議　員	蘇壽喬		龍巖州	附生		縣知事
議　員	洪湛恩		泉州府同安	生員		
秘書長	林長民	35	閩侯	生員	早稻田大學政治科	

湖北省：共計98人：定額80人，駐防4人，候補13人，秘書長1人。
資料來源：《湖北通志》，卷10選舉表，頁72—73，並參考有關資料。

職任	姓名	當選年齡	籍貫	傳統功名	新式教育	當選前職銜
議長	湯化龍	35	蘄水	進士	日本法政大學	法部主事
副議長	夏壽康		黃岡	進士	兩湖書院第一期	翰林院編修
副議長	張國溶	43	蒲圻	進士	日本法政大學	翰林院編修
議　員	胡大濂		江夏	舉人		
議　員	胡汝衡		江夏	歲貢		
議　員	呂逵先		江夏			中書科中書
議　員	陳士英		江夏	附生		
議　員	金式度		武昌	增生		
議　員	鄭　潢	48	武昌	廩貢		安徽補用道
議　員	但祖蔭		蒲圻			四川候補直隸州知州
議　員	黃文瀾		蒲圻	附生		
議　員	鄧殷源		興國	舉人		
議　員	劉文駿		興國	歲貢		
議　員	葛堯丞		通山	附生		分省補用道
議　員	劉邦驥		漢川	舉人		候選道
議　員	周　孚		大冶	恩貢		
議　員	詹次桓		大冶	副貢		
議　員	周兆熊		黃陂	附生		
議　員	萬昭度		漢陽			安徽候補道
議　員	何世謙		漢川			內閣中書
議　員	楊國珍		孝感	舉人		鹽大使
議　員	陳宣愷		黃陂			蘄水訓導
議　員	陳賡藻		黃陂	舉人		
議　員	黃贊樞		孝感	舉人		思恩知府
議　員	陶　峻	33	孝感	優貢	日本法政大學	
議　員	朱澤霖		黃岡	增生		
議　員	胡柏年	44	沔陽	拔貢		候選主事
議　員	鮑惟愷		麻城			二品封職
議　員	余應雲		麻城	進士		鎮遠知縣
議　員	阮毓崧		黃安			分省知縣
議　員	姚晉圻		羅田	進士		法部主事
議　員	劉寅熙		廣濟	歲貢		

議　員	陳國瓚	45	蘄州	副貢		
議　員	邢　璜		黃梅	舉人		河南知縣
議　員	陳培庚		安陸	進士		貴州補用道
議　員	楊文瀾		安陸	廩生		
議　員	王光翰		應城	歲貢		
議　員	左質鼎		雲夢	歲貢		
議　員	李繼膺		隨州	舉人		
議　員	張國琪		應山	副貢		
議　員	左樹瑛		應山			候選州同
議　員	葉恒心		應山	附生		
議　員	楊家麟		京山			試用訓導
議　員	涂占鼇		應山	廩貢		
議　員	張中融		鍾祥	附生		
議　員	胡壬林		天門	廩貢		
議　員	蔡中爐		京山	優貢		
議　員	劉克定		潛江	舉人		候選知縣
議　員	李循墀		天門	副貢		
議　員	藍　田		天門	副貢		
議　員	周培金		天門	廩生		
議　員	卜文煥		襄陽	附生		
議　員	吳慶壽		襄陽	進士		江西候補道
議　員	孫傳烈		襄陽		新式中學	
議　員	衛寅賓		棗陽	廩生		
議　員	董慶雲		南漳	副貢		
議　員	謝鴻舉		棗陽	舉人		山西知縣
議　員	魏鴻仁		光化	廩生		
議　員	邱國翰		棗陽	附生		
議　員	劉元丞		穀城	優貢		（孝廉方正）
議　員	趙麟書		鄖陽	拔貢		
議　員	劉金鏞		均州			候選訓導
議　員	丁慶泰		均州			試用訓導
議　員	楊清源		房縣		日本法政大學	
議　員	熊正鈞		竹山			候選主事
議　員	何其祥		竹谿	廩生		
議　員	曹道南		當陽	歲貢		
議　員	王潤槐		當陽	廩生		
議　員	吳楚材		江陵	附生		
議　員	胡瑞霖		江陵	附生	日本法政大學	

職任	姓名	當選年齡	籍貫	傳統功名	新式教育	當選前職銜
議　員	車斗南		荊門	增生		
議　員	陳教奎		遠安			候選訓導
議　員	金　麟		（駐防）	附生		
議　員	玉　海		（駐防）	附生		
議　員	祿　循		（駐防）	附生		
議　員	庚　芳		（駐防）			法部主事
議　員	董欽墀		監利	舉人		內閣中書
議　員	張樹林		監利	歲貢		
議　員	鄒永鉶		公安	舉人		
議　員	劉定瑗		松滋			候補知縣
議　員	時象晉		枝江			候補教諭
議　員	張光耀		石首			江蘇試用州判
議　員	黃聯元		東湖	增貢		
議　員	沈明道	34	東湖	附生	日本宏文師範	
議　員	劉起霈		宜都	副貢		
議　員	談　鉞	56	興山	拔貢		
議　員	沈維周		巴東	附生	日本師範	
議　員	鄭萬瞻	30	歸州	舉人	京師大學堂	中書科中書
議　員	陳登山		長陽	歲貢	日本法政大學	
議　員	晏宗傑		長陽	歲貢		
議　員	馬象乾		長樂	附生		
議　員	倪惠淵		利川	優貢		
議　員	劉德標		建始			湖北候補都司
議　員	劉耕餘		咸豐	附生		
議　員	密昌墀		夏口	進士		
議　員	張中立		鍾祥	廩生	日本法政大學	
議　員	唐學瀛		光化	拔貢		
議　員	石山儼					

湖南省：共計84人：定額82人，2人候補。
資料來源：名單取自《東方雜誌》，宣統元年十一月號附錄。出身背景
　　　　　取自縣志等資料。

職任	姓名	當選年齡	籍貫	傳統功名	新式教育	當選前職銜
議長	譚延闓	31	茶陵	進士		翰林院庶吉士
副議長	曾　熙	49	衡陽	進士		陸軍部主事，優級師範監督
副議長	馮錫仁	58	沅陵	進士		工科給事中

議　員	劉忠訓	50	瀏陽			
議　員	羅亮傑	46	安化			
議　員	王章永	47	寧鄉			
議　員	黃自元	72	安化	進士		監察御史、知府
議　員	羅　傑	43	長沙	附生	日本法政大學	
議　員	劉潤珩	55	湘陰	進士		
議　員	李恒澤	52	善化			
議　員	劉本鍾		寧縣			
議　員	郭景鑒	46	益陽			
議　員	譚兆元	56	益陽			
議　員	劉國泰		善化			
議　員	丁蕃綬	50	長沙			
議　員	周廣詢	53	湘鄉			
議　員	丁鳴盛	38	攸縣			
議　員	劉佐璇	59	醴陵			
議　員	易宗羲	35	善化	生員		江西巡檢
議　員	范耀垣		湘陰			
議　員	陳炳煥	50	湘陰	廩貢	日本考察	中路師範學堂監督（後爲副議長）
議　員	陳文瑋	55	長沙	生員		湖北補用道
議　員	粟戢時	31	長沙		日本法政大學	明德學堂教員
議　員	易宗夔	34	湘潭	廩生	日本留學	
議　員	陳晉鑫	61	善化			
議　員	左學謙	31	長沙	生員	法政學堂	
議　員	龍　璋		攸縣	舉人		知縣、直隸州知州
議　員	周熙堄	47	湘鄉			
議　員	程希洛		湘鄉			
議　員	黎尚文	42	瀏陽			
議　員	劉善渥	30	瀏陽	副貢		
議　員	湯魯璠	52	善化	舉人		廣西候補道
議　員	鄭業樹		長沙			
議　員	周銘勳		岳州			
議　員	謝宗海	54	巴陵			
議　員	李積璿	39	平江			
議　員	劉承孝	45	華容			
議　員	楊生春		澧州			
議　員	侯昌銘	55	永定			

議　員	蔣定翎					
議　員	李執中	47	石門	舉人	留學日本	中學監督
議　員	曾繼輝	41	寶慶	廩生		（巨富）
議　員	蕭湘柱	40	新化			
議　員	潘振鐸	54	武岡			
議　員	周毓豐	41	新化			
議　員	王鼎峙	34	邵陽			
議　員	李有珪	40	邵陽			
議　員	劉澤林	53	武岡			
議　員	石秉鈞	43	邵陽			
議　員	向　榮	41	衡山	廩生	日本弘文學院	學堂監督
議　員	劉獻典	47	清泉			
議　員	呂鼎元		常寧			
議　員	蕭鯉祥	39	衡陽			
議　員	周名建	57	清泉			
議　員	陳兆葵		桂陽			湖北候補道
議　員	羅蔚廷		桂陽			
議　員	鍾才宏	30	藍山	舉人		直隸州知州
議　員	鍾逢優	47	桃源			
議　員	唐右楨	57	武陵	進士		
議　員	丁　沅	61	武陵			
議　員	皇甫天成	39	桃源			
議　員	鄒士楨	41	辰州			
議　員	張文卿	50	辰谿			
議　員	馮士侗		沅陵			
議　員	李永翰	50	芷江			
議　員	鄭　鼎	54	麻陽			
議　員	姚炳麟	36	晃州			
議　員	胡　璧	68	永州			（後爲副議長）
議　員	周鴻勳	46	零陵			
議　員	洪澤灝	41	道州			
議　員	何步蟾	56	道州			
議　員	姜嶽崧	49	寧遠			
議　員	楊若時	44	江華			
議　員	楊本沼	40	靖州			
議　員	儲世鏡	44	靖州			
議　員	何居怡	46	郴州			
議　員	朱廷利	50	汝城	廩生		

議　員	陳爲鑑					
議　員	彭施滌	36	永順	舉人	日本宏文師範	上海中國公學教員
議　員	楊廷珪	30	永順	廩生		
議　員	黃本崑	63	龍山			
議　員	陸鴻逵					
議　員	吳樹聲	56	永綏			
議　員	何朝欽	41	汝城	恩貢		

山東省：共計104人：定額100人，駐防3人，秘書長1人。
資料來源：《東方雜誌》，宣統元年七月號憲政篇。

職任	姓名	當選年齡	籍貫	傳統功名	新式教育	當選前職銜
議長	楊毓泗		濟南	進士		翰林院編修
副議長	王景禧		費縣	進士		翰林院編修
副議長	于普源		濰縣	進士		安徽靈璧縣知縣
議　員	汪懋琨		歷城	進士		上海縣知縣
議　員	劉鵬齡		鄒平	附生		
議　員	張殿卿		長山			高等小學堂堂長
議　員	霍省三		禹城			董事
議　員	艾矜郎		濟陽			保甲總董
議　員	金毓珍		清平	增生		
議　員	周祖瀾		聊城	廩貢		
議　員	劉清範		高唐	廩生		
議　員	亓宗海		萊蕪	舉人		
議　員	尹祚章	36	肥城	增貢	山東法政學堂	
議　員	楊秀嶺		平原	增生		
議　員	高鴻文		新城	貢生		四氏學教授
議　員	張良弼		淄川	副貢		
議　員	張燦之		齊河	廩生		
議　員	張清廉		平原	副貢		
議　員	王賡颺		莘縣	增生		
議　員	趙陽山		寇縣	附生		
議　員	俄方楷		東河	增貢		
議　員	尹序誥		平陰	舉人		
議　員	李傳煦		肥城	廩生		
議　員	鞏象臨		東平	恩貢		
議　員	張壬弼		萊蕪	舉人		
議　員	汪岱霖		泰安	舉人		

議	員	仇純吉		長山	廩生	山東法政學堂	
議	員	李廣居		長青			董事
議	員	王昱祥	43	長山	副貢		
議	員	魏壽彤		德州	歲貢		
議	員	竇培增		陵縣	附生		
議	員	張連彙		莘縣	歲貢		
議	員	呂上智		博平	廩生		
議	員	金玉相		高唐	歲貢		
議	員	張允符		東阿	舉人		
議	員	朱承恩		泰安	附生		
議	員	范德如		東平	廩生		
議	員	黃廷謨		惠民	廩生		
議	員	李錫恩		濱州	增生		
議	員	王九州		武城	附生		
議	員	李瞻泰		陽穀	廩生		
議	員	梁協中		汶上	廩生		
議	員	袁清臣		沂水			（資產五千元）
議	員	鞠 芙			廩生		
議	員	陳毓海		費縣	附生		
議	員	孔廣洪		定陶	附生		
議	員	安作賓		曹縣	廩生		
議	員	畢松齡		萊蕪	拔貢		
議	員	姚際元		陽信	舉人		
議	員	李訪賢		利津	廩生		
議	員	馮紹京		夏津	拔貢		
議	員	孔昭苯		陽穀	增生		
議	員	徐書年		鄒縣	拔貢		
議	員	張志淵		郯城	附生		
議	員	劉誠洤		沂水	附生		
議	員	顧石濤		沂水	附生		
議	員	于樹封		莒州	廩生		
議	員	彭占元	39	濮州	附生	日本法政大學	（同盟會會員）
議	員	于廣慶		鉅野	廩生		
議	員	郭連科		商河	廩貢		
議	員	張樹庭		海豐	舉人		
議	員	趙光勳		利津	歲貢		
議	員	李蔭棠		臨清	廩貢		
議	員	蔣鴻斌	47	滕縣	舉人	京師法政學堂	

議 員	莊余珍		莒州	拔貢		
議 員	鄭熙嘏	54	日照	舉人		
議 員	王東圻		蒙陰	廩生		
議 員	王峻範		蘭山	舉人		
議 員	張光第		荷澤	附生		
議 員	張咸之		曹縣	廩生		
議 員	楊振清		范縣	廩生		
議 員	曲卓新	31	寧海	進士	日本早稻田大學	
議 員	丁世嶧		黃縣	廩貢	日本法政大學	
議 員	于 墉		文登	附生		
議 員	孫孟起		萊陽	拔貢		
議 員	尙慶翰		平度	舉人		
議 員	崔亦文		壽光	副貢		
議 員	王志勳		壽光		日本宏文書院	
議 員	周樹標	33	安邱	舉人	日本法政大學	
議 員	邱桂喬		膠州	舉人		
議 員	周正崐		即墨	附生		
議 員	杜朝賓		嘉祥	廩生		
議 員	王學錦		黃縣	廩生		
議 員	王治薌		黃縣	廩貢		
議 員	溫式曾		招遠	附生		
議 員	孫否承		招遠	舉人		
議 員	王永貞		安樂	廩生		
議 員	劉儒珍		益都	歲貢		
議 員	張其偉		安邱	廩生		
議 員	趙貴三		膠州	附生		
議 員	王玉年		魚臺	附生		
議 員	姜宗漢		福山	附生		
議 員	蓋有均		萊陽	廩生		
議 員	陳命官	36	蓬萊	舉人		
議 員	王鍾芳		披縣	附生		
議 員	杜榮楨		披縣	舉人		
議 員	王煒辰		諸城	舉人		
議 員	張介禮		安邱	舉人		
議 員	劉漢東		昌樂	廩生		
議 員	鄒染卿		即墨	舉人		
議 員	諸 恩		(駐防)	附生		
議 員	述 培		(駐防)	附生		

議　員	常　全	（駐防）	附生		
秘書長	張漢章				

河南省：共計97人：定額96人，秘書長1人。
資料來源：名單取自《東方雜誌》，宣統元年十月號附錄，出身背景取
　　　　　自故宮一檔抄件、縣志等有關資料。

職任	姓名	當選年齡	籍貫	傳統功名	新式教育	當選前職銜
議長	杜　嚴		河內	進士	日本法政大學	翰林院編修
副議長	楊凌閣		項城	舉人		教諭
副議長	方　貞		商城	進士	日本法政大學	吏部主事(後為議長)
議　員	王新昌		禹州	舉人		
議　員	田春榮		禹州	舉人		訓導
議　員	范雲錦		鄢陵	附生		
議　員	謝國治		鄢陵	附生		
議　員	張兆祥		通許	歲貢		
議　員	劉　傅		新鄭	增生		
議　員	張雲鵬		洧川	附生		
議　員	王甲榮		密縣	廩生		
議　員	閻景隆		通許	附生		
議　員	方　欽		尉民	恩貢		
議　員	常省三		杞縣	舉人		
議　員	鍾　琪		（駐防）	舉人		
議　員	魏　鼎		淮寧	廩貢		
議　員	呂應南		西華	舉人		
議　員	王燦然		太康	廩生		
議　員	王應昌		西華			縣丞銜
議　員	劉楷堂		太康	廩貢		
議　員	張三寶		項城	歲貢		
議　員	傅　弼		淮寧	舉人		揀選知縣
議　員	程元英		太康	附生		
議　員	紀世勳		襄城	增生		
議　員	范世芳		鄆城	附生		
議　員	程春衢		許州	拔貢		
議　員	薛燦離		臨潁	廩生		
議　員	張南星		襄城	舉人		
議　員	梁錫康		鹿邑	副貢		

議　員	張協燦		拓城	舉人		
議　員	侯　旬		永城	廩生		
議　員	徐兆璋		睢州	副貢		
議　員	陳錫祜		商邱	舉人		
議　員	曹懋德		永城	廩生		
議　員	彭葆田		臨璋	附生		
議　員	常秀山		安陽	舉人		
議　員	李郁棠		內黃	廩生		
議　員	徐營初		林縣	廩生		
議　員	胡士信		安陽	歲貢		
議　員	蕭遜志		湯陰	廩生		
議　員	王紹勳	53	輝縣	進士		
議　員	盧以洽		滑縣	拔貢		
議　員	王安來		新鄉	舉人		
議　員	陳熙朝		獲嘉	進士		吏部主事、學部主事
議　員	周鳳林		延津	附生		
議　員	李時燦	44	汲縣	進士		
議　員	閻鳳翔		孟縣	舉人		
議　員	李慶昌		溫縣	附生		
議　員	王方洲		陽武	廩生		
議　員	張守基		永寧	拔貢		
議　員	郭深之		新安	附生		
議　員	申傑萬		洛陽	舉人		
議　員	梁鳳五		宜陽	增生		
議　員	賀賓鴻		澠池	廩生		
議　員	王履仁		嵩縣	副貢		
議　員	孫福榮		嵩縣	拔貢		
議　員	王敬芳	31	鞏縣	舉人	留學日本	
議　員	張　坤	36	陝州	進士		河南高等大學堂監督（後爲副議長）
議　員	張象明		靈寶	舉人		勸學所總董、省立第九中學監督
議　員	李恒春		盧氏	廩生		
議　員	任芳馨		舞陽	廩生		
議　員	閻澍生		浙川	廩生		
議　員	彭運斌	35	鄧州	進士	日本法政大學法科	

議　員	黃雲甫		鎮平	舉人		
議　員	李清波		葉縣	監生		
議　員	趙若焱		新野	舉人		
議　員	張嘉謀	35	南陽	舉人		（後爲副議長）
議　員	趙秉會		鎮平			
議　員	吳變軫		泌陽	拔貢		
議　員	張之銳	42	鄧州	進士		
議　員	高巨川		葉縣	增生		
議　員	王佩篋		南陽	拔貢		
議　員	黃贊熙		鄭州	舉人		揀選知縣
議　員	侯紹文		上蔡	附生		
議　員	李承筠		遂平	廩生		
議　員	楊成方		西平	附生		
議　員	黎國華		羅山	舉人		
議　員	薛嵐峰		汝陽	附生		
議　員	劉明炬		正陽			
議　員	李開昭		信陽			
議　員	焦明揚		西平	附生		
議　員	張庚吉		新蔡	附生		
議　員	趙麟紱	41	西平	歲貢		師範傳習所所長
議　員	吳鎮南		遂平	附生		
議　員	李　鑒		光州	附生	日本法政大學	
議　員	劉明炬		正陽	生員		縣丞
議　員	張士衡		光山	舉人		
議　員	秦樹聲		固始	進士		
議　員	漆樹人		商城	舉人		
議　員	任秉乾		息縣	歲貢		
議　員	張曾瑋		商城	副貢		
議　員	李海樓		汝州	舉人		
議　員	陶毓瑞	39	寶豐	拔貢		
議　員	張　泳		郟縣	增生		
議　員	宮玉柱			舉人		
議　員	賈治安		伊陽	舉人		
議　員	胡汝麟	30	通許		高等學堂	

山西省：共計90人：定額86人，駐防3人，候補1人。
資料來源：名單取自《東方雜誌》，宣統元年十月號附錄，出身背景取
　　　　　自故宮一檔抄件關縣志等資料。

職任	姓名	當選年齡	籍貫	傳統功名	新式教育	當選前職銜
議長	梁善濟	46	崞縣	進士	日本法政大學速成科	翰林院檢討
副議長	劉篤敬		太平	舉人		候補五品京堂
副議長	杜上化		靈邱	進士		揀選知縣
議員	康慎徽	32	榆次		山西大學堂	
議員	渠本翹	42	祁縣	進士		
議員	張照		陽曲			
議員	劉文炳		徐溝	舉人		
議員	程毅		徐溝			
議員	成連增		文水	進士		
議員	任晉蕃		太原			
議員	劉大鵬		太原			
議員	曾紀綱		陽曲	舉人		江蘇補用直隸州知州
議員	賈業榮		太谷			
議員	王廷賓		交城			
議員	延善		(駐防)			
議員	李素		平定	舉人		
議員	崔廷獻		壽陽			
議員	王敦臨		平定			
議員	鄭淑		定襄			
議員	張煒		忻州			
議員	姚烈舜		五臺			
議員	趙長庚		五臺			
議員	郭際豐		繁峙	舉人		揀選知縣
議員	馬晙		代州			
議員	王熾		河曲			
議員	潘文治		臨汾			
議員	周泉清		曲沃	舉人		顯州蒲縣訓導
議員	賈鳴梧		太平	拔貢		
議員	遆長青		臨汾	歲貢		
議員	王建岐		翼城			
議員	韓垌		洪洞	舉人		
議員	賀椿壽		洪洞	舉人		
議員	段慎憲		霍州	舉人		
議員	田萬棠		靈石	恩貢		

議　員	王鴻順		趙城			
議　員	景蔚文		猗氏			
議　員	劉　訓	30	猗氏	進士	日本法政大學	法政學校監督（同盟會會員、晉話報編輯）
議　員	喬禩亭		猗氏			
議　員	解榮輅	45	萬泉	進士	日本法政大學	山西大學堂監督（同盟會會員）
議　員	張士秀		永濟	增貢		道尹（同盟會會員）
議　員	袁履泰		解州			
議　員	曲迺銳		解州			
議　員	楊馨柱		安邑	歲貢		候選教諭
議　員	高正祿		絳州	舉人		
議　員	楊敏田		聞喜	舉人		
議　員	申夢鷹		河津	副貢		
議　員	王嘉會		隰州			
議　員	苗雨潤		襄垣	廩生	日本宏文書院師範科	
議　員	王鶴鳴		長治			
議　員	張毓珍		壺關			
議　員	李承熙		屯留			
議　員	陳希琳		長子			
議　員	張照林		平遙			
議　員	可秉筬		汾陽			
議　員	馮濟川		孝義			
議　員	秦龍光		汾陽			
議　員	吳作新		臨縣			
議　員	王廷弼		汾陽	優貢		朝考教職
議　員	李華柄	48	武鄉	進士		
議　員	段雨田		武鄉	舉人		直隸補用知縣
議　員	趙瑞湖		鳳臺			
議　員	楊　毅		陵川			
議　員	白秉昌		陽城			
議　員	劉志詹	33	鳳臺	拔貢	日本法政大學	
議　員	李秉恒		高平			
議　員	王用霖		榆社			
議　員	趙廷璧		遼州			
議　員	張世榮		應州			

職任	姓名	籍貫	傳統功名	新式教育	當選前職銜
議　員	李廷誥	渾源			
議　員	尹欲仁	應州			
議　員	吳鳳鳴	大同			
議　員	張　潔	廣靈			
議　員	李玉山	渾源	副貢		直隸候補縣丞
議　員	楊萬鍾	渾源			
議　員	武鴻藻	陽高	優貢		平拟縣訓導
議　員	陳　彝	渾源			
議　員	李捧霄	神池	拔貢		
議　員	劉效文	寧武			
議　員	胡存善	朔州			
議　員	王者聘	右玉	舉人		
議　員	李苑林	豐鎮	廩生		
議　員	史煥文	歸化			
議　員	宋　杰	豐鎮			
議　員	秦甚都	豐鎮			
議　員	栗名儒	豐鎮			
議　員	繃僧額	（駐防）			
議　員	金　善	（蒙旗）			
議　員	徐煥林	榮河	副貢		
議　員	許鑑觀	臨晉	舉人		
議　員	張維藩	臨汾			

陝西省：共計66人：定額63人，駐防3人。

資料來源：《續修陝西通志稿》，卷43，選舉，頁50—51；故宮一檔抄件及有關資料。

職任	姓名	當選年齡	籍貫	傳統功名	新式教育	當選前職銜
議長	王恒晉	50	鄠縣	舉人		直隸知縣
副議長	郭忠清	40	臨潼	舉人	日本留學	（即郭希仁、同盟會會員）
副議長	李良材		蒲城	貢生		
議　員	武豫泰		渭南	附生		
議　員	胡　玶		三原	貢生		
議　員	劉維墇		三原	貢生		
議　員	可晉晃		盩厔	貢生		
議　員	竇枝芳		富平	貢生		
議　員	辛兆乙		盩厔	生員		

議　員	賀象賢		渭南	副員		
議　員	姚　健		鄠縣	廩生		
議　員	白炳藻		咸寧	附生		
議　員	陳景雲		咸陽	舉人		
議　員	周　鏞	35	涇陽	進士		法部主事
議　員	劉子俊		渭南	副貢		
議　員	賈鳴鳳		鄠縣	舉人		
議　員	王銘丹		臨潼			（資產五千元）
議　員	張志昇		渭南	附生		
議　員	楊　樾		臨潼	貢生		
議　員	曹延陵		高陵	貢生		
議　員	李炳堯		華州	廩生		
議　員	井岳秀		蒲城			（資產五千元）
議　員	劉維翰		華州			候選訓導
議　員	張守愚		蒲城	貢生		
議　員	郭文選		大荔	舉人		州判
議　員	吳　泰		澄城	舉人		
議　員	楊鴻賓		韓城	舉人		
議　員	周樹屏		蒲城	優貢		
議　員	史明鑑		華州	貢生		縣丞
議　員	朱家訓		隴州	貢生		
議　員	劉源森		鳳翔	貢生		候補經歷
議　員	韓英華		寧羌			（資產五千元）
議　員	周本豐		西鄉	貢生		
議　員	馮鳴謙		襃城	貢生		
議　員	熊　周		襃城	貢生		
議　員	柏平露		沔縣	貢生		
議　員	吳從周		留壩	貢生		
議　員	韓　謐		沔縣	增生		
議　員	熊榮周		南鄭	貢生		
議　員	盧潤瀛	40	城固	優貢		內閣中書
議　員	陳振初		紫陽	副貢		
議　員	張建昌		安康	舉人		
議　員	劉文藻		安康	貢生		
議　員	傅學憼		漢陰	進士		雲南知縣
議　員	歐陽陰		漢陰			（資產五千元）
議　員	柳應元		安康	舉人		
議　員	馬際泰		安康			（資產五千元）

議　員	張希仲		紫陽	監生		中書科中書
議　員	黃肇修		平利	附生		
議　員	王子培		安康	附生		
議　員	張文蔚		安康			（辦保甲八年）
議　員	程開雲		磚坪			（資產五千元）
議　員	王金章		膚施	廩生		
議　員	張道鴻		榆林	廩生		
議　員	趙　瑋		榆林	廩生		
議　員	吳懷清	47	山陽	進士		翰林院編修
議　員	楊詩浙		山陽	增生		
議　員	梁守典	39	乾州	舉人		
議　員	蒙汝香		三山	廩生		
議　員	趙城璧		鄜州	廩生		
議　員	高祖憲		米脂	舉人		
議　員	馬祝興		綏德	廩貢		
議　員	楊泮林		西鄉	廩生		
議　員	音德本		（駐防）	附生		
議　員	阿勒吉春		（駐防）	舉人		
議　員	金常		（駐防）	附生		

甘肅省：共計22人：定額43人，缺21人。
資料來源：張慎微，〈甘肅諮議局概述〉（稿本）；《政治官報》，宣統
　　　　　二年六月四日，頁7。

職任	姓名	當選年齡	籍貫	傳統功名	新式教育	當選前職銜
議長	張林焱		皋蘭	進士		翰林院檢討
副議長	郭銳嘉	68	肅州			徽縣教諭
副議長	何念忠		永昌	拔貢		
議　員	牟斅堂		安定			直隸州州判
議　員	王曜南	48	靜寧	進士		
議　員	劉爾圻		皋蘭	進士		（後為副議長）
議　員	楊錫田	38	伏羌	舉人		
議　員	張雲錦	55	靖遠	副貢		
議　員	馬子舉		岷州			
議　員	田乃畬		皋蘭	舉人		
議　員	孫耀樞		皋蘭	舉人		
議　員	基生蘭	40	西寧	貢生		

議　　員	春　　祉		涼州（駐防）	生員		
議　　員	賈子祥		安西			
議　　員	王溫厚		平番			
議　　員	羅潤業		秦州	舉人		
議　　員	王午天		靜寧	進士		
議　　員	宋迪楨		伏羌			
議　　員	張華圃		安定	貢生		
議　　員	高晉榮		靖遠			（候補）
議　　員	羅其光	33		舉人		
議　　員	劉光祖					（後爲副議長）

四川省：共計129人：定額105人，候補23人，秘書長1人。

資料來源：《辛亥革命回憶錄》，第三冊，頁146-151；故宮一檔抄件及有關資料。

職任	姓名	當選年齡	籍貫	傳統功名	新式教育	當選前職銜
議　　長	蒲殿俊	34	廣安	進士	日本法政大學	法部主事
副議長	蕭　　湘	38	培州	進士	日本法政大學	法部主事
副議長	羅　　綸	30	西充	舉人		
議　　員	白述銘	42	成都	生員		
議　　員	李有年	42	華陽	生員		
議　　員	劉志成	56	華陽	副貢		
議　　員	王昌齡	48	灌縣	舉人		
議　　員	鄭家相	47	崇慶	廩生		
議　　員	彭烈囊	35	崇慶	生員		
議　　員	胡念祖	45	新津	拔貢		
議　　員	徐　　湘	45	新繁	舉人		河南省知縣
議　　員	劉咸榮	48	雙流	拔貢		內閣中書
議　　員	徐永恒	56	彭縣	生員		雲南省知縣
議　　員	伍　　鋆	46	資陽	舉人		
議　　員	鄧爲亮	42	內江			（辦公益二十年）
議　　員	王紹陶	38	內江	生員		
議　　員	傅懷斌	40	簡陽	生員		
議　　員	唐與齡	65	威遠	歲貢		
議　　員	吳季昌	50	井研	舉人		
議　　員	王煥廷	55	仁壽	舉人		
議　　員	賴良輔	40	仁壽	生員		

議　員	劉　緯	32	榮縣	生員	四川高等學堂	
議　員	尤鳴劍	33	榮縣			（創辦法政學堂， 同盟會會員）
議　員	江　潘	31	巴縣	副貢	日本法政大學	（同盟會會員）
議　員	龔秉權	32	巴縣	舉人		
議　員	范　濤	64	永州			州同銜
議　員	周常昭	42	江津	生員		
議　員	楊士欽	48	江津	拔貢		黑龍江省知縣
議　員	文光漢	36	江北	廩生		
議　員	陳念祖	34	合川			縣丞
議　員	池梁矩	35	綦江			江蘇省知縣
議　員	王樹槐	46	大足	舉人		
議　員	高陵霄	35	壁山	舉人		
議　員	王鈞軸	31	壁山	歲貢		
議　員	劉雲棟	40	銅梁	拔貢		
議　員	夏光普	46	眉山	生員		
議　員	黃輔翼	32	蒲江	廩生		
議　員	吳錫昌	34	青神	廩貢		
議　員	楊協中	54	卬州	舉人		
議　員	劉灼先	35	大邑	廩生		
議　員	王廷佐	34	洪雅	舉人		內閣中書
議　員	幹朝鈞	38	夾江			州同銜
議　員	趙正和	32	名山	舉人		
議　員	湯蘇民	32	樂山	廩生		
議　員	魏懷熙	30	樂山	生員		
議　員	汪世榮	47	犍為	副貢		
議　員	魏文光	39	峨眉	生員		
議　員	李德芳	35	宜賓	舉人		揀選知縣
議　員	樊顯緒	30	宜賓	優貢		
議　員	劉貞元	47	宜賓	歲貢		
議　員	張懷仁	46	樂至	歲貢		
議　員	李雲和	41	射洪	優貢		分發湖北知縣
議　員	王用楫	36	鹽亭	舉人		光祿寺署正
議　員	鄧　昶	60	綿陽	舉人		蓬溪縣教諭
議　員	詹金鏞	48	綿竹	生員		
議　員	王澤宣	46	廣漢	廩生		
議　員	蕭中鑫	34	安縣			
議　員	劉蔾光	52	德陽	舉人		

議　員	劉厚基	48	什邡	舉人		
議　員	劉華嶼	54	金堂	生員		
議　員	王紹先	46	金堂	廩生		
議　員	史震恭	35	廣元	生員		
議　員	劉克孝	40	廣元	生員		
議　員	張　政	30	江油	舉人		
議　員	孔憲章	35	閬中	廩生		
議　員	王光裕	52	平武			
議　員	王家瑞	42	達縣	廩生		
議　員	劉汝安	60	巴中	拔貢		河南候補通判
議　員	高攀柱	35	開江	生員		
議　員	冉崇根	37	宜漢			縣丞(多額納稅)
議　員	李瓊林	45	通江	廩生		
議　員	張兆麒	40	茂縣	生員		
議　員	高體全	53	汶川	廩生		
議　員	李正清	52	清溪	拔貢		
議　員	楊贊襄	52	天全	生員		
議　員	羅鴻藻		天全		成都優級師範	
議　員	劉　昕	44	會理	廩生		
議　員	馬如珩	43	會理	生員		
議　員	王朝治	38	經理	舉人		泌陽縣知縣
議　員	李　芳	40	鹽源	生員		
議　員	劉成璋	37	西昌	生員		
議　員	蕭人偉	30	西昌	生員		
議　員	董清峻	30	南溪	廩生		內閣中書
議　員	嚴澤煃	31	慶符	廩生		
議　員	萬　愼	53	瀘州	監生		
議　員	曹元琛	50	瀘州	廩生		
議　員	陳崇愨	32	富順	生員		
議　員	楊崇高	36	敘永	生員		
議　員	劉煜章	41	合江	生員		
議　員	陳頌廷	65	酉陽	拔貢		
議　員	冷宗培	45	酉陽	生員		
議　員	夏愼初	40	涪江	舉人		
議　員	劉明昭	36	南川	拔貢		
議　員	劉麒義	50	酆都	廩生		
議　員	傅　浚	34	秀山	生員		
議　員	楊應璣	52	石柱	副貢		

議　員	劉聲元	34	萬縣	舉人		（同盟會會員）
議　員	譚以大	38	萬縣	舉人		
議　員	王大侯	34	奉節	生員		
議　員	李文熙	31	奉節	舉人	京師大學師範科	內閣中書
議　員	劉華英	45	開縣	廩貢		石柱廳訓導
議　員	陳光續	46	忠縣	舉人		
議　員	郭策勛	50	雲陽		留學日本	雲南候補道
議　員	程瑩度	32	雲陽	生員	日本明治大學	（同盟會會員）
議　員	蘇溫泉	40	巫山	廩生		
議　員	劉體正	40	巫山	生員		
議　員	江三乘	37	大竹	舉人		
議　員	郭奎銓	35	渠縣	副貢		
議　員	江　樹	38	梁山	生員		
議　員	劉席珍	38	梁山	舉人		
議　員	蔣錫光	38	鄰水	廩生		
議　員	李炳靈	58	墊江	舉人		
議　員	彭光遠	54	長壽	舉人		
議　員	楊暉吉	48	岳池	拔貢		
議　員	沈敏政	40	蓬安	廩生		
議　員	陳洪澤	55	南部	廩貢		長壽縣教諭
議　員	李樹椿	39	武勝	舉人		
議　員	羅元吉	46	儀隴	舉人		
議　員	王用誥	46	遂寧	歲貢		
議　員	楊用楫	37	遂寧	生員		
議　員	張光溥	35	安岳	舉人		
議　員	向獻芹	39	中江	副貢		
議　員	羅　增	49	三臺	生員		
議　員	王世芬	50	三臺	舉人		府教授
	歐希溥	40	蓬溪	生員		
	梁榮祖	34	蓬溪	副貢		
	榮　安		（駐防）	舉人		
	耀　齡		（駐防）	舉人		
秘書長	姚弼憲		巴縣	舉人		

廣東省：共計96人：定額91人，駐防3人，候補1人，秘書長1人。

資料來源：《廣東省諮議局編查錄》；《東方雜誌》，宣統元年十一月
　　　　　號附錄，縣志等資料。

職任	姓名	當選年齡	籍貫	傳統功名	新式教育	當選前職銜
議　長	易學清		鶴山	進士		戶部主事
副議長	邱逢甲	41	鎮平	進士		工部主事
副議長	盧乃潼		順德	舉人		員外郎職銜
議　員	陳兆澎		新會	副貢		
議　員	蔡念謨		南海	舉人		廣西知府
議　員	何履中		清遠	歲貢		五品頂戴
議　員	黃朝恩		清遠	附生	自治講習所	
議　員	陳念典		增城	進士		禮部郎中
議　員	劉晃卿		番禺	優貢		分省補用知縣
議　員	湯藻芳		花縣			遇缺先選教諭
議　員	莫伯伊		東莞	拔貢		
議　員	盧銘勳		東莞	舉人		候選道，總理衙門章京
議　員	黃有恭		南海	舉人		
議　員	黃梅年		南海	廩貢		訓導
議　員	趙宗壇		新寧	舉人		
議　員	鄺錫堯		新寧	附生		
議　員	陳伯森		新安			五品頂戴，中書科中書
議　員	黃毓棠		新寧	舉人		候補同知
議　員	陳岳英		番禺	附生		
議　員	羅桓熊		南海	舉人		內閣中書
議　員	區贊森		南海	舉人		花翎知府用分省補用同知
議　員	楊蔚彪		新會			運使銜，浙江補用知府，前駐檀香山正領事
議　員	區達名		新會	舉人		內閣中書
議　員	謝耀堂		從化	廩生	法政畢業	
議　員	陳汝霖		石城	副貢		候選訓導
議　員	伍于瀚		新寧			選用同知
議　員	孔濟猷		南海			選用同知
議　員	鄧　鼎		香山	舉人		
議　員	陳汝詔		順德	副貢		委用訓導
議　員	黃英華		新寧			選用同知
議　員	黃培元		香山	廩生		四品銜花翎山東知縣

議　員	鄧憲禹		三水			花翎五品銜內閣中書
議　員	唐汝源		香山	舉人		內閣中書
議　員	劉曜垣	46	香山	舉人		同知銜，議敘分發知縣
議　員	黃葆熙		順德			內閣侍讀
議　員	陳鼎勳		新會			候選知府
議　員	鄧家仁		三水	舉人		分省補用同知
議　員	周鍾英		番禺			同知銜賞戴花翎
議　員	龍怡平		商盤	舉人		花翎郎中銜
議　員	平　遠		(駐防)			
議　員	吳遷善		(駐防)	附生		
議　員	崔　鎭		(駐防)			一品封職三品銜郎中
議　員	黃穎奇		陽山	拔貢		廣西直隸州州判
議　員	蘇秉樞		英德	附生		二品銜候補四品京堂
議　員	陳壽崇		乳源	拔貢		
議　員	華祝嵩		曲江	歲貢		
議　員	鄧雲鵬		南雄	附生		
議　員	李滋湘		河源	舉人		
議　員	彭寶森		陸豐	貢生		議敘五品
議　員	鄧承愷		歲善	歲貢		候選訓導
議　員	陳炯明		海豐	增生	廣州法政學堂，留日	(同盟會會員，辦海豐自治報)
議　員	黃雲章		和平	副貢		縣丞
議　員	練毓璋					
議　員	林　埮		揭陽	舉人		揀選知縣
議　員	蕭永華		潮陽	廩生		陸軍部郎中
議　員	蕭之楨		大埔	廩生		
議　員	王廷獻	39	海陽	舉人		度支部郎中
議　員	賴　耀		普寧			浙江知府
議　員	黃錫疇		潮陽	廩生	日本留學	
議　員	謝　陶		海陽	廩生	法政畢業	
議　員	羅文光		大埔	附生		
議　員	沈秉仁		海陽	附生	留學日本	
議　員	李鑑淵		澄海	副貢	法政畢業	
議　員	陳乃勳		揭陽	歲貢		五品銜，候選縣丞

議　員	張養湘		長樂	廩貢		
議　員	羅獻修		興寧	拔貢		直隸州判
議　員	梁國俊		嘉應	廩生		
議　員	葉承訓		新興			花翎五品銜、新會訓導
議　員	蘇元瑞		高要	舉人		二品頂戴，按察使銜
議　員	周兆齡		開平	廩貢	兩廣師範	
議　員	張洒瑞		開平	舉人		同知銜，教諭
議　員	雷慶河		廣寧	附生		廣西補用典史
議　員	何國銓		高明	附生		
議　員	劉植卿		德慶			刑部主事
議　員	葉瑞圖		封川	拔貢		同知銜，廉州府教授
議　員	劉述堯		信宜	舉人		分部主事
議　員	林晉堃		吳川	拔貢		教職
議　員	陳壽庚		化州	副貢		江蘇補用道
議　員	周廷勵	32	茂名	舉人		直隸補用知府
議　員	楊彥深		茂名	蔭生		花翎浙江補用知府
議　員	劉運熙		靈山	舉人		
議　員	王師信		合浦			三品銜分部郎中
議　員	趙紹彰		欽州			教諭
議　員	吳　霏		徐聞	廩貢		
議　員	梁庭楷		楊江			戶部郎中
議　員	鄭潤霖		恩平	舉人		
議　員	吳澤瓊		會同	廩貢		
議　員	王紹祜		安定	廩貢		試用知縣
議　員	王國憲		瓊山	優貢		訓導
議　員	陳公賢		臨高	拔貢		廣西直隸州州判
議　員	陳所能		澄邁	舉人		福建鹽大使
議　員	鄭紹材		崖州	舉人		
議　員	賴文傑		羅定	附生		議敘通判
議　員	黃玉鍾		羅定	副貢		法部主事
議　員	陳鴻煊		東安	廩貢		五品頂戴，候選訓導
秘書長	古應芬		番禺	副貢	日本法政大學	（同盟會會員）

廣西省：共計57人；定額57人。
資料來源：名單取自《東方雜誌》，宣統元年十一月號附錄，出身背景
　　　　　取自縣志等資料。

職任	姓名	當選年齡	籍貫	傳統功名	新式教育	當選前職銜
議　長	陳樹勳		岑溪	進士		翰林院編修
副議長	唐尚光		全州	進士	日本法政大學	翰林院編修
副議長	甘德蕃		平南	廩生	日本法政大學	（後爲正議長）
議　員	林錫疇		懷集	舉人		
議　員	李識韓		蒼梧			
議　員	梁廷棟		蒼梧	進士		
議　員	黃宏憲		容縣		廣西體用學堂	（辦理上海公學堂，後爲副議長，同盟會會員）
議　員	蘇樹翰		藤縣			
議　員	朱景輝		藤縣			
議　員	陳太龍	32	蒼梧			
議　員	蒙　經	41	藤縣	舉人	日本法政大學	（同盟會會員）
議　員	莫汝龐		岑溪			
議　員	植自森		懷集	舉人		
議　員	羅藹吉		貴縣			
議　員	黎賡堯		貴縣			
議　員	唐鍾元		灌陽	蔭生		陸軍部主事
議　員	程修魯		桂平	舉人		
議　員	周維宗		武宜			
議　員	熊德望		馬平			
議　員	吳賜齡	36	融縣	副貢		
議　員	王鍾驥		融縣			縣知事
議　員	韋尚志		羅城			
議　員	陳國麟		鬱林			
議　員	林舒陞		陸川	歲貢		
議　員	馮汝梅		北流			
議　員	常遠昉		北流			
議　員	蔣庚藩		平樂			
議　員	姚克讓		永安			
議　員	吳壽松		昭平	副貢		
議　員	梁培瑛		賀縣	歲貢		候選州判
議　員	莫文奎		恭城			

議　員	邱建中		昭平	舉人		陽朔縣教諭
議　員	黃晉蒲		賀縣			
議　員	鍾廷雋		荔浦			
議　員	毛鴻濟		富川			
議　員	盧瑞春		富川			
議　員	廖濟斌		全州	廩生		
議　員	蘇繼軾		靈州	舉人		
議　員	徐新偉		陽朔		日本士官學校政治科	（孝廉方正）
議　員	何　俊		興安			
議　員	秦步衢		臨桂	舉人		（後爲副議長）
議　員	黃永祥		永寧			
議　員	覃祖烈		宜山			
議　員	盧樹芳		河池			
議　員	韋先發		賓州			
議　員	夏開運		武緣			
議　員	梁啓璋		上林			
議　員	曾文鴻		永康	舉人		
議　員	許修恭		萬承			
議　員	宋源學		恩隆			
議　員	梁書雲		宜化			
議　員	黃酒昌		宜化			
議　員	陸步雲		宜化			
議　員	古濟勳		永淳			
議　員	陸杏林		隆安	附生		知州
議　員	岑潤傳		陵雲			
議　員	孫丕顯		歸順			

雲南省：共計68人：定額68人。
資料來源：名單取自《東方雜誌》，宣統元年十一月號附錄，出身背景取自縣志等資料。

職任	姓名	當選年齡	籍貫	傳統功名	新式教育	當選前職銜
議　長	張惟聰		通海	舉人		
副議長	張世勳		石屏	廩貢		貴州通判
副議長	段宇清		保山	舉人		分省直隸州
議　員	顧視高	31	昆明	進士	日本法政大學	
議　員	吳　琨	31	昆明	進士	日本法政大學	

議　員	陳榮昌	31	昆明	進士	日本考察	雲南高等學堂總教習
議　員	錢用中		昆明	舉人	日本留學	署實業課長
議　員	吳貞祥		易門			
議　員	孔憲明		嵩明			
議　員	畢　宜		呈貢	舉人		
議　員	李汝松		宜良	副貢		訓導
議　員	秦康齡		呈貢	舉人		視學
議　員	李文清		昆明			
議　員	李尊先		南寧	舉人		
議　員	陳時銓		宜威	舉人		廣東知縣
議　員	陳君鼎		平			
議　員	陶洪鈞		霑益			
議　員	張名賢		馬龍			
議　員	竇居焱		羅平	拔貢		縣知事
議　員	張械臣		尋甸			
議　員	劉　鍠		蒙自			
議　員	尹繼昌		蒙自			
議　員	沈鋆章		建水			
議　員	尚嘉會		阿迷			
議　員	范彭齡	41	建水	舉人		
議　員	張正倫		通海	舉人		
議　員	徐家烺		嶍峨			
議　員	李　增		河陽	舉人		法部主事
議　員	楊開源		新興			
議　員	李岱生		江川	舉人		
議　員	黃明經		寶寧	舉人		
議　員	陳嘉修		富州			
議　員	萬鴻恩		開化			
議　員	黎榮清		寧洱			
議　員	楊東瀛		思茅			
議　員	蕭　械		會澤		留學日本	師範教師
議　員	唐學會		會澤			
議　員	敖立賢		永善			
議　員	黃士鈞		靖江			
議　員	潘炳章		鄧川			
議　員	袁學周		趙州			
議　員	趙叔良		蒙化			

議　員	褚錦章		雲南	舉人		
議　員	楊士珍		賓川			
議　員	杜朝選		太和			
議　員	杜國選		浪穹			
議　員	楊金鑑		鶴慶			
議　員	楊穆之		麗江			
議　員	丁　彥		鶴慶			
議　員	董友芹		騰越			
議　員	楊占學		龍陵	副貢		
議　員	楊自培		保山			
議　員	陳維寅		順寧			
議　員	李炳泰		楚雄	舉人		
議　員	郭燮熙		鎮南	舉人		
議　員	吳聯珠		定遠			
議　員	張之霖	32	姚州	舉人		
議　員	張嘉榮		姚州			
議　員	趙忠謀		大姚			
議　員	何事謙		廣西			
議　員	徐毓芳		師宗	舉人		
議　員	李偉人		邱北			
議　員	王　焜		彌勒			
議　員	徐　熙		鎮雄			
議　員	劉乾禮		元江			
議　員	梅增榮		祿勸	廩生		訓導
議　員	譚元經		永北			
議　員	周　樂		陸涼			

貴州省：共計40人：定額39人，秘書長1人。
資料來源：名單取自《辛亥革命》，第六冊，頁436-437，出身背景取自
　　　　　故宮一檔原抄件，縣志等資料。

職任	姓名	當選年齡	籍貫	傳統功名	新式教育	當選前職銜
議長	樂嘉藻		貴陽府	舉人	日本留學	（自治學社）
副議長	譚西庚	63	石阡府	舉人		（自治學社）知縣（後任議長）
副議長	牟　琳	31	遵義府	舉人	日本宏文書院	
議　員	黃德喜		貴陽府	廩生	經世學堂，留學日本	（自治學社）

議　員	華之鴻		貴陽府	附生		分部郎中、四川鹽大使(後任副議長)
議　員	朱　焯		安順府	舉人		
議　員	劉榮勛		安順府	廩生		
議　員	羅雲峰		安順府	恩貢		
議　員	張紹鑾		安順府	舉人		
議　員	鍾振玉	33	興義府	歲貢	法政學堂	(自治學社)
議　員	張光煒		興義府	舉人	貴陽經世學堂	四川試用知縣守備
議　員	陳時夏		大定府	武舉		
議　員	龍文瀚		大定府	附生		
議　員	邱頤齡		大定府	廩貢		
議　員	陳大經		遵義府	貢生		
議　員	駱文驤		遵義府	廩生		
議　員	杜希陵		遵義府	拔貢		
議　員	蔡　錦		遵義府	舉人		
議　員	金貢廷		遵義府桐梓	武舉人		(資產五千元)
議　員	周恭壽		都勻府	舉人	經世學堂，留學日本	揀選知縣(後任副議長)
議　員	楊　鈞		都勻府	廩生		
議　員	龔文柱		都勻府	舉人		(後任副議長)
議　員	潘德明		鎮遠府	歲貢		
議　員	龍昭靈		鎮遠府	廩生		
議　員	周興仁		鎮遠府	附生		
議　員	黃　華		鎮遠府	貢生		
議　員	余同善		銅仁府	廩生		
議　員	劉錫祺		平越府	拔貢		
議　員	周永年		平越府	舉人		
議　員	商肇文		平越府	歲貢		
議　員	吳培蘭		黎平府	貢生		
議　員	徐凌漢		黎平府	貢生		
議　員	劉長庚		思南府	歲貢		
議　員	張光輝		思南府	貢生		
議　員	丁鶴齡		思南府	歲貢		
議　員	楊謙光		思南府	恩貢		
議　員	邱銘佩		思州	廩生		
議　員	李榮春		石阡府			五品銜

| 議　　員 | 黃贊勛 | | 石阡府 | 廩生 | | |
| 秘書長 | 周培藝 | | | | | |

二、資政院議員名錄

民選議員：共計98人：定額100人，新疆2人未選。
資料來源：名單及出身背景取自《袖珍爵秩全函》，宣統辛亥夏季，頁
　　　　　31-33。
　　　　　年齡取自《順天時報》，宣統2年7月8日。

省　別	姓　名	當選年齡	籍　貫	傳統功名	新式教育	曾任職銜
奉　天	陳瀛洲	43	鐵　嶺	舉人		揀選知縣
奉　天	王玉泉	54	海　城	舉人		揀選知縣
奉　天	書　銘	37	開　原	附生	日本法政大學	考職巡檢
吉　林	徐穆如	38	尹　通	歲貢	法政畢業	
吉　林	慶　山	38	吉林府			二品銜分省試用道
黑龍江	桂　山	32	綏　化			裁決筆帖式
黑龍江	達沅阿	43	龍　江			直隸州知州
直　隸	齊樹楷	41	蠡　縣	舉人	日本法政大學	
直　隸	李　榘	37	束　鹿	進士	日本法政大學	北洋法政專校校長
直　隸	劉春霖	35	肅　寧	進士	日本法政大學	翰林院修撰
直　隸	籍忠寅	33	任　邱	舉人	日本早稻田大學	
直　隸	于邦華	41	棗　強	貢生		
直　隸	吳德鎮	43	新　城	進士	日本法政大學	翰林院編修
直　隸	陳樹楷	40	大　興	拔貢	日本法政大學	
直　隸	李摺榮	38	武　清	廩生		
直　隸	胡家祺	40	天　津	舉人	日本宏文書院	
江　蘇	許鼎霖	52	海　州	舉人		安徽候補道
江　蘇	孟昭常	39	常州府	舉人	日本法政大學	
江　蘇	雷　奮	33	松江府	附生	日本早稻田大學	
江　蘇	夏寅官	44	揚州府	進士		翰林院編修
江　蘇	馬士杰	43	揚州府	舉人		花翎內閣中書
江　蘇	潘鴻鼎	45	太倉州	進士		翰林院編修
江　蘇	方　還	43	蘇州府	廩貢		
安　徽	江　謙	35	婺　源	附生	日本法政大學	分部員外郎
安　徽	江　辛	39	旌　德	舉人		
安　徽	柳汝士	42	鳳　陽	舉人		
安　徽	李國筠	32	合　肥	舉人		三品銜分省試用道

安	徽	陶 鎔	44	舒 城	舉人	日本法政大學	
江	西	閔荷生	63	奉 新	進士		大名府知府
江	西	鄒國瑋	38	安 仁	拔貢		大理院推事
江	西	汪龍光	48	梁 浮	舉人		內閣中書
江	西	劉景烈	31	贛 縣		日本成城學校及陸軍士官學校	候選知縣
江	西	黃象賢		臨 川			
江	西	文 龢	36	萍 鄉	舉人		四川正監理官
浙	江	陳敬第	34	杭州府	進士	日本法政大學	翰林院編修
浙	江	余鏡清	31	寧波府	廩貢		
浙	江	鄭際平	37	臺州府	舉人	日本法政大學	
浙	江	王廷揚	45	金 華	進士	日本法政大學	江西補用知縣
浙	江	邵 羲	35	杭州府	廩貢	日本法政大學	
浙	江	王 佐	54	紹興府	舉人		
浙	江	陶葆霖	39	嘉興府	附生	日本法政大學	
福	建	康 詠	46	汀州府	進士		內閣中書
福	建	楊廷綸	34	福州府	進士		翰林院編修
福	建	張選青	43	汀州府	舉人		
福	建	李慕韓	32	泉州府	優貢		
湖	北	胡伯年	44	沔 陽	拔貢		侯選主事
湖	北	陳國瓚	45	蘄 州	副貢		
湖	北	鄭 潢	48	武 昌	廩貢	日本留學	安徽補用道
湖	北	談 鉞	56	興 山	拔貢		
湖	北	陶 峻	33	孝 感	優貢	日本法政大學	
湖	南	羅 傑	40	長 沙	附生	日本法政大學	
湖	南	湯魯璠	52	善 化	舉人		
湖	南	黎尚雯		瀏 陽		日本法政大學	
湖	南	唐右楨	57	武 陵	進士		翰林院編修
湖	南	易宗夔	34	湘 潭	廩生	日本法政大學	
山	東	陳命官	36	蓬 萊	舉人		
山	東	王昱祥	43	長 山	副貢		
山	東	彭占元	39	濮 州	附生	日本法政大學	(同盟會會員)
山	東	尹祚章	36	肥 城	增貢		
山	東	鄭熙嘏	54	日 照	舉人		
山	東	蔣鴻斌	47	滕 縣	舉人		
河	南	王紹勳	53	輝 縣	進士		翰林院編修
河	南	張之銳	42	鄧 州	進士		翰林院編修
河	南	彭運斌	35	鄧 州	進士	日本法政大學	翰林院編修
河	南	李時燦	44	汲 縣	進士		翰林院編修
河	南	陶毓瑞	39	寶 豐	拔貢		

山 西	李華炳	48	武 鄉	進士		翰林院編修
山 西	王用霖		榆 社			
山 西	李 素		平 定	舉人		
山 西	劉志詹	33	鳳 臺	拔貢	日本法政大學	
山 西	渠本翹	42	祁 縣	進士		翰林院編修
陝 西	周 鏞	35	涇 陽	進士		法部主事
陝 西	吳懷清	47	山 陽	進士		翰林院編修
陝 西	盧潤瀛	40	城 固	優貢		內閣中書
陝 西	梁守典	39	乾 州	舉人		
甘 肅	王曜南	48	靜 寧	進士		
甘 肅	楊錫田	38		舉人		
甘 肅	羅其光	33		舉人		
四 川	李文熙	31	奉 節	舉人		內閣中書
四 川	高凌霄	35	壁 山	舉人		內閣中書
四 川	張 政	32	江 油	舉人		
四 川	劉 緯	32	榮 縣	增生	四川高等學堂	
四 川	郭策勳	50	雲 陽		留學日本	
四 川	萬 慎	50	瀘 州	附生		
廣 東	劉曜垣	46	香 山	舉人		
廣 東	周廷勵	30	茂 名	舉人		
廣 東	王廷獻	39	海 陽	舉人		
廣 東	黃毓棠		新 寧	舉人		
廣 東	劉述堯		信 宜	舉人		
廣 西	黃晉蒲		賀 縣			
廣 西	馮汝梅	42	北 流	舉人		
廣 西	吳賜齡	36	融 縣	副貢		
雲 南	陳榮昌	31	昆 明	進士	日本考察	
雲 南	張之霖	32	姚 州	舉人		
雲 南	顧視高	31	昆 明	進士	日本法政大學	
雲 南	范彭齡	41	建 水	舉人		
貴 州	劉榮勛		安 順			
貴 州	牟 琳	32	遵 義	舉人	日本宏文書院	

欽選議員：共計101人（內總裁、副總裁、秘書長各一人），定額100人，2人緩派。

資料來源：《袖珍爵秩全函》，宣統辛亥夏季。

職任	姓名	當選年齡	籍貫	傳統功名	新式教育	當選前職銜
總裁	溥 倫					貝勒銜固山貝子

副總裁	李家駒	漢軍正黃旗	進士		學部左侍郎
宗室王公世爵議員	魁　斌				宗人府右宗正和碩睿親王
	載　功				內大臣正紅旗總族長和碩莊親王
	納勒赫				宗人府宗人多羅順承郡王
	載　瀛				鑲黃旗漢軍都統多羅貝勒
	載　潤				正黃旗漢軍都統多羅貝勒
	溥　霱				西陵守護奉恩鎮國公
	全　榮				東陵守護奉恩鎮國公
	壽　全				奉恩輔國公
	載　鎧				二等侍衛不入八分鎮國公
	載　振				鑲紅旗蒙古都統貝子銜鎮國將軍
	毓　盈				民政部郎中參議上行走鎮國將軍
	載　燕				頭等侍衛奉國將軍
	盛　昆				掌浙江道監察御史奉國將軍
	慶　恕				二等侍衛奉恩將軍
滿漢世爵議員	希　璋	蒙古正白旗			正紅旗漢軍副都統一等義烈公
	黃懋澄	福建和平			直隸宣化鎮總兵一等海澄公
	志　鈞	滿州鑲黃旗			鑲紅旗漢軍副都統鑲紅旗護軍統領三等承恩公
	榮　泉	滿州鑲黃旗			委散秩大臣三等承恩公
	榮　塾	漢軍正白旗			委散秩大臣稽查三海大臣續順公
	廷　秀	漢軍鑲黃旗			委散秩大臣一等侯
	存　興	滿州鑲黃旗			二等侍衛三等襄勇侯
	曾廣鑾	湖南湘鄉			委散秩大臣一等侯

	李長祿		湖南		廣西候補知府一等子爵
	敬　昌		滿洲正白旗		鑲白旗滿洲副都統正藍旗護軍統領三等子爵
	劉能紀		湖南		散秩大臣農工商部丞參上行走一等男爵
	胡祖蔭		湖南益陽	蔭生	郵傳部右參議三等男爵
外藩王公世爵議員	博迪蘇				御前大臣侍衛內大臣鑲藍旗滿洲都統哲理木盟閒散輔國公
	貢桑諾布爾			日本警察學校	御前行走幫辦盟務卓索圖盟扎薩克多羅都楞郡王
	色凌敦魯布				御前行走昭烏達盟閒散多羅君王
	色隆托濟勒				御前行走錫林郭勒盟扎薩克多羅額爾德呢郡王
	勒旺謀爾布				乾清門行走盟長備兵烏蘭察布盟多羅達爾罕車喱克圖郡王
	特古斯阿勒坦呼雅克圖				幫辦盟務依克昭盟扎克多羅郡王
	剛達多爾濟				乾清門行走庫倫大臣汗山盟薩克固山貝子
	多爾濟帕拉穆				御前行走盟長克魯倫巴爾城盟扎薩克多羅郡王
	達木黨蘇倫				參贊扎薩克河源都里雅諾爾盟扎薩克鎮國公
	那彥圖				御前大臣鑲黃旗滿洲都統齊齊爾喱克盟扎薩克和碩親王
	索特那木扎木柴				乾請門行走盟長副將軍騫因濟哈圖部落扎薩克和碩親王
	巴勒珠爾那布坦				乾請門行走青海霍碩特扎薩克多羅郡王
	司迪克				新疆巡檢屬回部輔國公

	那木濟勒 錯布丹				理藩部額外侍郎唐古 忒扎薩克輔國公
宗室覺羅議員	定秀 （宗室）	48	鑲紅旗		前宗人府主事
	世珣 （宗室）	39	鑲白旗		遼瀋道監察御史
	榮普 （宗室）		正藍旗		即補知府
	成善 （宗室）		正白旗		高等小學堂正教員
	景安 （覺羅）		鑲紅旗		陸軍部候補筆帖式
	宜純 （覺羅）		鑲黃旗	附生	署左翼覺羅族長
各部院衙門官議員	奎濂	37	滿洲正 白旗	蔭生	花翎三品銜度支部員 外郎司長
	陳懋鼎	41	福建 閩縣	進士	外務部右參議署左參議
	趙椿年	43	江蘇 武進	進士	農工商部參議上行走 江西候補知府
	錫嘏	36	滿洲 鑲藍旗	貢生	候補四品京堂前陸軍 部右參議
	榮凱	50	滿洲 鑲黃旗	生員	花翎鹽運使銜理藩部 郎中
	毓善	35	宗室 鑲藍旗	蔭生	吏部左參議
	劉道仁	40	湖北 沔陽	廩貢	日本士官學校	民政部郎中
	文哲琿	47	蒙古正 黃旗	舉人	理藩部郎中
	崇芳		滿洲正 黃旗	進士	掌遼瀋道監察御史
	李經畬	53	安徽 合肥	進士	翰林院侍講
	林炳章	35	福建 侯官	進士	郵傳部承參上行走候 補四品京堂
	慶蕃	42	滿洲 鑲白旗	蔭生	福建興泉永道
	顧棟臣	39	江蘇 無錫	副貢	學部郎中

	何藻翔	40	廣東順德	進士		外務部員外郎
	陳善同	35	河南信陽	進士		掌新疆道監察御史
	劉澤熙	40	湖南善化	廩貢	日本法政大學	度支部候補主事
	魏聯奎	62	河南汜水	進士		法部左參議
	趙炳麟	43	廣西全州	進士		候補四品京堂
	儼　忠	50	滿洲正白旗	監生		京畿道監察御史
	胡　駿	41	四川廣安	進士		翰林院編修
	王璟芳	34	湖北恩施	舉人	日本早稻田大學	度支部主事
	文　溥	40	蒙古正藍旗	進士		外務部郎中
	吳進修	43	河南光州	進士		吏部右參議
	柯劭忞	56	山東膠州	進士		學部署右參議
	榮　厚	37	滿洲正白旗	貢生		吏部郎中
	胡礽泰	34	江蘇寶山		日本警察學校	民政部郎中
	汪榮寶	32	江蘇吳縣	拔貢	日本法政大學	民政部左參議
	吳廷燮	45	江蘇上元	舉人		民政部右參議
	長　福	39	宗室正黃旗		日本警察學校	外務部郎中
	曹元忠	44	江蘇吳縣	舉人		內閣候補中書
	吳緯炳	43	浙江錢塘	進士		京畿道監察御史
	郭家驥	41	順天宛平	監生	日本警察學校	外務部參事
碩學	吳士鑑	43	浙江前塘	進士		翰林院侍讀

通儒議員	榮乃宣	67	浙江桐鄉	進士		江寧提學使
	章宗元	33	浙江烏程	進士		翰林院編修
	陳寶琛	62	福建閩縣	進士		內閣候補學士
	沈家本	71	浙江歸安	進士		法部右侍郎（兼副總裁）
	嚴　復	57	福建侯官	進士	留　英	學部參議上行走
	陸宗輿	33	浙江海寧	舉人	日本早稻田大學	候補四品京堂
	喻長霖	50	浙江黃巖	進士		翰林院編修
	沈林一	44	江蘇無錫	舉人		江西桂平梧道
	陶葆廉	49	浙江秀水	副貢		陸軍部郎中財政處總辦
納稅多額議員	孫以茚		奉天復州			
	周延弼		江蘇無錫		日本法政大學	
	席　綬		湖南安東			
	宋振聲		甘肅狄道州			
	羅乃馨		廣東新會			
	李士鈺		直隸天津			
	林紹箕		福建閩縣			
	王佐良		山東蘭山			
	李湛楊		四川重慶		日本宏文書院	
	王鴻圖		雲南			
秘書長	金邦平		安徽黟縣	進士		翰林院檢討

附錄二
第一屆國會議員名錄

一、參議院議員名錄

說明：K：國民黨　C：進步黨　M：民主黨　H：共和黨　T：統一黨

省　別	姓　名	年齡	籍貫	黨派	學歷	經歷	當選票數	備註
直隸	張　繼	33	滄縣	K	日本早稻田大學	同盟會員	97	議長
直隸	王法勤	44	高陽	K	留學日本	諮議局議員	97	
直隸	郝　濯	35	霸縣	K	直隸師範學校	中學教習	95	
直隸	王試功	31	懷來	K	北洋大學	朝陽中學教員	87	
直隸	王觀銘	35	寧晉	K	生員、日本早稻田大學	同盟會員	86	
直隸	劉彭壽	37	寧河		保定優級師範	教員	80	
直隸	籍忠寅	37	任邱	CM	舉人、日本早稻田大學	諮議局議員、資政院議員	76	
直隸	宋　楨	42	永年		生員、自治研究所	諮議局議員	72	
直隸	王文芹	32	清苑		畿輔大學	湖北陝西教育科長	73	
直隸	張其密	38	平泉			諮議局議員	78	
奉天	趙連琪	30	西安		生員、自治研究所	臨時參議員	21	
奉天	蘇毓芳	50	義縣		天津法政學堂		23	
奉天	謝書林	49	柳河		生員、師範傳習所、自治研究所	自治研究所長	20	
奉天	延　榮	45	奉天	K			18	
奉天	李紹白	32	遼陽	K	奉天優級師範	辦理師範學校	18	

奉天	陳瀛洲	46	鐵嶺		舉人	諮議局議員、資政院議員、揀選知縣	20	
奉天	富　元	31	鐵嶺	K	生員、自治研究所	警務科長	29	
奉天	楊　渡	31	海城	K	奉天高等警校	警務長	22	
奉天	龔玉崑	31	新民	K			21	
奉天	孫乃祥	38	奉天		貢生、自治研究所		26	
吉林	婁鴻聲	41	賓州	K	生員	臨時省議會議員	15	
吉林	楊福洲	37		K		科員		遞補趙銘新
吉林	蕭文彬	30	五常	K	吉林高等警校	臨時省議員	13	
吉林	高鴻恩	33	雙城		拔貢		13	
吉林	齊甲忠	55	伊通	K	進士	貴州道臺	17	
吉林	金鼎勳	35	吉林	K	日本明治大學		13	
吉林	趙成思	31	吉林	K	北洋高等巡警學堂	省議員	13	
吉林	楊繩祖	31	雙城	K	法政專校、銀行專校		14	
吉林	王洪身	31	農安	K			13	
吉林	趙學臣	38	長春		附生、北洋法政學堂	內閣中書、諮議局議員	11	
黑龍江	蔡國忱	36	肇州		直隸法政學堂	臨時省議員	17	
黑龍江	郭相維	30	餘慶	K	初級師範	小學教員	17	
黑龍江	姚翰卿	33	青岡	K		創辦學校	18	
黑龍江	鄭林泉	31	拜泉	K	初級師範	教育會會長	15	
黑龍江	李伯荊	46	呼蘭	K		諮議局議員	16	
黑龍江	劉正堃	37	綏化	K	貢生	省議員	19	
黑龍江	金德馨	31	海倫		生員	諮議局議員	18	
黑龍江	楊崇山	39	海倫	K	直隸法政學堂	司法會議議員	17	
黑龍江	楊喜山	30	呼蘭	K	生員		19	
黑龍江	高家驥	32	巴彥	K	京師法政專門學校		17	
江蘇	蔣曾燠	30	無錫	K			67	
江蘇	鄭斗南	55	江都	K	舉人	知縣、知府、交涉員	62	
江蘇	王立廷	44	洋山	K	舉人、日本	諮議局議員	61	

					法政大學			
江蘇	解樹強	30	阜寧	C	日本早稻田大學		59	
江蘇	楊　擇	40	武進	K			55	
江蘇	辛　漢	36	巴寧		舉人	民政部主事、檢察長	79	
江蘇	藍公武	32	吳江	C	日本帝國大學、法國留學		74	
江蘇	秦錫圭	50	上海	K	進士	知縣、知府、交涉員	69	
江蘇	朱甲昌	34	泰縣				64	
江蘇	陶　遜	42	丹徒	K		參事、鐵路局長	48	
安徽	章兆鴻	45	貴池	K			39	
安徽	李子幹	35	合肥	K			37	
安徽	張我華	31	鳳陽	K		中學校長	35	
安徽	高蔭藻	36	合肥	K	日本長崎高等商校	同盟會員、安徽報館經理	42	
安徽	丁象謙	37	阜陽	K	生員、江南高等學堂、留學日本東洋大學	法政學校教員	35	
安徽	石德純	33	壽縣	K	日本留學		42	
安徽	馬　坤	38	懷寧	K			40	
安徽	吳文瀚	34	全椒	K	貢生	臨時省議員	52	
安徽	汪律本	44	歙縣	K			39	
安徽	胡璧城	43	涇縣		舉人	辦安慶中學、諮議局秘書長	69	
江西	蕭輝錦	38	永新	K	舉人	諮議局議員	46	
江西	周澤南	30	萍鄉	K	日本早稻田大學		52	
江西	湯　漪	34	泰和	K	舉人、日本慶應義塾、美國密州大學	臨時參議員	52	
江西	燕善達	38	南昌	K			69	
江西	蔡突靈	33	新昌	K		同盟會員、江蘇教育司長	59	
江西	鄒樹聲	32	安福	K			50	
江西	符鼎升	35	宜黃	K	日本東京高等師範	江西教育司長	58	

江西	朱念祖	32	蓮花	K	生員、日本明治大學	知事	53	
江西	盧式楷	34	清江	K			80	
江西	劉 濂	38	雩都	K	生員、日本早稻田大學、中央大學	江西司法局局長	65	
浙江	金兆棪	36	金華	K	舉人	知縣	79	
浙江	張 烈	30	樂清		日本早稻田大學		54	
浙江	許 榮	34	瑞安	K			76	
浙江	陸宗輿	38	海寧	C	舉人、日本早稻田大學	資政院欽選議員、候補四品京堂	56	
浙江	王正廷	31	奉化	K	北洋大學、留學日本		74	副議長
浙江	王家襄	42	紹興	CH	貢生、日本警察學校	諮議局議員	52	
浙江	陳洪道		太平		舉人、法律學校	浙江法院院長	52	遞補陳其美
浙江	張 嘈	35	天台				61	
浙江	童杭時	36	嵊縣	K	日本法政學校	省議員	65	
浙江	鄭際平	41	黃巖	K	舉人、日本法政大學	諮議局議員、資政院議員	76	
福建	宋淵源	36	永春		日本明治大學	同盟會員	57	
福建	陳祖烈	38	閩侯		舉人、日本法政大學	法政學校教授	51	
福建	林 森	44	閩侯		英華書院	同盟會員	59	
福建	雷煥猷	50	寧化		舉人		58	
福建	楊家驤	31	晉江		日本大學		52	
福建	潘祖彝	30	崇安		日本岩倉鐵道科	省議員	59	
福建	劉映奎	46	寧化		舉人	法部主事	60	
福建	黃樹榮	50	寧德				50	
福建	李兆年	36	建甌		貢生、京師法政學堂	知縣、推事	36	
福建	方聖微	38	雲霄		副貢、第一師範	小學校長	44	
湖北	劉成禺	38	武昌	CH	留學日本	漢口官立商業學校教務長	56	

湖北	韓玉辰	31	松滋	K	武昌法政學堂		34	
湖北	張　漢	34	荊門	K		新軍士兵、革命	58	
湖北	居　正	38	廣濟	K	日本大學	同盟會員、南京臨時政府內務部次長	38	
湖北	董昆瀛	37	大冶	C	北京法政大學		57	
湖北	胡秉柯	33	潛江	K	兩湖書院		40	
湖北	彭介石	37	隨縣				38	
湖北	高仲和	37	棗陽	K	日本早稻田大學	鄂民政部參事	35	
湖北	鄭江灝	32	棗陽		日本東斌學堂	民社幹事	56	
湖北	蔣義明	37	潛江	K	生員、日本早稻田大學	臨時省議員	35	
湖南	彭邦棟	39	宜章	K			37	
湖南	田永正	38	永定	K			65	
湖南	吳景鴻	38	桃源	K	留學日本	教育司長	42	
湖南	周震麟	36	寧鄉	K	生員、兩湖書院	同盟會員	36	
湖南	李漢丞	45	衡山	K	生員、日本明治大學	同盟會員、法政學校教員	39	
湖南	陳煥南	34	東安	K	生員、日本宏文書院	服務警界	34	
湖南	黎尚雯	44	瀏陽	K		諮議局議員、資政院議員	37	
湖南	胡　瑛	34	桃源	K	留學日本	華興會員、同盟會員	77	
湖南	盛　時	36	長沙	K	日本法政大學		32	
湖南	向乃祺	29	永順	K	生員、日本早稻田大學	湖南財政司科長	35	與法定年齡不合
山東	丁世嶧	36	黃縣	C	廩貢、日本法政大學	諮議局議員	63	
山東	徐鏡心	39	黃縣	K	日本早稻田大學	同盟會員	62	
山東	劉星楠	33	清平		北京法政學堂	臨時參議員	64	
山東	張錫畛	33	新城	K	留學日本	省議員	62	又名魯泉
山東	蕭承弼	41	長清		北京大學	工科學校教務長	64	

山東	尹宏慶	42	高唐	K	舉人、日本法政大學	揀選知縣	58	
山東	唐仰懷	32	鄒縣				62	
山東	王鳳翥	54	諸城	K		省議會議員	61	
山東	安舉賢	30	日照		日本明治大學	商校教員	59	
山東	揭曰訓	32	單縣	K	優級師範	參議員	60	
河南	李 榮	36	潢川	C	日本法政大學	諮議局議員	64	
河南	劉積學	33	新蔡	K	日本法政大學	同盟會員、臨時參議員	57	
河南	陳銘鑑	36	西平		中華大學	中學校長	65	
河南	謝鵬翰	43	商邱	K	生員、法政大學	縣議會議長	57	
河南	王靖方	33	沁陽	K	日本明治大學	民立報記者	52	
河南	段世垣	32	澠池	K			56	
河南	黃佩蘭	31	葉縣				66	
河南	毛印相	31	滑縣	K			56	
河南	高鴻圖	30	鄧縣	K			61	
河南	賈濟川	31	宜陽				61	
山西	王用賓	32	猗氏	K	留學日本		45	
山西	田應璜	49	渾源		舉人	知縣	37	
山西	張杜蘭	39	榆社				42	
山西	劉懋賞	48	平魯				40	
山西	張瑞璣	33	趙城	K	舉人	山西財政司長	40	
山西	段硯田	30	襄陵				38	
山西	苗雨潤	34	襄垣		廩生，日本宏文書院	諮議局議員	39	
山西	班廷獻	33	豐鎮				36	
山西	張聯魁	33	成縣		舉人、日本帝國大學	實業科長	40	
山西	陳敬棠	41	忻縣				40	
陝西	鍾允諧	38	南鄭				34	
陝西	焦易堂	34	武功		生員、自治研究所	省議員	34	
陝西	陳同熙	32	潼關	K			36	
陝西	岳雲韜	31	咸寧				34	
陝西	何毓璋	32	石泉		進士、高等法律學堂	知縣、科長、參議員	35	
陝西	張蔚森	30	渭南	K	日本明治大學	陝省議會議員	34	

陝西	趙世鈺	31	三原	K	留學日本	同盟會員	38	
陝西	竇應昌	43	鳳翔	K	舉人	教育會長、中學教員	29	
陝西	李述膺	30	耀縣	K	留學日本	民立報編輯	37	
陝西	范　憔	30	郃陽				37	
甘肅	王鑫潤	36	皋蘭	K	北京高等法律學堂	司法部簽事	17	
甘肅	宋　梓	32	伏羌		生員	七品小京官	17	
甘肅	馬良弼	46	安定				17	
甘肅	萬寶成	30	會寧	K			17	
甘肅	文登瀛	31	武威				17	
甘肅	范振緒		靖遠				18	年齡漏列
甘肅	梁登瀛	39	金縣		進士、京師律學館	司法部主事	17	
甘肅	王佐才	46	武威	K			18	
甘肅	馬維麟	28	河縣		甘肅文高等學堂		33	年齡不合法
甘肅	魏鴻翼	41	伏羌	K	進士	知縣	31	
新疆	蔣舉清	36	昌吉	K	舉人		12	
新疆	李　溶	45	鎮西		貢生	科員	11	
新疆	廉炳華	30	精河		生員、北京法治大學	臨時省議員	10	
新疆	孔憲瑞	32	孚遠	K			11	
新疆	宋國忠	36	寧遠	K			22	
新疆	哈得爾	51	吐魯番				12	
新疆	閻光耀	35	烏蘇		貢生、自治研究所		10	
新疆	何多才	30	哈密				9	
新疆	劉卷佺	30	鎮西				10	
新疆	何海濤	41	皋蘭	K		知州	11	
四川	李國定	54	溫江	K			62	
四川	饒應銘	34	越雟		高等學堂	巡案公署顧問	57	
四川	江　潘	32	涪陵	K	副貢、日本法政大學	諮議局議員	66	
四川	王　湘	37	巴縣	C	醫事學校	軍醫院院長	53	
四川	楊　芬	34	巴縣	K	日本明治大學		64	

四川	趙時欽	36	江安				52	
四川	謝　持	35	富順	K	川南師範	同盟會員，辦小學、中國公學學監	60	
四川	周　擇	34	成都		日本法政大學	法政學堂教習、教務長	57	
四川	程瑩度	37	雲陽	K	生員、日本明治大學	諮議局議員	66	
四川	吳炳臣	34	樂至				46	
廣東	周廷勱	35	茂名	K	舉人	諮議局議員、資政院議員		
廣東	溫雄飛	31	新寧	K	留學英國	同盟會員、臨時省議會		
廣東	何士東	47	大埔	K	進士	吉林府知府、法政學堂總理	54	
廣東	李自芳	33	新寧	K	京師法律學堂	同盟會員、教員	47	
廣東	彭建標	34	龍川	K	貢生、法政專門學校	省議員	49	
廣東	楊永泰	31	茂名	K	北京匯文大學		49	
廣東	王鴻龐	31	瓊山	K	高等警察學校		50	
廣東	李茂之	32	南海	K		圖書館長	39	
廣東	黃錫銓	61	梅縣	K		省議員	56	
廣東	李英銓	37	英德	K	貢生，廣東法政學堂		50	
廣西	馬君武	32	桂林	K	日本帝國大學	同盟會員		
廣西	曾　彥		廣西	K	日本明治大學	同盟會員		
廣西	盧天游	34	桂平	K	日本法政大學	諮議局議員、法制局局長		
廣西	梁士模	30	北流	K	貢生，兩廣師範	省議員、中學教習		
廣西	梁　培	31	扶南	K	拔貢	同盟會員		
廣西	黃宏憲	38	容縣	K	廣西體用學堂	諮議局議員、同盟會員		
廣西	黃紹侃							
廣西	嚴　恭			K				
廣西	郭春霖			K				
廣西	易文藻			K				
雲南	呂志伊	32	思茅	K	日本速成師範、早稻田大學	同盟會員	54	

雲南	謝樹瓊	30	騰衝	K			45	
雲南	朱家寶	50	寧縣		進士	安徽巡撫	28	
雲南	孫光庭	50	南寧	K			48	
雲南	王人文	50	太和		進士	川布政使、護理川督	49	
雲南	袁嘉穀	41	石屏	K	進士	翰林院編修	46	
雲南	李文治	57	太和		舉人	諮議局議員	30	
雲南	趙　鯨	41	洱源	K		度支部主事	43	
雲南	陳　善	38	鹽豐		法政專門學堂	諮議局議員	29	
雲南	楊　瓊	58	鄧川	K			47	
貴州	徐承錦	39	銅仁	CH	貢生、京師大學堂	民政部參議	22	
貴州	吳作棻	30	遵義	CH	法官養成所	教員、縣知事	23	
貴州	黃元操	38	安順	CH			19	
貴州	周學源	35	安順	CH			16	
貴州	劉光旭	39	修文	CH	貢生	臨時省議員	22	
貴州	張金鑑	36	安順	CH			26	
貴州	陳光燾	31	貴陽	C	日本早稻田大學		14	
貴州	姚　華	36	貴陽	CH	進士、日本法政大學	郵傳部主事	23	
貴州	張光煒	38	盤州	CH	舉人	諮議局議員、知縣	26	
貴州	李耀忠	32	貴陽	CH			22	
哲理木盟	阿穆爾圭靈	31	科爾沁左翼後旗			親王	11	
哲理木盟	包旺瑞魯布	32	科爾沁左翼中旗				5	
卓索圖盟	金永昌	31	喀爾沁右翼	K	日本留學		140	
卓索圖盟	熙淩阿	60	喀爾沁左翼			蒙古貴冑	20	
昭烏達蒙	德色賴托布	39	敖漢左旗				59	

			多羅貝勒					
昭烏達蒙	蘇珠克圖巴圖魯	33	奈曼旗扎薩克親王				42	
錫林郭勒盟	羅布桑車珠爾	36	喀喇沁右翼				19	
錫林郭勒盟	沛　霖	43	喀喇沁左翼				21	
烏蘭察布盟	旺楚克拉布坦	26	四子部落旗				15	
烏蘭察布盟	諾爾佈三佈	26	達爾罕旗				14	
伊克昭盟	劉新貴	38	原籍直隸寄居伊克昭盟				3	
伊克昭盟	王巒聲	30	同上				8	
土謝圖汗部	祺誠武	32	外蒙				44	
土謝圖汗部	鄂多台	50	外蒙				14	
車臣汗部	鄂伯噶台	53	外蒙				24	
車臣汗部	車林桑都布	31	外蒙				9	
三音諾顏汗部	祺克坦	30	外蒙				34	
三音諾顏汗部	榮　厚	40	滿洲鑲白旗			欽選資政院議員	21	
扎薩克圖汗部	布爾格特	43	外蒙				19	
扎薩克	陸大坊	32	江蘇	C			22	

圖汗部			太倉					
烏梁海	唐古色							
烏梁海	曹汝霖		江蘇上海	C	舉人、日本東京法學院	農工商部主事、外務部右侍郎		袁世凱指派
科布多等處	楊增炳			K				
科布多等處	札克爾雅							
科布多等處	噶拉增							
阿拉善	塔旺佈理甲拉	43	額勒特			親王	16	
額濟納	巴圖永東	49	額濟納蒙旗				4	
前藏	頓柱羅布	32	西藏呢木				6	
前藏	札希土噶	34	西藏拉薩			藏文教習	5	
前藏	王賡	35	安徽合肥	CT	進士、日本法政大學	軍諮使、副都統	5	
前藏	廈札噶布倫	57	西藏拉薩				4	
前藏	孫毓筠	44	安徽壽縣	K	留學日本	同盟會員	4	
後藏	江贊桑布	40	西藏拉薩				6	
後藏	傅諾	41	四川華陽		日本考察	開採煤礦	5	
後藏	廈仲阿旺益喜	44	後藏札什倫布				5	
後藏	龔煥辰	34	四川江津	CH		新聞事業	4	
後藏	程克	39	河南開封			內務部參事	4	
華僑	唐瓊昌	42	廣東	K				
華僑	吳湘	35	廣東	K	日本東京同文書院、北	縣議會議長、商		

				京譯學館			
華僑	朱兆莘	32	廣東	K	生員、京師大學堂、紐約大學、哥倫比亞大學		
華僑	蔣報和	31	福建	K			
華僑	謝良牧	30	廣東	K	留學日本、英國	同盟會員	富有
華僑	盧　信	30	廣東	K	遊學美國	省議會議長	

二、眾議院議員名錄

說明：K：國民黨　C：進步黨　M：民主黨　H：共和黨　T：統一黨

省別	姓名	年齡	籍貫	黨派	學歷	經歷	當選票數	備註
直隸	鄧毓怡	33	大城				33	
直隸	恆　鈞	30	宛平	K	日本早稻田大學	大同報經理	32	
直隸	韓增慶	38	大興				31	
直隸	馬文煥	58	香河	K	貢生、法政學校	小學校長	30	
直隸	李摶宗	41	武清	K	廩生	諮議局議員、資政院議員	29	
直隸	金詒厚	28	大興	K	順天高等學堂	中學教員	28	
直隸	王吉言	44	三河	K	舉人、法政專門學校	從事教育	27	
直隸	李春榮	33	平泉	K	北洋法政學堂	地方自治委員	38	
直隸	呂泮林	41	朝陽		法政學堂		35	
直隸	王玉樹	36	朝陽	K	舉人		34	
直隸	張雲閣	35	灤縣				32	
直隸	李保邦	58	樂亭	K		知州	31	
直隸	張滋大	36	建平				31	
直隸	谷芝瑞	46	臨榆		進士、日本法政大學	諮議局議員	30	
直隸	劉縣汗	39	豐潤		日本弘文書院		29	後任京師總務廳長

直隸	王錫泉	37	蠡縣		日本經緯學校	諮議局議員	37	
直隸	張國浚	35	清苑	K	貢生、直隸大學堂	中學校長	34	
直隸	張官雲	42	束鹿	K	天津北洋大學	中學校長	33	
直隸	楊式震	44	滿城	K	舉人	高等小學校長	30	
直隸	耿兆棟	34	唐縣				29	
直隸	溫世霖	43	天津	K		議事會議員	39	
直隸	孫洪伊	41	天津	CM	舉人	諮議局議員	38	
直隸	馬英俊	38	東光				37	
直隸	李家楨	43	天津		生員		36	
直隸	張書元	39	寧津			諮議局議員	34	
直隸	賈睿熙	34	蔚縣		舉人		32	
直隸	杜凱元	29	懷來	K			32	
直隸	童啓曾	26	宣化				30	
直隸	谷鍾秀	36	定縣	K	生員、日本早稻田大學	諮議局議員	43	
直隸	呂　復	35	保定	K	日本明治大學	同盟會員、民報記者	67	
直隸	張秉之	26	張理	K			36	
直隸	王葆眞	30	深澤	K	留學日本		41	
直隸	王振垚	40	定縣		舉人、日本宏文書院	諮議局議員、經選知府	41	
直隸	崔懷灝	32	晉縣	K	生員、北洋師範專修科	小學校長	40	
直隸	張士才	41	獲鹿	K		臨時省議員	38	
直隸	胡源匯	31	永年	C	生員、日本早稻田大學	北洋法政學校校長	52	
直隸	張則林	30	肥鄉				38	
直隸	呂金鏞	48	邢台				37	
直隸	李景濂	43	邯鄲	K	進士	直隸高等學堂教習、內閣中書	33	
直隸	陳純修	28	清豐				30	
直隸	張敬之	47	曲周		自治研究所	縣參事會參事	28	
直隸	李永聲	36	安平	K			40	
直隸	王雙岐	34	冀縣		舉人、日本早稻田大學	法政教員	34	
直隸	常堉璋	44	饒陽		貢生、日本留學	天津自治局議員	32	
直隸	張恩緩	30	深縣		日本早稻田	臨時省議會議員	31	

				大學			
直隸	趙金堂	29	南宮	K	中國公學	同盟會員、臨時省議員	26	
奉天	焉泮春	50	復縣		貢生、自治養成會	諮議局議員	37	
奉天	劉恩格	35	遼陽	K	東三省法政學堂	法政教員	26	
奉天	姜毓英	36	蓋平	K	奉天法政學堂	科員	32	
奉天	翁恩裕	37	本溪	K		筆帖式	32	
奉天	楊大實	29	開原	K	日本東斌學校	警察長、同盟會員	31	
奉天	張嗣良	38	鐵嶺		生員、日本東京宏文書院		30	
奉天	曾有翼	41	奉天		貢生、京師大學堂	奉天教育會會長	29	
奉天	蔣宗周	33	錦州	K			36	
奉天	吳景濂	39	寧遠	K	舉人、京師大學堂、日本考察	諮議局議長、奉天教育會會長	32	
奉天	李有忱	31	新民	K	奉天兩級師範	縣議會議長	29	
奉天	邴克莊	31	盤山	K	奉天高等警察學校	辦團練	28	
奉天	王蔭棠	41	海龍	C	廩生	諮議局議員、統計長	47	
奉天	劉興甲	34	昌圖		留日法政大學	諮議局議員、候用巡檢	34	
奉天	李秉恕	37	奉化	K	生員、日本宏文書院	師範校長	35	
奉天	仇玉垿	38	岫巖	K	日本宏文書院	師範校長、縣議會議長	29	
奉天	羅永慶	42	興京	K		創辦學校	24	
吉林	張雅南	48	吉林	K	貢生、憲政研究所	荒務委員	26	
吉林	李膺恩	35	舒蘭	K	吉林師範學校	高等小學校長	25	
吉林	齊耀瑄	46	伊通		生員	分省補用知府	28	
吉林	黃耕雲	50	長春	K		創辦長春女校	29	
吉林	畢維垣	46	長春		舉人	創辦學堂三百餘所	28	
吉林	王玉琦	60	長春		貢生	諮議局議員	27	

吉林	范殿棟	46	榆樹		貢生	縣議會議長	42	
吉林	楊振春	28	雙城	K	北京法政專校	保安會會長	32	
吉林	莫德惠	40	雙城		北洋高等巡警學堂	知縣	26	
吉林	徐清和	32	寧安	K			20	
黑龍江	葉成玉	35	龍江	K	法政講習科	辦小學三十餘所	32	
黑龍江	劉振生	25	肇州	K			27	
黑龍江	孟昭漢	41	黑龍江		生員	知縣分省試用	31	
黑龍江	秦廣禮	26	黑龍江	K			29	
黑龍江	邵慶麟	29	黑龍江	K	師範畢業		28	
黑龍江	楊榮春	48	黑龍江			省議員	26	
黑龍江	陳耀光	32	綏化		師範學堂	自治公所紳董	28	
黑龍江	關文鐸	35	綏化		貢生	諮議局議員	27	
黑龍江	王文璞	34	綏化	K	北洋法政學堂	巡防陸軍執法處書記	26	
黑龍江	田美峰	36	綏化			筆帖式、諮議局議員	25	
江蘇	吳榮萃	34	六合	K	日本明治大學	諮議局議員	47	
江蘇	陶保晉	37	江寧		日本法政大學	諮議局議員、法政專校校長	46	
江蘇	方 潛	35	江都	K			44	
江蘇	汪秉忠	40	江都			諮議局議員	43	
江蘇	張鶴弟	41	江都		舉人	諮議局議員	41	
江蘇	夏寅官	48	東台		進士	諮議局議員、資政院議員	38	
江蘇	董增儒	30	高郵				37	
江蘇	凌文淵	37	泰縣	C	師範學堂	諮議局議員	34	
江蘇	徐兆瑋	46	常熟	K	進士、日本法政大學	翰林	42	
江蘇	王紹鏊	26	吳江	CT	日本法律學校		41	
江蘇	孫潤宇	34	吳縣	K	日本法政大學	律師總會會長	38	
江蘇	蔣鳳梧	38	常熟		日本宏文學院	科長	37	
江蘇	徐蘭墅	29	崇明		生員、日本早稻田大學	縣議員	37	

江蘇	姚文枬	57	上海	CH	舉人	諮議局議員	36	
江蘇	翟營甲	40	常熟	K		民政署主計科長	32	
江蘇	孫熾昌	36	奉賢				30	
江蘇	高　旭	37	金山	K		同盟會員	28	
江蘇	陳經鎔	45	泰興		日本早稻田大學		47	
江蘇	胡兆沂	30	如皋	K			45	
江蘇	劉可均	29	靖江				44	
江蘇	孟　森	45	武進	CH	生員、日本法政大學	諮議局議員	37	
江蘇	孫光圻	34	無錫				41	
江蘇	茅祖權	31	南通	K	日本法政大學		41	
江蘇	陳　義	36	丹徒				37	
江蘇	陳允中	41	金壇		恩貢、日本考察	諮議局議員	32	
江蘇	朱溥恩	39	武進	K	生員	諮議局議員	36	
江蘇	董繼昌	40	丹陽				36	
江蘇	屠　寬	32	武進	K			35	
江蘇	楊廷棟	35	吳縣	CH	日本東京專門學校		33	
江蘇	石　銘	44	溧陽	K			33	
江蘇	王汝圻	36	阜寧		日本早稻田大學		48	
江蘇	楊　潤	36	阜寧				41	
江蘇	陳士髦	38	邳縣				38	
江蘇	胡應庚	29	鹽城	K			36	
江蘇	謝翊元	27	東海	CH	京師法政學堂	法部主事	35	
江蘇	邵長鎔	50	灌雲		貢生	諮議局議員	34	
江蘇	吳　涑	47	清河				33	
江蘇	張相文	48	桃源	K		地學會創建人	31	
江蘇	王茂才	42	沛縣	K	日本法政大學	民政司總務科長	30	
江蘇	朱繼之	46	安東			諮議局議員	29	
江蘇	何　雯	32	懷寧		舉人、日本法政大學	法制科長	40	
安徽	賀廷桂	31	宿松			檢察長	34	
安徽	張　塤	41	懷寧		舉人、法政專科	知縣、縣議會副議長	33	
安徽	余　棨	32	望江		生員	諮議局議員、河	28	

						東鹽法道		
安徽	吳汝澄	39	桐城	K		諮議局議員	27	
安徽	唐理淮	30	合肥				34	
安徽	陶鎔	47	舒城		舉人	諮議局議員、資政院議員	37	
安徽	丁秉炎	31	霍山	K			32	
安徽	戴聲教	45	合肥	C			29	
安徽	常恆芳	32	壽縣	K	生員、日本大學	記者、臨時參議員	39	
安徽	凌毅	34	定遠	K			38	
安徽	陳策	29	壽縣	K	日本明治大學	臨時參議院議員	33	
安徽	曹玉法	33	靈璧	K	安徽法政學堂	臨時參議員	32	
安徽	楊士驄	40	泗縣			財政監理官	28	
安徽	寧繼恭	42	阜陽			諮議局議員	33	
安徽	湯松年	38	潁上	K			28	
安徽	劉鴻慶	44	渦陽	K		知縣	26	
安徽	汪建剛	29	歙縣	K			47	
安徽	江謙	37	婺源		附生、日本法政大學	諮議局議員	42	
安徽	吳日法	31	歙縣			中學教員	26	
安徽	汪彭年	33	旌德	CH	日本法政大學	上海神州日報主筆	43	
安徽	陳光譜	33	宣城	CM	生員、陸軍醫學校	創辦小學數十所	41	
安徽	王多輔	36	太平		生員、京師大學堂	師範學堂監督	31	
安徽	王源翰	46	貴池	K			39	
安徽	周學輝	32	建德				32	
安徽	許植材	37	當塗				33	
安徽	盧恩澤	55	無爲				30	未開院即辭
江西	張于潯	26	南昌	K	日本振武學堂、法國巴黎大學	參議	45	
江西	徐秀鈞	34	德化				36	
江西	黃懋鑫	27	武寧		生員、初級師範、法政學堂	小學教員	34	
江西	梅光遠	32	南昌	CM	舉人、日本	大陸銀行委員、	32	

					考察	南潯鐵路董事		
江西	李國珍	31	武寧		日本早稻田大學	七品小京官	32	
江西	王恆	35	瑞昌	K	日本早稻田大學	教員	31	
江西	王有蘭	27	興國	K	日本中央大學法科	江西都督府參議	45	
江西	曾幹楨	36	會昌	K	貢生、日本早稻田大學、中央大學、明治大學	創辦法制學校	39	
江西	曾有瀾	33	長寧				39	
江西	陳鴻鈞	34	上猶	K	生員、日本中央大學	省議會副議長	37	
江西	葛莊	41	雩都			知縣	36	
江西	陳子斌	28	石城	K	北京法律學堂	大理院法官	32	
江西	賴慶暉	31	龍南	K	日本法政大學	法政教員、內務司科長	29	
江西	劉景烈	34	贛縣	C	日本工校、成城學校	諮議局議員、資政院議員、省議會議員	27	
江西	黃裳吉	36	鄱陽				42	
江西	戴書雲	41	餘干	K	副貢	諮議局議員	40	
江西	郭同	34	上饒				38	
江西	黃攻素	29	玉山	K			37	
江西	程鐸	27	鄱陽	K	日本早稻田大學	軍政府外務局長	33	
江西	黃格鷗	29	清江	K			44	
江西	鄒繼龍	31	新淦	K			43	
江西	文群	32	萍鄉	K	日本法政大學	同盟會員	43	
江西	潘學海	37	上高	K	廩生、日本早稻田大學、中央大學	省議員	36	
江西	辛際唐	39	萬載	K	舉人	辦地方自治	36	
江西	盧元弼	38	南城	K			36	
江西	王侃	30	東鄉	K	日本宏文書院普通科	江西司法司司長	35	
江西	黃象熙	37	臨川			諮議局議員、資	32	

						政院議員		
江西	歐陽沂	34	宜黃	K			31	
江西	羅家衡	29	盧陵	K	日本早稻田大學	法政專校校長	37	
江西	歐陽成	34	吉水	K	舉人、日本中央大學	顧問	35	
江西	彭學浚	32	安福	K			35	
江西	邱冠棻	28	盧陵	K	生員、日本早稻田大學	知縣	34	
江西	賀贊元	36	永新	K	舉人	諮議局議員、在籍郵傳部主事	34	
江西	俞鳳韶	33	德清	K	舉人	工商部秘書	47	
浙江	周 珏	32	嘉善	K			44	
浙江	姚勇忱	34	吳興	K			42	
浙江	褚輔成	41	嘉禾	K	日本東洋大學	諮議局議員、浙政事部長	41	
浙江	杭辛齋	45	杭縣	K		新聞記者、中書科中書	39	
浙江	陳敬第	38	杭縣	C	進士、日本法政大學	諮議局議員、資政院議員	37	
浙江	張世楨	35	海鹽				32	
浙江	胡翔青	38	鄞縣				48	
浙江	謝國欽	32	天台	K			48	
浙江	張傅保	36	鄞縣	K	舉人	諮議局議員	48	
浙江	杜士珍	31	上虞				46	
浙江	金尚詵	46	太平	K		諮議局議員	40	
浙江	盧鍾嶽	29	諸暨	K	日本明治大學	警察學校教員	39	
浙江	朱文劭	33	黃巖		進士、日本法政大學	廣西提法使	37	
浙江	周繼漀	32	臨海	K	舉人、日本早稻田大學	教育會會長	36	
浙江	金秉理	48	太平	K		諮議局議員	36	
浙江	俞 煒	43	嵊縣	K	武備學堂	課長	36	
浙江	傅家銓	51	鎮海	K	貢生	縣議員	36	
浙江	韓 藩	31	蕭山	K			35	
浙江	田 稔	26	紹興	K	生員、日本法政大學	秘書	35	
浙江	蔣著鄉	37	奉化	K		同盟會員	35	
浙江	陳變樞	38	紹興	K	生員、日本	法政學校校長	34	

					早稻田大學			
浙江	戚嘉謀	35	紹興	K			34	
浙江	丁雋宣	44	新昌			小學校長、縣議員	34	
浙江	王 烈	34	蘭谿		拔貢、日本法政大學	參謀部秘書	41	
浙江	袁榮文	31	桐廬				39	
浙江	邵瑞彭	26	淳安	K			32	
浙江	蔡汝霖	52	東陽		舉人、日本考察	諮議局議員	29	
浙江	傅夢豪	28	義烏	K			27	
浙江	張 浩	43	東陽	K	日本警察學校	警察廳長	121	
浙江	殷汝驪	30	平陽	K	日本早稻田大學		48	
浙江	黃 群	30	永嘉	CH	日本早稻田大學	臨時參議員	48	
浙江	趙 舒	28	縉雲	K			47	
浙江	盧廷愷	33	瑞安	C	日本法政大學	財政司長	46	
浙江	徐象光	33	永嘉	K	京師大學堂	知縣	46	
浙江	杜玉麒	43	永嘉	K		知縣	45	
浙江	陳黻宸	54	瑞安	CM	進士	諮議局議長、度支部主事	45	
浙江	杜師業	35	清田	C	日本早稻田大學		45	
福建	劉崇佑	33	閩侯	CM	舉人、日本早稻田大學	諮議局議員	40	
福建	林萬里	40	閩侯	CM	日本法政大學	秘書	38	
福建	歐陽鈞	31	長樂	K	北京法律學堂		30	
福建	鄭德元	38	福清	CM			28	
福建	朱騰芬	32	福鼎	K	日本法政大學	法政學校校長	35	
福建	高登鯉	49	順昌	CM	舉人	諮議局議長	50	
福建	曹振懋	41	沙縣	CM		同盟會	39	
福建	丁超五	30	邵武	K	格致書院		37	
福建	丁濟生	66	建寧	K	拔貢、法政學堂	中學校長	35	
福建	陳承箕	46	泰寧	CM	貢生	中學監督	33	
福建	陳 堃	40	建甌	CM	舉人、法政學堂	知縣、檢察官	58	
福建	朱金紫	38	建陽	K			35	改名觀玄

福建	李垚年	33	建甌	CM	浙江法政學堂	知縣	29	
福建	張　琴	39	莆田	K	進士	福建教育司長	43	
福建	陳蓉光	34	惠安	CM	法政學校	諮議局議員	44	
福建	林輅存	34	安溪		生員、留學日本	諮議局議員	34	
福建	黃　筌	30	南安		法政學堂		32	
福建	黃肇河	35	連城				33	
福建	楊樹璜	46	連城		生員		32	
福建	林鴻超	35	永定				25	
福建	楊士驤	57	漳浦	CH			40	
福建	連賢基	33	龍巖	CM	舉人	諮議局議員	40	
福建	詹調元	43	龍巖	K			39	
福建	劉萬里	36	漳平	CH			39	
湖北	范熙壬	35	黃陂	CH	舉人、日本帝國大學	秘書	40	
湖北	汪嘜鸞	33	武昌	CH	舉人、兩湖書院	山西大學堂教習、創辦群報	37	
湖北	楊時傑	30	沔陽	K	留日	共進會創始人	34	
湖北	胡祖舜	30	嘉魚	K		同盟會員、警察局長	32	
湖北	張則川	42	黃陂		進士	臨時參議員	115	
湖北	覃壽恭	40	浦圻	CH	舉人、留學日本	法政學校教員	26	
湖北	張大昕	36	黃岡	CH			37	
湖北	田　桐	34	蘄春	K	武昌文普通學堂、留日	同盟會員、科學補習所會員	35	
湖北	石　瑛	34	興國	K	舉人、法國留學		33	
湖北	彭漢遺	36	廣濟	CH	留日	同盟會員	32	
湖北	湯化龍	33	蘄水	CM	進士、日本法政大學	諮議局議長	30	
湖北	陳邦燮	31	壽昌	CH			29	
湖北	吳壽田	32	黃岡	K			28	
湖北	張伯烈	40	隨縣	CH	生員、日本大學法科	創辦女子師範、湖北自治研究所會長	34	
湖北	王篤成	41	孝感	CH			44	
湖北	白逾桓	40	天門	K	留日、明治大學	同盟會員、都督府參議	39	

湖北	查季華	38	京山	CH			35	
湖北	劉　英	30	京山	K	日本明治大學	同盟會員	35	
湖北	廖崇兆	40	荊門	K	日本法政大學		33	
湖北	胡鄂公	38	江陵	CH	北洋高等農林學堂	同盟會員	38	
湖北	鄭萬瞻	33	秭歸	CH	舉人、京師大學堂	諮議局議員、中書科中書	31	
湖北	時功玖	33	枝江	CH	兩湖書院、日本同文書院	同盟會員	72	
湖北	駱繼漢	34	棗陽	K	日本早稻田大學	新聞記者	35	
湖北	邱國翰	44	棗陽	CH	附生	諮議局議員	27	
湖北	蕭　萱	26	均縣				24	
湖北	馮振驥	30	建始		生員、日本宏文書院、明治大學		23	
湖南	郭人漳	40	湘潭			道員	38	
湖南	劉　彥	34	醴陵	K	留學日本		38	
湖南	李　錡	34	岳縣	K	時務學堂	同盟會員	37	
湖南	石潤金	40	益陽	K			34	
湖南	李積芳	32	平江	K	日本早稻田大學	法政學校教員	31	
湖南	陳家鼎	31	寧鄉	K	留日	同盟會員	31	
湖南	陳嘉會	32	長沙	K	日本法政大學	同盟會員、南京留守處秘書長	29	
湖南	黃贊元	32	長沙	K	日本法政大學	知縣	29	
湖南	周大烈	50	湘潭	CH			28	
湖南	彭允彝	32	長沙	K	日本早稻田大學	同盟會員、參議員	27	
湖南	鄭人康	28	衡山	K	高等警察學校	警察局長	43	
湖南	羅永紹	42	新化	K	法政學堂	創辦中學	42	
湖南	魏肇文	29	邵陽	K	日本成城學校	科長	37	
湖南	胡壽昺	38	邵陽	K		創辦邑學堂	36	
湖南	程崇信	40	衡縣		舉人	知府、法政學堂監督	35	
湖南	歐陽振聲	30	寧遠	K	生員、日本早稻田大學	臨時參議員	49	
湖南	鍾才宏	33	藍山	K	舉人	諮議局議員	41	
湖南	陳九韶	38	郴縣	K	貢生、國立	度支部主事	38	

					法政學校			
湖南	席　綬	26	東安	K	生員	資政院欽選議員（富有）	34	
湖南	覃　振	31	桃源	K	留日		36	
湖南	周澤苞	31	澧縣	K			35	
湖南	王恩博	32	慈利	K	日本大學法科	郵傳部小京官	34	
湖南	李執中	50	石門	K		諮議局議員	33	
湖南	張宏銓	34	乾縣	CH	生員、日本宏文書院	清理財政	35	
湖南	梁系登	35	靖縣	K			34	
湖南	彭施滌	42	永順	K	舉人、日本宏文書院	諮議局議員	33	
湖南	禹　瀛	32	靖縣	K	日本明治大學	秘書	32	
山東	周慶恩	37	歷城		日本法政大學	初級檢察官、法政學堂教習	51	
山東	劉昭一	46	章邱		師範學校	省議員	42	
山東	穆肇仁	32	章邱	K			40	
山東	閻與可	46	德縣				39	
山東	艾慶鏞	30	長清				39	
山東	張玉庚	40	歷城				39	
山東	袁景熙	42	濟寧		貢生	政治顧問	36	
山東	張金蘭	32	秦張	K			35	
山東	王廣瀚	28	嶧縣				32	
山東	金承新	39	寧陽		日本考察	高等小學堂監督	27	
山東	王謝家	46	濟寧	K			20	
山東	盛際光	30	清平	K			32	
山東	王之錄	44	堂邑				32	
山東	杜凱之	41	聊城	K			27	
山東	周祖瀾	49	聊城		廩貢	諮議局議員	26	
山東	侯延爽	42	東平	CH	進士、留學日本		40	
山東	管象頤	44	莒縣				40	
山東	丁惟汾	39	日照	K	留日	同盟會員	35	
山東	于洪起	36	棲霞	K	京師大學堂	同盟會員	37	
山東	于廷樟	26	濰縣	K			35	
山東	董毓梅	32	昌邑				34	
山東	于恩波	40	昌邑	K	優級師範	中學教師	34	
山東	于元芳	28	萊陽	C	副貢	民政部主事	31	

山東	周樹標	34	安邱	CH	舉人、日本法政大學	諮議局議員	41	
山東	王 訥	35	安邱	K	舉人	師範監督	40	
山東	郭廣恩	38	益都		貢生、日本警監學校	警察學校教務長	37	
山東	劉冠三	40	高密	K			36	
山東	周廷弼	43	壽光	K	日本法政大學	視學	35	
山東	魏丹書	39	鉅野		生員		35	
山東	彭占元	42	濮縣	K	附生、日本法政大學	諮議局議員、資政院議員、同盟會員	42	
山東	李元亮	29	城武		師範學堂	省議員	33	
山東	曹 瀛	48	惠民		拔貢、北京師範	教員	35	
山東	史澤咸	28	樂陵	K	日本東京帝國大學		32	
河南	賀昇平	30	許昌		日本早稻田大學	科員	43	
河南	張錦芳	44	項城		生員	道員	40	
河南	李載賡	30	杞縣	K	日本早稻田大學	同盟會員	37	
河南	胡汝麟	33	通許	C	高等學堂	諮議局秘書長	35	
河南	王 傑	29	西華	K	河南法政學堂		35	
河南	任曜墀	46	鄭縣				34	
河南	孫正宇	42	開封		河南高等警察學堂	小學校長	34	
河南	岳秀夫	36	開封	K	生員、優級師範	學部小京官、高等學校教員	31	
河南	丁廷謇	34	永城				29	
河南	張協燦	39	拓城				29	
河南	王印川	32	修武	CT	舉人、日本早稻田大學、中央大學	高等學堂教務長	37	
河南	王廷弼	38	武陟		直隸法政專門學校		34	
河南	杜潛	31	封邱	K	日本法政大學	同盟會員	34	
河南	劉峰一	30	安陽	K	日本警監學校	同盟會員	33	
河南	耿春宴	29	孟縣		舉人、日本	河南法政學校校	30	

						宏文書院	長		
河南	魏　毅	30	武陟			北洋高等師範	教員、勸學員	28	
河南	張善與	37	新鄉	C		生員、日本早稻田大學	臨時參議員	27	
河南	郭桂芬	30	孟津	C				36	
河南	王敬芳	37	鞏縣	C		留學日本	諮議局議員	31	
河南	梁文淵	34	宜陽					29	
河南	郭光麟	30	陝縣	C		貢生、法政學校	臨時參議員	26	
河南	張　坤	39	陝縣			進士	諮議局議員、河南大學堂監督	67	
河南	韓騰雲	49	洛陽					26	
河南	張嘉謀	38	南陽	CH		舉人	中學教員、校長、諮議局議員、副議長	41	
河南	余　燾	40	淅川					35	
河南	陳景南	32	光山	K		日本法政大學	報館主筆	34	
河南	袁習聖	32	新蔡					34	
河南	林英鐘	37	南城	K				29	
河南	劉奇瑤	28	內鄉	K		不詳		29	
河南	凌　鉞	31	固始	K		北洋法政專門學校	同盟會員	28	
河南	彭運斌	46	鄧縣	K		進士、日本法政大學	諮議局議員、資政院議員	27	
河南	劉榮棠	35	唐縣	K				25	
山西	常丕謙	30	文水	K				35	
山西	冀鼎鉉	30	平遙	K		日本明治大學	法政教員	33	
山西	康愼徽	35	榆次	CT		山西大學堂	諮議局議員	33	1924年卒
山西	周克昌	38	平定	K		山西大學堂	補用知縣	31	
山西	斐清源	29	陽曲					31	
山西	康佩珩	36	五台			生員、留學日本	同盟會員	40	
山西	谷思愼	33	神池	K		留學日本	同盟會員	38	
山西	梁善濟	56	淳縣	CM		進士、日本法政大學	諮議局議長	36	
山西	趙良臣	38	沂縣	K				37	
山西	穆　郇	36	渾源			生員、日本考察		37	

山西	羅 黼	32	朔縣	K	廩生、優級師範	教育科長	34	
山西	張昇雲	42	右玉				33	
山西	閻鴻舉	34	山陰		廩生、山西大學堂	教員	31	
山西	耿臻顯	26	渾源		日本盛岡高等農校	農礦副科長	77	
山西	李景泉	39	歸化	K	日本東京警監學校	省城中學教員、道尹	35	
山西	王定圻	26	薩拉齊	K			28	
山西	賈鳴梧	48	太平	K	拔貢	諮議局議員	28	
山西	郭德修	30	霍縣	K			26	
山西	侯元耀	28	臨汾				69	
山西	石 璜	33	平順	K	山西大學、北京法律專門學校	參贊	38	
山西	李慶芳	35	襄垣		日本大學	襄辦學務自治	31	
山西	劉祖堯	30	長治		生員、法政學堂	財政科科長	30	
山西	劉志詹	38	鳳台	CH	拔貢、日本法政大學	諮議局議員、資政院議員	28	
山西	景定成	32	安邑	K	日本東京帝國大學	同盟會員	32	
山西	王國祐	38	新絳				31	
山西	景耀月	31	芮城	K	日本大學	同盟會員、教育次長	28	
山西	狄樓海	36	猗氏		進士	同盟會員	28	
山西	劉盥訓	34	猗氏	K	生員、京師大學堂	臨時參議員	27	
陝西	焦子靜	35	富平	K			35	
陝西	覃煥文	35	長安	K	法政學堂	創辦小學二百餘所	34	
陝西	王鴻賓	32	臨潼	K			31	
陝西	白常潔	43	咸寧	K	日本法政大學		30	
陝西	李含芳	30	臨潼	K	京師法律專門學堂	同盟會員	29	
陝西	茹欲立	29	涇陽	K	生員、留學日本		29	
陝西	楊詩浙	37	山陽	K	廩生	諮議局議員	44	

陝西	馬 驤	27	商縣	K	不詳		35	
陝西	段大信	28	華縣	K			32	
陝西	寇遐	30	蒲城	K	師範優級科	臨時省議會議長	31	
陝西	尙鎮圭	39	大荔	K	日本早稻田大學	同盟會員、中學堂監督	30	
陝西	劉治洲	32	鳳翔	K	理化學校	中學教員、省議員	45	
陝西	王兆離	43	扶風		舉人	中學教員	26	
陝西	朱家訓	34	隴縣	K	貢生	諮議局議員	34	
陝西	陳 豫	40	襄城	K			42	
陝西	高 杷	31	城固	K			38	
陝西	姚守先	42	西鄉	K		創辦小學七十餘所	36	
陝西	張樹森	32	安康	K	生員、日本法政大學		31	
陝西	楊銘源	35	宜君	K	日本明治大學	同盟會員	29	
陝西	斐廷藩	34	神木	K	北京大學堂	陝北安撫使	31	
陝西	高增融	47	米脂	K	進士	甘肅財政清理官	26	
甘肅	李增穠	39	狄道				30	
甘肅	張國鈞	26	狄道	K			27	
甘肅	王定國	31	靖遠	K			24	
甘肅	祁連元	31	固原				31	
甘肅	郭自修	34	平涼				30	
甘肅	侯效儒	41	安化				27	
甘肅	李克明	36	寧遠	K			32	
甘肅	賈纘緒	42	秦縣				41	
甘肅	楊潤身	60	秦縣		進士	法部主事	34	
甘肅	張廷弼	31	寧朔	K	師範畢業	小學校長	25	
甘肅	程維新	34	武威	K			30	
甘肅	周之翰	30	武威	K			42	
甘肅	李發春	51	撫彝	K			31	
新疆	丁豐沛	42	張掖	K			26	
新疆	文篤周	38	湖南衡山	K	生員	新疆知縣	38	
新疆	繼 孚	31	古城駐防				36	
新疆	劉寯倫	30	鎮西				30	
新疆	張萬齡	41	鎮西				36	
新疆	陳世祿	26	綏定	K			27	
新疆	袁炳煌	31	湖南	K	新疆警察學堂	幕友	26	

			湘陰					
新疆	李式藩	31	阿克蘇	K			28	
新疆	張　瑞	29	昌吉	K			32	
新疆	米家冀							遞補沈占鼇
新疆	蔡福生							病故
四川	李爲綸	30	簡縣	K	日本明治大學		35	
四川	張治祥	30	彭山	K	日本法政大學	四川外交司長	33	
四川	曾　銘	27	金堂				35	
四川	熊成章	28	華陽	K	日本早稻田大學	臨時參議員	31	
四川	張知競	39	雲陽	K	日本法政大學	法政教員	29	
四川	劉澤龍	35	華陽				26	
四川	袁弼臣	43	長寧	K	貢生、北京法律學堂	內務部科長	29	
四川	劉　緯	35	榮縣		生員、四川高等學堂	諮議局議員、資政院議員	32	
四川	廖熙賢	31	合江		生員、日本中央大學	四川日報報務	31	
四川	周　澤	38	犍爲		留學日本	師範教員	28	
四川	郭成忞	38	隆昌				26	
四川	黃雲鵬	30	永川		日本早稻田大學	臨時省議員	47	
四川	蕭　湘	41	涪縣	CM	進士、日本法政大學	諮議局副議長	36	
四川	楊　霖	35	銅梁	K	生員、日本宏文書院	中學監督	33	
四川	孫競清	28	江津	K	日本早稻田大學、京師法律學堂	知縣	29	
四川	李肇甫	30	重慶	K	日本明治大學	同盟會員	27	
四川	王安富	38	酉陽	K			26	
四川	江　椿	38	梁山				35	
四川	傅鴻銓	36	萬縣		舉人、京師法政學堂		31	
四川	杜　華	31	萬縣	K			31	
四川	李文烈	31	夔州	C	舉人、京師	諮議局議員、資	27	

					大學堂	政院議員		
四川	秦鞏三	36	忠縣				25	
四川	蕭德明	36	大竹	K			82	
四川	張瑾雯	40	南部		日本中央大學	內閣中書	36	
四川	蒲殿俊	38	廣安	CM	進士、日本法政大學	諮議局議長	32	
四川	唐玠	31	潼川	K			32	
四川	盧仲琳	35	潼川	K			30	
四川	張瀾	40	順慶				28	
四川	蕭賢俊	25	廣安	K			28	
四川	黃瑋	38	鄰水		日本法政大學		27	
四川	王桓	37	潼川				26	
四川	余紹琴	27	龍安		日本中央大學		29	
四川	熊兆渭	43	棉竹	K	日本法政大學	同盟會員、自治研究所長	48	
四川	黃汝鑑	26	榮經	K	日本東京帝國大學	內閣中書	41	
四川	楊肇基	38	寧遠	K	生員、日本大學	中國公學教員	38	
廣東	伍朝樞	27	新會	K	蔭生、留學美國	湖北外交司長	48	
廣東	陳垣	32	新會	K			46	
廣東	劉栽甫	26	新寧	K			45	
廣東	伍漢持	42	新寧				43	
廣東	譚瑞霖	28	新會	K	廣東師範學校	縣議長	42	
廣東	葉夏聲	25	番禺	K	遊學日本	法政教員	42	
廣東	馬小進	25	新寧	K	美國哥倫比亞大學	同盟會員	40	
廣東	黃霄九	28	新會	K		科員	38	
廣東	蘇祐慈	46	順德	K	貢生	小學校長	37	
廣東	徐傅霖	33	和平	K	貢生、日本法政大學	廣東省議會議員	28	
廣東	黃汝瀛	43	龍川	K	廣東法政學堂	律師	27	
廣東	蕭鳳翥	54	潮陽	K	舉人、遊學日本	教育會長	41	
廣東	鄭懋修	50	潮陽	K		科長	41	
廣東	鄒魯	28	大埔	K	法政學堂	同盟會員	41	
廣東	饒芙裳	57	梅縣	K	舉人	教育司長	39	
廣東	郭寶慈	34	英德	K	生員、日本	農業講習所所長	36	

					帝國大學			
廣東	楊夢弼	50	曲江	K	拔貢	縣議長	32	
廣東	梁仲則	33	法慶	K			44	
廣東	林伯和	37	東江	K		中學校長	42	
廣東	梁鋆元	39	高要	K			40	
廣東	司徒穎	32	開平	K	舉人、北京大學	農工商部小京官	38	
廣東	易次乾	32	鶴山	K	生員、水師學堂	同盟會員	35	
廣東	黃增耆	28	羅定	K	日本慶應大學	同盟會員	33	
廣東	江 琭	30	石城		日本大學法科	教員	34	
廣東	許峭嵩	32	茂名	K	日本大學	知縣	33	
廣東	梁成久	55	海康	K	貢生	廣雅書院齋長	31	
廣東	林繩武	33	信宜	K	貢生	法部小京官	27	
廣東	陳治安	31	瓊山	K			33	
廣東	林文英	40	文昌	K			32	
廣東	陳發檀	33	瓊山	K			31	
廣西	蔣可成	45	賓陽	K	雲南法政學堂		29	
廣西	黃寶銘	35	賓陽	K	兩廣師範學堂、廣西法政學堂	同盟會員、創辦嶺南法政學校	29	
廣西	馬如飛	31	橫縣	K			25	
廣西	鍾業官	30	鬱林	K			33	
廣西	程大璋	40	潯縣				37	
廣西	龔 政	28	貴縣	K	留學日本		34	
廣西	蒙 經	44	藤縣	K	舉人、日本法政大學	諮議局議員、同盟會員	31	
廣西	陳繩虯	26	北流				43	
廣西	程修魯	38	潯縣	K			35	
廣西	陳太龍	35	梧縣	CM		諮議局議員、監察御史	32	
廣西	趙炳麟	40	全縣	K	進士	資政院欽選議員	34	
廣西	蕭晉榮	36	富川	C			44	
廣西	王永錫	35	平樂	K			41	
廣西	梁昌誥	35	桂林	K			36	
廣西	王乃昌	28	桂林	C	師範學校	教員	33	
廣西	覃 超	35	柳縣	K	法政專門學堂	中學校長	28	

廣西	翟富文	47	桂林		舉人、兩廣學務處畢業	臨時省議員	27	
廣西	羅增祺	32	泗城	K	拔貢、法政學校	中學校長	24	
廣西	凌發彬	32	靖西	K	日本明治大學		28	
雲南	李 增	38	和陽	K			39	
雲南	王 楨	27	昆明	K	雲南法政學堂	內閣中書	36	
雲南	嚴天駿	43	新興		舉人、日本宏文書院	知縣	31	
雲南	張大義	36	太和	K	日本法政大學	同盟會員、高等審判廳長	47	
雲南	由宗龍	38	姚縣	K	舉人、日本明治大學		44	
雲南	張耀曾	32	太和	K	日本留學		38	
雲南	陳光勳	36	定遠				29	
雲南	黃瑞麟	40	恩安	K			35	
雲南	李燮陽	36	恩安	K	生員、留學日、美	實業副司長、鐵路局長	53	
雲南	何秉謙	36	廣西	K			35	
雲南	陳時詮	37	宜威	K	不詳		29	
雲南	陳祖基	31	宜威		貢生、師範學堂	知縣	26	
雲南	朱朝瑛	41	建水				42	
雲南	張華瀾	38	石屏	K	日本宏文書院	同盟會員	32	
雲南	張聯芳	43	河西				29	
雲南	沈河清	27	建水		法政學堂	富滇銀行經理	59	
雲南	段 雄	27	思茅	K	日本鐵道學校	同盟會員	35	
雲南	寸品昇	38	騰衝	K			27	
雲南	李根源	34	騰衝	K	日本振武學校		25	
雲南	趙 藩	63	劍州		舉人	四川布政使	28	
貴州	陳國祥	38	修文	CH	進士、日本法政大學	法政學堂監督	36	副議長
貴州	唐瑞銅	44	貴陽		進士	度支部郎中	34	
貴州	陳廷策	42	安順	C	舉人、日本法政大學	內閣中書、河南法政教務長	34	
貴州	金鑄昌	40	鎮寧				30	
貴州	蹇念益	36	遵義	CH	舉人、日本早稻田大學	財政部主事	33	
貴州	牟 琳	36	遵義	CH	舉人、日本	諮議局議員、資	41	

					宏文書院	政院議員		
貴州	符詩鎔	34	大定				46	
貴州	杜成鎔	32	大定				38	
貴州	劉顯治	36	興義	CH			38	
貴州	孫世杰	36	銅仁		貢生、日本師範	師範教員	38	
貴州	萬賢臣	38	鎮遠		貢生、法政講習所	省議員	42	
貴州	劉尚衡	38	平越		副貢	知縣、省議員	24	
貴州	夏同龢	42	麻哈	K	進士、日本法政大學	翰林院修撰	38	
哲里木盟	富樂琿	58	科爾沁左翼後旗			管旗章京	4544	
哲里木盟	阿昌阿	42	科爾沁左翼後旗				1611	
卓索圖盟	葉顯揚	49	東土默特旗	K		臨時參議員	3417	
卓索圖盟	張樹桐	42	喀喇沁中旗	K	法政學堂	副都統	1975	
昭烏達蒙	樂山	48	克什克騰旗	K		諮議	689	
昭烏達蒙	鮑喜	55	翁牛特王旗	K			590	
錫林郭勒盟	卜彥吉理郭勒	32	喀喇沁左旗	K			20	改名李方
錫林郭勒盟	阿育勒烏貴	38	喀喇沁右旗				19	
烏蘭察布盟	蔡匯東	33	原湖北烏蘭察				16	

			布照					
烏蘭察布盟	拉　什	38	茂明安旗			陸軍部右翼牧場總管	15	
伊克昭盟	唐寶鍔	36	原廣東伊克昭盟		進士、日本帝國大學	外務部行走	4	
伊克昭盟	吳　淵	27	原四川伊克昭盟		日本早稻田大學	稅捐局長	11	
土謝圖汗部	孫　鐘	32	河南祥符		日本中央大學	臨時參議員	24	
土謝圖汗部	汪榮寶	36	江蘇吳縣	C	拔貢、日本法政大學	資政院欽選議員	27	
車臣汗部	熙　鈺	32	卓索圖盟正白旗				27	
車臣汗部	李景龢	32	福建閩侯		舉人、日本法政大學	內閣中書	27	
三音諾顏汗部	金　還	57	江蘇江寧	CH			29	
三音諾顏汗部	林長民	37	福建閩侯	CM	舉人、日本早稻田大學	諮議局秘書長	28	
扎薩克圖汗部	克希克圖	33	外蒙	C	日本明治大學、警察學校	科員	27	
扎薩克圖汗部	易宗夔	38	湖南湘潭	K	廩生、日本留學	諮議局議員、資政院議員	25	
烏梁海	恩和布林	28	蒙古喀喇沁右翼旗	K			28	
烏梁海	張國溶	37	湖北蒲圻		進士	翰林院編修	25	
科布多等處	諾們達賚	30	喀喇沁右翼旗	K			26	
科布多等處	烏爾棍布	30	滿洲正黃				28	

			旗					
科布多等處	鄧　鎔	41	四川成都		貢生、日本明治大學	臨時參議員	27	
阿拉善	莽哈賚	48	和碩特				4	
額濟納	奇米子	27	額濟納蒙旗				16	
青海	顆　象	33	安永灘				38	
青海	樗住布	35	群科灘				35	
青海	花力旦	25	北柴達木台吉愛				34	
前藏	一喜記美	34	西藏拉薩				5	
前藏	王　弌	31	浙江瑞安	CH			5	
前藏	康士鐸	30	直隸涿縣			報社社長	5	
前藏	薛大可	33	湖南益陽				5	
前藏	羅桑斑爵	33	西藏江孜			藏文教員	5	
後藏	方　貞	44	河南商城		進士、日本法政大學	諮議局議員、議長、吏部主事	5	
後藏	江天鐸	34	廣東花縣	K	日本早稻田大學	任教警察學堂	5	
後藏	阿旺根敦	54	西藏工布			翻議員	5	
後藏	恩　華	36	蒙古	K	進士、日本法政大學	資政院欽選議員	5	
後藏	蘇麻的	31	西藏				4	

附錄三
第二屆國會議員名錄

一、臨時參議院議員名錄

選區	姓名	年齡	黨派	傳統功名	新式教育	經歷
京兆	孟錫珏	43		進士		轉民7參議員
直隸	王振堯	47		舉人	日本宏文師範	@①
直隸	耿兆棟	40				①轉民7參議員
直隸	張佐漢	42				轉民7參議員
直隸	高凌霨					
奉天	陳瀛洲	49		舉人		@②轉民7參議員
奉天	趙連琪	39		生員	自治研究所畢	@②轉民7參議員
奉天	劉興甲	39			日本法政大學	@轉民7眾議員
奉天	劉恩格	34			日本早稻田大學	①轉民7眾議員
奉天	翁恩裕	42				①轉民7眾議員
吉林	齊甲忠	62		進士		②
吉林	逯長增	37				轉民7眾議員
吉林	烏澤聲	34			日本早稻田大學	轉民7眾議員
吉林	徐鼎霖					
吉林	成多祿	53		貢生		轉民7參議員
黑龍江	蔡國忱	41			法政學堂	轉民7參議員
黑龍江	孟昭漢	46		生員		①
黑龍江	劉振生	37				①轉民7眾議員
黑龍江	翟文選	40		舉人		鹽運使，轉民7參議員
黑龍江	趙仲仁	34			法政學堂	轉民7眾議員
江蘇	汪秉忠	45				@①
江蘇	王立廷	38		舉人	日本法政大學	②轉民7眾議員
江蘇	孫潤宇	37			日本法政大學	①轉民7眾議員
江蘇	藍公武	36	研究系		日本帝大法國留學	②轉民7眾議員

選區	姓名	年齡	黨派	傳統功名	新式教育	經歷
安徽	光雲錦	38				轉民7眾議員
安徽	吳文瀚	38		優貢生		②轉民7眾議員
安徽	寧繼恭	46				@①
安徽	陳光譜	38			軍醫學校	①轉民7眾議員
江西	邱珍	45	研究系			轉民7眾議員
江西	宋育德	39				轉民7眾議員
江西	葛莊	44	研究系			①知縣，轉民7眾議員
江西	賀國昌	62				轉民7參議員
江西	饒孟任	35		進士		轉民7眾議員
福建	林蔚章					
福建	劉以芬	32			日本早稻田大學	轉民7眾議員
福建	王大貞	37		舉人		轉民7眾議員
福建	陳之麟	39		舉人		@轉民7參議員
福建	高登鯉	53		舉人		@①轉民7眾議員
浙江	袁榮鑫					
浙江	汪有齡	40			日本法政大學	轉民7參議員
浙江	陸宗輿	40		舉人	日本早稻田大學	②
浙江	蔡元康					
浙江	王廷揚	52		進士		@
山東	于元芳	34		副貢		①
山東	張玉庚	47				①轉民7參議員
山東	張棟銘	36				轉民7參議員
山東	陳藻					
山東	艾慶鏞	34				轉民7參議員
河南	陳善同					
河南	張鳳臺	61		進士		轉民7參議員
河南	林東郊	49				轉民7參議員
河南	陳銘鑑	41			中華大學	②
河南	任耀墀					
山西	田應璜	54		舉人		①轉民7參議員
山西	梁善濟	56	研究系	進士	日本法政大學	@①轉民7參議員
山西	李慶芳	42			日本大學	①
山西	張杜蘭					
山西	張瑞					
陝西	何毓璋	37		進士	高等法律學堂	②轉民7參議員
陝西	陳燾					

選區	姓名	年齡	黨派	傳統功名	新式教育	經歷
陝西	譚　湛	36				轉民7眾議員
陝西	高增融	51		進士		①
陝西	黨積齡					
湖北	查季華	42				
湖北	阮毓崧					@
湖北	張則川	46		進士		①
湖北	胡　鈞					
湖北	周兆沅					
湖南	朱俊烈	35				轉民7眾議員
湖南	周　渤	46				轉民7眾議員
湖南	吳凌雲	42				轉民7眾議員
湖南	李　俊	34				轉民7眾議員
湖南	唐乾一	39				轉民7眾議員
甘肅	段又新	37				轉民7參議員
甘肅	秦望瀾	48		進士		轉民7參議員
甘肅	馬維麟	32			高等學堂	②
甘肅	李增穟	47				①轉民7參議員
甘肅	劉朝望					轉民7眾議員
新疆	王學曾	53				轉民7參議員
新疆	楊增炳					
新疆	李鍾麟	43				轉民7參議員
新疆	楊應南					
新疆	胡　霖					
四川	羅　綸	37		舉人		@
四川	鄧　鎔					
四川	劉　緯	39		生員	四川高等學堂	@①
四川	黃雲鵬	34			日本早稻田大學	①轉民7眾議員
四川	謝剛德					
廣西	李拔超					
廣西	關冕鈞					
廣西	陳化時					
廣西	林世燾					
廣西	吳肇邦					
貴州	姚　華	42		進士	日本法政大學	②轉民7眾議員
貴州	唐爾鏞					
貴州	雷　述					
貴州	孫世傑					
貴州	劉光旭	43		貢生		②

選區	姓名	年齡	黨派	傳統功名	新式教育	經歷
蒙古	阿穆爾靈圭	35				①轉民7參議員
蒙古	色旺端魯布					
蒙古	塔旺布里甲拉	47				①
蒙古	帕勒塔					
蒙古	札噶爾	35				轉民7參議員
蒙古	阿拉坦瓦齊爾	34				轉民7參議員
蒙古	棍布札布	40				轉民7參議員
蒙古	鄂多台	55				②轉民7參議員
蒙古	祺誠武					②
蒙古	克希克圖	37			日本明治大學	①轉民7參議員
青海	勒旺里克津					
西藏	羅桑班覺					
西藏	廈仲阿旺益喜					②
西藏	羅卜桑車珠爾					②
西藏	巫懷清	34				轉民7眾議員

說　　明：@：清季諮議局議員；
　　　　　　①：第一屆(民二)國會眾議員；
　　　　　　②：第一屆(民二)國會參議員。

資料來源：名單採自劉壽林，萬仁元等編，《民國職官表》(北京：中華，
　　　　　　1995)，頁172；背景散見相關資料。

二、參議員名錄

選區	姓名	年齡	籍貫	黨派	傳統功名	學　歷	經歷、背景
直隸	馮家遂	40	直隸河間				（馮國璋之子）
直隸	曹　鈞	48	直隸天津	安福系			（曹錕之弟）
直隸	楊以儉	49	直隸天津	安福系			
直隸	陳賡虞	42	直隸安新	安福系			
直隸	趙元禮	51	直隸天津	安福系	舉人		直隸銀行總稽查
奉天	曾有嚴	50	奉天瀋陽	安福系	優貢生	京師大學堂	奉天教育總會會長、@、①
奉天	陳瀛洲	50	奉天鐵嶺	安福系	舉人		清孝廉、@、資政院議員、②、③
奉天	趙連琪	40	奉天西安	安福系	生員	自治研究所修業	@、②、③
奉天	陳克正	41	奉天遼陽	安福系	優貢生	直隸法政學校	吉林省高等審判廳廳長
奉天	蘇毓方	43	奉天義縣	安福系		天津法政學堂畢業	前清山西候補人員、縣知事
吉林	祝華如	51	吉林吉林	安福系		學堂畢業	府經歷職銜、@
吉林	于貴良	38	吉林長嶺	安福系		北洋高等巡警學堂卒業	民國二年天津巡警總局顧問
吉林	畢維垣	47	吉林長春	安福系	舉人		奉天本溪縣知事、①
吉林	成多祿	54	吉林吉林	安福系	拔貢		③
吉林	徐肇銓	36	吉林長春	安福系		吉林優級師範學校卒業	地方科長
黑龍江	翟文選	41	黑龍江林	安福系	舉人		東三省鹽運使、③

選區	姓名	年齡	籍貫	黨派	傳統功名	學 歷	經歷、背景
			甸				
黑龍江	蔡國忱	42	黑龍江肇州	安福系		直隸法政學堂	黑龍江省議員、②、③
黑龍江	楊崇山	37	黑龍江海倫	安福系		直隸法政學堂	②、黑江省高等檢查廳檢察官
黑龍江	李占英	35	黑龍江呼蘭	安福系			
黑龍江	宋連甲	49	黑龍江呼蘭	安福系			湖北巡按使
江蘇	段書雲	63	江蘇蕭縣	安福系	拔貢		
江蘇	韓世昌	38	江蘇江寧	研究系			
江蘇	鄧邦述	51	江蘇江寧	安福系	進士		清東三省鹽運使、吉林民政使
江蘇	徐果人	39	江蘇武進	研究系			省議會議長
江蘇	周作民	35	江蘇淮安	安福系		上海南洋公學肄業、日本京都大學肄業	金城銀行總經理
安徽	倪道杰	36	安徽阜陽	安福系			（倪嗣沖之第七子）
安徽	蘇文選	42	安徽太平	安福系			
安徽	張敬舜	35	安徽霍邱	安福系			（張敬堯之弟）
安徽	姜兆璜	36	安徽亳縣	安福系			內政部警務司主事（姜桂題之子）
安徽	龔心湛	50	安徽合肥	交通系			
江西	李盛鐸	60	江西九江	安福系	進士		農商總長、參政院參政（第二任議長）

選區	姓名	年齡	籍貫	黨派	傳統功名	學歷	經歷、背景
江西	吳　鈁	52	江西宜黃	安福系	進士		顧問
江西	陶家瑤	47	江西南昌	安福系	舉人		四川、長蘆鹽運使
江西	賀國昌	63	江西萍鄉				③
江西	許受衡	58	江西龍南		進士		直隸高等檢查廳廳長
浙江	沈銘昌	49	浙江紹興				山西巡按史、財政次長
浙江	吳鐘鎔	43	浙江永嘉			日本陸軍士官學校	軍事參議官、浙江督軍署諮議
浙江	沈金鑑	53	浙江吳興		武舉人		順天府尹、京兆尹、湖南按察使
浙江	潘　補	38	浙江嘉興	安福系			浙江督軍署諮議
浙江	汪有齡	41	浙江杭縣	交通系		日本法政大學畢業	司法部次長、律師、③
福建	陳懋鼎	49	福建閩侯	安福系	進士		參政院參政、山東濟南道尹
福建	陳之麟	40	福建海澄	安福系	舉人		@、③
福建	郭章鋈	41	福建閩侯				
福建	林灝深	48	福建閩侯	安福系			
福建	楊廷樑	48	福建思明				
湖北	陳寶書	36	湖北武昌	安福系			政務廳長
湖北	錢葆青	59	湖北穀城	安福系	舉人		知事
湖北	蔡漢卿	37	湖北沔陽	安福系		湖南中學堂	湖北第四師師長、主持湖北將軍團
湖北	蕭延平	55	湖北黃陂	安福系			
湖北	陳元祥	47	湖北武昌	安福系			

選區	姓名	年齡	籍貫	黨派	傳統功名	學歷	經歷、背景
湖南	陳 介	36	湖南湘鄉			日本留學、德國柏林大學法科	工商部商務司長、任教於北京大學、北京法政專門學校
湖南	劉冕執	47	湖南湘潭			日本帝國大學法科卒業	專門委員
湖南	陳嘉言	68	湖南衡山	安福系	進士		秘書
湖南	易順豫	54	湖南漢壽	安福系			
湖南	杜 俞	64	湖南湘鄉	安福系			
山東	尹宏慶	47	山東高唐	安福系	舉人	日本法政大學畢業	安徽、山東等地知縣、②
山東	莊陔蘭	49	山東莒縣		進士	日本法政大學	民政長、秘書長
山東	李元亮	36	山東城武			師範學堂	山東東海關監督、①
山東	王錫蕃	59	山東黃縣	安福系	進士		山東孔教會總理
山東	張玉庚	48	山東歷城	安福系			③
河南	張鳳臺	62	河南安陽	安福系	進士		河南民政及政治會議議員、參政院參政
河南	畢太昌	51	河南羅山	安福系	進士	日本法政大學	
河南	李時燦	53	河南汲縣	安福系	進士		@、教育司長
河南	王祖同	57	河南鹿邑				
河南	史寶安	43	河南盧氏	安福系	進士		
山西	田應璜	55	山西渾源	安福系	舉人		②、③(第二任副議長)
山西	賈 耕	54	山西沁水	安福系	舉人		議員
山西	解榮輅	48	山西	安福系	進士	日本法政	教育司長、@

選區	姓名	年齡	籍貫	黨派	傳統功名	學 歷	經歷、背景
			萬泉			大學	
山西	梁善濟	57	山西崞縣	研究系	進士	日本法政大學	@、①、③
山西	曾紀綱	42	山西陽曲	安福系	舉人		@、江蘇補用
陝西	王樾	50	陝西嵐皋				
陝西	武樹善	55	陝西渭南	安福系			
陝西	郭毓璋	51	陝西華縣	安福系			
陝西	宋伯魯	65	陝西醴泉	安福系	進士		前清山東道監察御史、總統府顧問
陝西	何毓璋	38	陝西石泉	安福系	進士	高等法律學堂	②、③、知縣
甘肅	秦望瀾	49	甘肅會寧	安福系	進士		③
甘肅	趙守愚	37	甘肅徽縣	安福系			
甘肅	李增馥	48	甘肅狄道	安福系			①、③
甘肅	吳本植	47	甘肅固原	安福系			渭川道道尹
甘肅	段永新	38	甘肅武威	安福系			③
新疆	一不拉引		新疆烏什	安福系			
新疆	王學曾	54	山西文水	安福系			③
新疆	李鍾麟	44	新疆伊犁	安福系			③
新疆	蔣棻	40	浙江杭縣				甘肅道尹
新疆	馮汝驤	42	河南開封	安福系	監生	清舊制國立大學	河南省內務司長（遞補聯魁）
京兆	孟憲彞	56	京兆永清	安福系	舉人		吉林省巡按使
熱河	高錫恩	46	熱河				

選區	姓名	年齡	籍貫	黨派	傳統功名	學 歷	經歷、背景
			承德				
察哈爾	鄭仲升	51	多倫	安福系			
歸綏	龔秉鈞	46	綏遠				
川邊	趙得心		南溪	安福系			
蒙古	阿穆爾靈圭	36	科爾沁左翼後旗				親王、①、③
蒙古	德色賴托布	42	昭烏達盟敖漢部	安福系			②
蒙古	周秀文	36	安徽合肥	安福系		日本明治大學經濟科卒業	（遞補祺克坦）
蒙古	林炳華	46	廣西宜山	安福系	舉人	日本法政速成科畢業	知縣，道尹
蒙古	鄂多台	56	喀爾喀土謝圖汗	安福系			②、③
蒙古	李國杰	38	安徽合肥		蔭生		參政院參政（李鴻章長孫）
蒙古	唐理淮	36	安徽合肥	安福系			①、國務院參議（遞補祺誠武）
蒙古	札噶爾	35		安福系			③
蒙古	色丹巴勒珠爾	60	昭烏達盟	安福系			（遞補達賚）
蒙古	吳德培	44	浙江吳興	安福系			
蒙古	棍布札布	41	卓索圖盟土默特	安福系	清貴冑	法政學堂聽講員	③
蒙古	朱仕清	42	直隸天津	安福系			
蒙古	楊壽枏	51	江蘇	安福系	舉人		長蘆鹽運使、粵海

選區	姓名	年齡	籍貫	黨派	傳統功名	學歷	經歷、背景
			無錫				關監督、山東財政廳廳長
蒙古	阿拉坦瓦齊爾	35	科沁左翼後旗	安福系			③
蒙古	劉文煜	50	江寧江寧	安福系	舉人		警察廳秘書(遞補熙凌阿)
西藏	曾毓雋	44	福建閩侯				
西藏	江贊桑布	47	西藏拉薩				
西藏	沈國鈞	36	江蘇吳江				市政公所庶務主任
西藏	梁鴻志	36	福建長樂	安福系	舉人	京師大學堂卒業	(參議院秘書長)
西藏	格勒索巴	51	前藏	安福系			
西藏	黃錫銓	63	廣東梅縣		副貢生	日本留學	廣東省議會議員、②
青海	劉星楠	37	山東清平	安福系		北京法政學堂	②、內務部顧問(遞補烏勒濟)
青海	汪聲玲	53	安徽旌德	安福系	進士		山東岱南觀察使、福建省民政長
中央	羅鴻年	40	江蘇潤州			上海南洋公學卒業、英國大學卒業	中國銀行國庫監督、教育、財政次長(中央選舉會第一部)
中央	胡　鈞	46	湖北沔陽	安福系	舉人	德國柏林大學法政科	大總統秘書、③(中央選舉會第一部)
中央	周詒春	37	安徽休寧		進士	美國留學	南京臨時政府外交部秘書、清華大學校長(中央選舉會第一部)
中央	許　桔	36	山西趙城	安福系			(中央選舉會第一部)
中央	何焱森	41	廣東三水			京都大學堂，留美	校長(中央選舉會第一部)

選區	姓名	年齡	籍貫	黨派	傳統功名	學 歷	經歷、背景
中央	吳宗濂	60	江蘇嘉定	安福系	副貢生	同文館畢業	駐義公使、外交部特吉林交涉員(中央選舉會第一部)
中央	王世澂	45	福建閩侯	安福系	進士	英國倫敦法律專校	參政院參政(中央選舉會第一部)
中央	鄧鎔	47	四川成都		貢生	日本明治大學	①、參政院參政(中央選舉會第一部)
中央	魏斯炅	47	江蘇金谿	安福系		日本留學	江西財政司、民政廳長(中央選舉會第一部)
中央	陳煥章	39	廣東高要	安福系	進士	美國哥倫比亞大學經濟科畢業、哲學博士	總統府法律顧問、孔教會總幹事(中央選舉會第一部)
中央	張元奇	59	福建閩侯	安福系	進士		奉天巡按使、內務次長(中央選舉會第二部)
中央	朱啓鈐	47	貴州紫江	交通系	舉人		交通總長、內務長、代理國務總理(中央選舉會第二部)
中央	周自齊	50	山東單縣	交通系		留美	山東都督、民政長、中國銀行總裁、財政、農商總長(中央選舉會第二部)
中央	李兆珍	73	福建長樂	安福系	舉人		參政院參政(中央選舉會第二部)
中央	蔡儒楷	49	江西南昌		舉人	北洋大學	南潯鐵路總理(中央選舉會第二部)
中央	陳振先	42	廣東佛山			美國農業大學畢業	農林部次長、總長、教育總長、總統府顧問(中央選舉會第二部)
中央	熙彥	52	滿州正白旗	安福系			(中央選舉會第二部)
中央	呂調元	53	安徽太湖		進士		河南觀察使、湖北民政長、陝西巡按使(中央選舉會第二部)

選區	姓名	年齡	籍貫	黨派	傳統功名	學 歷	經歷、背景
中央	梁士詒	50	廣東三水	交通系	進士		總統府秘書長、交通銀行總理、財政次長（中央選舉會第三部，參議院議長）
中央	任鳳賓	36	江蘇宜興				（中央選舉會第三部）
中央	陳邦燮	37	湖北鄂城				①（中央選舉會第三部）
中央	江紹杰	42	安徽旌德	安福系	進士	日本法政大學畢業	政治會議議員（中央選舉會第三部）
中央	王郅隆	56	直隸天津	安福系			（中央選舉會第三部，安福俱樂部常任幹事兼會計主任）
中央	譚瑞霖	36	廣東新會			廣東師範	學生監督、①（中央選舉會第四部）
中央	韋榮熙	35	廣東				（中央選舉會第四部）
中央	盧諤生	35	廣東南海	安福系	優貢生		湖南知縣簡任贛關監督（中央選舉會第四部）
中央	林韻宮	36	廣東番禺	安福系			（原名林椒之、中央選舉會第四部）
中央	毓　朗	56	奉天長白	安福系		日本遊歷	步軍統領軍諮大臣（中央選舉會第五部）
中央	溥　緒	37	奉天長白	安福系			（中央選舉會第五部）
中央	哈的爾						（中央選舉會第六部）

資料來源：楊家駱編，《民國名人圖鑑》（民國26年），卷1-12；李新、孫
　　　　　思百主編，《民國人物傳》（北京：中華書局，1978年），卷1-
　　　　　7；文史資料出版社編，《文史資料選集》。

說　　明：@：清季諮議局議員；
　　　　　①：第一屆(民二)國會眾議院議員；
　　　　　②：第一屆(民二)國會參議院議員；
　　　　　③：民六臨時參議院議員。

三、眾議員名錄

選區	姓名	年齡	籍貫	黨派	傳統功名	學 歷	經歷、背景
直隸	卞蔭昌	55	直隸天津	安福系			商會會長、顧問
直隸	籍忠寅	42	直隸任邱	研究系	舉人	日本早稻田大學畢業	@、雲南省財政廳長、②
直隸	葉雲表	33	直隸大城				
直隸	張 濂	52					
直隸	王葆鋆	34	直隸臨榆	安福系			
直隸	田子鵬	37	直隸靜海	安福系			
直隸	蘇藝林	35	直隸豐潤				
直隸	汪鐵松	52	直隸	安福系			
直隸	張佐漢	43	直隸高陽				③
直隸	耿兆棟	41	直隸唐縣				①、③
直隸	張恩綬	47	直隸深縣		舉人	日本早稻田大學政治經濟科	北洋法政專門學校校長、北洋法政會會長
直隸	王恩澍	36	直隸新城				
直隸	董景勳	35	直隸定興	安福系			
直隸	盧 嶽	41	直隸博野	安福系			
直隸	王文芹	37	直隸清苑	安福系		畿輔大學	湖北、陝西等省教育科長、③
直隸	賀培桐	45	直隸棗強	安福系	進士	日本早稻田大學留學	礦務總理
直隸	武繩緒	43	直隸永年	安福系			
直隸	聶 矗	35	直隸				

選區	姓名	年齡	籍貫	黨派	傳統功名	學 歷	經歷、背景
直隸	王雙岐	37	大名直隸冀縣		舉人	日本早稻田大學	直隸省議會議員、①
直隸	訾雲岫	32	直隸永年				
直隸	吳得祿	33	直隸任縣	安福系			
直隸	賈庸熙	43	直隸蔚縣				
直隸	韓梯雲	41	直隸涿鹿				
奉天	邴克莊	33	奉天盤山	安福系		奉天高等警察學校畢業	①、奉天民政署顧問
奉天	劉恩格	35	奉天遼陽	安福系		奉天法政學堂，日本早稻田大學卒業	③（眾議院副議長）
奉天	曾憲文	53	奉天鐵嶺	安福系	貢生		鐵嶺議事會副議長
奉天	高清和	33	奉天錦西	安福系		奉天自治研究會卒業	省議員
奉天	魏福錫	41	奉天瀋陽	安福系			
奉天	董寶麟	30	奉天新民	安福系			
奉天	孫孝宗	42	奉天蓋平	安福系			臨時參議院議員
奉天	焉泮春	56	奉天復縣	安福系	廩貢生		@、省議會副議長、①
奉天	教德興	36	奉天鳳城	安福系		奉天法政專門學校卒業	奉天清鄉總局參議
奉天	劉興甲	39	奉天昌圖	安福系		留日法政大學	@、①、③
奉天	翁恩裕	43	奉天本溪	安福系			①、③
吉林	金明川	57	吉林永吉	安福系			
吉林	逯長增	38	吉林長春	安福系			③

選區	姓名	年齡	籍貫	黨派	傳統功名	學 歷	經歷、背景
吉林	賈明善	36	吉林長嶺	安福系		優級師範學校理化科	省議會副議長
吉林	王沐身	45	吉林	安福系			
吉林	趙驥	31	吉林雙城				
吉林	王汝澂	33	吉林五常	安福系			
吉林	劉哲	38	吉林永吉			北京法政學堂	吉林省議會副議長、奉天法政專門校長、②
吉林	孫恩溥	36	吉林寧安	安福系			奉天高等檢查廳檢事
黑龍江	趙仲仁	35	黑龍江龍江	安福系		吉林法政學堂卒業	③
黑龍江	劉振生	38	黑龍江肇州	安福系			①、③
黑龍江	文子鐸	39	黑龍江克山	安福系			
黑龍江	張文翰	36		安福系			高等檢查廳檢察長
黑龍江	李維周	41	奉天全縣	安福系			
黑龍江	趙鎮	36					
黑龍江	王文璞	38					
江蘇	夏仁虎	45	江蘇江寧	安福系	舉人		財政次長、國務院秘書長
江蘇	孫錫恩	56	江蘇六合	安福系			
江蘇	柳肇慶	33	江蘇丹徒	安福系			
江蘇	蔣士杰	39	江蘇丹徒	安福系			
江蘇	陸沖鵬	34	江蘇	安福系			律師

選區	姓名	年齡	籍貫	黨派	傳統功名	學　歷	經歷、背景
			海門				
江蘇	鮑宗漢	36	江蘇上海				北京新華儲蓄銀行協理
江蘇	金詠榴	52	江蘇青浦	安福系	舉人		@、上海《時報》總主筆、省議員
江蘇	陸家鼎	35	江蘇上海	安福系			上海警察廳廳長、德大紗廠總經理
江蘇	藍公武	37	江蘇吳江	研究系		日本帝國大學卒業，法國留學生	②、③
江蘇	洪玉麟	49	安徽歙縣	交通系			津浦、滬寧兩道轉運公司總辦
江蘇	黃家璘	34					
江蘇	葛夢樸	39	江蘇泰興				
江蘇	孫潤宇	39	江蘇吳縣			北洋大學預科，日本法政大學	內務部警務局局長、①、③
江蘇	彭清鵬	35	江蘇吳縣	安福系		日本東京物理學校卒業	教育司長，留日學生監督
江蘇	孫靖圻	42	江蘇無錫		增貢		@、分部主事
江蘇	解樹強	39	江蘇阜寧	安福系		日本早稻田大學卒業	②
江蘇	楊　潤	41	江蘇阜寧				①
江蘇	任祖棻	35	江蘇淮安				
江蘇	夏寅官	53	江蘇東台	安福系	進士		@、①、保送知府
江蘇	郝崇壽	43	江蘇淮安				
江蘇	季龍圖	45	江蘇鹽城	安福系	進士	日本法政大學畢業	候補縣知事、廳長
江蘇	顧詠葵	50	江蘇興化	安福系	廩貢	日本宏文師範	@、中學堂監督
江蘇	楊毓逵	36	江蘇東海				

選區	姓名	年齡	籍貫	黨派	傳統功名	學歷	經歷、背景
江蘇	沈 蕃	39	江蘇東海				（沈雲沛之子）
江蘇	王玉樹	40	廣東潮陽				
江蘇	王立廷	39	江蘇錫山	安福系	舉人	日本法政大學畢業	@、①、③
江蘇	張從仁	48	江蘇銅山	安福系			
安徽	王揖唐	41	安徽合肥	安福系	進士	日本法政大學卒業	前清兵部主事、總統府秘書、顧問、內務總長、③
安徽	關建藩	35					
安徽	光雲錦	39	安徽桐城	安福系			③
安徽	趙熙民	49	安徽舒城	安福系			
安徽	周行原	45	安徽合肥	安福系	副貢		@
安徽	胡延禧	31	安徽巢縣	安福系			
安徽	丁葆光	43	安徽無為	安福系	生員		@
安徽	劉兆麟	36		安福系			
安徽	倪道煌	44	安徽阜陽	安福系			
安徽	丁冠軍	38	安徽宿縣	安福系			
安徽	邱鳳舞	42	安徽懷遠				
安徽	華維嶽	33	安徽潁上	安福系			
安徽	吳 山	50	安徽滁縣	安福系			
安徽	江忠贋	39	安徽婺源	安福系			
安徽	崔 法	50	安徽太平	安福系			
安徽	陳嘉言	47	安徽	安福系	進士		知府

選區	姓名	年齡	籍貫	黨派	傳統功名	學　歷	經歷、背景
			衡山				
安徽	陳光譜	39	安徽宣城	安福系		陸軍軍醫學校	①、③
安徽	高炳麟	53	安徽貴池		舉人		@、揀選知縣
江西	包發鸞	45	江西南豐	安福系			
江西	熊正琦	37	江西南昌	安福系	舉人		吉林省財政廳長
江西	饒孟任	36	江西南昌	安福系	進士	倫敦大學畢業	③
江西	吳道覺	36	江西玉山	安福系			
江西	程　臻	34	江西南昌	安福系			
江西	梅士煥	38	江西南城	安福系			
江西	楊蔭喬	37	江西上饒	安福系			
江西	葉先圻	48	江西萍鄉	安福系	進士	日本法政大學卒業	@、民四吉林官銀錢號總辦
江西	黃文濬	41	江西新淦	安福系			
江西	林金相	45	江西分宜	安福系			
江西	劉恩桂	37		安福系			
江西	熊　坤	40	江西高安	安福系			
江西	龍　晃	33	江西萬載	安福系			
江西	李學蓮	43	江西吉永	安福系			
江西	黃大壎	57	江西石城	研究系	進士		江西高等學堂監督、@、副議長
江西	邱　珍	46	江西寧都	研究系			③
江西	葛　莊	45	江西雩都	研究系			前清知縣、①、③

選區	姓名	年齡	籍貫	黨派	傳統功名	學 歷	經歷、背景
江西	魏會英	52	江西贛縣	研究系			③
江西	劉樹棠	59	江西贛縣	研究系			
江西	熊正瑗	38	江西南昌				
江西	宋育德	40	江西九江	安福系			③
江西	李家浦	30	江西九江	安福系			
江西	魏調元	43	江西九江				
江西	石雲基	42					
浙江	沈椿年	44	浙江定海	研究系	貢生		@、杭州硝礦局局長
浙江	謝鍾靈	48	浙江天台				省議會議員
浙江	杜棣華	37	浙江臨海	安福系			浙江象山縣知事
浙江	王行健	39	浙江溫嶺	研究系			省議員、甯台官營產事務所所長
浙江	王錫榮	47	浙江杭州	安福系			杭商會協理
浙江	童能藩	58	浙江臨海	安福系			省議員
浙江	黃秉羲	45	浙江臨海	安福系	舉人		
浙江	袁 翼	38	浙江嵊縣	安福系			殺虎口收稅局局長
浙江	何勳業	46	浙江紹興	安福系			省議會議員
浙江	黃秉鑑	34	浙江浦江	安福系			
浙江	黃 群	37	浙江永嘉	研究系		日本早稻田大學修業	①、財政部顧問
浙江	蔣 冶		浙江樂清	研究系			前清海門統捐局局長
浙江	杜 持	45	浙江	研究系			陸軍中將、總統府

選區	姓名	年齡	籍貫	黨派	傳統功名	學 歷	經歷、背景
			青田				顧問
浙江	姜周輔	51	浙江永嘉	研究系			都督府顧問
浙江	林 同	38	浙江瑞安	研究系			省議會議員
浙江	林 卓	36	浙江永嘉	安福系			省議會議員
浙江	章獻猶	52	浙江瑞安	安福系			
浙江	汪 然	43	浙江杭縣				北京交通銀行重要職員
浙江	金紹城	39	浙江吳興			英國倫敦鏗斯大學畢業	軍事外交官、內務部檢事
浙江	周承菼	35	浙江海寧			杭州求是書院、日本振武學校	浙軍總司令、大總統顧問、將軍府將軍
浙江	金 森	46	浙江杭縣				北京禮和洋行買辦
浙江	錢 豫	32	浙江嘉善	安福系			內務總長、省議員（錢能訓之姪）
浙江	汪 展	33	浙江江山				
浙江	黃靈雨		浙江衢縣				
浙江	蘇應銓	37	浙江龍游				北京新華銀行總司票
浙江	汪立元	48	浙江杭縣	安福系	副貢生		內務部禮俗司檢事、北京時報社長
福建	邵繼琛		福建閩侯	安福系			
福建	林 棟		福建壽寧	安福系			
福建	劉以芬	33	福建閩侯	研究系		日本早稻田大學政治經濟科卒業	③
福建	李 俊		福建長樂	安福系			
福建	林佑薊		福建	安福系			

選區	姓名	年齡	籍貫	黨派	傳統功名	學　歷	經歷、背景
			閩侯				
福建	鄭　蕲		福建閩侯	安福系			私立開智小學校長、律師
福建	王大貞	38	福建晉江	安福系	舉人		③
福建	陳蓉光	40	福建惠安	研究系		法政學校	①
福建	黃　蔭		福建南安	安福系	舉人	法政學校	
福建	陳　亮		福建海登	安福系			
福建	陳爲銚		福建龍溪				
福建	邱曾煒		福建海澄	安福系			
福建	劉映奎	51	福建寧化	安福系	舉人		前清法部主事、②
福建	鄭元楨		福建南平	安福系			
福建	高登鯉	54	福建順昌	研究系	舉人		ⓐ、議長、①、③
福建	李兆年	41	福建建甌		優貢生	京師法政學堂	前清廣東、浙江知縣、②
湖北	劉　果		湖北穀城	安福系			
湖北	甘鵬雲	51	湖北潛江	安福系	進士	日本法政大學畢業	吉林財政監理、吉林國稅廳長
湖北	余德元		湖北房縣	安福系		兩湖書院，留日師範	湖北學務
湖北	王璟芳		湖北沅江	安福系	舉人	日本法學士	審計處總辦、山東財政廳長
湖北	賀戡晁		湖北武昌	安福系	舉人	日本法學士	
湖北	呂瑞庭		湖北漢陽	安福系		農校畢業，赴日考察農業教育	
湖北	饒漢秘		湖北廣濟	安福系		湖北優級師範	武昌外國語專門學校校長(前民政長饒

選區	姓名	年齡	籍貫	黨派	傳統功名	學歷	經歷、背景
							漢祥之弟)
湖北	趙儼葳	47	湖北安陸	安福系	舉人	日本法政大學畢業	顧問、湖北教育司長
湖北	周　棠		湖北孝感	安福系		日本法學士	律師
湖北	劉　亮		湖北嘉魚	安福系	廩貢生	日本法學士	都督府秘書長，道尹(巡按劉心源之子)
湖北	李繼楨		湖北隨縣	安福系		日本法學士	湖北新隄關監督，道尹，報館主筆
湖北	李寶楚		湖北應山	安福系		軍界出身	川邊道道尹
湖北	胡柏年	51	湖北武昌	安福系	拔貢	日本法政大學	@、候選主事(胡鈞之弟)
湖北	王　彭		湖北武昌	安福系	進士		
湖北	湯用彬	40	湖北黃梅	安福系	舉人	京師譯學館畢業	報社社長
湖北	鄭萬瞻	39	湖北秭龜	安福系	舉人	北京優級師範畢業	@、①、③、中書科中書
湖北	王運孚		湖北松滋	安福系		日本法學士	湖北省議會副議長
湖北	何佩瑄		湖北建始	安福系			(政務廳長何佩鎔之弟)
湖南	吳德潤	32	湖南岳陽	安福系			
湖南	易克皋	34	湖南長沙	安福系	廩貢生	京師譯學館畢業	教育部司長、秘書
湖南	吳劍豐	48	湖南湘鄉	安福系			
湖南	張　宣	39	湖南長沙	安福系		日本陸軍士官學校	山西省民政長
湖南	周　渤	47	湖南長沙	安福系			③
湖南	晏才猷	32	湖南新化	安福系			
湖南	李　俊	35	湖南沅江				

選區	姓名	年齡	籍貫	黨派	傳統功名	學 歷	經歷、背景
湖南	羅正緯	36	湖南湘潭	安福系			
湖南	王 毅	35	湖南長沙	安福系			
湖南	朱俊烈	36	湖南湘潭	安福系			③
湖南	向乃祺	34	湖南永順	安福系	生員	日本早稻田大學畢業	②、湖南財政司科長
湖南	楊 岳	44	湖南沅陵	安福系			
湖南	吳凌雲	43	湖南乾城	安福系			③
湖南	廖名縉	51	湖南瀘溪	安福系	拔貢	日本師範學校卒業	湖南工業學校校長
湖南	何海鳴	31	湖南衡陽	安福系			湖北《大江報》主筆、上海《民權報》主筆、北京《又新日報》主編
湖南	陳琢章	46	湖南祁陽	安福系			
湖南	符定一	41	湖南衡山	安福系		京師大學堂卒業	湖南省教育總會會長
湖南	唐乾一	40	湖南橫山	安福系			③
山東	李慶璋	39	山東歷城				
山東	邵晉蕃	36	山東齊河				
山東	艾慶鏞	35	山東長清	安福系			①、③
山東	勞慶祁	37	山東陽信				
山東	郭光烈	40	山東無棣				
山東	韓純一	35	山東鄒平				
山東	周福岐	34	山東單縣				

選區	姓名	年齡	籍貫	黨派	傳統功名	學 歷	經歷、背景
山東	夏繼泉	33	山東鄆城		蔭生		山東岱北、河南豫西觀察使
山東	呂慶圻	49	山東濟寧				
山東	王廣瀚	33	山東嶧縣	安福系			①
山東	王之籙	49	山東堂邑	安福系			①
山東	杜維儉	31	山東德縣				
山東	王廣瑞	32	山東觀城	安福系			
山東	周祖瀾	55	山東聊城		廩貢		@
山東	沙明遠	37	山東臨清				陝西教育廳廳長
山東	張棟銘	37	山東諸城				③
山東	王　訥	40	山東安邱		舉人	師範學堂	①、山東教育廳長
山東	王宗元	48	山東壽光				山東財政廳長
山東	安鵬東	35	山東日照			日本明治大學	②
山東	于之鳳	36					
山東	曲卓新	41	山東牟平		進士	日本早稻田大學畢業	@、山東財政廳長
山東	謝鴻燾	45	山東棲霞			留學日本	都督府高級參謀
河南	徐卓增	35	河南許昌	安福系	附生	高等警察學校畢業	
河南	郭景岱	39	河南長葛	安福系			河南自治籌備處長
河南	李隨揚	30	河南鄭縣	安福系			
河南	陳鴻疇	41	河南長葛	安福系		河南高等學校卒業，日本早稻田大	上海都督府軍事科科員

選區	姓名	年齡	籍貫	黨派	傳統功名	學 歷	經歷、背景
						學預科	
河南	鄭錫田	36	河南鄢陵	安福系			
河南	王曾禮	30	河南鹿邑	安福系			河南高等審判廳廳長
河南	李自辰	36	河南開封	安福系			
河南	何霽峰	40	河南滑縣	安福系		譯學館	前戶部主事
河南	李綏恩	40	河南內黃	安福系			
河南	原恩瀛	62	河南溫縣	安福系			
河南	王印川	38	河南修武	安福系	舉人	日本早稻田大學畢業	河南高等學堂教務長、民政長、進步黨理事、①、參政院參政(眾議院秘書長)
河南	王澤攽	36	河南汲縣	安福系			參議院議員
河南	張 坤	45	河南陝縣	安福系	進士		@、代理校長、稅捐局長、①
河南	王敬芳	43	河南鞏縣	研究系	舉人	留學日本	@、①、礦業
河南	郭 涵	36	河南孟津	安福系			陝西省政務廳長、①
河南	林東郊	50	河南洛陽	安福系			③
河南	彭運斌	51	河南鄧縣	安福系	進士	日本法政大學畢業	@、實業廳科長、①
河南	陳善矩	39	河南信陽	安福系			
河南	袁振黃	40	河南新蔡	安福系			
河南	張縉璜	52	河南汝南	安福系			
河南	張石生	32	河南南陽	安福系			

選區	姓名	年齡	籍貫	黨派	傳統功名	學 歷	經歷、背景
河南	金 燾	45	河南淅川	安福系			①
山西	李元晉	57	山西孝義	安福系			
山西	郭象升	38	山西晉城	安福系	拔貢	日本早稻田大學卒業	山西大學代校長
山西	裴寶棠	36	山西長治	安福系			
山西	樊振聲	39	山西陽城	安福系			
山西	祁景頤	49	山西壽陽	安福系			
山西	常贊春	45	山西榆次	安福系			
山西	李友蓮	43	山西陽曲	安福系			
山西	耿臻顯	31	山西渾源	安福系		日本盛岡高等農校卒業	山西高等農業農科主任、①
山西	藍 均	49	山西崞縣	安福系		山西法政專門學校卒業	①
山西	劉 械	35	山西神池	安福系			
山西	邢殿元	39	山西定襄	安福系			
山西	狄麟仁	39	山西大同	安福系			
山西	楊柏榮	36	山西安邑	安福系			
山西	高時臻	42	山西襄陵	安福系			
山西	劉培澤	32	山西汾城	安福系			
山西	郭德修	35	山西霍縣	安福系			①
山西	李道在	36	山西萬泉	安福系			
陝西	譚 湛	37	陝西長安				③

選區	姓名	年齡	籍貫	黨派	傳統功名	學 歷	經歷、背景
陝西	崔雲松	38	陝西長安		廩生	日本早稻田大學畢業	陝北觀察使
陝西	岳 維	33	陝西扶風	安福系			
陝西	王 珍	47	陝西雒南	安福系	進士	進士館法政理財科畢業	陝西督軍公署秘書
陝西	李步雲	33	陝西盩厔				
陝西	吳崇德	39	陝西	安福系			
陝西	史作鑑	31	陝西岐山				
陝西	楊逢盛	36	陝西洵陽	安福系			②
陝西	高 杞	36	陝西城固	安福系			陝西財政廳長
陝西	李少唐	34	陝西西鄉	安福系			
陝西	鐘允諧	43	陝西南鄭	安福系			②
陝西	羅仁博	36	陝西安康	安福系			
陝西	白建勳	35	陝西鄜縣	安福系			
陝西	李蘊華	58	陝西米脂				
甘肅	宋振聲	42	甘肅臨潭	安福系			臨時參議院議員
甘肅	彭立杕	50	甘肅皋蘭	安福系			
甘肅	敏翰章	42	甘肅臨潭	安福系			
甘肅	侯效儒	46	甘肅安化	安福系			①
甘肅	馮翊瀚	35	甘肅慶陽	安福系			
甘肅	王廷翰	36	甘肅天水	安福系			
甘肅	宋 梓	37	甘肅		優貢	蘭州大學堂	②、七品小京官

選區	姓名	年齡	籍貫	黨派	傳統功名	學歷	經歷、背景
			伏羌		生	肄業	
甘肅	張　超	38		安福系			
甘肅	趙國瑞	45	甘肅慶陽	安福系			
甘肅	郝天章	34	甘肅武威	安福系			
新疆	謝萬魁		新疆奇台	安福系			
新疆	安大榮		新疆迪化	安福系			
新疆	楊增美		雲南蒙自	安福系			
新疆	加　拉		新疆庫車	安福系			
新疆	黃中立		安徽祁門	安福系	監生		新疆財政司長、全國官錢局總辦
新疆	麻和浦		新疆疏附	安福系			
新疆	袁進業		新疆迪化	安福系			
熱河	李東萊	36	熱河隆化	安福系			
熱河	鄧述禹	44	熱河平泉				
熱河	張其密	43	熱河平泉	安福系			②
察哈爾	張　欽	34	察哈爾涼城	安福系			
察哈爾	宋弼良	36		安福系			
京兆	張匯泉	38	直隸安次	安福系			
京兆	康士鐸	35	直隸涿縣	安福系		上海震旦書院肄業	①、報社社長
京兆	白常文	40	直隸大興				
京兆	孟錫鈺	44	直隸	安福系	進士		③

選區	姓名	年齡	籍貫	黨派	傳統功名	學歷	經歷、背景
歸綏	卜兆瑞	31	宛平綏遠薩拉齊	安福系			
川邊	徐亞屏		河南孟縣	安福系			
川邊	饒應銘	39	四川越嶲	安福系		四川高等學校畢業，日本法政大學卒業	巡案公署顧問、②
蒙古	阿昌阿	47	科爾沁左翼後旗	安福系			①
蒙古	張　文	41	卓盟喀喇沁右翼旗	安福系			蒙莊翻譯官、科長
蒙古	李　芳	47	吉林	安福系		四川專門法政大學卒業	
蒙古	吳　淵	32	四川達縣	安福系		日本早稻田大學肄業	都督府秘書、廳長、①
蒙古	陳　震	51	福建閩侯	安福系			
蒙古	曾毓煦	53	外蒙土謝圖汗部	安福系	舉人		國務院秘書
蒙古	車林桑都布	36		安福系			②
蒙古	賀得霖	36	浙江鎮海	安福系		東京日本大學法科卒業	
蒙古	吳文瀚	39	安徽全椒	安福系	優貢生		②、③
蒙古	布爾格特	48	外蒙扎薩克圖汗部	安福系			②
蒙古	姚　華	43	貴州	安福系	進士	日本法政大	②、北京女子師範

選區	姓名	年齡	籍貫	黨派	傳統功名	學　歷	經歷、背景
			貴陽			學畢業	學校校長、③
蒙古	程　克	44	河南開封			河南大學堂，日本東京大學法科畢業	②、北京政府內務部參事、總統府咨議
蒙古	徐世一	32	直隸大興				
蒙古	卓爾巴札普	42	察哈爾正白旗	安福系			
蒙古	賀色畚	26	蒙古土默特部	安福系			
蒙古	周維藩	33	安徽合肥	安福系		日本陸軍士官學校卒業	山西太原鎮總兵
蒙古	劉錫章						
蒙古	吳榮成		安徽合肥	安福系			
蒙古	王樹柟	66	直隸新城	安福系	進士		四川知縣、新疆布政使、參政院參政
蒙古	王伊文		河南沁陽	安福系			
青海	龔慶霖	41	安徽合肥	安福系	舉人		甘肅渭川道尹
青海	劉朝望		甘肅	安福系			③
西藏	烏澤聲	35	吉林	安福系		日本早稻田大學	①、③（原名烏爾棍布）
西藏	布克克圖	38	外蒙	安福系	廩生	日本明治大學法科、東京高等警察學校	①、③
西藏	羅布桑車珠爾	41	蒙古喀喇沁右翼	安福系			②、③
西藏	史啓藩	35	安徽合肥	安福系			
西藏	臧蔭松	36	江蘇	安福系	廩生	法政大學卒業	江蘇諮議局秘書

選區	姓名	年齡	籍貫	黨派	傳統功名	學　歷	經歷、背景
			宿遷				
西藏	巫懷清	35	西藏拉薩	安福系			③
西藏	黃雲鵬	35	四川永川	安福系	法科進士	日本早稻田大學	①、③

資料來源：同參議員名錄。

說　　明：同參議員名錄。

附錄四
國民大會、立法院、監察院議員名錄

一、國民大會代表名錄

姓名	籍貫	年齡	性別	學歷	留學	經歷
	江蘇省					
丁宣孝	句容	50	男	高師	留日	中學校長
李徵慶	溧水	47	男	黨工訓練所		黨工
俞 康	丹陽	40	男	上海法學院		講師
張世希	江寧	44	男	陸軍大學		師長
孫亞夫	六合	38	男	政治大學	留日	教授
包明叔	儀徵	58	男	專科		報社社長
陳 倬	金壇	37	男	日本士官	留日	師長
余仁美	宜興	46	男	上海法學院		錢莊總經理
芮 晉	溧陽	38	男	中央軍校		國民黨總幹事
周宏基	嘉定	43	男	上海法政大學		律師
顧建中	金山	43	男	唐山交通大學		鹽務處長
紐長耀	上海	42	男	上海法學院		省黨部委員
陸容庵	川沙	46	男	上海持志大學		紡紗廠總經理
何尚時	奉賢	50	男	上海大學		漁業改進會副主任
朱錫璇	崇明	39	男	光華大學		紡紗廠董事長
徐志道	海門	46	男	中央軍校		保密局長
朱文伯	泰興	44	男	大夏大學，日本士官	留日	戰區秘書處主任
黃孟剛	啓東	41	男	上海法政大學		律師
劉芷薰	清江	41	男	南京美術專校		縣黨部委員
冷 欣	興化	50	男	中央軍校		上海市黨部委員
趙友培	揚中	36	男	正風文學院		江蘇參議員
華壽崧	寶應	41	男	政治大學		內政部秘書
蔣建白	淮安	47	男	東南大學	留美	教授

姓名	籍貫	年齡	性別	學歷	留學	經歷
李源溥	瀋陽	43	男		留日	調查局局長
宋化純	碭山	30	男	政治大學		三青團主任
張秀舍	沛縣	39	男	江蘇教育學院		省黨部委員
劉季洪	豐縣	45	男	北師大	留美	河南大學校長
方先覺	蕭縣	42	男	軍校三期		軍團副司令
展恒舉	邳縣	40	男	中央大學		法院檢察官
韓德勤	泗陽	56	男	保定軍校六期		省主席
陳會瑞	睢寧	32	男	西北大學		縣政府主任秘書
葉秀峰	江都	49	男	北洋大學	留美	中央委員
蔣佩儀	宜興	41	女	蠶業學校		省婦女會監事
袁行潔	武進	41	女		留法	參事
王慕曾	武進	38	男	政治大學		侍從室少將副組長
沈雲龍	東台	39	男		留日	上海交易所監理員
錢公南	南通	48	男	交通大學		郵電司幫辦
滕傑	阜寧	44	男	中央軍校	留日	中訓團徐州分團教育長
李壽雍	鹽城	46	男	北京大學	留英	省財政廳長
李德義	泰縣	41	女	北平朝陽大學		地方法院院長
朱煥彪	如皋	54	男	江蘇法政大學		法院院長
賈韞山	徐州	52	男	黃埔軍校一期		江蘇省黨部委員兼民運處長
王公璵	連雲市	46	男	北平中國大學		江蘇民政廳長
浙江省						
陳潤泉	海寧	41	男	東吳大學		律師
錢天任	崇德	46	男	優級師範	留美	行政院設計委員
賈知時	孝豐	52	男	浙江鐵道專門學校		省黨部視察
余烈	於潛	42	男	上海文化學院	留日	省黨部委員
陳詒	昌化	43	男	浙江自治學校		浙江田糧處長
沈純享	桐廬	40	男	中央軍校		上海警察局督察長
俞嘉庸	分水	44	男	上海大學		貴州省黨部書記長
徐梓林	建德	48	男	浙江公醫專校		杭州參議員
朱念慈	上虞	38	男	上海法政大學		上海地方法院庭長
李熙謀	嘉善	51	男	交通大學	留美	上海市教育局長
蔣中正	奉化	62	男		留日	
陳荇蓀	鄞縣	50	男	私塾		印刷廠總經理

姓名	籍貫	年齡	性別	學歷	留學	經歷
徐培根	眾山	51	男	陸軍大學	留德	
李士珍	寧海	53	男	黃埔軍校	留日	參謀本部參謀官
毛光熙	玉環	42	男	上海法學院	留比	日報總編輯
戴福權	永嘉	59	男	大夏大學		省黨部監察委員
張心柏	溫嶺	62	男	軍需學院		湖北省府委員兼財政廳長
洪陸東	黃巖	55	男	山西大學		
金瑞林	天台	52	男	浙江法政學校		上海市政府參事
池 瀓	瑞安	41	男	中央大學		縣參議員
林 競	平陽	55	男		留日	省參議會秘書長
姚 琮	瑞安	59	男	陸軍大學		戰略顧問
楊 傑	壽昌	42	男	上海法學院		縣府主任秘書
王兆槐	遂安	43	男	黃埔四期		京滬杭鐵路副局長
何芝園	江山	48	男	東南大學		軍統局秘書主任
何聯奎	松楊	46	男	北京大學	留法	中央大學法學院院長
施此衡	縉雲	55	男	陸大六期		上海港口司令
郭 驥	龍泉	38	男	中央大學	留英	東南軍政長官署辦公室主任
葉 光	雲和	40	男	中央大學		東南軍政長官公署參事
吳錫澤	慶元	33	男	中央大學		台灣省新聞處長
吳 正	景寧	42	男	政治大學	留法	華中鐵路管理委員會委員兼處長
張安侯	紹興	42	男	復旦大學		會計師
安徽省						
杭立武	滁縣	45	男		留英	
凌鐵庵	定遠	61	男	江南陸師		軍事委員會參議
章正綬	來安	37	男	金陵大學		縣長
吳殿槐	盱眙	36	男	上海法政學院		市教育局局長
李咸熙	嘉山	55	男	上海南洋公學		縣參議員
王子步	泗縣	44	男	黃埔四期		省黨部委員
王子貞	懷遠	45	男	北平中國大學		黨政分會專員
趙覺民	靈璧	49	男	省立第七師範		縣長
王進之	壽縣	40	男	上海大學		調查局處長
汪祖華	蕪湖	38	男		留日	南京市民政局長
湯志先	宣城	50	男	安徽法政專校	留日	審計處長
溫廣彝	廣德	40	男	暨南大學	留英	物資局處長
胡鍾吾	績溪	43	男	上海群治大學		縣參議會議長

姓名	籍貫	年齡	性別	學歷	留學	經歷
吳兆棠	休寧	44	男		留德	政治大學訓導長
吳　麟	黔縣	47	男	東吳大學		軍法處長
謝鴻軒	繁昌	32	男	中央幹部學校		青年軍督導員
趙執中	貴池	40	男	安徽大學		地方法院院長
王同榮	銅陵	48	男	法政專校	留俄	國民參政會總務主任
鄒人孟	東流	39	男	安徽大學		省府主任秘書
謝澄平	當塗	48	男	北京大學	留美	教授
張宗良	廬江	43	男	中央大學	留英	省政府委員兼建設廳長
徐庭瑤	無為	57	男	保定軍校		集團軍總司令
葛崑山	蒙城	59	男	將弁學校		縣長
韓慄生	亳縣	47	男	河南大學		縣參議會議長
常法毅	潁上	41	男	師範科		縣參議會副議長
胡志遠	太和	47	男	中國公學		縣長
王覲陳	臨泉	50	男	上海公學		縣參議員
謝麟書	霍邱	41	男	中央大學		中學校長
王立文	宿縣	41	女		留俄	女師校長
江西省						
胡　致	南昌	51	男	北京大學		省府委員兼秘書長
熊　恢	豐城	54	男		留日	教育會理事長
饒世澄	廣昌	35	男	章江法政專校		中學校長
徐兼喜	東鄉	47	男	法政專校		縣參議會會長
詹絜悟	樂安	47	男	江西法政專校		江西省參議員
王以戡	餘江	32	男	上海光華大學		江西三青團幹事
林一民	上饒	51	男		留美	中正大學校長
桂崇基	貴谿	49	男		留美	中央大學教授
歐陽濂	玉山	40	男	上海法政學院		戰幹團教官
李　杏	橫峰	46	男	江西心遠大學		省參議員
劉　峙	吉安	57	男	保定軍校		河南省政府主席
郭庸中	泰和	41	男	中央軍校六期		省保安政治部主任
譚之瀾	永新	43	男	心遠大學		省參議會議員
劉曉風	萬安	29	男	中央軍校政治科		三青團分團幹事長
胡　素	清江	50	男	黃埔一期		保安副司令
陳培禮	峽江	48	男	上海政治大學		省參議員
劉家樹	新淦	43	男	中央軍校六期		省黨部委員
張國興	分宜	42	男	章江法政專校		行政專員公署視察
蔡孟堅	萍鄉	41	男	青島大學	留日	省府建設廳廳長
陳穎昆	高安	50	男	武昌高師		省文獻會委員

姓名	籍貫	年齡	性別	學歷	留學	經歷
劉師湯	宜豐	42	男	上海法政大學		國稅局局長
劉壽元	贛縣	33	男	北平中法大學		中學教員
胡　信	興國	33	男	黃埔一期		副軍長
歐陽縉	會昌	51	男	舊制中學		上校指導員
黃勛卿	虔南	35	男	省警官學校		省保安司令部參議
廖國仁	龍南	64	男		留日	水利局長，縣長
沈發藻	大庾	43	男	黃埔二期		陸軍第三分校主任
薛秋泉	南康	42	男	江西法政專校		省參議會參議員
田克明	上猶	42	男		留英	教授
邱　桓	寧都	43	男	北平民國大學		財政部專員
劉建章	瑞金	51	男	豫章法政專校		縣參議會副議長
陳國屏	石城	57	男	軍需學校		省參議員
鄭修元	德安	41	男	軍校八期		國安局組長
胡協虞	瑞昌	35	男	武昌中華大學		師範學校校長
劉士毅	都昌	58	男	保定軍校	留日	華中軍政長官公署政務委員
余樹芬	浮梁	40	男	上海持志大學		縣參議會參議長
胡浦清	鄱陽	40	男	光華大學	留美	省府委員
齊振興	德興	45	男	中央政治學校		第六行政區督察專員
熊公哲	奉新	53	男	北京大學		中央大學教授
匡正宇	修水	38	男	北平朝陽大學		省黨部執監委員
柯建安	武寧	48	男	黃埔三期		省黨部委員
李士襄	南昌	36	男	上海美專		武漢行轅少將參議
湖北省						
劉家麟	武昌	47	男	武昌高師		武昌日報社長
但衡今	蒲圻	60	男			
劉昌振	咸寧	58	男	武昌中華大學		縣長
陳兆驊	通山	38	男	省教育學院		青年黨中央委員
王世杰	崇陽	56	男	巴黎大學	留法	武漢大學校長
陳　鵬	大冶	40	男	中山大學		漢口市黨部主任委員
林逸聖	黃岡	52	男	保定六期		華中政委會委員兼秘書長
余家菊	黃陂	51	男	北京師範大學	留英	教授
楊嘯伊	黃安	43	男	黃埔三期		省府委員
涂壽眉	黃梅	43	男	法政專校		交通警察總局主任秘書
段克和	英山	37	男	軍校十四期		省府視察

姓名	籍貫	年齡	性別	學歷	留學	經歷
曹振武	京山	57	男	江蘇講武堂		處長
涂少梅	文門	36	男	政治大學		漢口三青團書記
黃格君	漢川	41	男	黃埔三期		武漢警備副司令
李基鴻	應城	67	男		留日	軍需處長
易 炯	應山	40	男	中央軍校		市政府參事
張知本	江陵	68	男	兩湖書院	留日	部長，大學校長
胡人佛	松滋	43	男	武昌中山大學		縣參議會議長
黃一鳴	保康	35	男	武昌中華大學		省參議員
朱士烈	竹山	33	男	武漢大學		法院首席檢察官
劉 毅	鄖西	48	男	武昌中山大學		省參議會議員
胡筬五	五峰	32	男	中央警官學校		省參議會議員
簡 樸	荊門	45	男	黃埔四期		政治部主任
尹呈輔	武昌	57	男	黃埔四期		武漢行營辦公廳主任
	湖南省					
李樹森	湘陰	51	男	黃埔一期		湖南省保安副司令
劉柔遠	茶陵	41	男	中央軍校		兵站總監
澎運斌	攸縣	61	男	優級師範		縣參議員
蕭新民	常寧	33	男	明治大學	留日	省黨部委員
趙恆惕	衡山	68	男	日本士官	留日	省參議會參議長
鄧 武	郴縣	44	男	巴黎大學	留法	軍委會工程處處長
杜從戎	臨武	46	男	黃埔一期		軍政治部主任
劉子亞	桂陽	54	男	北京大學		國民黨中執會專門委員
郭威廉	桂東	36	男	武漢大學		縣長，省府顧問
袁同疇	汝城	48	男		留日	黨政委員會委員長兼秘書長
蔣伏生	祁陽	51	男	黃埔一期		省府委員兼綏靖副司令
李毓九	寧遠	46	男	柏林大學	留德	省府委員兼建設廳長
陸瑞榮	新田	50	男	陸軍大學		省府委員
邱贊良	江華	45	男	湖南高工		縣黨部書記長
鍾華諤	藍山	42	男	巴黎大學	留法	縣長
陳 琮	新寧	40	男	柏林大學	留德	賦稅署署長
鄭翼承	澧縣	37	男	政治大學		三青團湖南支團監察
李佑琦	大庸	41	男	北平大學		縣長

姓名	籍貫	年齡	性別	學歷	留學	經歷
黃鳳池	清縣	56	男	中華大學		監察委員
張中寧	辰谿	40	男	哥倫比亞大學	留美	省府委員兼廳長
賀楚強	漵浦	46	男	北京大學		侍從室審核
梁化中	安化	42	男	中央軍校		副軍長
唐際清	武岡	47	男	南開大學		省參議會議員
羅正亮	瀏陽	37	男	明治大學	留日	省參議員
曾寶蓀	湘鄉	54	男	倫敦大學	留英	校長
毛秉文	湘鄉	58	男	黃埔三期		省府委員兼湘西行署主任
賀衷寒	岳陽	49	男	黃埔一期	留俄	軍委會秘書長兼第一廳長
周靜芷	岳陽	39	女	暨南大學		
羅　毅	衡陽	41	男	黃埔四期		縣長
劉曼珠	常德	31	女	湖南大學	留英	
蔣志雲	邵陽	28	女	復旦大學		鐵路交警分局會計主任
四川省						
黃仲翔	成都	47	男	黃埔三期		省社會處處長
張　群	華陽	59	男	日本士官	留日	省主席
任覺五	灌縣	47	男	黃埔四期	留日	省教育廳長
陳一萍	青神	38	男	上海知行學院		月刊主編
朱星門	納谿	42	男	震旦大學	留比	中國工商總經理
劉幼甫	筠連	46	男	黃埔四期		行政督察專員兼保安司令
劉京南	沐川	48	男	成都大學		局長
黃季陸	敘永	49	男	俄亥俄大學	留美	四川大學校長
劉　華	綦江	40	男	黃埔七期		司長
劉泗英	南川	55	男	日本法政大學	留日	經濟部次長
李　寰	萬縣	51	男	北京大學		重慶市政府秘書長
唐　毅	武勝	45	男	中央警察學校		重慶市警察局長
袁守成	射洪	41	男	中央政治學校		縣長
徐　堪	三台	61	男	四川高等警校		財政部錢幣司司長
何龍慶	涪陵	39	男	黃埔軍校		成都警察局長
西康省						
陸清澄	冕寧	35	男	民國大學		西康省政府顧問
王孟周	康定	37	男	中央政治學校		建設廳長
河北省						
田績超	清苑	40	男	河北大學		縣黨部委員
佟本仁	徐水	38	男	北京大學		省黨部委員

姓名	籍貫	年齡	性別	學歷	留學	經歷
田崑生	滿城	42	男	河北大學		省政府統計長
劉誠之	完縣	40	男	明治大學	留日	教會牧師
劉振鎧	文安	35	男	齊魯大學		縣長
張翼彤	霸縣	33	男	天津法商學院		三青團分團主任
荊憲生	定興	43	男	北平國民大學		陝西省黨部書記長
李杰超	淶源	48	男	陸軍大學		陸大教授
趙樹樫	新鎮	33	男	華北學院		縣黨部書記長
李賽	順義	40	男	警官學校	留日	中央警官學校校長
趙鐵寒	青縣	38	男	北京大學		主任秘書
黃潊陳	武清	46	男	天津法政專校		省參議員
張家銓	南皮	35	男	黃埔八期		旅長，軍事特派員
柴毅	光東	40	男	大學肄業		警備司令部參謀長
劉任	鹽山	46	男	陸軍大學		華中長官公署副長官
陳繼賢	慶雲	33	女	省立高師		校長，督學
佟迪功	香河	33	男	中央政治學校		縣長
韓受卿	永清	40	男	北平中國大學		北平市議員
于介中	灤縣	39	男			河北省參議會議員
李書華	昌黎	58	男	理科博士	留法	北平研究院副院長
許維純	撫寧	41	男	朝陽學院		縣黨部書記長
張一夢	豐潤	44	男	北京通才專校	留日	冀察政務委員
焦瑩	興隆	37	男	北平華北學院		縣長
孫東卿	三河	47	男	黨工特訓班		縣黨部書記長
甕墨山	定縣	42	男	北京大學		省參議會議員
王之英	曲陽	30	男	政治大學		地方法院推事
張柏漢	行唐	48	男	康南爾大學	留美	北平市副市長
宋邦榮	安國	49	男	保定軍校九期		警備司令長
于華峰	正定	46	男	保定師範		省參議會議員
張澤仁	巒城	37	男	清華大學		內政部人口局處長
高廉九	趙縣	43	男	北師大		省民政廳秘書
齊國琳	平山	40	男	中央政治學校		全國合作供銷處處長
李覲高	元氏	37	男	北京大學		教育部科長
王藍	阜城	26	男	雲南大學		天津市參議會議員
扈漢卿	蠡縣	29	男	北平大學		省民政廳視察
郭海清	大名	41	男	北京大學		中央青年部專員
岳宗鵬	清豐	40	男	河北第四師範		書記長
井如濱	東明	41	男	山東齊魯大學		縣長

姓名	籍貫	年齡	性別	學歷	留學	經歷
劉伯含	冀縣	37	男	北平民國學校		銀行保險業
田席珍	平卿	38	男	陸軍大學	留英	駐英武官
宋志斌	任縣	36	男	北師大		內政部編審
陳長興	南和	38	男	中央政治學校		天津市會計長
史泰安	磁縣	41	男	中央軍校		省黨部委員
李志伸	邯鄲	54	男			
范金泉	棗縣	36	男	北平中國大學		北平市參議會議員
汪崇屏	柏鄉	60	男	北京中國大學		參政會參議員
孫鶴鳴	唐山	52	男	河北法商學院		律師公會會長
山東省						
亓茂昌	萊蕪	35	男	北師大		經濟部蘭州工業試驗所主任
董少義	新泰	65	男	山東工業專校		臨時參議會議長
李滌生	博山	44	男	北京大學		濟南市社會局局長
束　濤	淄川	31	男	北平輔仁大學		煤礦公司總經理
崔蘭亭	濟陽	45	男	山東工專		省黨部秘書
程暢汀	章邱	30	男	山東農專		三青團分團主任
何冰如	樂陵	43	男	山東商專		濟南市參議會議長
高登海	德平	41	男	中央黨校，朝陽大學		行政督察專員兼保安司令
夏蔬園	陵縣	42	男	山東大學		濟南市黨部主任委員
徐軼千	臨淄	48	男	北師大		省府委員兼教育廳長
馮其昌	壽光	42	男	陸軍大學		副總司令
李琴堂	廣饒	45	男	山東商專		造紙公司董事長
胡月村	蒲台	48	男	法政專科		省參議會議長
邱耀東	無棣	42	男	中央軍校		參謀長
岳朝相	利津	38	男	北平中國大學	留日	少將參議
馬吟泉	臨朐	39	男	山東第四師範		縣參議員，三青團區團書記
任居建	長山	60	男	士官學校	留日	濟南市市長
張孝慶	高苑	29	男	濟南師範		高苑縣縣長
劉法賢	惠民	39	男	北平大學		教授
鄭仲平	濱縣	46	男	朝陽大學		教育廳督學
吉星福	昌邑	38	男	青島工商學院	留日	兵站總監
丁德先	膠縣	33	男	北師大		政治部主任
斐鳴宇	諸城	58	男	法政學堂		省參議會議長

姓名	籍貫	年齡	性別	學歷	留學	經歷
尹志伊	日照	55	男	同濟大學		省立醫專校長
曹瑞玉	萊陽	52	男	第一甲種農校		青島市黨部科長
宋志先	文登	43	男	中央黨務學校		鐵路黨部主任
車道安	福山	46	男	北京大學		省教育廳督學
李順卿	海陽	55	男	博士	留美	安徽大學校長
林萬秋	棲霞	35	男	中央警校		青島市警察局副局長
晶松溪	聊城	43	男	黃埔軍校		保安副司令
崔連儒	博平	41	男	北平民國大學		三青團幹事
趙丙淦	堂邑	43	男	北平中國大學		武訓中學校長
王汝幹	莘縣	42	男	中央陸官		山東第六區政治部主任
林秉正	平陰	51	男	南通大學	留日	高農校長
李瑞生	肥城	36	男	齊魯大學		中央青年部專門委員
劉維浩	齊河	42	男	北平中國大學		縣長
楊業孔	禹城	38	男	陸大		副司令
張子春	館陶	38	男	黃埔四期		處長
孫廷榮	恩縣	33	男	山東政治學院		社會部專員
杜以唐	臨沂	37	男	北平中國大學		統計主任
劉汝浩	郯城	54	男	山東法政專校		省府委員
梁繼璐	嶧縣	51	男	嶧陽中學		縣參議會副議長
孟廣珍	泗水	41	男	黃埔六期		省黨部委員
秦德純	沂水	55	男	保定軍校		省主席
孟傳楹	鄒縣	46	男	北平郁文學院		省府參議
韓介白	滋陽	77	男	黑龍江法政專校		縣參議會議員
趙庸夫	寧陽	33	男	曲阜師範		省參議會議員
楊展云	城武	48	男	北京大學		省黨部委員兼書記長
劉心沃	魚台	48	男	民國學院		省黨部常務委員
趙汝漢	鉅野	46	男	中央軍校		集團軍黨部執行委員
梁興義	嘉祥	37	男	清華大學		
雷雲震	壽張	47	男	省第二師範		縣參議會議長
蘇文奇	范縣	43	男	華北大學		省參議會議長
趙雪峰	觀城	46	男	中央軍校武漢分校		省府社會科科長
張敬塘	煙台	46	男	北平華北學院		中正中學校長
戚光烈	威海衛	43	男	中國大學		工商周報社社長
山西省						

姓名	籍貫	年齡	性別	學歷	留學	經歷
郭　澄	陽曲	41	男	北平中國大學		省參議會副議長
喬家才	交城	43	男	黃埔六期		中央警校北平特警班主任
石紫瑾	平順	45	男	軍官學校一期		師長
張懷義	潞城	35	男	農業專校		省黨部秘書科長
牛存善	屯留	43	男	北京大學		民社黨副主席，道德學院院長
樊祖邦	沁源	40	男	政治大學		省參議員
李仲琳	武鄉	43	男	黃埔六期		省參議員
石鍾琇	榆社	43	男	中央政治學校		青島市民政局局長
郭榮生	文水	40	男	南開大學		重慶大學講師
高崇禮	岢嵐	39	男	山西法學院		三青團幹事，省參議員
劉紹庭	代縣	46	男	山西大學		綏靖公署副官長
王俊士	神池	32	男	中央陸官，政治大學		省黨部監察委員
王止峻	五寨	38	男	山右大學		直接稅局長
張錦富	倫關	31	男	山西農專		山西省參議員
曹成章	朔縣	43	男	山西大學		縣長
王懷義	平魯	32	女	上海震旦大學	留法	綏靖公署外事處上校秘書
楊作之	孟縣	38	男	北平朝陽大學		
王　平	隰縣	57	男	山西法政專校		省府委員兼財政廳長
馮永禎	永和	44	男	國民師範		吉縣公安局長
尚因培	芮城	51	男	北平中國大學		太原綏靖公署秘書
牛宗堯	臨晉	47	男	華僑特訓班		通訊員
張彝鼎	靈石	45	男	清華大學	留美	省府委員兼廳長
李鴻文	霍縣	68	男	優貢	留日	省府委員兼財政廳長
耿　誓	曲沃	43	男	省立第二師範		省田糧處處長
王晉豐	介休	51	男	山西大學		省參議員
李　澂	中陽	49	男	山西醫專		軍醫處長
河南省						
程文熙	開封	45	男	吳淞政治大學		民社黨中常委
曹　彬	商邱	36	男	中央政治大學		省黨部委員
宋子芳	虞城	34	男	陝西政治學院		地方行政人員訓練班教育長
侯象麟	寧陵	46	男	西北幹部學校		縣長

姓名	籍貫	年齡	性別	學歷	留學	經歷
侯家傑	洧川	42	男	中央政校	留日	物資局副處長
張與仁	尉氏	42	男	中央軍校		市黨部委員
宋 澎	林縣	49	男	同濟大學		省府委員兼建設廳長
梁樞庭	內黃	47	男	北師大		中學校長
馬庭松	濬縣	40	男	省法政專門學校		省參議員
吳大鈞	滑縣	33	男	中央軍校十一期		少將高參
魏毅生	博愛	38	男	中央警官學校		鄭州警備副司令
徐志中	獲嘉	39	男	省保定大學		教育局長
郝培芸	濟源	48	男	北京匯文大學，煙台海軍學校		
劉藝舟	修武	46	男	中央軍校六期		保安副司令
原思聰	武陟	48	男	北師大		省教育廳秘書主任
李貫一	沈邱	34	男	中央軍校		中學校長
王 溥	鹿邑	40	男	北京大學		新聞檢查處長
范效純	新蔡	50	男	日本大學	留日	省政府委員
賈永祥	商水	31	男	省開封師範		縣黨部書記長
張樂民	西華	40	男	陸軍軍醫學校		衛生處處長
于榮岑	鄢陵	34	男	中央警官學校		淞滬警備司令部科長
楊卻俗	許昌	38	男	政治大學		省政府參議
董 鑫	臨潁	41	男	河南大學		省參議會議員
陳泮嶺	西平	56	男	北京大學		黃河水利工程總局局長
苗文齊	汝南	43	男	陸軍官校十九期		縣黨部書記長
王撫洲	正陽	48	男	北京法政專校	留美	財政部鹽務總局局長
李 雲	上蔡	43	男	河北大學		縣長
徐堯岑	遂平	41	男	省訓政學院		縣長
黃任材	確山	55	男	北平法政大學		行政專員
陳文煥	光山	46	男	天津法商學院		督察專員
許 超	商城	45	男	中央軍校六期		遠東新聞總社社長
崔宗棟	南陽	44	男	伊利諾大學	留美	農業改進所所長
趙得一	寶豐	52	男	舊制大學		軍長
孟昭瓚	舞陽	43	男	中央大學	留英	省財政廳長
楊士瀛	方城	36	男	民國大學		縣長
吳協唐	魯山	43	男	中央軍校四期		行政督察專員
龐文仲	嵩縣	68	男	生員，開封法政		縣長，議會副議長
王果正	洛陽	40	男	北師大		省黨部監察委員

姓名	籍貫	年齡	性別	學歷	留學	經歷
張豁然	閺鄉	37	男	河南大學		省參議員
劉雨民	澠池	38	男	中央軍校		行政督察專員
楊　錚	登封	42	男	騎兵專校	留日	縣長
趙鼎三	宜陽	43	男	軍校八期		團長
高登瀛	伊陽	34	男	政治大學		省統計長
孫　仁	密縣	40	男	西北軍校		財政督察
董廣川	廣武	42	男	河南大學		省參議員
朱振家	鄭縣	35	男	中華大學		主任秘書
王燦藜	禹縣	45	男	河南農專		省參議員，縣黨部書記長
陝西省						
蔡屏藩	渭南	57	男	明治大學	留日	省府秘書長
趙作棟	隴縣	29	男	西北大學		專門委員
李鴻超	邠縣	30	男	西北聯合大學		省參議員
王孔安	咸陽	46	男	軍校六期		甘肅保安司令
趙　波	興平	34	男	政治大學		西安市黨部委員
張國鈞	澄城	32	男	中央大學		監察院秘書
高仲謙	沔陽	39	男	西安中山大學		縣長
王汝楠	朝邑	51	男	北京大學		中學訓育主任
馬志超	華陰	46	男	黃埔一期		陝西公安局局長
白明道	洋縣	38	男	西安中山大學		縣長
方繼信	鎮巴	31	男	章江法專		縣參議會副議長
趙遂良	嵐臬	60	男	中學堂		縣長
楊爾瑛	榆林	40	男	北平大學		省府委員
馬師荼	綏德	46	男	黃埔一期		中將軍長
杜　衡	葭縣	40	男			省參議員
盛　文	湖南長沙	41	男	黃埔六期		綏靖公署參謀長
焦保權	延長	31	男	上海光華大學		省參議員
青海省						
朱文明	化隆	36	男	中央政治學校		省參議員
詹世安	同德	41	男	大學		西北軍政長官公署參議
福建省						
曹挺光	林森	40	男	中央政治學校		省參議員
林紫貴	福清	40	男	法政專校		專門委員
嚴靈峰	連江	44	男	東方大學	留俄	福州市市長
林　蔭	平潭	39	男	中央官校		參謀長
魏兆基	周寧	45	男	復旦大學		省府視察
萬壽康	崇安	31	男	四川大學		貴州大學農場主任

姓名	籍貫	年齡	性別	學歷	留學	經歷
陳拱北	建陽	42	男	第二中學		省府委員
胡嘉會	沙縣	41	男	閩北中學		省參議員
湯永年	將樂	46	男	江蘇農專		縣長
何宜武	壽寧	36	男	朝陽大學		省府委員
蘇友仁	德化	41	男	上海南方大學		省府參議
林秉周	仙遊	50	男	陸軍大學		粵漢鐵路警備副司令
王兆畿	安溪	42	男	福建集美師範		廈門市參議員
陳式銳	同安	41	男	廈門大學		省新聞處處長
王觀漁	金門	31	男	大學肄業		
陳林榮	長泰	52	男	保定六期		師管區少將司令
黃天爵	海澄	45	男	廈門大學		省府委員
蔡雲程	漳浦	37	男	東京法政	留日	中校秘書
黃際蛟	連城	41	男	中央訓練團		縣參議會議長
鍾國珍	武平	41	男	群治大學		省參議員
朱燧藩	平和	45	男	省第八中學		商會理事長
裘朝永	光澤	44	男	司法院法官班		縣政府秘書
江秀清	福州	48	男	警官學校	留日	省緝私處處長
黃謙若	惠安	37	男	廈門大學		省黨部執行委員
台灣省						
王民寧	台北	45	男	北京大學		省警務處長
吳鴻森	新竹	51	男	台北醫專		省黨部委員
余登發	高雄	45	男	商業專校		
劉振聲	花蓮	62	男	農業專校		縣參議會議長
謝掙強	澎湖	35	男	慶應大學	留日	省府委員
黃及時	台北	47	男	商科大學	留日	出口商公會理事長
蘇紹文	新竹	45	男	士官砲科	留日	東南軍政長官公署處長
呂世明	彰化	48	男	早稻田大學	留日	臨時省議會議長
連震東	台南	45	男	慶應大學	留日	省建設聽廳長
劉傳來	嘉義	49	男	醫專	留日	臨時省議會議員
楊金虎	高雄	51	男	醫科大學	留日	民社黨台灣省黨部主任委員
張吉甫	屏東	50	男	師範		省黨部執行委員
廣東省						
劉麗生	增城	42	男	士官學校	留日	省警備司令部少將參謀長
李日光	寶安	38	男	中山大學		中山大學教授
李悅義	河源	43	男	中山大學	留法	教授

姓名	籍貫	年齡	性別	學歷	留學	經歷
方彥儒	開平	53	男	北京法政大學	留美	廣東商品檢驗事務處主任
高　信	新會	44	男	佛萊堡大學	留法	省府委員
黃漢源	赤溪	45	男	廣東軍事政治學校		省參議員
蕭次尹	順德	46	男	廣東大學		廣州市府秘書長
沈哲臣	潮安	42	男	上海持志大學		青年部特派員
孫家哲	揭陽	59	男	北京大學		福建省府委員兼財政廳長
陳宗周	澄海	43	男	北平大學		設計委員
方萬方	惠來	54	男	陸軍大學		綏靖公署副參謀長
黃天鵬	普寧	42	男	中國大學	留日	軍委會政治部主任
吳逸志	豐順	50	男	保定六期	留德	省府委員
黃　倫	南澳	38	男	早稻田大學	留日	中央黨部專門委員
羅卓英	大埔	53	男	保定八期		省主席
侯標慶	梅縣	46	男	廣東高師		縣長
鍾介民	蕉嶺		男	復旦大學		立法委員
林乾祜	平遠	44	男	中山大學		師範學校校長
唐耕誠	連線	52	男	舊制大學		僑報主筆
薛漢光	曲江	52	男	講武堂		督察專員
薛　岳	樂昌	52	男	保定軍校		司令長官
張發奎	始興	53	男	陸軍第二預備學校		總司令
譚應元	仁化	35	男	上海法政大學		少將參議
崔廣秀	清遠	59	男	舊制大學		縣長
陳伯驥	廣寧	37	男	倫敦大學	留英	中山大學教授
簡作楨	四會	54	男	保定官校		東莞糖廠廠長
鄧飛鵬	德慶	41	男	廣州法政專校		縣長
李滿康	三水	54	男	東京商科大學	留日	經濟部商業司幫辦
謝瀛洲	從化	54	男	巴黎大學	留法	省審計處處長
蘇　子	龍門	42	男	省勤勤大學		廣州綏靖公署秘書
潘　克	新豐	31	男	廣州大學		縣黨部委員
歐陽濃	連平	41	男	省國民大學		省府參事
侯文威	開建	45	男	省國民大學		縣黨部書記長
謝　鴻	鬱南	43	男	都魯斯大學	留法	銀行經理
沈光漢	羅定	53	男	陸軍講武堂		師長
葉穎基	雲浮	33	男	國民大學		省黨部執行委員
李頌啓	鶴山	36	男	國民大學		經濟部專門委員
關伯平	高明	59	男	省法政學校		省府香港辦事處主任
梁應稜	廉江	35	男	國民大學		律師

姓名	籍貫	年齡	性別	學歷	留學	經歷
陳書疇	陽江	35	男	中山大學		
陳寧清	遂溪	29	男			縣長
鄧定遠	海康	57	男	保定六期		中將參議
黃珍吾	海南	47	男	黃埔一期	留法	廣州行營政治部主任
吳敬群	定安	45	男	黃埔三期		海南要塞少將司令
曾三省	陵水	51	男	廣東大學		中央黨部專門委員
陳繼烈	白沙	44	男	北平中國大學	留美	省參議會議員
陳劍如	台山	50	男	北平法政大學		黨中央委員
倫蘊珊	南海	43	女	廣東中山大學		小學校長
張惠長	中山	50	男	美航空學校		縣長
孫陳淑英	中山		女			
陳學談	湛江		男	國子監生		縣長
廣西省						
呂競存	臨桂	52	男	保定六期		省軍管區副司令
蘇新民	靈川	48	男	北京大學，陸大		行政督察專員
潘宗武	鍾山	36	男	中山大學		縣長
林中奇	平樂	45	男	高師肄業		省府委員
鄧讜	懷集	42	男	中央軍校		省府顧問
羅浩忠	中渡	47	男	陸大		省府委員
徐啓明	榴江	53	男	保定二期		北平行營參謀長
謝康	柳城	47	男	廣東大學	留法	省參議員
姚槐	象縣	41	男	軍校五期		對汎督辦
黃廷英	桂平	42	男	東吳大學	留美	省參議員
林大進	鬱林	36	男	國民大學		省府參議
莫長嘯	果德	35	男	第三師範		中學校長
鍾紀	扶南	42	男	黃埔四期		兵站總監
黃濟夫	綏淥	29	男	中央軍校第十期		縣長
勞建奇	西隆	38	男	第五中學		田賦管理處副處長
湯炎光	龍茗	30	男	中央軍校十期		參謀長
李憲章	田東	37	男	中山大學		縣長
麻森	明江	31	男	廣西大學肄業		省府參議
杜光華	憑祥	29	男	中山大學肄業		縣長
白崇禧	桂林	55	男	保定三期		軍政長官
雲南省						
朱家才	富民	33	男	舊制中學		處長
申慶璧	鎮雄	38	男	省第一師範		省府主任秘書
唐筱萱	會澤	45	男	日本士官	留日	
后希鎧	西疇	38	男	中法大學		昆明中央日報副

姓名	籍貫	年齡	性別	學歷	留學	經歷
						總編輯
黃美之	建水	45	男	舊制中學		錫礦公司總經理
庾家驎	墨江	33	男	政治大學	留法	省府秘書
蘇銘芳	雙柏	32	男	雲南大學		財政廳人事室主任
李拂一	佛海	47	男			省參議員
許雨蒼	六順	37	男	雲南大學		縣長
李希哲	景谷	48	男	舊制師範		縣長
李宗黃	鶴慶	59	男	保定軍校		黨政稽核委員
罕裕卿	耿馬	41	男	舊制中學		設制局長
方克勝	潞西	44	男	高中		縣長
楊世麟	梁河	38	男	雲南講武堂		保安司令
貴州省						
黃東生	貴筑	41	女	中央大學		正德中學校長
谷正綱	安順	47	男	柏林大學	留德	國民黨中常委
周達時	鎮遠	42	男	北京大學		省府委員兼社會處長
任達德	鑪山	31	男	師範學院		縣黨部書記長
何輯五	興義	48	男	中央軍校		建設廳長
楊公鳴	水城	48	男	中央軍校		營長
陳世賢	湄潭	42	男	中央軍校五期		省保安副司令
龔　愚	婺川	41	男	中央軍校六期		參謀長
遼寧省						
尹子寬	金縣	47	男	大連工專		瀋陽市參議員
王星舟	海城	46	男	北京大學		寧夏省府委員
韓清淪	遼陽	54	男	瀋陽高等師範		省黨部委員
李宇清	本溪	43	男	中央軍校二期		中將侍衛長
張其威	撫順	45	男	東北大學		重慶國稅局副局長
李仲華	台安	45	男	齊魯大學		省參議會議長
王奉瑞	黑山	46	男	東京大學	留日，留美	鐵路局長
趙　造	盤山	29	男	瀋陽農業大學	留日	縣參議會議長
岳成安	義縣	39	男	法官訓練所		東北大學教授
鍾翔九	綏中	39	男	東北大學		省黨部委員
單成儀	莊河	44	男	中央軍校		市黨部主任委員
張	錦州	32	男	東京大學	留日	市黨部書記長
關吉玉	鞍山	47	男	朝陽大學	留德	東北行轅經濟主任委員
安東省						
蔡運辰	通化	48	男	私塾		省府參議

姓名	籍貫	年齡	性別	學歷	留學	經歷
丁世傳	長白	36	男	農業大學		縣黨部書記長
王崇熙	海龍	44	男	中央大學		遼寧財政廳廳長
許俊哲	東豐	43	男	大夏大學		省黨部委員兼書記長
李亞倫	清原	32	男	遼寧醫學院		縣議會議長
葉葵南	新賓	46	男	密西根大學	留美	北大教授
張葆正	孤山	38	男	中央軍校		省黨部委員
張維仁	通化	35	男	中央軍校八期		省保安副司令
馬誠九	安東市	33	男	高等師範		縣黨部委員
遼北省						
趙啓祥	遼源	35	男	東北大學		省參議員
孟昭轔	西豐	49	男	東京工業大學	留日	省政府參議
張振鷺	開原	52	男	奉天工業專校		奉天財政廳長
趙全璧	法庫	44	男	黑龍江法政專校		縣長
楊之屏	康平	49	男	明治工業大學	留日	東北生產管理局副局長
林耀山	梨樹	53	男	北師大		省參議會議長
高大超	開通	39	男	東北大學		縣黨部書記長
張錫袚	瞻榆	33	男	早稻田大學	留日	教育科長
王奉璋	安廣	40	男	北平大學		律師
董彥平	洮南	50	男	明治大學	留日	省主席
任子謙	突泉	31	男	東北大學		秘書主任
王泰興	鎮東	44	男	日警察大學	留日	中央警官學校教育長
王鏡仁	長嶺	40	男	吉林大學		省參議員
李象泰	四平	37	男	省立師專		省黨部書記長
吉林省						
王西清	樺甸	45	男	政治大學		
李貴庭	懷德	48	男	朝陽大學		縣長
劉政原	九台	37	男	密西根大學	留美	民社黨中常委
吳廣懷	扶餘	38	男	省立大學		省黨部書記長
徐熙農	德惠	41	男	北平大學	留日	哈爾濱鐵路黨部主委
霍天一	舒蘭	35	男	清華大學		東北特派員辦公處主秘
王鳳翥	五常	38	男	朝陽大學	留日	省府參議
李春青	乾安	26	男	長春法政大學		
鄒作華	吉林	54	男	士官	留日	省主席
畢澤宇	長春	56	男	奉天法專		省參議會議長

姓名	籍貫	年齡	性別	學歷	留學	經歷
	松江省					
袁樹芳	延吉	38	男	吉林大學		省黨部督察員
許　銘	和龍	34	男	東北大學		
寇輔仁	汪清	47	男	早稻田大學	留日	縣黨部書記長
郎雲鵬	琿春	38	男	北平中國大學		縣教育局局長
齊　濟	東寧	30	男	中山大學		縣黨部書記長
趙東書	葦河	48	男	北平國民大學		省政府參議
信致文	賓縣	41	男	警官高等學校		省黨部書記長
程麟豐	綏芬	31	男	中國大學		省黨部財務委員
周冶平	牡丹江	39	男	朝陽大學		專門委員
楊丕欣	延吉市	35	男	省立吉林大學		縣長
	合江省					
張明倫	依蘭	40	男	吉林大學		省黨部執行委員
孫毅然	勃利	27	女	長春大學		
王　征	密山	27	男	東北大學		省黨部委員
張青允	虎林	34	男	哈爾濱學院		縣黨部書記長
馬興華	寶清	34	男	西北大學		省化學製藥廠處長
于　歸	饒河	28	男	哈爾濱農業大學		憲政督導委員
王會全	通河	35	男	區立師範		專員
周光煜	林口	38	男	輔仁大學		農林部簡任秘書
王靜芝	佳木斯	36	男	輔仁大學		東北生產管理局主秘
	黑龍江省					
戴桂茹	鷗浦	33	女	國立女師		
杜春英	遜河	33	男	中國大學		財政部專員委員
陶永霖	烏雲	32	男	日本大學	留日	專員
蔡　強	佛山	41	男	中國大學		省府專員
趙元魁	龍鎮	41	男	四川大學		長白師範副教授
謝世清	孫英	37	男	北京大學		縣長
于　斌	海倫	47	男	神學博士	留歐	輔仁大學校長
孫志宣	慶城	44	男	第一師範		省黨部科長
李樹樟	望奎	34	男	吉林高師		三青團省支團組長
李政華	納河	37	男	中央軍校十期		省黨部書記長
趙炳坤	鐵驪	42	男	警官高校		瀋陽防空司令部參謀長
	嫩江省					
楊喜齡	景星	44	男	北京大學		興安省黨部委員
劉仁傑	泰來	37	男	民國大學		遼寧水泥公司處長
匡文秀	安達	43	男	警察高等學校	留日	縣長

姓名	籍貫	年齡	性別	學歷	留學	經歷
高殿陞	青崗	31	男	東北大學		嫩江省教育廳督學
王 純	肇東	37	男	北平大學		東北行轅設計委員
吳煥章	大賚	47	男	北京法政大學	留俄	興安省政府主席
高希文	巴彥	39	男	北平師大		長春大學教授
田桂林	甘南	37	男	北平國民大學		專門委員
孫耀榮	富裕	42	男	東京高師	留日	縣黨部書記長
周世光	東興	36	男	北師大	留美	東北行轅政務處副處長
韓春暄	肇源	47	男	秋田礦山專校	留日	黑龍江省黨部主任委員
果瑞華	齊齊哈爾	41	男	北平中國大學		會計師
興安省						
王松喬	呼倫	54	男	北平民國大學		生產管理局總局長
冉時齋	奇乾	32	男	吉林高師		長春青年輔導處處長
李常仁	寶韋	41	男	遼寧師專		布西縣黨部書記長
張芳庭	布西	33	男	東北大學		財政部直接稅局
富德淳	索倫	31	男	京都帝大	留日	省府秘書
時 英	臚濱	34	男	中國大學		三青團雅魯分團主任
張 望	海拉爾	33	男	遼寧師專	留日	專員
熱河省						
王致雲	平泉	49	男	司法官訓練所		省參議會議長
張 頤	隆化	45	男	北平朝陽大學		縣長
張儒申	凌源	48	男	河北工學院		教育廳督學
李蔭國	朝陽	33	男	政治大學		省參議員
李培國	寧城	43	男	中央軍校		熱河特派員
王銳剛	凌南	40	男	北平國民大學，軍校		參謀長
譚文彬	建平	50	男	天津法政專門		省民政廳長兼代主席
閻奉璋	赤峰	34	男	上海復旦大學		省參議員
察哈爾省						
童秀明	宣化	43	男	南開大學	留英	省府委員
張體方	赤城	57	男	直隸高師		省財政廳秘書主任
武 鏞	懷安	37	男	北京大學		財政部專門委員
王翰卿	多倫	42	男	中央陸官		團管區司令
喬彭壽	寶昌	47	男	北京朝陽大學		省參議員
丁 治	延慶	36	男	大學		教育

姓名	籍貫	年齡	性別	學歷	留學	經歷
李世霖	張家口	50	男	朝陽大學		省參議員
綏遠省						
劉　桂	托克托	43	男	中央政治學校		商品檢驗局局長
孫雲峰	清水河	40	男	齊魯大學		上海市參議員
蘇　珽	涼城	39	男	北師大	留美	省府委員兼教育廳長
趙熾昌	安北	44	男	中央軍校九期		省參議員
祈繼光	米倉	37	男	北平民國大學		省黨部書記長
寧夏省						
孫　儉	寧朔	48	男	西北大學	留日	省參議員
蘇連元	磴口	49	男	北京法政大學		高等法院院長
新疆省						
韓木扎	沙彎		男			
艾拜都拉	伊吾	23	男	新疆學院		縣長
南京市						
陳紀彝	廣東	47	女	哥倫比亞大學	留美	新運婦女指導委員
上海市						
潘公展	浙江吳興	53	男			上海參議會議長
方　治	安徽桐城	51	男	東京文理大學	留日	福建省秘書長代主席
錢大鈞	江蘇吳縣	55	男	日本士官	留日	市長
陳啓天	湖北黃陂	55	男	東南大學		經濟部長
汪子奎	江蘇	46	男	中央軍校		常寧區長
北平市						
樓兆元	浙江吳興	35	男	中央軍校		中央警官學校北平班主任
吳慕墀	廣東高要	43	女	廣州聖希理達學院		市參議員
天津市						
時子周	天津	70	男	保定大學堂		市議會議長
青島市						
談明華	江蘇	40	男	南京工業專校		市黨部特別執行委員
重慶市						
楊潤平	江蘇宿遷	41	女	上海中國公學		市婦女會委員
大連市						
高心一	大連	41	男	高等師範	留日	同鄉會理事
哈爾濱市						
莫德惠	哈爾濱	66	男	北洋高等警官學校		奉天省長

姓名	籍貫	年齡	性別	學歷	留學	經歷
廣州市						
林苑文	廣東	40	女	嶺南大學		保育院院長
漢口市						
張彌川	湖北黃陂	51	男	黃埔一期		漢口市參議員
吳錦南	雲南	35	女	北平國民大學		市婦運會主任委員
瀋陽市						
潘香凝	瀋陽	23	女	長白師範		第二女中教員
蒙古地方						
金崇偉	蒙古哲盟	37	男	北平大學		蒙旗黨部主委
包晉祺	蒙古	27	男	北平中國大學		蒙藏委員會專門委員
楊立君	吉林永吉	35	女	哈爾濱法政大學肄業		
史秉轔	蒙古	42	男	北平蒙藏專校		蒙藏委員會委員
白雲梯	蒙古	55	男	北平蒙藏專校		蒙藏委員會委員長
烏爾貢布	蒙古	33	男	山口高商	留日	憲政督導委員會委員
篤多博	蒙古	34	男	早稻田大學	留日	蒙旗復員委員會委員
札基斯欽	蒙古	34	男	北京大學		
伍雲格爾勒	蒙古	31	女	北京大學		
杜固爾	蒙古	22	男	中央警官學校		新疆保安司令部騎兵大隊長
胡格金台	蒙古	40	男	東北蒙旗師範		黑蒙黨部特派員
西康省藏民						
吳香蘭	木里藏	24	女	西康師範		西康省黨部幹事
甘肅省藏民						
楊世傑	甘肅夏河	30	男	中央政治學校		專門委員
邊疆民族						
龍美瑩	雲南昭通	40	女	南錫大學	留法	省參議會議員
滿族						
金鎮	遼寧	51	男	旅順工業大學		市長中銀商工理事長
富伯平	瀋陽	52	男	北平大學	留日	合江省府委員
溥儒	北平	51	男		留德	教授
戴鼎	南京	29	男	中央大學		研究委員
趙靖黎	遼寧	42	男	哈爾濱法政大學		遼寧省銀行總經理

姓名	籍貫	年齡	性別	學歷	留學	經歷
唐君武	北平	36	男	北平朝陽大學		北平市政府顧問
唐舜君	北平	34	女	北平藝專		湖南蘭山婦女會主任委員
洪明峻	南京	47	男	中央大學		經濟部工業試驗所會計主任
庫耆雋	歸綏	50	男	康南爾大學	留美	綏遠第一中學校長
王虞輔	歸綏	40	男	政治大學		察哈爾糧食管理處副處長
僑民						
黃仁俊	廣東台山	47	男			三藩市東華醫院院長
陳篤問	廣東台山	56	男	台山中學		國民黨駐美總支部委員
梅友卓	廣東台山	51	男	台山中學		中央委員
陳中海	廣東台山		男	中山大學	留美	紐約中華分所主席
張子田	廣東開平	59	男	中學		僑委會委員
林燦英	廣東	37	男	中央大學		檀香山國民黨總支部書記長
譚新民	廣東台山	52	男			國民黨駐墨西哥支部執行委員
鄭榮凱	廣東中山	54	男			中華會館主席
潘勝元	廣東南海	50	男	廣東中醫學校		國民黨旅秘總支部常委
張培梓	廣東開平	47	男	中學		國民黨旅秘總支部執行委員
許榮暖	廣東開平	45	男	香港聖保羅書院		國民黨古巴總支部常委
曾公義	廣東東苑	44	男	廣東高等師範		
余晉堅	廣東惠陽	36	男			大溪地華僑救國會委員
李秉碩	廣東台山	54	男	俄亥俄大學	留美	分部部長
王興西	山東黃縣	49	男	縣立中學		金山華僑中學名譽董事長
葉　蕃	浙江瑞安	36	男	中學		旅法馬賽抗日救國會秘書
農會團體						
王振光	江蘇武進	42	男	上海中國公學		江蘇省黨部委員
凌紹祖	江蘇江都	42	男	上海大夏大學		江蘇省參議員
楊光揚	江蘇阜寧	39	男	中山大學		民社黨常務委員

姓名	籍貫	年齡	性別	學歷	留學	經歷
周昌蕓	江蘇	46	男	柏林大學	留德	中央地質調查所技正
張 強	浙江永嘉	54	男	北京大學		浙江省黨部委員
葛武棨	浙江浦江	46	男	黃埔二期	留日	南京市黨部書記長
鄭仕朝	浙江於潛	37	男	浙江大學		青年團主任幹事
李仁甫	江蘇邳縣	41	男	上海大學		安徽省黨部委員
陳獻南	安徽泗縣	50	男	北平大學		省黨部設計委員
馬聯芳	安徽懷寧	37	男	四川大學	留日	經濟部農林司司長
劉宜廷	江西永新	46	男	民國大學		江西省黨部執行委員
黃光學	江西南昌	33	男	復旦大學		南昌市黨部書記長
李云凌	湖北荊門	45	男	民國大學		省農會常務委員
陳 潔	湖北鄖縣	36	男	湖北農學院		省農會理事長
干國勳	湖北廣濟	41	男	中央軍校五期	留日	軍委會高參
左舜生	湖南長沙	56	男	震旦大學	留法	青年黨主席
袁履霜	河北束鹿	38	男	朝陽學院		縣長
時得霖	湖北雄縣	60	男	中國大學		建設廳廳長
李振廷	山東平原	39	男	政治大學		三青團幹事兼書記
劉心皇	河南葉縣	34	男	中華大學		縣農會理事長
李相丞	河南商城	43	男	省農業專校		省黨部執行委員
平家楨	河南澠池	47	男	法政學校		省銀行董事
林茂祥	福建晉江	57	男	私塾		廈門市黨部分部常務委員
謝文程	台灣台北	48	男	師範畢業		台北縣農會理事長
謝玉裁	廣東東莞	42	男	法學碩士		省黨部副主任委員
陸匡文	廣東信宜	55	男	北京大學		省政府委員
廖崇眞	廣東番禺		男	康南爾大學	留美	局長
梁朝璣	廣西北流	54	男	保定軍校		省府委員
張培光	雲南昆明	51	男	師範大學		局長
張偉光	遼寧鐵嶺	33	男	師範戰幹團		省黨部委員兼書記長
崔 榮	安東輝南	39	男	省立師範		省中校長
向無畏	湖南長沙	43	男	大學		簡任專員
靳汝民	遼北四平	40	男	中央軍校六期		東北剿匪總政治部處長
劉榮博	吉林	42	男	省立醫科專校		省農會理事長

姓名	籍貫	年齡	性別	學歷	留學	經歷
左　敬	湖南	41	男	北平大學		農林部顧問（吉林農會）
劉德成	松江阿城	42	男	哈爾濱工業大學		工程師
呂　銘	合江依蘭	40	男	北平民國大學		哈爾濱市黨部委員
李化民	嫩江	39	男	北平朝陽大學		省府設計委員
楊季澤	興安雅魯	36	男	省立師範		三青團分團主任
王星華	熱河豐寧	43	男	北平國民大學		省農會理事長
崔震權	熱河平泉	36	男	警官高等學校		熱河省農工運動委員會委員
郭連蔭	歸綏歸綏	37	男	清華大學		民社黨綏遠主任
萬墨林	上海市	47	男			農會理事長
譚英年	河北束鹿	26	男	北平中國大學		北平市農會理事長
朱佑衡	天津市	37	男	燕京大學		官產管理處副處長
張君澤	四川江北	38	男	北平中國大學		重慶市農工運動委員會主委
王啓銓	大連市	37	男	省金洲農業學校		農林試驗場長
陳永吉	廣東	41	男	中山大學	留日	廣州市農會理事長
劉柏如	漢口市	50	男	朝陽大學		漢口市參議員
王書麟	瀋陽市	33	男	吉林師大		瀋陽市農會理事
陳喜清	廣東寶安	31	女	廣州大學		省參議員
束陳繼貞	江蘇	39	女	之江大學	留比	合德墾殖公司顧問
柯蔚嵐	安徽	42	女	安徽大學		主任委員
李國彝	安徽	39	女	北平中國大學		安徽婦運會常委
童俊屏	四川	37	女	四川大學		成都印務公司會計主任
漁業團體						
戴行悌	浙江	33	男	日本千葉縣水產	留日	農林部專門委員
張雲漢	湖南	37	男	日本明治大學	留日	湖南省黨部委員
唐承宗	上海市	43	男	江南學院		上海市漁會理事長
張雲泰	青島	39	男	北京華北大學		市政府視導員
王平貴	河北束鹿	52	男	復旦大學		天津市漁會理事長
蔡義軔	廣東	41	男	新華大學		廣東省漁會理事長
張子柱	廣東	50	男	巴黎大學	留法	國民參政會參政員

姓名	籍貫	年齡	性別	學歷	留學	經歷
工人團體						
武葆岑	江蘇	45	男	專修大學	留日	江蘇省議會參議員
李鴻儒	江蘇	47	男	民國大學		勞工日報社長
鄒希榮	安徽	49	男	蕪湖燕關中學		安徽總公會常務理事
陳協五	安徽	54	男	河北焦作礦務大學		蚌埠市總工會常務理事
王財安	湖北	39	男	省立高商		武昌市總工會理事長
喻清和	四川	37	男	四川巴縣甲種農專		全國總工會常務理事
張世森	河北	28	男	北平師範大學		書記長
張慕仙	山東	41	男	私塾八年		濟南市總工會理事長
謝幼右	陝西	48	男	北平交通大學	留日	陝西省政府顧問
謝公仁	青海	34	男	醫事學校		青海省工會常務理事
李　雄	浙江	43	男	中央大學		福建省黨部主任委員
蔡石勇	台灣	36	男	初中		台北縣總工會理事長
練　勝	廣東	51	男	私塾五年		廣東省總工會常務理事
李華裕	廣東	38	男	上海大東法政		民社黨中央主席團主席
嚴海豐	廣西	51	男	中國公學		廣西田糧管理處處長
張玉振	遼寧	40	男	省立師範		撫順礦工會理事長
李仙齡	遼北	35	男	長春工業學校		遼北總工會理事長
張景陽	吉林市	37	男	省立大學		吉林省總工會理事長
關寶琦	合江	38	男	哈爾濱工業大學		合江省農工動會委員
王文魁	嫩江	37	男	北平大學		專門委員
周　芳	興安	33	男	瀋陽鐵路學校		哈爾濱市黨務專員
周學湘	浙江	52	男	高中		上海市勞資評斷委員會委員

姓名	籍貫	年齡	性別	學歷	留學	經歷
水祥雲	浙江	43	男	中國公學		上海市總工會理事長
陸蔭初	江蘇	43	男	江南法政學院		上海市區長，參議員
趙班斧	湖南	41	男	中央軍校		上海市社會局副局長
范才駿	浙江	34	男	稅務專校		上海市參議員
脫德榮	山東	26	男	山東省幹校		青島市總工會常務理事
秦嘉甫	青島	37	男	省第四師範		青島市總工會理事長
劉振亞	哈爾濱	35	男	東三省兵工學校		廠長
馬超俊	廣東	63	男	明治大學	留美留日	廣東省農工廳廳長
陳士誠	廣東	26	男	廣州大學		廣州市總工會常務理事
曾西盛	廣東	52	男	廣州大學		廣州市總工會理事長
陳紹平	湖北	46	男	黃埔三期		粵漢鐵路管理局長
路國華	瀋陽市	27	男	長春法政大學		瀋陽市總工會理事長
張世良	瀋陽市	26	男			
張瑞箕	河北	45	男	河北第八中學		平漢鐵路工會常務理事
許　健	湖南	43	男	江蘇南京工專		黨政工作考核委員會秘書
王福階	湖北	57	男	武昌甲種工業學校		全國鐵路工會理事長
朱克勤	廣東	56	男	香山講武堂		工商及模範航業公司總經理
耿占元	山東	41	男	私立魯大工業學校		礦業工會常務理事
王之仁	湖北	40	男	武昌藝專		大冶礦業工會理事長
元焯生	江蘇	43	男	南京工業專校		全國礦業工會常務理事
柳克聰	湖南	46	男	巴黎機械學校	留法	西南公路局總工程師
吳月珍	浙江	33	女	上海民立女中		中央農工部工運

姓名	籍貫	年齡	性別	學歷	留學	經歷
						計畫委員
顧碧岑	浙江	31	男	西南聯大		
馬桂枝	山東	25	女	青島市立女中		針織產業工會常務理事
	商業團體					
徐學禹	浙江	46	男	德國柏林工業大學	留德	全國工業工會常務理事
王繹齋	南京	41	男	金陵大學		全國商會常務理事
袁國樑	江蘇	48	男	浙江工專		福民實業公司總經理
常文熙	河南	47	男	德國柏林大學	留德	全國商聯會理事長
蔣孟僕	天津市	34	男	北平燕京大學		天津市商會常務理事
崔伯鴻	湖南	50	男	舊制中學		長沙市商會理事長
官能創	廣東	45	男	舊制中學		全國商聯會常務理事
黃 琳	廣東	41	男	舊制師範		全國商聯會監事
陳 反	台灣	54	男	師範學校		台灣省商會理事
劉鍾澍	吉林市	54	男			主筆，議員
謝姚雅蓮	浙江	48	女			董事
陳慕貞	廣東	40	女	中山大學		市商業婦女協進會理事長
馮世輝	浙江		女			
	工礦團體					
榮鴻元	江蘇		男	聖約翰大學		申新紡織公司總經理
陶桂林	江蘇	56	男	萬國函授學校		全國工業總會理事長
郗殿甲	河北	41	男	民國大學		北平市工業會理事長
譚常愷	湖南	50	男	大學		湖南省建設廳長
王雲五	廣東	61	男			上海商務印書館編譯所所長，經濟部部長
劉溢平	江蘇	35	男	金陵大學		廣州市黨部主任委員
潘仰山	浙江	53	男	南開大學		全國工業總會常

姓名	籍貫	年齡	性別	學歷	留學	經歷
						務理事
石鳳翔	湖北	55	男	東京工業大學	留日	西安大秦紡織廠董事長
王汝霖	遼寧	39	男	旅順工科大學		撫順礦務局副局長
宋福亭	山東	48	男	中學		紡織業工會理事長
教育團體						
朱家驊	浙江	56	男	柏林大學	留德	教育部長
鄭通和	安徽	49	男	哥倫比亞大學	留美	甘肅省教育廳長
江學珠	浙江	47	女	北京女子高師		國立女師校長
張志安	山東	51	女	北平女師大		山東女師教務主任
姜紹祖	浙江	56	男	北平大學		華北中學校長
楊蔭昌	河北	45	男	河北第二師範		河北省教育會理事長
毛彥文	浙江	47	女	金陵女子文學院	留美	北平香山慈幼院院長
李志剛	河北	28	女	中國大學		督學
田培林	河南	54	男	北京大學	留德	河南大學校長
賈國恩	江西	45	男	中國大學		江西省教育會會長
魯立剛	湖南	50	男	武昌高師		湖南省政府教育廳長
周謙沖	湖北	45	男	巴黎大學	留法	聯合國代表團顧問
陸幼剛	廣東	54	男	北京大學		廣州市黨部常務委員
游彌堅	台灣	52	男	東京大學	留日	湖南大學教授
鄭振文	廣東	50	男	利比璧大學	留德	大學教授
朱　偵	廣東	37	女	北京大學		廣州市圖書館館長
陶元珍	四川	41	男	武漢大學		湖南大學教授
顏毓琇	江蘇	47	男	麻省理工大學	留美	政治大學校長
羅家倫	浙江	51	男	北京大學	留美	中央大學校長
胡　適	安徽	57	男	哥倫比亞大學	留美	北京大學校長
梅貽琦	天津	58	男	沃斯德大學	留美	清華大學校長
姚從吾	河南	54	男	北京大學	留德	河南大學校長
王治孚	湖北	48	男	北京大學	留德	武漢臨時大學

姓名	籍貫	年齡	性別	學歷	留學	經歷
						先修班主任
何魯之	成都	58	男	文官學堂		華西大學教授
方永蒸	遼寧	56	男	北京高師	留美	長白師院院長
自由職業團體						
林伯雅	廣東	38	男	北京大學	留美	總編輯
胡天冊	廣東	50	男	北師大		西京日報社長
趙君豪	江蘇	46	男	交通大學		申報總編輯
宋益清	四川	43	男	清華大學		成都新中國日報社長
楊浚明	廣東	40	男			
張 明	江蘇	34	女	中央政治學校		上海申報記者
徐鍾珮	江蘇	32	女	中央政治學校		記者
于張秀亞	黑龍江	28	女	輔仁大學		益世報副刊編輯
余春華	廣東	42	男	廣東法科學院		廣州律師工會常務理事
張旦平	北平	40	男	上海法學院		全國律師公會常務理事
王善祥	安徽	36	男	上海法政學院		上海地方法院推事
戴天球	江蘇	54	男	日本大學	留日	
王培基	浙江	37	男	上海法學院		律師公會全國聯會理事
俞俊珠	江蘇	44	女	中央大學		首都、貴陽市律師
陳 維	江蘇	46	女	江蘇法政專校		安徽高等審判廳推事
夏光宇	江蘇	55	男	北京大學		平漢粵鐵路局長
徐恩曾	浙江	51	男	交通大學		交通部政務次長
林繼庸	廣東	52	男	蘭雪利亞大學	留美	新疆省政府建設廳長
楊 英	上海	56	男	吳淞商船學校		裕中輪船公司董事長
曹簡禹	江蘇	41	女	康南爾大學	留美	金陵女子文理學院教授
嚴以霖	浙江	43	男	復旦大學		上海會計師公會理事
賴少魂	廣東	46	男	考試及格		中醫藥學會理事長
丁濟萬	江蘇	47	男	中醫專門學校		上海中醫學院院長
吳承蘭	浙江	34	女	上海中國醫學院		顧問
胡定安	浙江	50	男	柏林大學醫科	留德	江蘇醫學院院長
華淑君	浙江	34	女	日本女子大學	留日	醫院院長

姓名	籍貫	年齡	性別	學歷	留學	經歷
謝　能	浙江	39	女	私立上海壯民醫學院		重慶婦產院長
婦女團體						
沈慧蓮	廣東	57	女	上海亞東醫科大學		中央婦運會主委
吳　英	浙江	36	女	北平中國大學		漢口市婦運會主任委員
張新葆	上海	32	女	大夏大學		上海婦女互助會理事長
程翠英	江西	37	女	江蘇教育學院		中央婦運會總幹事
楊　俊	湖南	28	女	政治大學	留美	中央婦運會福利科科長
陳杏容	廣東	43	女	嶺南大學		婦女家政研究會理事長
章企民	浙江	37	女	浙江法政專校		天主教女青年會總幹事
李秀芝	雲南	46	女	伊利諾商學院	留美	婦女政治學會常務理事
葉蟬貞	湖南	30	女	武漢大學		
莫希平	廣東	28	女	中山大學		中央婦女運委會委員
熊叔衡	湖北	32	女			中央婦女運委會委員
左玫瑜	湖南	31	女	中央政治學校		中央婦女運委會科長
楊慎修	江蘇	36	女	武昌中華大學		中央婦女運委會秘書
凌　智	湖南	28	女	奈良女高師	留日	務本女學校長
丁少蘭	江蘇	46	女	北平師大		江蘇婦運會主委
俞成椿	上海	24	女	復旦大學	留美	
李崇祜	江蘇	49	女	南京匯文書院		江蘇婦運會委員
胡魁生	江蘇	59	女	江蘇文化學院		江蘇救濟院院長
黃卷雲	浙江	32	女	上海江南學院		江蘇婦女會常務理事
戴谷音	浙江	37	女	暨南大學		縣黨部書記長
吳孝姑	浙江	36	女	警官學校		警務
沃耐珊	浙江	35	女	上海法學院		江蘇省政府視察
王師信	安徽	33	女	大學肄業		基督教會工作
戴樹仁	安徽	38	女	北平師範大學		安徽婦女會常務理事

姓名	籍貫	年齡	性別	學歷	留學	經歷
許素玉	安徽	30	女	暨南大學		中央婦女工作會議幹事
李飛雄	江西	41	女	無錫教育學院		省參議員
熊愷	江西	38	女	早稻田大學	留日	省立醫專講師
萬文仙	江西	32	女	中央大學	留美	中正大學副教授
蕭運貞	湖北	44	女	武漢大學		工路黨部婦女輔導委員
余傳瑾	湖北	42	女	高中師範科		中學訓導主任
姚令嫻	湖南	27	女	建國法商學院		婦女運動委員會主任委員
童錫楨	湖南	54	女	東京女高	留日	湖南女師校長
鄧育英	西康	31	女	西南聯大		熱蒙黨部婦運會主委
王雅麗	河北	29	女	北平師範大學		省黨部婦運會委員
張希文	河北	40	女	輔仁大學		中央婦運會指導委員
王慕信	河北	27	女	北平師範大學		省婦女會理事
王淑珣	山東	32	女	戰時工作訓練班		省黨部婦運委員
崔照岩	山東	43	女	中國大學		省婦女會理事
孫東明	山東	37	女	河北法商學院	留德	
張曉景	河南	31	女			
陳毓蘭	河南	28	女	武漢大學		育幼院院長
胡晶心	河南	34	女	天津師範學院肄業		省教育廳督學
劉宦	江蘇	35	女	上海同德醫學院肄業		陝西省婦女會理事長
魏蓂英	陝西	34	女	省立女子師範	留日	陝西省婦女會理事
丑輝瑗	青海	23	女	青海女子師範		青海省婦運會委員
范英莪	福建	44	女	北平大學		福建護士學校訓育主任
林珠如	台灣	34	女	彰化高女		台灣婦女會常務理事
鄭玉麗	台灣	28	女	台北第三女高		台灣省黨部委員
劉憲英	廣東	41	女	上海法政大學		國民參政員
胡木蘭	廣東	41	女			國民參政員
吳菊芳	廣東		女	中山大學		委員
鄧不奴	廣東	42	女	中山大學		女中校長
李冰怀	廣東	35	女	中山大學		廣東婦運會委員

姓名	籍貫	年齡	性別	學歷	留學	經歷
許菱祥	貴州	37	女	大夏大學		省婦運會理事長
鈕先箴	遼寧	39	女	北平大學		香港南橋中學校董
孫蓀谷	安東	33	女	民國大學		督學
吳　箴	吉林	37	女	吉林大學		省婦運會委員
李世平	吉林	38	女	北平師範大學		北平協化女中教員
李子筠	松江	36	女	北平大學		長春大學教授
李時中	合江	30	女	民國大學		省婦運會委員
李志衡	黑龍江	40	女	北平師範大學		南京婦女生產合作社主任
盧紉秋	興安	33	女	黑龍江女子師範		蒙旗協進會專員
張　驊	興安	25	女	輔仁大學		海拉爾第一小學校長
張復權	熱河	30	女	上海美專		熱河省婦運會主委
劉蕙馨	熱河	27	女	北師大	留美	善後救濟總署冀熱分署
劉慕俠	北平	34	女	北大肄業		寧夏婦女會主任
倪純義	蒙古	43	女	北平女師		內蒙婦女協會理事長
林瑞藹	廣東		女			南京市婦女會常委
潘迎春	浙江	32	女	官校十六期		隊長
吳蔭華	湖北	38	女	中國大學		中學教員
王　蘭	天津	35	女	天津師範學校		天津市婦女會常務理事
趙士英	雲南	36	女	雲南法專		青島市婦女會理事長
鄭秀卿	重慶	40	女	朝陽學院		重慶市女中訓導主任
楊景秦	哈爾濱	21	女	長春醫科大學藥學系		哈爾濱婦女會主任委員
劉嘉彤	廣州	54	女	廣東女子師範		廣州市婦女會常務理事
雷礪瓊	廣東	40	女	嶺南大學		廣東婦女會理事
曹婉珍	廣東	36	女	中山大學	留日	廣東保育院院長
范　傑	遼寧	33	女	民國大學		瀋陽市婦女會理事長
王素清	遼寧	29	女	遼寧醫學院		醫師
馬　捷	瀋陽	31	女	中國大學		專門委員
內地生活習慣特殊國民						
馬紹武	青海	39	男	政治大學		青海省政府教育

姓名	籍貫	年齡	性別	學歷	留學	經歷
						廳廳長
馬鴻逵	甘肅	43	男	甘肅陸軍學校		寧夏省政府主席
馬步青	甘肅	50	男	陸軍大學		第五軍軍長
孫純武	北平	52	男	法政大學		蒙藏委員會委員
馬啓邦	廣西	40	男	警官學校		桂林市警察局長
楊震清	江蘇	40	男	之江大學		經理
安 舜	河北	51	男	保定官校		西北步兵分校副主任
穆道厚	安徽	46	男	民國大學		縣長
石雲漢	山東	33	女	師範大學		校長
當選單位不明						
陳煥章	廣東	52	男	上海法政大學		汕頭市商會理事長
齊維城	遼寧	32	男	政治大學		遼寧省黨部委員
劉鎮越	湖南	39	男	湖南群治大學		縣長

二、立法委員名錄

姓名	籍貫	年齡	性別	學歷	留學	經歷
江蘇省						
林 棟	江寧	38	男	金陵大學	留美	省黨部執行委員
周厚鈞	江都	43	男	中國公學	留日	軍委會特種工作團團長
周紹成	江都	50	男	北京大學		省黨部執監委員
于錫來	金壇	43	男	中央大學		國民參政員
張九如	武進	52	男			
仲肇湘	吳江	43	男	上海交通大學		侍從室少將專員
狄 膺	太倉	54	男	北京大學	留法	舊立法委員
儲家昌	如皋	39	男	中央政治學校		省財政廳視察室主任
封中平	泰星	44	男	中國公學		政治部主任
謝承炳	清江	45	男	中國公學		漢口市黨部委員
韓 同	泰縣	49	男	江蘇法政大學		保安司令部參議
周傑人	鹽城	50	男	北京大學		江蘇省黨部執監委員
陳康和	興化	45	男	中央黨務學校		省黨部執行委員
陳海澄	阜寧	52	男	江蘇法政大學	留日	南京特別黨部委員
湘菊潭	寶應	60	男	南京高師	留日	督學

姓名	籍貫	年齡	性別	學歷	留學	經歷
伍寶瑄	連雲	47	男	復旦大學	留法	省黨部主任委員
牛踐初	淮安	42	男	中國公學		三青團支團部幹事
徐　銓	漣水	38	男	復旦大學		省參議會議員
龐壽峰	東海	47	男	大夏大學		省參議會議員
王子蘭	豐縣	48	男	行政幹校		省黨部委員
苗啓平	睢寧	54	男	山東法政專校		省黨部委員兼書記長
王德箴	蕭縣	36	女	中央大學	留美	省臨時參議員
浙江省						
羅霞天	浙江	48	男	柏林大學	留德	省黨部主任委員
楊　雲	長興	50	男	法政專校		省參議員
劉湘女	杭州	44	男	上海大學		省黨部執行委員
陳　成	嵊縣	58	男	法政學校		省黨部監察委員
周兆棠	諸暨	46	男	黃埔二期		軍隊黨務處長
李祖謙	鎮海	39	男	復旦大學		工業協會理事
蕭　錚	永嘉	44	男	柏林大學	留德	黨中央常務委員
許紹棣	臨海	50	男	復旦大學		省黨部執行委員
陳蒼正	黃岩	38	男	北平大學		省黨部常務監察委員
倪文亞	樂清	44	男	哥倫比亞大學	留美	中央青年部部長
樓桐孫	永康	53	男	浙江法政專校	留法	經濟委員會秘書長
陳正修	青田	48	男	都魯士大學	留法	兵工署技師廠長
胡維藩	遂安	44	男	軍校六期		三青團浙江支團幹事長
劉譜人	上虞	53	女	東京美專	留日	杭州市參議會參議員
錢　英	杭州	41	女	浙江法政專門	留法	市參議會參議員
安徽省						
劉　眞	鳳台	35	男	安徽大學	留日	黨青年部組織處
陳紫楓	壽縣	60	男	江淮大學		省黨部改造委員
張慶楨	滁縣	44	男	東吳大學	留美	中央政校教授
陸福廷	靈璧	58	男	保定官校		隴海鐵路局長
劉啓瑞	貴池	48	男	北京大學		省黨部委員
范苑聲	潛山	47	男	早稻田大學	留日	行政督察專員
汪新民	婺源	43	男	中央大學		安徽訓練團代理教育長
余凌雲	蕪湖	47	男	復旦大學		
徐君佩	廬江	39	男	中央政治大學	留美	三青團安徽支團主任
汪少倫	安徽	46	男	北師大	留德	三青團安徽支團

姓名	籍貫	年齡	性別	學歷	留學	經歷
						幹事
邵　華	安徽	45	男			
徐中嶽	霍邱	45	男	中央軍校		戰區政治部主任
夏馥棠	宿縣	48	男	上海大學		省府駐京辦事處處長
仝道雲	和縣	44	女	東南大學		國府賑濟委員會委員
江西省						
詹純鑑	南昌	44	男	勞動大學		省黨部副主任委員
王澤民	玉山	57	男	保定一期		江西黨政分會委員長
黃　強	臨川	41	男	中央黨務學校	留英	省黨部委員
陳際唐	高安	53	男	北京大學	留德	省黨部書記長
文　群	萍鄉	65	男	早稻田大學	留日	經濟委員會委員
彭醇士	高安	52	男	中國大學		南昌行營?秘書兼黨政委員
劉　實	萬載	37	男	江西法政專校		省黨部監察委員
彭鎮寰	江西	46	男	上海大學		專門委員
幸鐵華	南康	44	男	黃埔二期		江西省黨部委員
周雍能	鄱陽	52	男	北京匯文大學		上海市政府秘書長
姜伯彰	鄱陽	64	男	江西高等學堂		南昌行營黨務設計委員
程　琇	都昌	46	女	南錫大學		省婦女會委員
湖北省						
鄧翔宇	蒲圻	51	男	湖北法政專校		行政院參事兼組主任
錢雲階	漢陽	44	男	明治大學	留日	省府委員兼教育廳長
徐源泉	黃岡	63	男	南洋陸軍講武堂		總司令
劉文島	廣濟	57	男	保定官校	留日	中央常務委員
胡秋原	黃陂	38	男	武昌大學	留日	主筆
黃建中	隨縣	59	男	北京大學	留英	省府教育廳長
湯汝梅	孝感	51	男	武昌中華大學		全省菸酒局分局長
余　拯	沔陽	44	男	上海大學	留德	青年團訓練處副處長
陶堯階	公安	42	男	武昌中華大學		省黨部委員
錢納水	江陵	56	男	法政大學	留日	中央日報主筆
秦祖培	松滋	53	男	湖北法科大學		行政督察專員
習文德	襄陽	53	男	巴黎大學	留法	省參議會副議長
崔學禮	竹山	59	男	北平朝陽大學		省參議會議員

姓名	籍貫	年齡	性別	學歷	留學	經歷
楊一如	襄陽	53	男	武昌師範		省黨部執行委員
王開化	隕縣	54	男	外國語專校	留德	省府委員兼民政廳長
羅貢華	荊門	55	男	北京法政專校	留日	黨候補中央委員
葉葉琴	嘉魚	37	女	清華大學		省府秘書
周　敏	湖北	45	女	北京女師大		教育廳設計委員
湖南省						
朱如松	瀏陽	43	男	早稻田大學	留日	省黨部執行委員,支團部幹事
韓中石	湘潭	50	男	上海群治大學		省黨部執行委員
余文傑	益陽	38	男	明治大學	留日	三青團秘書處處長
魯蕩平	寧鄉	54	男	北京法政大學		河南省府委員兼教育廳長
湯如炎	醴陵	45	男	中央軍校		中訓團黨部政班訓練幹事
白　瑜	華容	51	男	東南大學肄業	留俄	政治大學教授
楊幼炯	常德	47	男	復旦大學		建國法商學院院長
毛　飛	沅江	56	男	復旦大學	留日	國民黨組織部處長
梁　棟	衡陽	46	男	上海國民大學	留美	中央黨務委員
鄧公玄	鄞縣	47	男	東南大學	留美	組織部設計委員
廖維藩	衡山	50	男	北京大學		省政府委員
駱啓蓮	寧遠	38	男	船山大學		省黨部執行委員
蔣肇周	祁陽	47	男	中央軍校		省黨部委員兼書記長
蕭贊育	邵陽	44	男	黃埔一期	留俄,留日	南京市黨部主任委員
莫萱元	武岡	40	男	復旦大學	留日	省黨部書記長
伍家宥	石門	53	男	北京大學		制憲國大代表
許孝炎	沅陵	49	男	北京大學		黨中宣部副部長
唐國楨	衡山	44	男	北平女師大	留日	中央婦運會委員
黃振華	長沙	42	女	哥倫比亞大學	留美	南京市黨部執行委員
四川省						
李天民	合川	39	男	早稻田大學	留日	三青團四川支團幹事長
李琢仁	新都	44	男	中央大學		省黨部常務委員
趙惠謨	郫縣	48	男	北師大	留英	外交部顧問
梅恕曾	成都	48	男	北京大學	留德	四川瓷業公司董事長

姓名	籍貫	年齡	性別	學歷	留學	經歷
李公權	富順	36	男	西南聯大		青年黨，經濟部簡任秘書
徐中齊	敘永	41	男	黃埔五期		省軍政黨幹部聯席會議秘書長
余富庠	高縣	40	男	四川志城法政專校		三青團四川支團幹事長
李永懋	合川	42	男	北京法政大學		視察團主任
謝星曲	巫山	37	男	四川大學		重慶市黨部執行委員
吳 幹	鄰水	47	男	清華大學	留美	暨南大學商學院院長
杜均衡	樂至	37	男	上海中國公學		省黨部委員
朱啓明	射洪	50	男	上海化工專校		省參議員
彭善承	廣元	43	男	中央政校		行政督察專員
王純碧	遂寧	33	女	四川大學		省黨部婦運會委員
皮以書	南川	41	女	中國大學	留俄	陝西婦女會主委
河北省						
張寶樹	高陽	39	男	河北水產專校	留日	省黨部副主任委員
吳廷環	宛平	45	男	中央政治學校		省黨部書記長
張清源	定興	52	男	北平法政大學	留日	中央執行委員
李東園	清苑	48	男	法政學校		省黨部常委
張興周	靜海	40	男	北平中國大學		省參議員
王南復	滄縣	63	男	東京高工	留日	省黨部常務監察委員
于紀夢	滄縣	49	男	北平師範大學	留日	河南省府秘書主任
王鴻詔	寶坻	51	男	保定軍校		北平行轅參謀長
李 荷	薊縣	39	男	北平師範學校		省黨部執行委員
侯紹文	灤縣	49	男	高考及格		參事
張翰書	豐潤	36	男	北京大學		甘肅省黨部委員
王啓江	束鹿	46	男	也納大學	留德	中大教授
張希之	井陘	40	男	北京大學		省黨部委員
吉佑民	深澤	48	男	直隸第二師範		省黨部委員
張光濤	欒城	39	男	北師大		內政部秘書
馬煥文	定縣	45	男	北平朝陽大學		黨組織部專門委員
陳紀瀅	安國	41	男	北京民國大學		中國文藝協會常務理事
王秉鈞	邯鄲	60	男	黑龍江法政專校		省黨部主委
韓振聲	邢台	56	男	北平法政專校	留日	黨中央執行委員
王耀漳	衡水	42	男	北京大學		省參議員

姓名	籍貫	年齡	性別	學歷	留學	經歷
段永慶	大名	45	男	北師大		軍委會黨政委員會專門委員
崔書琴	故城	42	男	南開大學	留美	黨中央改造委員
曲直生	邢台	47	男	北京大學		黨政工作考核委員會專門委員
王冬珍	任縣	49	女	省立第一女師	留日	西北訓練團政治教官
崔璞珍	清苑	39	女	北平朝陽大學		省婦女協會委員
山東省						
宋憲亭	泰安	43	男	省立師範專校		省青年運動委員會委員
趙公魯	德縣	44	男	北京財商專校		省黨部委員
劉效義	安邱	41	男	中央軍校		省黨部執行委員
李郁廷	廣饒	55	男	工業專校		省黨部委員
閻實甫	山東	46	男	黃埔六期		省黨部執行委員兼書記長
劉階平	濰縣	38	男	中央大學		財政部秘書
蔡自聲	高密	61	男	省農林學堂	留日	制憲國代
王仲裕	日照	55	男	中國大學	留日	省政府委員
畢圃仙	昌邑	39	男	山東醫專，山東大學醫科		青島市特別黨部執行委員
劉振東	黃縣	51	男	北京大學	留美	立法委員
林鳴九	棲霞	49	男	民國大學		黨政聯合辦事處主任
劉志平	招遠	48	男	北平大學		立法委員
牟尚齋	棲霞	44	男	政治大學	留美	三青團山東支團部幹事
潘維芳	夏津	45	男	中國大學		省黨部委員兼書記長
杜光塤	山東	46	男	北京大學	留美	政大教授
李漢鳴	臨沂	49	男	北京大學		山東省黨委
于心澄	郯城	44	男	柏克大學	留美	國民黨監察委員
龔舜衡	滋陽	44	男	山東大學		省黨部執行委員
李文齋	曹縣	49	男	山西大學		省黨部委員
臧元駿	濟寧	42	男	中央軍校		黨中央執行委員
李漢三	荷澤	44	男	第二師範		省黨部委員
宋梅村	魚台	44	男	山東大學		山東青島區特派員
王雋英	山東	35	女	米西根大學	留美	社會教育學院教授
楊寶琳	荷澤	35	女	中國大學		省婦運會主任委員

姓名	籍貫	年齡	性別	學歷	留學	經歷
呂雲章	福山	51	女	北平女子師範		黨婦運會委員
山西省						
孫慧西	文水	42	男	日本大學	留日	省議員
武誓彭	武鄉	42	男	山西大學		省黨部執行委員
劉 杰	靈邱	51	男	北師大		省參議會議員
張子楊	五台	43	男	中央黨校	留英	省黨部主任委員
鄧勵豪	懷仁	38	男	山西大學		省參議會秘書長
張志智	崞縣	40	男	政治大學		中央組織部處長
喬鵬書	介休	43	男	北京大學		省黨部執行委員
嚴廷颺	河津	50	男	山西大學		省府委員兼民政廳長
解子青	萬泉	53	男	薛費爾大學	留英	財政部專門委員
河南省						
胡長怡	陳留	43	男	軍校四期		省黨部副主任
鄭震宇	開封	49	男	北師大		地政署署長
段劍岷	開封	48	男	法政專校		在黨部任職
周樹聲	開封	57	男	河南法政專校		地方法院院長
史宗周	杞縣	45	男	河南大學		省黨部委員
張金鑑	安陽	43	男	中央黨務學校	留美	國民參政會參政員
楊一峰	新鄉	50	男	北京大學		省政府委員兼民政廳長
杜希夷	濬縣	45	男	北師大		省黨部執行委員
趙振洲	封邱	48	男	巴黎大學	留法	河南大學教授
宋恒忠	新泰	53	男	明治大學	留日	省政府委員
朱紀章	鹿邑	51	男	北京大學		省第二區行政督察專員
張雨生	臨潁	42	男	中國公學		省黨部委員
蕭 酒	許昌	46	男	黃埔一期		省保安處長
劉景健	西平	45	男	德警官學校	留德	省黨部委員兼書記長
田鎮南	項城	60	男	保定陸軍速成學校		政府委員
李雅先	汝南	55	男	法政專校		平漢路特別黨部執行委員
劉 暨	固始	45	男	河南法政專校		鄭州綏靖公署少將處長
周 南	郟縣	44	男	河北大學		三青團河南支團幹事兼書記
姚廷芳	浙川	41	男	北京大學		青年團河南支團幹事

姓名	籍貫	年齡	性別	學歷	留學	經歷
李　定	唐河	45	男	中央軍校		政治部主任
王汝泮	南陽	44	男	黃埔四期		三青團幹事長
馬乘風	洛陽	42	男	中央軍校		國民參政會參議員
王廣慶	新安	60	男	法政學校	留日	河南大學校長
劉錫五	鞏縣	50	男	北京大學		省黨部執行委員
張廣仁	新安	37	女	復旦大學		中華婦女文教會河南分會理事
傅　岩	南陽	45	女	北京大學	留美	中央宣傳部設計委員
陝西省						
潘廉方	華縣	43	男	復旦大學		省參議會參議員
陳顧遠	三原	53	男	北京大學		黨部民運會特科委員
張廷鏞	興平	41	男	中央政治學校		保甲人員訓練班教育長
劉楚材	洋縣	62	男	匹咨堡大學	留美	中國礦冶學會西安分會會長
冉富谷	榆林	54	男	早稻田大學	留日	省臨時參議會秘書長
營爾斌	安定	43	男	俄中山大學	留俄	省黨部委員
甘肅省						
段　焯	武威	37	男	北平中國大學		省黨部委員
朱貫三	涇川	44	男	北平中國大學		甘肅省黨部執行委員
劉友琛	天水	47	男	北京大學	留英	省府委員兼建設廳長
魏佩蘭	甘谷	37	女	北師大		省黨部執行委員
青海省						
趙　珮	循化	40	男	蘭州中山大學		蒙藏委員會顧問
丑輝瑛	西寧	29	女	國立音樂學院		青海婦運會主任委員
福建省						
林炳康	福州	41	男	中央政治學校		省黨部執行委員兼書記長
謝澄宇	建甌	44	男	中央政治學校		南京市黨部執行委員
李　鈺	邵武	45	男	廣東大學		省黨部執行委員
黃哲眞	晉江	43	男	群治大學		省參議會秘書長
吳春晴	南安	40	男	大夏大學		青年團支團幹事

姓名	籍貫	年齡	性別	學歷	留學	經歷
						兼書記長
張 貞	詔安	65	男	保定軍校		師長軍長總指揮
丘漢平	海澄	44	男	東吳大學	留美	省府委員兼財政廳長
劉我英	邵武	45	女	燕京大學		婦運會指導委員
台灣省						
劉明朝	台南	53	男	東京帝大	留日	省參議會參議員
羅萬	台灣	40	男	明治大學	留日，留美	國民參政會參政員
黃國書	台灣	43	男	暨南大學	留歐	師長軍長總指揮
郭天乙	台灣	39	男	中央大學	留日	省黨部執行委員
林 慎	台北	41	女	廈門大學		台灣婦運會主任委員
鄭品聰	台東	47	男	皇漢醫學院	留日	台北市黨部執行委員
廣東省						
高廷梓	新會	54	男	北京大學	留美	交通部顧問
陳茹玄	興寧	53	男	依利諾大學	留美	國府建設委員
潘衍興	河源	39	男	中山大學		海南防衛司令部顧問
陳紹賢	惠來	43	男	中山大學	留美	湖北省黨部主任委員
林作民	揭陽	40	男	明治大學	留日	廣州特別市黨部主委
馬耐園	朝陽	46	男	黃埔三期		第七戰區守備司令
劉 平	陽山	40	男	中央大學		省參議會參議員
鄧青陽	三水	65	男	明治大學	留日	中央監察委員
鄧徵濤	高要	44	男	廣東法政專校		縣長
陸宗騏	信宜	44	男	廣東大學		省行政幹部訓練所教育長
譚惠泉	茂名	62	男	廣東警察學校		省黨部常務監察委員
黃玉明	化縣	43	男	中山大學		省府設計考核委員
王 俊	澄邁	55	男	日本士官	留日	步兵學校校長
陳逸雲	東莞	38	女	米西根大學	留美	女青年服務隊總隊長
李曼槐	台山	41	女	燕京大學	留美	作家，國民黨常務監察委員
黃佩蘭	番禺	41	女	北平中國大學		新婦女運動委員會委員兼組長

姓名	籍貫	年齡	性別	學歷	留學	經歷
廣西省						
韋永成	永福	42	男	莫斯科中山大學	留俄	省黨部主任委員
陳錫珖	鬱林	55	男	法政大學	留日	省黨部執監委員
雷　殷	廣西	62	男	法政大學	留日	黨政考核委員兼政務處長
蘇汝淦	藤縣	51	男	南錫大學	留法	省參議會參議員
曾　彥	靖西	64	男	東京中央大學	留日	民初議員
雲南省						
裴存藩	昭通	44	男	黃埔三期		昆明市長
段克武	宜良	46	男	雲南講武學校		少將處長
寶子進	羅平	47	男	巴黎大學	留法	黨政委員會委員
楊家麟	元江	39	男	復旦大學		省府地政局長
陶　鎔	景東	38	男	中央軍校	留英	三青團雲南支團主任
孫秉權	開遠	35	男	舊制師範		省黨部總幹事
蔣公亮	鶴慶	40	男	中央軍校		省黨部執行委員
羅　衡	監豐	40	女	北平中國大學	留法	國民參政會參政員
貴州省						
谷正鼎	安順	45	男	柏林大學	留德，留俄	組織部部長
宋述樵	龍里	48	男	東南大學		黨六屆中央委員
張道藩	貴州	51	男	倫敦大學	留英	浙江省教育廳長
商文立	甕安	51	男	南京高師	留法	省參議會副議長
劉健群	遵義	46	男	貴州法政專校		三青團副書記長
遼寧省						
齊世英	遼寧	50	男	海台山大學	留日，留德	國民參政會議員
羅大愚	遼陽	39	男	中國大學	留日	遼北省黨部主任委員
王德傅	瀋陽	52	男	直隸法政學校		禁煙委員會主委
莫寒竹	海城	36	男	中央政治學校		省黨部執行委員
李繼武	新民	37	男	北平中國大學		安東省黨部委員兼書記長
費希平	遼中	33	男	北平大學		市政府科長秘書
孟廣厚	本溪	44	男	北京大學	留英	糧食部計畫委員
董正之	瀋陽	38	男	中山大學		三青團秘書兼組長
劉郁中	新民	37	女	民國大學		婦女運動委員會主委
安東省						

姓名	籍貫	年齡	性別	學歷	留學	經歷
關大成	鳳城	37	男	東北大學		興安省黨部主任委員
劉博昆	安東	43	男	早稻田大學	留日	東北生產局副局長
董微	孤山	40	男	巴黎大學	留法	國大代表
包一民	柳河	43	女	東北大學		省黨部執行委員，婦運主委
遼北省						
劉贊周	梨樹	43	男	九州帝國大學	留日	黨中央政治委員會委員
洪聲	西豐	56	男	北京大學		熱河省政府委員
梁肅戎	昌圖	28	男	長春法政大學	留日	省黨務執行委員
高語和	昌圖	37	男	中央大學		東北黨務設計委員
富靜岩	法庫	37	女	中國公學	留英	社會部行政計畫委員
吉林省						
李錫恩	舒蘭	53	男	北京大學	留德	吉林大學文法學院院長
閻孟華	永吉	47	男	北京法政大學		松江省府委員兼實業廳長
霍戰一	長春	54	男	早稻田大學	留日	長春市參議會議長
韓玉符	德惠	44	男	北平中國大學		參議會副議長
程烈	永吉	36	男	中央軍校		省青年團幹事長
藍文徵	舒蘭	46	男	清華大學	留日	教授
李蔴蘅	永吉	49	女	北平女師大		哈爾濱第一女中校長
松江省						
劉兆勳	賓縣	38	男	北平朝陽大學	留日	省黨部委員
齊廉	阿城	49	男	東北講武堂		參謀長
董齊政	賓縣	51	男	米蘇里大學	留美	吉林大學法學院院長
王寒生	穆稜	50	男	東北大學		長春大學教授
倪玉潔	延吉	35	女	中央政治學校		武漢大學會計主任
合江省						
師連舫	密山	39	男	朝陽大學		省政府委員兼民政廳長
劉明侯	依蘭	35	男	清華大學		國民參政會參議員
郎冰俠	依蘭	46	男	北京平民大學		省府委員
解文超	富錦	39	男	中國大學		省黨部委員
黑龍江省						

姓名	籍貫	年齡	性別	學歷	留學	經歷
樊德潤	望奎	44	男	北師大		省黨部委員
杜荀若	慶城	50	男	法政專校		軍法處長
王漢倬	綏化	49	男	北京平民大學		嫩江省黨部主委
郭德權	璦琿	48	男	陸軍大學		駐聯合國團員
嫩江省						
吳越潮	大賚	35	男	北平大學		黑龍江省政府委員兼財政廳長
楊致煥	富裕	59	男	北師大		鐵路黨部主任委員
劉全忠	肇東	41	男	清華大學	留美	黑龍江省府委員兼教育廳長
王兆民	龍江	47	男	北京大學		東北行轅經濟委員會主秘
黃節文	哈爾濱	32	女	師範大學	留日	兒童福利社社長
興安省						
趙憲文	興安	42	男	北京法政大學		東北生產管理局理事
盧宗濂	雅魯	49	男	奉天工業專校		省農工運動委員會委員
房殿華	雅魯	36	男	北師大		三青團興安支團幹事兼書記
王孝華	雅魯	29	女	奈良女子高師	留日	國大制憲代表
李毓華	興安	52	女	巴黎法政專校	留法	郵政總局局長
熱河省						
趙自齊	綏東	34	男	南開大學		省參議會議員
成蓬一	甯成	40	男	南開大學		省政府委員，會計長
張大田	熱河	49	男	俄文法政專校		駐俄一等秘書及代辦
趙炳琪	灤平	36	男	中央政治學校		省黨部執行委員
李郁才	赤峰	36	男	赤峰中學		北平市黨部委員
李慧民	熱河	30	女	河南大學		編審
察哈爾省						
張季春	張北	46	男	河北大學		省黨務指導委員
賈維榘	蔚縣	42	男	北京大學		三青團支團幹事
李秀芬	懷來	39	女	北師大	留美	重慶中華女子學校校長
綏遠省						
趙允義	歸綏	54	男	北京中國大學		華北黨務辦事處委員兼察綏區主任
祁志厚	薩縣	56	男	北師大	留美	省府委員兼

姓名	籍貫	年齡	性別	學歷	留學	經歷
						教育廳長
劉 漢	涼城	49	男	北師大		省黨部執行委員
莫淡雲	托縣	33	女	武昌高師		省婦女會理事長
寧夏省						
馬書城	臨夏	59	女	北京女師		婦運會主任委員
程福剛	稷山	48	男	甘肅法政學校		省黨部執行委員
白健民	銀川	44	男	北京財政專校		蒙藏委員會專門委員
張明經	銀川	45	男	西北大學		北平特別市黨部委員兼組織部長
青海省						
趙 珮	循化	40	男	蘭州中山大學		蒙藏委員會顧問
南京市						
胡鈍俞	江西永新	46	男	中央大學	留英	四川大學教授
黃 通	江蘇海門	41	男	中央軍校		市黨部書記長
劉百閔	黃巖	50	男	東京法政大學	留日	國民參政會參政員
秦 傑	南京	39	男	文化大學		黨部執行委員
劉蘅靜	廣東	47	女	北平女師大	留美	國民參政會參政員
上海市						
王新衡	浙江慈谿	40	男	上海大學	留俄	上海市政府參事
朱文德	上海	39	男	上海法政學院		律師公會常務理事
馬樹禮	江蘇漣水	39	男	明治大學	留日	上海前線日報社長
北平市						
王靄芬	浙江蕭山	37	女	北京大學	留法	市婦女教育促進會理事長
成舍我	湖南湖鄉	50	男	北京大學	留英	世界日報創辦人
天津市						
郭紫峻	山西崞縣	42	男	山西大學		市黨部主委
溫士源	天津	37	男	朝陽大學		市黨部委員
夏景如	山東壽光	54	女	河北省師範學院		天津仁愛護士學校校長
青島市						
戰慶輝	萊陽	33	男	李村師範		市政府秘書
重慶市						
陳介生	四川南部	41	男	柏林大學	留德	市政府秘書長
包華國	四川成都	46	男	清華大學	留美	市社會局局長
大連市						
穆 超	大連	33	男	中山大學	留日	青年部專門委員
王治民	大連	44	男	東北大學	留美	遼寧省府委員

姓名	籍貫	年齡	性別	學歷	留學	經歷
						兼財政廳長
汪漁洋	大連	37	男	北海道大學	留日	國民參政會參議員
侯庭督	大連	37	男	北師大		市黨部書記長
邢淑孃	大連	38	女	東北大學		市黨部婦女工作委員會委員
哈爾濱市						
孫桂籍	哈爾濱	38	男	北平大學		長春市長
譚學融	哈爾濱	39	男	民國大學		市黨部執行委員兼書記長
徐百川	山東諸城	63	男	青島德華學院		商會董事長
于汝洲	哈爾濱	45	女	上海醫學院		哈爾濱市黨部執行委員
西安市						
楊大乾	陝西藍田	44	男	北京大學	留日,留俄	省府委員兼教育廳長
漢口市						
郎維漢	湖北漢川	41	男	漢口同文書院		三青團湖北支團幹事兼書記
費　俠	湖北	37	女	俄國中山大學	留俄	制憲國代
瀋陽市						
劉廣瑛	瀋陽	43	男	中央軍校	留日	青年團東北支團主任
王常裕	瀋陽	43	男	民國大學		臨時參議會副議長
胡賡年	瀋陽	42	男	中央大學	留日	瀋陽中央日報社長
金紹賢	安東	38	男	北平大學		中國航空公司總稽核
項潤崑	瀋陽	43	女	北平朝陽大學		婦女會理事長
蒙古地方						
德古來	蒙古	44	男	北師大	留日	蒙藏委員會顧問
許占魁	蒙古	37	男	西南聯大		遼蒙黨部特派員兼書記長
金養浩	哲里木盟	39	男	北平大學		東北保安司令部顧問
白大誠	哲里木盟	37	男	早稻田大學	留日	黨遼蒙特派員
李永新	卓索圖盟	46	男	北京蒙藏專校		中央常務監察委員
薛興儒	卓索圖盟	35	男	西南聯大		熱蒙黨部主任
吳雲鵬	昭烏達盟	43	男	北平朝陽大學		各蒙旗駐京辦事處主任
楊俊生	翁牛特右旗	56	男	蒙古國文私塾		召烏達蒙政務處長
榮　照	蒙古	43	男	俄國中山大學	留俄	國民參政會參議員

姓名	籍貫	年齡	性別	學歷	留學	經歷
杭嘉驤	蒙古	36	男	蒙藏專門學院		蒙古駐京辦事處副主任
達穆林旺楚克	蒙古	32	男	輔仁大學		阿拉善特別旂協理
各民族在邊疆地區						
安則法	雲南平彝	43	男	雲南大學		佛海縣黨部主委
黃雲煥	廣西桂平	39	男	中央軍官學校		黨瑤山特派員
石宏規	湖南永綏	47	男	湖北文科大學		湖南省黨部委員
僑居國外國民						
李炳瑞	廣東台山	42	男	麥基路大學	留加	黨中央監察委員
李繼淵	廣東梅縣	43	男	暨南大學		南北美黨務視察
劉德軒	廣東南海	62	男			黨古巴總支部執行委員
馮正忠	廣東順德	41	男	巴黎大學	留法	僑務委員
職業團體—農會						
邱有珍	淮安	44	男	中央黨務學校	留日	省黨部執行委員
李慶麐	安徽和縣	52	男	金陵大學	留美	中央農業經濟研究所所長
吳望伋	浙江東陽	43	男	省立師專		省農會理事長
牛進祿	綏遠包頭	44	男	民國大學		包頭日報社長
白如初	湖北黃陂	45	男	武昌中華大學		特別黨部委員
趙連芳	河南羅山	54	男	清華大學	留美	四川農業改進所所長
林競忠	福建西安	34	男	中央訓練團社工八期		福建農會理事長
馬潤庠	廣東台山	36	男	南開大學	留美，留英	農工部處長
漆中權	四川江津	44	男	金陵大學		四川省農業改進所所長
張鴻學	瀋陽市	32	男	明治大學	留日	瀋陽市參議員
史敏濟	廣東番禺	36	女	北平大學	留美	中山大學教授
孫繼緒	山東蓬萊	51	女	北京女高師		南京二女中教員
職業團體—漁會						
姜佑周	牟平	51	男	上海勞動大學		山東漁聯會理事長
謝哲聲	廣東梅縣	41	男	中央政校	留英	粵漁聯會常務理事
職業團體—工會						
陸京士	江蘇太倉	42	男	上海法學院		中央工運會委員
王宜聲	江蘇鎮江	44	男	上海麥倫書院肄業		南京市總工會理事長

姓名	籍貫	年齡	性別	學歷	留學	經歷
安輔廷	河北唐山	53	男	高中畢業		唐灤礦廠特別黨部主委
雷鳴龍	山西平遙	33	男	山西國民師範		太原總工會理事長
沈家杰	廣州	46	男	中山大學		廣州特別市黨部執行委員
陳鐵夫	四川瀘縣	40	男	中學肄業		重慶市農工運動委員會副主任
阿不都拉土滿	新疆伊寧	30	男	新疆學院		天山出版社總編輯
王大任	遼寧遼陽	36	男	東北大學		遼寧省黨部委員
郭中興	河北懷柔	45	男	京兆第二中學		鐵路工會常務理事
袁其炯	江蘇淮陰	42	男	中央大學		工礦黨部國大代表
王長慧	漢口	31	女	國立體專		漢口市總工會委員
黃　俊	廣東台山	37	男	芝加哥大學	留美	全國總工會常務理事
職業團體—商會						
徐宏玉	山西五台	37	男	東京鐵道教習所	留日	全國商業聯會理事
姬奠川	河北定興	59	男	北平中國大學		天津商會理事長
許紹勤	廣東潮安	35	男	華僑經濟研究院		工商協進會理事
何佐治	廣東高要	44	男	復旦大學		制憲國大代表
王漢生	江蘇宜興	41	男	大夏大學		陝西省政府秘書
職業團體—工礦會						
楊管北	江蘇	44	男	之江大學		全國工業總會理事
滕昆田	湖北漢陽	45	男	武昌中華大學		物資委員會秘書長
王世憲	福建福州	41	男	上海滬江大學	留美	教授
石　堅	遼寧遼陽	49	男	瀋陽高師		遼寧省黨部主委
職業團體—教育會團體						
葉溯中	浙江永嘉	47	男	北京大學		浙江省教育廳長
郭登敖	貴州	44	男	北京大學		中學校長
趙石溪	瀋陽	40	男	東北大學		東北大學教授，訓導長
王孝英	福建林森	48	女	北平女師大		廣東省臨時參議會議員
職業團體—大學教育團體						
程毅志	河南襄城	44	女	北平女師大		河北省教育廳督學
職業團體—新聞記者						
程滄波	江蘇武進	46	男	復旦大學	留英	江蘇監察使
陳訓悆	浙江慈谿	42	男	同文書院		中央日報社長
陳博生	福建林森	58	男	早稻田大學	留日，	國民參政會參議員

姓名	籍貫	年齡	性別	學歷	留學	經歷
					留英	
胡建中	浙江	46	男	復旦大學		國民參政會參政員
職業團體—律師團體						
江一平	浙江杭縣	51	男	復旦大學		全國律師公會常務理事
方冀達	浙江鄞縣	36	女	上海持志大學		律師
職業團體—中醫師公會						
覃 勤	湖南常德	43	男	群治法政大學		中醫師公會常務理事兼秘書長

三、監察委員名錄

姓名	籍貫	年齡	性別	學歷	留學	經歷
江蘇省						
衡 權	漣水	55	男	省第九中學		徐州綏署政務處長
錢用和	常熟	53	女	北京女高		中央婦女會委員
浙江省						
朱宗良	海鹽	58	男	浙江高等學校		中央土地專門委員會委員
陳肇英	浦江	63	男	浙江四府公學		中央執行委員
金越光	杭州	48	男	中國文化學院		省參議會參議員
安徽省						
陳訪先	東流	52	男	明治大學	留日	省黨部主任委員
金維繫	合肥	61	男	安徽法政學堂		國民參政會參政員
劉行之	宿縣	47	男	上海大學	留俄	神州日報總編輯
宋 英	舒城	48	女	中國公學	留日	南京婦女會常務理事
江西省						
熊在渭	餘江	47	男	北京工業大學		省黨部執行委員
酈景福	豐城	44	男	南方大學		行政專員田糧處副處長
葉時修	弋陽	46	男	東南大學		省政府視察
黃 覺	浮梁	43	女	上海遠東大學		省婦女會主任委員
湖北省						
吳大宇	黃梅	44	男	中國公學		省參議會參議員
胡阜賢	武昌	55	男	北京工業專校		教授
蔡孝義	廣濟	38	女	復旦大學		省府婦女會

姓名	籍貫	年齡	性別	學歷	留學	經歷
						委員
湖南省						
陳大榕	湘潭	52	男	北平師範學院		省參議會參議員
李不韙	長沙	64	男	巴黎工學院	留法	青年黨執行委員
黃莞軒	衡山	39	女	朝陽大學		省黨部常務監察委員
四川省						
陳翰珍	自貢	51	男	京師大學		中央執行委員兼組織部長
河北省						
李嗣璁	慶雲	52	男	北京大學		河北監察使
王　宣	薊縣	61	男	北京法政專校	留美	省黨部委員
崔震華	滄縣	63	女	天津女師		國民參政會參政員
河南省						
劉延濤	鞏縣	42	男	北京大學		監察委員
于鎮洲	西平	37	男	河南大學		省田賦糧食管理處處長
山東省						
趙季勳	諸城	43	男	中國大學		省府委員兼總務廳長
劉巨全	諸城	49	女	北平中國大學	留日	省參議會參議員
山西省						
楊貽達	崞縣	48	男	北師大		省參議會參議員
梁上棟	崞縣	61	男	柏明罕大學	留英	國民參政會參政員
張岫嵐	定襄	46	女	莫斯科中山大學	留俄	黨婦運會委員
丁俊生	解縣	45	男	山西大學		第二戰區西安北平辦事處處長
陝西省						
于右任	三原	71	男	震旦學院	留美	監察院院長
曹承德	三原	49	女	燕京大學		省黨部婦女會主委
甘肅省						
曹啓文	海源	46	男	中央政治學校		省參議會副議長
柴　峰	皋蘭	51	女	歐柏林大學		教授
青海省						
郭學禮	西寧	44	男	中央黨務學校		省府委員兼民政廳長

姓名	籍貫	年齡	性別	學歷	留學	經歷
趙守鈺	西寧	69	男	保定陸軍速成學校		蒙藏委員
福建省						
劉永濟	福州	41	男	福建學院	留日	青年黨福建省黨部主席
陳達元	漳浦	43	男	金陵大學		省警備總部調查室主任
高登艇	順昌	62	男	全閩高等學堂	留日	省黨部監察委員
張藹眞	上海	49	女	密西根大學	留美	國民參政會參政員
台灣省						
陳慶華	台中	47	男	早稻田大學	留日	省高等法院檢察官
丘念台	台中	56	男	東京帝大	留日	省黨部執行委員
陳嵐峰	台北	45	男	暨南大學	留日	省黨部委員
陳江山	屏東	51	男	台北醫專		里長，鎮民代表
李　緞	台北	38	女	早稻田大學	留日	民社黨台灣省黨部代主委
廣東省						
余俊賢	平遠	47	男	中山大學		省黨部主任委員
鄧蕙芳	東莞	59	女	秀實美術女校	留日	兩廣區監察委員
廣西省						
陳恩元	全縣	57	男	陸軍速成學堂		桂林市長
王贊斌	平祥	60	男	陸軍速成學校		青年團廣西分團指導員
西康省						
陳志明	西昌	46	男	雪利大學	留英	黨中央候補委員
楊群先	越巂	54	女	成都女師		縣婦女會理事長
雲南省						
張維翰	大關	61	男	東京帝大	留日	內政部政務次長
段克昌	宜良	59	男	雲南法政專校		省黨部執行委員
貴州省						
馬空群	遵義	37	男	貴州大學		省黨部監察委員
張定華	貴陽	45	男	北京大學		國民參政會參政員
遼寧省						
何濟周	岫岩	43	男	東北大學		熱河省政府參議
田欲樸	瀋陽	45	男	朝陽學院		瀋陽區鐵路黨部委員
梅公任	遼陽	58	男	瀋陽高等師範		東北黨務辦事處委員
遼北省						

姓名	籍貫	年齡	性別	學歷	留學	經歷
侯天民	四平	48	男	三育大學	留日	國民參政會參政員
張維貞	北豐	38	女	東北大學		新運婦女指導委員
祁大鵬	康平	51	男	北平中國大學		內政部禁煙特派員
吉林省						
王冠吾	雙城	51	男	朝陽大學		監察委員
畢東垣	長春	57	男	吉林大學		冀察戰區經濟委員會主委
張一中	敦化	38	男	早稻田大學	留日	省參議會參議員
熱河省						
楊宗培	建平	47	男	北平匯文大學	留美	監察委員
王澍霖	凌源	38	男	中央政治學校		參議會參議員
王竹祺	建平	41	女	北師大		婦運會副主任委員
察哈爾省						
張國柱	懷安	45	男	北洋大學		省黨部執行委員
張志廣	涿鹿	58	男	北師大		國民參政會參政員
劉耀西	宣化	42	女	北師大		河北省黨部執行委員
郭垿愷	延慶	54	男	北京大學		省黨部委員
綏遠省						
李正樂	歸綏	64	男			土默旗總管署秘書
丁淑蓉	薩縣	43	女	北平大學		甘肅省黨部婦運會主任
寧夏省						
康玉書	銀川	54	男	北師大		保安司令部參議
南京市						
孫玉琳	南京	40	男	金陵大學		市參議會參議員
上海市						
陶百川	浙江紹興	47	男	上海南方大學	留美	國民參政會參政員
北平市						
馬慶瑞	河北安平	41	男	北京大學		北平市參議員
蕭一山	北平	47	男	北京大學	留英	北平行轅秘書長
天津市						
趙光宸	天津	48	男	巴黎大學	留法	市參議會參議員
郝遇林	磁縣	42	男	政治大學		冀熱察監察委員
廣州市						
袁晴暉	東莞	47	男	北師大		市教育局局長
西安市						
李紀才	西安	62	男	陝西軍官學校		市參議會參議員
瀋陽市						

姓名	籍貫	年齡	性別	學歷	留學	經歷
張建中	瀋陽	44	男	東北講武堂		市民政局長
曹德宣	瀋陽	55	男	瀋陽高師		市參議會參議員
蒙古地方						
摩爾根	哲盟	41	男	北平中國大學		蒙藏委員
張秉智	卓盟	49	男	蒙藏專門學校		熱盟黨部特派員
于德純	卓盟	57	男	北平蒙藏專校		察綏蒙旗黨務特派員
王枕華	卓盟	44	男	中央軍校五期		阿拉善旗特別黨部委員兼書記長

徵引書目：

一、史料與文獻

〈國大選舉結果〉，《內政部國民大會選舉檔案》。

《三水梁燕孫先生年譜》上下二冊，出版時地不詳。

《大法官會議解釋彙編》（台北：三民書局，民國84年）。

《中國國民黨第六屆中央執行委員會常務委員會議紀錄彙編》（六屆紀錄）（台北：中央委員會秘書處，民國43年）。

《中華民國重要史料初編：對日抗戰時期》（台北：中國國民黨黨史會，民國70年）。

《王古愚先生遺集》（河北，定縣，民國26年）。

《江西南豐縣志》（北京：中共中央黨校，1994）。

《汪康年師友書札》（上海：古籍出版社，1986）。

《辛亥革命前後：盛宣懷檔案資料選輯》（上海：人民出版社，1979）。

《定縣志》（北京，北京圖書館，2002）。

《近代中國對西方及列強認識資料彙編》（台北：中研院近史所，民國63年）。

《政府公報》，（民國7年）。

《政治官報》，光緒三十四年—宣統元年，（1907-1908）

《革命文獻》（台北：文物出版社，民國68年）。

《國大選民調查報告》，國史館藏原件。

《國民大會代表、立法院立法委員、監察院監察委員選舉概要》（選舉概

要)(出版地不詳：行政院新聞局，民國36年)。

《國民大會實錄》(南京：國大秘書處，民國35年)。

《國民代表大會〔湖南〕安東縣選舉事務所報告書》(民國37年)。

《清末籌備立憲檔案史科》(北京：中華書局，1979)。

《現代支那人名鑑》(東京，1928)。

《最近官紳履歷彙編》，第一集(北京，民國9年)。

《飲冰室文集》(台北：中華書局，民國49年)。

《黑龍江志稿》(北京：北京圖書館，2001)。

《憲政五》，國史館藏

丁文江編，《梁任公先生年譜長編》(台北：世界書局，民國47年)。

井一三郎，〈諮議局開設之狀況〉，日本外務省文書(1886-1945)，M.
　　T. 1,6,1.

王錫祺(輯)，《小方壺齋輿地叢鈔再補編》(台北：文海影印，民國53
　　年)。

王韜，《王韜日記》(北京：中華書局，1987)。

——，《弢園尺牘》(文海，民國72年)。

——，《弢園文錄外編》(上海：上海書店，1947)。

朱維錚編，《萬國公報文選》(北京：新華書店，1998)。

何啓、胡禮垣，《新政眞銓》，不著出版地，1901(1899)。

宋育仁，《采風記》(出版者及城市不詳，1896)。

志剛，《初使泰西記》(上海：人民出版社，1987)。

房兆楹，杜聯喆編，《增校清朝進士題名碑錄》(北平：民國30年)。

林熙，〈安福俱樂部簡史〉，《大成雜誌》(香港)，期75(1979)。

林樂知編，《中東戰紀本末》(上海，廣學會，光緒22年；台北，文海書
　　局影印，無影印年代)。

南海胤子，《安福禍國記》(文海，民國9年)。

胡愼明，〈一個參加競選的人的自白〉，《觀察》(上海)，卷3期4。

胡慶鈞，〈論保長〉，《觀察》，卷3期7。

夏東元編，《鄭觀應集》（上海：人民出版社，1982）。

孫寶瑄，《忘山廬日記》，《續修四庫全書》，史部傳記類，第579-581
　　冊（上海，古籍出版社，1995-2000）。

徐繼畬著，田一平點校，《瀛寰志略》（上海：上海書店，2001）。

特約記者，〈關於四川最近混亂情形的詳細報告〉，《觀察》，卷3期
　　2。

翁同龢著，陳義傑整理，《翁同龢日記》（北京：中華書局，1992）。

崔國因，《出使美日祕日記》（安徽合肥：黃山書社，1988）。

康有為，《康有為自訂年譜》（台北：文海出版社影印，民國61年）。

康澤，《康澤與蔣介石父子》（北京：群眾出版社，1994）。

張之洞，《勸學篇》（台北：文海書局影印，不著影印年代）。

張孝若，《南通張季直先生傳記》（上海：中華書局，1930）。

張東蓀，〈國會選舉法商榷〉，《庸言》，卷1，期13。

張德彝，《歐美環遊記(再述奇)》（長沙：岳麓書社，1982）。

———，《隨使英俄記》（長沙：岳麓書社，1986）。

張蔭桓，《三洲日記》，《續修四庫全書》，史部傳記類，第577冊（上
　　海：古籍出版社，1995-2002）。

梁啓超，《飲冰室文集》（台北：中華書局，民國49年）。

郭廷以，《中華民國史事日誌》（台北：中研院近史所，民國68年）。

郭嵩燾，《玉池老人自述》，《中國野史集成》（成都：巴蜀書社，
　　1989）。

———，《郭嵩燾日記》（長沙：人民出版社，1980）。

郭嵩燾著，楊堅枝補，《郭嵩燾奏稿》（長沙：岳麓書社，1983）。

陳立夫，《成敗之鑑》（台北：正中書局，民國83年）。

陶菊隱，《北洋軍閥統治時期史話》（北京：三聯書店，1984）。

麥肯齊著，李提摩太譯，《泰西新史攬要》（上海：上海書店，2002）。

傅蘭雅，《佐治芻言》（上海：上海書店，2002）。

馮桂芬著，戴揚本評注，《校邠廬抗議》（河南鄭州：中州古籍出版社，

1998）。

黃遵憲，《日本國志》（上海：古籍出版社影印，2001）。

黃遵憲著，鍾叔河輯注，《黃遵憲日本雜事詩廣注》（湖南長沙，人民出
版社，1981）。

斌椿著，鍾叔河輯注，《乘槎筆記》（長沙：人民出版社，1981）。

新濟，〈行憲國大？違憲國大？〉，《新聞天地》，期39。

載澤著，鍾叔河注，《考察政治日記》（湖南長沙：岳麓書社，1986）。

端方，《端忠敏公奏稿》（台北：文海出版社影印，不著出版年）。

褚光明，〈國代和立委的選舉糾紛〉，《觀察》，卷4期6。

劉漢宗，〈看大選，論民主〉，《中國評論》，期6。

滕傑，〈力行社的創立〉，《傳記文學》，卷48，期4。

──，〈國民黨在台北分裂親歷記〉，《傳記文學》，卷84，期3。

《蔣介石先生事略初稿》，稿本，國史館藏。

蔣介石，《先總統蔣公思想言論集》（言論集）（台北：中國國民黨黨史
會，民國73年）。

蔣英豪，《黃遵憲師友記》（上海：上海書店，2002）。

蔡寄鷗，《鄂州血史》（上海：龍門書局，1985）。

黎庶昌，《西洋雜志》（長沙：人民出版社，1981）。

錢德培，〈歐遊隨筆〉，《小方壺齋輿地叢鈔》（台北：廣文書局，民國
51年）。

錢鍾書主編，朱維錚執行主編，《郭嵩燾等使西記六種》（北京：三聯書
店，1998）。

戴鴻慈、端方，《列國政要》（不著出版地，1907）。

戴鴻慈著，鍾叔河輯注，《戴鴻慈出使九國日記》（長沙：人民出版社，
1982）。

鍾叔河編，《走向世界叢書》（長沙：人民出版社，1985）。

魏源，《海國圖志》，上、中、下三冊（湖南長沙：岳麓書社，1998）。

二、日報與雜誌

《大公報》（天津，民國36-37年）。
《中外雜誌》（台北，民國56年）。
《中央日報》（南京，民國36-37年）。
《中國評論》（上海，民國36年）。
《月月小說》（上海，光緒32年）。
《民呼報》（上海，1909）。
《申報》（上海，1873-1949）。
《字林報》（*North China Daily News*）（上海，1947）。
《成都西方日報》（民國37年）。
《東方雜誌》（上海，1904-1848）。
《國風報》（上海，宣統2-3年）。
《庸言》，（天津，民國元年）。
《教會新報1868-1874》（台北：華文書局影印，民國57年）。
《晨報》（北京，民國7年）。
《盛京時報》（遼寧，民國7年）。
《順天時報》（北京，1904-1930）。
《傳記文學》（台北，民國56年）。
《新聞天地》（香港，1945年）。
《萬國公報》（台北：華文書局影印，民國57年）。
《觀察》（上海，民國36年）。

三、文史資料、回憶錄、口述歷史

《〔湖北〕松滋文史資料》（1987）。
《〔湖北〕雲夢文史資料》（1987）。

《〔湖北〕蒲圻文史資料》（1989）。

《〔貴州〕松桃文史資料》（1988）。

《〔廣西〕陽朔文史資料》（1987）。

《〔廣西〕藤縣文史資料》（1987）。

《大定文史資料選輯》（1988年5月）。

《山西文史資料》（1983）。

《丹陽文史資料》（1988）。

《仁壽文史》（1988）。

《文史資料選輯》（北京：1980，三版）。

《永仁文史資料選輯》（1989）。

《合江文史資料》（1988）。

《江蘇文史資料集粹》（不著出版時地）。

《辛亥革命回憶錄》（北京：文史資料，1981）。

《昆明文史資料選輯》（1985）。

《邵陽文史資料》（1988）。

《建始文史資料》（1987）。

《通城文史資料》（1985）。

《湖北文史資料》（武漢，2003）。

《湖北襄樊文史資料》（1989）。

《湖南文史》（長沙1989）。

《華安文史資料》（1985）。

《鄂西文史資料》（1987）。

《黃平文史資料選輯》（1989）。

《達縣文史資料》（1986）。

《漢沽文史資料》（天津，1988）。

《廣水文史資料》（1989）。

《藍城縣文史資料》（1986）。

沈雲龍訪問，張朋園紀錄，《劉航琛先生訪問紀錄》（台北：中研院近史

所，民國79年）。

沈雲龍訪問，賈廷詩等紀錄，郭廷以校閱，《萬耀煌先生訪問紀錄》（台
　　北：中央研究院近代史研究所，民國82年）。

胡國台訪問，郭瑋瑋紀錄，《劉眞先生訪問紀錄》（台北：中研院近史
　　所，民國82年）。

曹汝霖，《一生回憶錄》（台北，民國59年）。

郭廷以、沈雲龍訪問，謝文孫、劉鳳翰紀錄，《鍾伯毅先生訪問紀錄》
　　（台北：中研院近史所，1992）。

陸寶千訪問，鄭麗榕紀錄，《黃通先生訪問紀錄》（台北：中研院近史
　　所，民國81年）。

劉健群，《銀河憶往》（台北：傳記文學出版社，民國55年）。

劉鳳翰訪問，何智霖紀錄，《梁肅戎先生訪談錄》（台北：國史館，民國
　　84年）。

遲景德訪問，陳進金紀錄，《劉先雲先生訪談錄》（台北：國史館，民國
　　84年）。

四、論著

中文著作

孔祥吉，〈清廷關於開議院的最早爭議〉，《中國近代史覆印資料》（北
　　京，1988）。

孔祥吉，《康有爲變法奏議研究》，瀋陽，遼寧教育出版社（1988）。

孔復禮（Phlip Kuln），〈公民社會與體制的發展〉，《近代中國史研究
　　通訊》，期13(國81年3月)。

王士達，〈民政部戶口調查及各家估計〉，《社會科學雜誌》，卷3，期
　　3-4；卷4，期1。

王楊京，《傅蘭雅與近代中國的科學啓蒙》（北京：科學出版社，

2000）。

王爾敏，《上海格致書院志略》（香港：中文大學出版社，1980）。

王樹槐，《外人與戊戌變法》（台北：中研院近史所，民國54年）。

司馬既明（劉心皇），《蔣介石國大現形記》（台北：李敖出版社，1995）。

朱浤源，《從變亂到軍省：廣西的初期現代化，1860-1937》（台北：中央研究院近代史研究所，民國84年）。

朱維錚，《求索眞文明：晚清學術史論》（上海：上海古籍出版社，1996）。

何廉，〈簡述國民黨的派系〉，《傳記文學》，卷26期6。

余英時，《宋明理學與政治文化》（台北：允晨出版社，2004）。

吳文程，《政黨比例代表制》（台北：五南出版社，民國85年）。

李劍農，《中國近百年政治史》（台北：商務印書館，民國56年）。

沈松僑，〈我以血薦軒轅：黃帝神話與晚清的國族建構〉，《台灣社會研究季刊》，期28，1997/12。

沈曉敏，《處常與求變：清末民初的浙江諮議局和省議會》（北京：三聯書店，2005）。

汪榮祖，《走向世界的挫折——郭嵩燾與道咸同光時代》（台北：三民書局，民國82年）。

———，《晚清變法思想論叢》（台北：聯經出版公司，民國72年）。

———、李敖，《蔣介石評傳》（台北：商周文化事業股份有限公司，民國84年）。

忻平，《王韜評傳》（上海，華東師大出版社，1990）。

尚小明，〈清末資政院議政活動一瞥——留日出身議員對議場的控制〉，《北京社會科學》（1998.2）。

易惠莉，《鄭觀應評傳》（南京：南京大學出版社，1998）。

林濁水等編，《南京最混亂的三十四天：國民大會現形記》（台北：博班出版社，1984）。

胡佛，《政治學的科學探究(三)：政治參與與選舉行為》（台北：三民書局，民國87年）。

范小方，《二陳和CC》（開封：河南人民社，1993）。

韋政通，《中國十九世紀思想史》（台北：東大圖書公司，民國80年）。

韋慶遠、高放、劉文原，《清末憲政史》（北京：中國人民大學，1993）。

唐人，《金陵春夢》（台北：文藝出版社，民國76年）。

耿雲志等，《西方民主在近代中國》（北京：中國青年出版社，2003）。

崔書琴，《三民主義新論》（台北：商務印書館，民國57年）。

張朋園，〈立憲派的「階級」背景〉，《中央研究院近代史研究所集刊》，期22上，民國82年。

———，〈黎著《北洋政治：派系政爭與憲政不果》〉，《中央研究院近代史研究所所集刊》，期6，民國66年。

———，《主憲派與辛亥革命》（台北：中研院近史所，民國72年）。

———，《知識分子與近代中國的現代化》（南昌：百花洲文藝出版社，2002）。

———，《梁啓超與民國政治》（台北：食貨出版社，民70年再版）。

梁元生，《林樂知在華事業與萬國公報》（香港：中文大學出版社，1978）。

郭秋慶，《德國選舉制度與政黨政治》（台北：志一出版社，民75）。

陳玉詳，〈立委之選舉糾紛及法定配額〉，《東方雜誌》，卷44期8。

陳茹玄，《增訂中國憲法史》（上海：世界書局，民國36年）。

陳進金，〈三民主義青年團在湖北，民國27-37年〉，《國史館館刊》，復刊，期21，民國85年。

曾彥，〈中華民國第一屆國會述要〉，《中國議壇》，第五期，民國46年。

黃福慶，《清末留日學生》（台北：中研院近史所，民國64年）。

楊幼炯，《中國立法史》（台北：中國文化公司，民國49年）。

實藤惠秀，《中國人日本留學史》（東京，1960）。

熊月之，《中國近代民主思想史》（上海：人民出版社，1986）。

———，《西學東漸與晚清社會》（上海：人民出版社，1994）。

劉以芬，《民國政史拾遺》（台北：文海出版社，民國43年）。

劉厚生，《張謇傳記》（上海：龍門書局，1958）。

劉振鎧，《中國憲政史話》（台北：憲政論壇，民國49年）。

蔡英文譯，《知識分子的鴉片》（台北：聯經出版公司，民國79年）。

鄭端耀，〈美國國會選舉經費限制之改革〉，鄭哲民編，《美國國會之
　　制度與運作》（台北：中研院歐美所，民國81年）。

鄧元忠，《三民主義力行社史》（台北：實踐出版社，民國73年）。

黎安友著，柯洛漪譯，《蛻變中的中國：政經變遷與民主化契機》（台
　　北，麥田出版社，民國89年）。

蕭一山，《清代通史》（上海：商務印書館，民國36年）。

蕭公權著，汪榮祖譯，《康有為思想研究》（台北：聯經出版公司，民國
　　77年）。

薛光前編，《艱苦建國的十年》（台北：正中書局，民國60年）。

謝彬，《民國政黨史》（台北：文星書店，民國51年）。

謝復生，《政黨比例代表制》（台北：理論與政策雜誌社，民國81年）。

蘇精，《馬禮遜與中文印刷出版》（台北：學生書局，民國89年）。

英文著作

Apter, David, *The Politics of Modernization* (Chicago: University of Chicago, 1965).

Aron, Raymond, *The Opium of Intellectuals* (London: Secker and Warburg, 1957) Benda, Julier, *The Treason of the Intellectuals* (New York: The Norton, 1928, 1969).

Bendix, Reinhard, *Max Webe: An Intellectual Portrait* (New York, Doubleday, 1962).

Black, C. E., *The Dynamics of Modernization: A Study in Comparative History* (New York: Harper & Row, 1966).

Boissevain, Jeremy, "Patronage in Sicily", in Arnold J. Heidenheimer (ed.), *Political Corruption* (New Brunswick, N. J.: Transaction Books, 1978).

Borttomore, T. B., *Elites and Society* (Baltimore, Penguin Books, 1967).

Bryce, James, *The American Commonwealth* (New Delhii, Eurasia Publishing House, 1996).

Burke, Edmund, *Reflections on the Revolution in France* (New York: The Liberal Arts Press, 1955)

Campbell, Angus, et al, *The American Voter: An Abridgement* (New York: John Wiley, 1967, 5th Printing).

Carstairs, Andrew McLaren, *A Short History of Electoral Systems in Western Europe* (London: George Allen and Unwin, 1980).

Chang, Chung-li, *The Chinese Gentry: Studies on Their Role in Nineteenth Chinese Society* (Seattle: Washington University Press, 1955).

Chang, Peng-yuan, "Political Participation and Political Elites in Early Republican China: The Parliament of 1913-1914," *Journal of Asian Studies* (February 1978), translated by Andrew J. Nathan.

Collingwood, R. G., *The Idea of History* (Oxford: Oxford University Press, 1956)

Dahl, Robert A., *Democracy and Its Critics* (New Haven: Yale University Press, 1989).

de Tocqueville, Alexis, *Democracy in America* (New York: Schocken Books, 1974).

DeHaven-Smith, Lance, *Foundations of Representative Democracy* (New York: Peter Lang, 1990).

Diamond, Larry, "Is the Third Wave over?" *Journal of Democracy* (July 1996).

Diamond, Larry, "Thinking about Hybrid Regimes", *Journal of Democracy*, Vol.13, N.3（July, 2002）

Dictionary of National Biography（Oxford, Oxford University Press, 2004）.

Dogan, Mattei, "Political Ascent in a Class Society: French Deputies, 1870-1958," in Dwaine Marvick, （ed.）, *Political Decision-makers: Recruitment and Performance*（The Free Press of Glencoe, 1961）.

Drake, Fred W., *China Charts the World: Hsu Chi-yu and His Geography of 1848*（Cambridge, Mass. : Harvard University Press, 1975）.

Dutton, Michael R., *Policy and Punishment in China: From Patriarchy to "the People"*（Cambridge: Cambridge University Press, 1992）.

Duverger, Maurice, *Political Parties*（New York: John Wiley and Sons, 1954）.

Eastman, Lloyd E., *Seeds of Destruction: Nationalist China in War and Revolution, 1937-1949*（Stanford: Stanford University Press, 1984）.

Eberstein, William, *Today's Ism*（台北：馬陵出版社影印，1976）.

Eisenstadt, S. N., *Modernization: Protest and Change*（Englewood, Cliffs, N. J.: Prentice-Hall, 1966）.

Etzioni-Halevy, Eva, *Political Manipulation and Administrative Power*（London: Routledge, 1979）.

Ferrell, David M., *Electoral System: A Comparative Introduction*（New York: Palgrave, 2001）.

Fincher, John, "Political Provincialism and the National Revolution," in Mary Wright（ed.）, *China in Revolution: The First Phase, 1900-1913*（New Haven: Yale University Press, 1968）.

Fung, Edmund S. K., *In Search of Chinese Democracy: Civil Opposition in Nationalist China, 1929-49*（Cambridge: Cambridge University Press, 2000）.

Giles, Bertram, "Nanking Intelligence Report for the Quarter Ended

December 31st, 1917," F. O. 228/3279 .

Hattersley, Alan F., *A Short History of Democracy* (Cambridge: The Cambridge University Press, 1930).

Hermet, Guy, et al, *Elections without Choice* (N.Y.: John Wiley, 1978).

Held, David, *Models of Democracy* (Stanford: Stanford University Press, 1987).

Ho, Ping-ti, *Studies on the population of China, 1368-1953* (Cambridge, Mass.: Harvard University Press, 1959) .

----, *The Ladder of Success in Imperial China: Aspects of Social Mobility 1368-1911* (Cambridge, Mass.: Harvard University Press, 1959).

Hobsbawn, Eric, *The Age of Extremes: A History of the World, 1914-1991* (New York: Vintage Books, 1996).

Hoffer, Eric, *The True Believer* (New York: Harper & Row, 1951).

Hsiao, K. C., *Rural China: Imperial Control in the Nineteenth Century* (Seattle: University of Washington Press, 1960).

Hummel, Arthur W. ed., *Eminent Chinese of the Ch'ing Period* (New York: Columbia University Press, 1967).

Huntington, Samuel P., "After Twenty Years: The Future of the Third Wave," *Journal of Democracy*, V. 8, No.4, (Oct. 1997) .

----, *Political Order in Changing Societies* (New Haven: Yale University Press, 1968).

----, *The Third Wave: Democratization in the Late Twentieth Century* (Norman: University of Oklahoma Press, 1991) .

Inter-Parliamentary Union, *Parliaments of the World* (New York: Facts of the Publications, 1986).

Katz, Richard S., *Democracy and Elections* (Oxford: Oxford University Press, 1997).

Keane, John, *Civil Society: Old Image, New Vision* (Cambridge: Polity Press,

1998).

Inkeles, Alex, *National Character: A Psycho-social Perspective* (New Brunswick: Transaction Publishers, 1997).

Kornhauser, William, "Power Elite or Veto Groups," in Reinhard Bendix And Seymour M. Lipset (eds.,) *Class, Status and Power* (New York, The Free Press, 1966).

Linz, Juan J., "Totalitarian and Authoritarian Regimes," in Fred I. Greenstein, Nelson W. Polsby (eds.,) *Handbook of Political Science: Macropolitical Theory* (Reading, Mass.: Addison-Wesley, 1975).

Lipset, Seymour M., *Political Man: Social Bases of Politics* (New York: Doubleday, 1963, 1959).

Loh, Pichon P. Y. "The Politics of Chiang Kai-shek: A Reappraisal," *The Journal of Asian Studies* (May, 1966).

Lowell, A.L., *Public Opinion in War and Peace* (Cambridge, Mass.: Harvard University Press, 1923).

Mackenzie, W. J. M., *Free Elections* (New York: Northampton, 1967).

Mann, Bernard, *The Principles of Representative Government* (Cambridge: Cambridge University Press, 1997).

Marvick, Dwaine (ed.), *Political Decision-makers: Recruitment and Performance* (The Free Press of Glencoe, 1961).

McCarthy, Thomas, *The Critical Theory of Jürgen Habermas* (Cambridge, Mass.: The MIT Press, 1978).

Metzger, Thomas A., "The Western Concept of Civil Society in the Context of Chinese History", in Sudipta Kaviraj and Sunil Khilnant (eds.,) *Civil Society: History and Possibilities* (Cambridge: Cambridge University Press, 2001).

Michels, Robert, *Political Parties: A Sociological Study of the Oligarchical Tendencies of Modern Democracy* (New York: The Free Press,1968).

Mills, C. Wright, *The Power Elite* (New York: Oxford University Press, 1956).

Morgan, Edmund S., Inventing the People: The Rise of Popular Sovereignty in England and America (New York: Norton, 1988).

Mosca, Gaetano, *The Ruling Class* (New York: McGraw-Hill, 1939).

Mueller, John, "Democracy and Ralph's Pretty Good Grocery: Elections, Equality, and the Minimal Human Being," *American Journal of Political Science*, 36 (Nov. 1992).

Myrdal, Gunner, *Asian Drama: An Inquiry into the Poverty of Nations* (New York: Pantheon, 1968).

Nathan, Andrew J. *China's Transition* (New York: Columbia University Press, 1997).

----, *Peking Politics, 1918-1923: Factionalism and the Failure of Constitutionalism* (Berkeley, CA.: University of California Press, 1976).

North China Herald (Shanghai, 1850-1867).

Nosco, Peter, "Confucian Perspectives on Civil Society and Government," Henry Rosemont Jr., "Commentary and Addenda on Nosco's Confucian Perspectives on Civil Society," in Nancy L. Rosemblum, and Robert C. Post (eds.,) *Civil Society and Government*, (Princeton: Princeton University Press, 2002).

Partridge, Michael, *Gladstone* (London: Routledge, 2003).

Permutter, Amos, *Modern Authoritarianism: A Comparative Institutional Analysis* (New Haven: Yale University Press, 1981).

Pusey, Michael, *Jürgen Habermas* (New York: Tavistock, 1987).

Rapp, Peter, *A History of India* (New York: Palgrave, 2002).

Rawski, Evelyn S., *Education and Popular Literacy in Ch'ing China* (Ann Arbor, Michigan: The University of Michigan Press, 1979).

Richard, Timothy, *Forty-five Years in China* (London: T. Fisher Unwin, 1916).

Rokkan, Stein, "Elections: Electoral Systems," in David L. Sills (ed.,) *International Encyclopedia of the Social Sciences* (1968).

Rowe, William T., *Hankow: Commercial and Society in a Chinese City, 1796-1889* (Stanford, CA.: Stanford University Press, 1984).

----, *Hankow: Conflict and Community in a Chinese City, 1796-1895* (Stanford University Press, 1989).

Schumpeter, Joseph A., *Capitalism, Socialism and Democracy* (New York: Harper and Brothers, 1950).

Scott, James C., *Comparative Political Corruption* (Englewood Cliffs, NJ: Prentice-Hall, 1972).

Scott, Robert E., "Mexico: The Established Revolution," in Lucian Pye and Sidney Verba, (eds.) *Political Culture and Political Development* (Princeton, N. J.: Princeton University Press, 1965).

Shils, Edward, "Civility and Civil Society," in Edward E. Benfield (ed.), *Civility and Citizenship in Liberal Democratic Societies* (New York: Paragon House, 1992).

Spence, Jonathan, *To Change China: Western Advisors in China, 1620-1960* (New York: Little, Brown, 1969).

Taagepera, Rein, Matthew S. Shugart, *Seats and Votes: The Effects and Determinants of Electoral Systems* (New Haven: Yale University Press, 1989).

The New York Times (New York, 1947).

United States Department of States，*Records Relating to Internal Affairs of China* (Washington D.C.: Government Printing Office, by year).

Wakeman Jr., Frederic, "Civil Society in Late Imperial and Modern China," in Frederic Wakeman Jr. and Wang Xi (eds.,) *China's Quest for*

Modernization: A Historical Perspective (Berkeley: University of California Press, 1997).

--, "A Revisionist View of The Nanjing Decade: Confucian Fascism," *The China Quarterly*, 150 (June, 1997).

Wang,Y. C., *Chinese Intellectuals and the West, 1872-1949* (Chapel Hill: The University of North Carolina Press, 1966).

Weiner, Myron, and Ergun Özbudun(eds), *Comparative Elections in Developing Countries* (American Enterprise Institute for Public Policy Research, 1987).

Woolf, S. J. (ed.), *The Nature of Fascism* (New York: Vintage, 1969).

Yang, Mayfair Mei-hui, Gift, *Favors, and Banquets: The Arts of Social Relationships in China* (Ithica: Cornell University Press, 1994).

Zarrow, Peter, "From Subject to Citizen",《中央研究院近代史研究所集刊》,期42(民國92年2月)。

中國民主政治的困境，1909-1949
——晚清以來歷屆議會選舉述論

2007年4月初版 　　　　　　　　　　　　　　　定價：新臺幣550元
有著作權・翻印必究
Printed in Taiwan.

著　者	張　朋　園
發行人	林　載　爵

出　版　者　聯經出版事業股份有限公司
台 北 市 忠 孝 東 路 四 段 5 5 5 號
編 輯 部 地 址：台北市忠孝東路四段561號4樓
叢書主編電話：(02)27634300轉5226
台北發行所地址：台北縣汐止市大同路一段367號
　　　電　話：(02)26418661
台北忠孝門市地址：台北市忠孝東路四段561號1-2樓
　　　電　話：(02)27683708
台北新生門市地址：台北市新生南路三段94號
　　　電　話：(02)23620308
台 中 門 市 地 址：台 中 市 健 行 路 3 2 1 號
台 中 分 公 司 電 話：(04)22312023
高 雄 門 市 地 址：高 雄 市 成 功 一 路 3 6 3 號
　　　電　話：(07)2412802
郵 政 劃 撥 帳 戶 第 0 1 0 0 5 5 9 - 3 號
郵　撥　電　話：2 6 4 1 8 6 6 2
印　刷　者　雷 射 彩 色 印 刷 公 司

叢書主編	沙　淑　芬
校　對	陳　龍　貴
封面設計	胡　筱　薇

行政院新聞局出版事業登記證局版臺業字第0130號

本書如有缺頁，破損，倒裝請寄回發行所更換。　ISBN　13：978-957-08-3136-8（精裝）
聯經網址：www.linkingbooks.com.tw
電子信箱：linking@udngroup.com

國家圖書館出版品預行編目資料

中國民主政治的困境，1909-1949
　　——晚清以來歷屆議會選舉述論/張朋園著
初版 . 臺北市：聯經；2007 年（民 96）
436 面；17×23 公分 .
ISBN　978-957-08-3136-8（精裝）

1.選舉制度-中國-晚清（1840-1911）
2.選舉制度-中華民國-1-38 年（1912-1949）

573.309　　　　　　　　　　　　96003897

聯經出版公司信用卡訂購單

信用卡別： □VISA CARD □MASTER CARD □聯合信用卡

訂購人姓名：＿＿＿＿＿＿＿＿＿＿＿＿＿＿＿＿＿＿＿＿＿＿

訂購日期：＿＿＿＿＿年＿＿＿＿＿月＿＿＿＿＿日

信用卡號：＿＿＿＿＿ ＿＿＿＿ ＿＿＿＿ ＿＿＿＿

信用卡簽名：＿＿＿＿＿＿＿＿＿＿＿＿(與信用卡上簽名同)

信用卡有效期限：＿＿＿＿＿年＿＿＿＿月止

聯絡電話： 日(O)＿＿＿＿＿＿＿＿夜(H)＿＿＿＿＿＿＿＿

聯絡地址： □ □□＿＿＿＿＿＿＿＿＿＿＿＿＿＿＿＿＿＿＿

訂購金額： 新台幣＿＿＿＿＿＿＿＿＿＿＿＿＿＿＿＿元整

（訂購金額 500 元以下，請加付掛號郵資 50 元）

發票： □二聯式 □三聯式

發票抬頭：＿＿＿＿＿＿＿＿＿＿＿＿＿＿＿＿＿＿＿＿

統一編號：＿＿＿＿＿＿＿＿＿＿＿＿＿＿＿＿＿＿＿＿

發票地址：＿＿＿＿＿＿＿＿＿＿＿＿＿＿＿＿＿＿＿＿

如收件人或收件地址不同時，請填：

收件人姓名： □先生

＿＿＿＿＿＿＿＿＿＿＿＿＿＿＿＿＿＿ □小姐

聯絡電話： 日(O)＿＿＿＿＿＿＿＿夜(H)＿＿＿＿＿＿＿＿

收貨地址：＿＿＿＿＿＿＿＿＿＿＿＿＿＿＿＿＿＿＿＿

・ 茲訂購下列書種・帳款由本人信用卡帳戶支付・

書名	數量	單價	合計
		總計	

訂購辦法填妥後

直接傳真 FAX：(02)8692-1268 或(02)2648-7859

洽詢專線：(02)26418662 或(02)26422629 轉 241

網上訂購，請上聯經網站：http://www.linkingbooks.com.tw